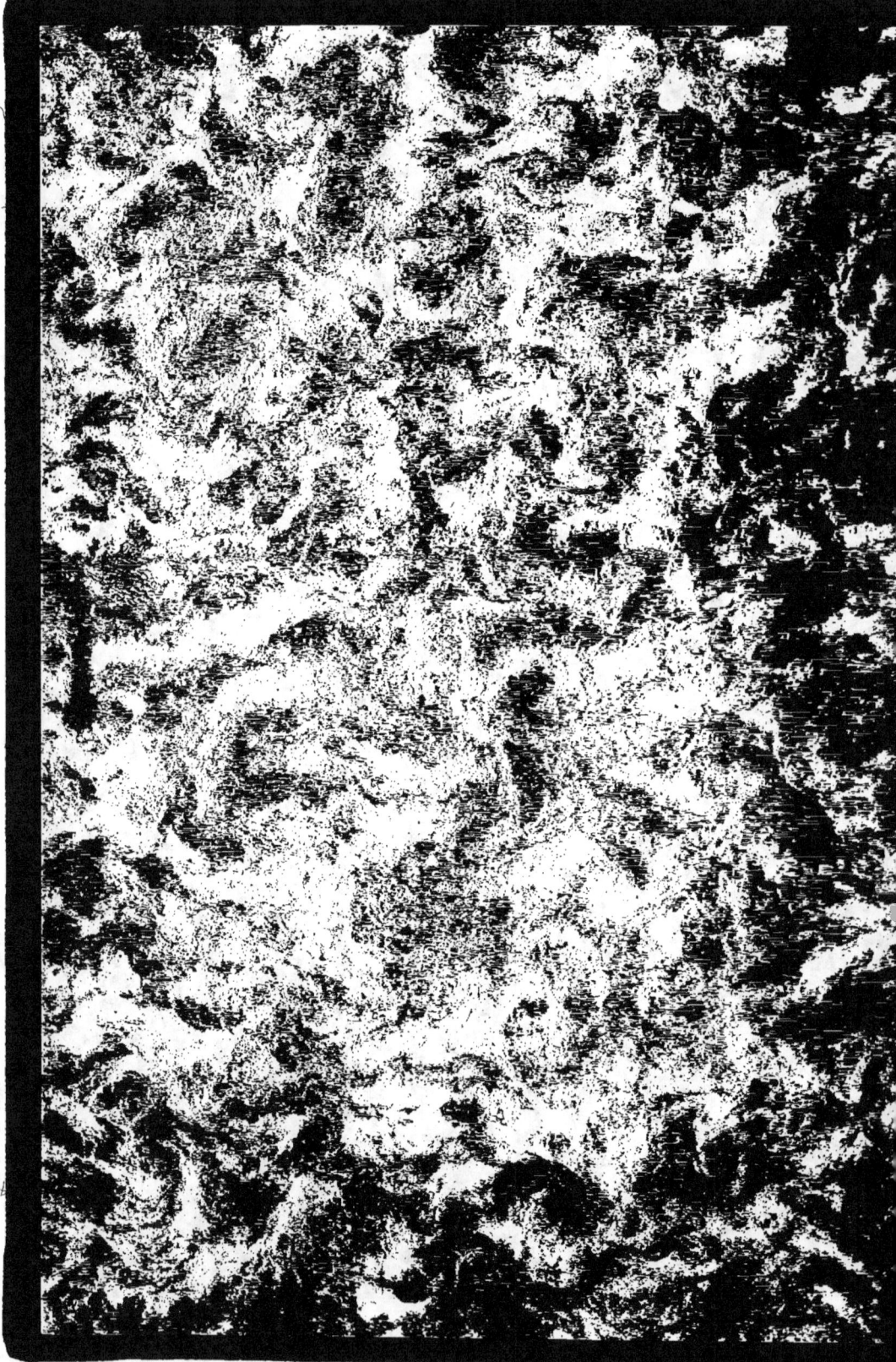

LES FASTES
DE LA
GUERRE D'ORIENT
HISTOIRE POLITIQUE, MILITAIRE ET MARITIME
DES
CAMPAGNES DE CRIMÉE
PAR
EUG. PICK DE L'ISÈRE

avec le concours d'une Société d'hommes de lettres et d'écrivains militaires

ÉDITION AUGMENTÉE DU RAPPORT OFFICIEL PRÉSENTÉ A L'EMPEREUR

sur l'organisation de la guerre d'Orient

PAR M. LE MARÉCHAL VAILLANT
MINISTRE DE LA GUERRE.

PARIS
LIBRAIRIE NAPOLÉONIENNE, DES ARTS ET DE L'INDUSTRIE
RUE DU PONT DE LODI, 5. — LYON, MÊME MAISON
1857

Cinq mille souscripteurs à Paris

LES FASTES
DE LA GRANDE ARMÉE D'ORIENT

HISTOIRE COMPLÈTE

DES CAMPAGNES DE CRIMÉE ET DE LA BALTIQUE

Nota. — Pour laisser aux *Fastes de la Grande Armée d'Orient* le caractère qui leur appartient, on a cru devoir ne rien changer dans les quatorze premiers chapitres, composés pendant les péripéties de ce grand drame.

Cet ouvrage, parvenu à sa septième édition, est enrichi d'un grand nombre de documents précieux, nouveaux, authentiques, rares et très-curieux sur tous les événements remarquables survenus depuis la prise de Sébastopol jusqu'à ce jour.

Aussi sommes-nous persuadé que cette nouvelle édition, encore plus complète que les six premières, écoulées si rapidement, sera lue avec avec un vif intérêt par le peuple et l'armée à qui nous l'avons dédiée.

CONDITIONS DE LA SOUSCRIPTION

Les **FASTES DE LA GRANDE ARMÉE D'ORIENT** forment un beau volume complet, grand in-8, de 460 pages, avec gravures, portraits et couverture illustrée, tirée au système chromo.

Tous les souscripteurs reçoivent immédiatement avec cet ouvrage, à titre de prime, une magnifique carte géographique, soit de France, d'Europe ou un planisphère, ou une très-jolie lithographie, représentant l'Empereur Napoléon III, l'Impératrice Eugénie et le prince Impérial.

On trouve chez le même éditeur tous les ouvrages publiés sur la guerre d'Orient.

Pour toutes réclamations s'adresser à la librairie NAPOLÉONIENNE, des Arts et de l'Industrie, rue du PONT-DE-LODI, 5, A PARIS.

Paris. — Typographie de Caillet et Cie, rue Gît-le-Cœur, 7.

ÉLU PAR 7,500,000 SUFFRAGES
Le 20 Decembre 1851

LES FASTES

DE LA

GRANDE ARMÉE D'ORIENT

HISTOIRE POLITIQUE, MILITAIRE ET MARITIME

DES

CAMPAGNES DE CRIMÉE ET DE LA BALTIQUE

PAR EUGÈNE PICK, DE L'ISÈRE

Avec le concours d'une

SOCIÉTÉ D'HOMMES DE LETTRES ET D'ÉCRIVAINS MILITAIRES

PIÈCES OFFICIELLES ET NOTES INÉDITES

ÉCRITS PAR LES GÉNÉRAUX BARAGUAY-D'HILLIERS, DE SAINT-ARNAUD, CANROBERT, PÉLISSIER ET LES AMIRAUX HAMELIN, PARSEVAL-DESCHÈNES, BRUAT ET PENAUD.

NOTICES BIOGRAPHIQUES

SUR LES SOUVERAINS, GÉNÉRAUX, MINISTRES, AMIRAUX, AMBASSADEURS, ETC.

SEPTIÈME ÉDITION

Illustrée de jolies gravures sur bois et sur acier, plus complète que toutes celles publiées jusqu'en 1857, augmentée du rapport officiel présenté à l'Empereur sur l'organisation de l'armée d'Orient.

PAR

M. LE MARÉCHAL VAILLANT

Ministre de la Guerre

Seul ouvrage admis dans les bibliothèques régimentaires des armées alliées et honoré de la souscription d'illustres personnages et d'un grand nombre d'officiers supérieurs français, anglais, sardes, turcs, russes, etc., etc.

PARIS

LIBRAIRIE NAPOLÉONIENNE, DES ARTS ET DE L'INDUSTRIE

RUE DU PONT-DE-LODI, 5. — LYON, MÊME MAISON.

1857

INTRODUCTION.
(QUELQUES EXTRAITS.)
1854 — 1857.

..... En vous revoyant, je pourrai dire : Ils étaient les dignes fils des vainqueurs d'Austerlitz, d'Eylau, de Friedland, de la Moskowa. Allez ! Dieu vous protège !
(*Discours de* NAPOLÉON III *au camp de Boulogne. Revue du* 12 *juillet* 1854.)

Votre Majesté peut être fière de ses soldats, ils n'ont pas dégénéré : ce sont des soldats d'Austerlitz et d'Iéna.
(*Maréchal* SAINT-ARNAUD. *Bataille de l'Alma,* 21 *septembre* 1854.)

Voici le plan que je voulais exécuter à la tête des braves troupes que vous avez commandées jusqu'ici, et c'est avec la plus profonde et la plus vive douleur que des intérêts plus graves me forcent à rester en Europe.
(*Lettre de l'*EMPEREUR *au général* CANROBERT. 28 *avril* 1855.)

Soldats !

Je viens au-devant de vous comme autrefois le Sénat romain allait aux portes de Rome au-devant de ses légions victorieuses. Je viens vous dire que vous avez bien mérité de la patrie.
Mon émotion est grande, car au bonheur de vous revoir se mêlent de douloureux regrets pour ceux qui ne sont plus et un profond chagrin de n'avoir pu moi-même vous conduire au combat.
(*Discours de l'*EMPEREUR. *Retour de Crimée. Journée du* 29 *décemb.* 1855.)

Fort du concours des grands corps de l'État et du dévouement de l'armée, fort surtout de l'appui de ce peuple qui sait que tous mes instants sont consacrés à ses intérêts, j'entrevois pour notre patrie un avenir plein d'espoir.
La France, sans froisser les droits de personne, a repris dans le monde le rang qui lui convenait, et peut se livrer avec sécurité à tout ce que produit de grand le génie de la paix.
(*Discours de l'*EMPEREUR *du* 16 *février. Session législative* 1857.)

Les Français m'ont pris un bras à Waterloo, ils me le rendent aujourd'hui.
(*Paroles de lord* RAGLAN, *sur le champ de bataille de l'Alma,* 21 *sept.* 1854.)

Trois de nos frégates à vapeur sont parties pour porter les blessés de notre armée à Constantinople. Nous y avons joint une partie des soldats russes, qui reçoivent les mêmes traitements que nos propres soldats.
(*Rapport de l'amiral* HAMELIN *au ministre de la marine.* 23 *sept.* 1854.)

..... Quant aux Français, c'est un plaisir de se battre contre eux ; ce sont de vrais lions.....
(*Lettre du prince* GORTCHAKOFF *pendant le siège de Sébastopol. Juin* 1855.)

La postérité dira qu'à Moscou vos pères ont vaincu les Russes, mais qu'ils ont dû céder devant les éléments, tandis qu'à Sébastopol vous avez résisté aux éléments et vaincu les Russes.
Dans l'histoire, 1854 répondra à 1812 ! L'immense avantage de cette guerre, je le constate avec orgueil, c'est que vous avez prouvé que la France a toujours sa Grande Armée.
(*Paroles du prince* NAPOLÉON BONAPARTE *le* 1ᵉʳ *janvier* 1857.)

A ces braves soldats français qu'on est fier d'avoir pour adversaires sur le champ de bataille ! qu'on est plus heureux encore d'avoir pour amis au milieu des prospérités d'une paix féconde.
(*Paroles du grand-duc* CONSTANTIN, *frère de l'*EMPEREUR *de Russie prononcées à Paris, le* 2 *mai* 1857.)

Dans cette guerre à jamais mémorable, trois grands capitaines se sont complétés l'un par l'autre : Saint-Arnaud personnifiant le courage et l'audace ; Canrobert la prudence et la persévérance ; Pélissier l'énergie et l'exécution.
Sentence de l'auteur E. PICK.

Aujourd'hui que le Traité de Paris vient de fixer les destinées de l'Europe, et d'ajouter une page si glorieuse à notre histoire politique, militaire et maritime ; aujourd'hui que la France, calme et prospère au dedans, imposante et redoutable au dehors, admirée du monde entier, a repris le premier rang dans l'histoire des nations, nous avons voulu élever ce monument à la gloire des vainqueurs de Sébastopol et à la splendeur du nouvel Empire.

Nous retracerons au monde les faits immortels de cette expédition, la plus gigantesque et la plus extraordinaire que la France ait jamais entreprise, et dont les annales d'aucune des grandes nations anciennes et modernes n'offrent d'exemple.

Nous montrerons à l'Europe et à l'univers entier que la France, toujours grande dans la paix comme dans la guerre, heureuse au dedans, est toujours redoutable au dehors quand elle a des ennemis à combattre, quels que soient leur force et leur nombre, nous montrerons, enfin, que notre chevaleresque patrie sait prodiguer son sang et ses trésors, quand il s'agit de protéger le faible contre le fort et de faire triompher le droit et la justice.

Nous expliquerons clairement les causes qui ont forcé la France à équiper de nombreux vaisseaux pour transporter, à travers des mers semées d'écueils, une armée de plus de deux cent mille hommes, et pour combattre à plus de trois mille kilomètres de ses frontières.

On contemplera avec orgueil ce formidable développement de nos ressources maritimes qui ont étonné le monde depuis le commencement de cette guerre, et qui se trouvaient presque ignorées, bien que supérieures à celles de beaucoup d'autres nations. Il est un fait que l'on aimera à constater, c'est que ces ressources sont presque égales aux immenses forces navales de l'Angleterre. La France est aujourd'hui ce qu'elle fut naguère, une nation de premier ordre, tant sur terre que sur mer, depuis les habiles travaux des ministres dont Napoléon a su s'entourer.

Le départ de nos flottes de Toulon et de Brest, leur séjour dans les eaux de Salamine, leur passage à Athènes et leur arrivée à Constantinople ; le massacre de Sinope ; l'entrée de la flotte anglo-française dans la mer Noire, le séjour des Français à Varna ; le bombardement d'Odessa ; l'échec des Russes devant Silistrie ; les expéditions dans la Baltique, la prise de Bomarsund ; les batailles de l'Alma, de Balaclava, d'Inkermann ; la tempête affreuse du 14 novembre dans la mer Noire ; la perte du *Henri IV* et le terrible naufrage de *la Sémillante*, sur les côtes de la Méditerranée ; l'expédition dans la mer d'Azof ; la prise de Kertch, du mamelon Vert ; le bombardement de Sweaborg ; la bataille de la Tchernaïa ; le siége de Sébastopol, avec ses mille et un épisodes de tranchées, embuscades, sorties, surprises nocturnes, faits d'armes, actions d'éclat, reconnaissances, toutes les péripéties, enfin, de cette lutte formidable pendant un hiver long et rigoureux ; la prise de Malakoff ; le bombardement de la flotte russe ; l'entrée triomphante des Français et de leurs alliés dans Sébastopol, déjà à moitié détruit par nos boulets ; la défaite de la cavalerie russe par la cavalerie française à la bataille de Goughyl, l'expédition maritime contre Kinburn, et la reddition de cette importante forteresse ; le retour à Paris des troupes de Crimée ; la réception enthousiaste de la population ; discours de l'Empereur, le

Congrès de Paris, le Traité de paix, tous ces événements et bien d'autres se dérouleront sous les yeux du lecteur comme un immense panorama de victoires et de conquêtes. Il sera fier de voir notre jeune, solide et intrépide armée décorer encore d'une nouvelle splendeur nos aigles victorieuses, et étendre de nouveau la renommée du nom français jusqu'aux bornes du monde.

Nous ferons ressortir la gaîté traditionnelle, la bravoure et la générosité de nos soldats sur le champ de bataille, avant comme après la victoire. Les documents officiels, composés avec soin, apporteront la preuve de l'incontestable supériorité de nos généraux et officiers de tous grades sur les meilleurs officiers russes. Ils constateront l'excellente organisation de notre armée, si préférable en tout, partout et toujours, à celle de toutes les autres grandes nations, et qui, une fois de plus, a fait l'admiration de l'Europe dans cette grande guerre d'Orient.

Nous nous ferons un devoir de rendre un témoignage éclatant au courage pieux et au désintéressement de nos dignes aumôniers, de nos sœurs de charité, ces saintes filles de Dieu qui sont accourues de toutes les contrées de la France pour apporter leurs soins et leurs consolations à nos soldats frappés des balles de l'ennemi. On les trouvera bienfaisantes et bonnes sur le champ de bataille comme à l'ambulance et à l'hôpital.

Nous dirons aussi hautement, et c'est là surtout le but moral de cet ouvrage, aux amis de même qu'aux ennemis de la France, une vérité incontestable comme la lumière : « *C'est que Napoléon III a été constamment, depuis qu'il est au pouvoir et dès le début de cette guerre, à la hauteur des événements et de sa mission toute providentielle.* » Il a en tout point justifié ce qu'on attendait de ses profondes vues politiques et de son génie. Le lecteur appréciera encore davantage le calme et l'admirable modération que notre illustre souverain a déployés pour éviter cette guerre, l'énergie qu'il a su mettre à conquérir la paix.

On verra combien sa constante sollicitude, sa bonté toute paternelle et sa haute prévoyance ont mis notre armée à l'abri des souffrances presque inévitables d'une expédition si éloignée de nos magasins et de nos arsenaux, et combien nos soldats ont été encouragés par tous ces soins et ont su les reconnaître.

Nous ferons connaître également la grande prépondérance que la France a reconquise dans l'estime et la considération des peuples. On avait dit : « *La France s'en va, les caractères baissent, le sentiment national s'affaiblit,* » et voilà que tout à coup, sur les champs de bataille de la Crimée, les enfants de la France agissent, combattent, triomphent ou meurent comme les vainqueurs de Bouvines, de Rocroy, de Denain, de Fontenoy ; comme les héros de Zurich, d'Arcole, des Pyramides, de Marengo, d'Austerlitz, d'Iéna, d'Eylau, de Dantzick, de Friedland, de Wagram, de Saragosse et de la Moscowa.

Nous dédions la sixième édition de cet ouvrage au peuple et à l'armée, et nous sommes convaincu qu'elle sera accueillie favorablement chez l'un comme chez l'autre. Nous la dédions aussi à notre bon père, Emmanuel Pick, ex-soldat de la Grande Armée, qui verra avec plaisir que les fils ont su vaincre les Russes en ce temps-ci, tout aussi bien que les pères, sous Napoléon Ier.

Avec l'aide de Dieu, et sous l'égide de notre Empereur et de sa dynastie, la France est, et restera toujours le rempart le plus solide de la civilisation en Europe. Soyons heureux de pouvoir répéter, après Napoléon III, ces paroles mémorables adressées aux représentants de toutes les nations, lors de la clôture de l'Exposition universelle de 1855 :

« Dites à vos concitoyens, en retournant dans votre
« patrie, que la France n'a de haine contre aucun peu-
« ple, qu'elle a de la sympathie pour tous ceux qui
« veulent, comme elle, le triomphe du droit et de la
« justice.

« Quant à nous, peuples alliés pour le triomphe
« d'une grande cause, forgeons des armes sans ralen-
« tir nos usines, sans arrêter nos métiers; soyons grands
« par les arts de la paix comme par ceux de la guerre,
« soyons forts par la concorde, et mettons notre con-
« fiance en Dieu pour nous faire triompher des diffi-
« cultés du jour et des chances de l'avenir. »

Cette nouvelle édition, très-complète, riche en docu-

INTRODUCTION.

ments officiels, est augmentée du Rapport si remarquable de Son Excellence le maréchal Vaillant, suivi de l'exposé des motifs et d'un Projet de loi, formulé par le Sénat, ayant pour but d'élever un monument à l'Empereur Napoléon III et à l'armée de Crimée.

Des discours prononcés, dans la fête offerte à l'armée le 1ᵉʳ janvier 1857, par S. A. I. le prince Napoléon, par le roi Jérôme son auguste père; par les maréchaux Pélissier, Canrobert, etc...

Des voyages des souverains, princes et autres personnages illustres à la cour de France.

Cette partie de notre livre sera aussi appréciée, nous le pensons, avec un vif intérêt, et pour clore dignement la fin de cet ouvrage, nous en avons réservé les dernières pages à la reproduction complète du célèbre discours prononcé par S. M. l'Empereur, à l'ouverture de la session de 1857, monument qui restera comme le programme de la politique impériale. Elle comprend aussi les faits les plus mémorables accomplis depuis la fin de la Guerre d'Orient; depuis que la France heureuse, calme, pacifiée, prospère, grandit dans sa force comme dans son amour pour le souverain qu'elle s'est choisi : Récompense réservée par les décrets de la Providence au prince dont la foi ne se démentit jamais, et dont la perspicacité lut dans le livre de l'avenir le glorieux retour à la monarchie napoléonienne par le vœu national du peuple français.

EUG. PICK DE L'ISÈRE.

LES FASTES
DE LA GUERRE D'ORIENT.

CHAPITRE PREMIER.

Véritables causes de la guerre d'Orient entre les puissances occidentales et la Russie. — Testament de Pierre Ier. — Esprit envahissant de la Russie. — Hostilités permanentes de la Russie contre l'empire ottoman. — Catherine II et Souvarow. — Paul Ier. — Alexandre Ier. — Étendue et population actuelle de la Russie. — Titres du czar. — Napoléon et Talleyrand. — Nicolas prononce l'arrêt de mort de l'empire ottoman. — Ruse et duplicité du cabinet russe.

La guerre qui se poursuit aujourd'hui en Orient, où la civilisation s'efforce si glorieusement de repousser l'invasion de la barbarie, est et restera un des plus grands événements des temps modernes; car ce n'est pas seulement de l'indépendance de l'empire turc et des puissances occidentales qu'il s'agit, c'est de l'indépendance du monde entier, audacieusement menacée.

On l'a dit, et on ne saurait trop le répéter, cette guerre n'est pas née d'un malentendu, d'une contestation fortuite ou d'événements inattendus; sa cause est dans la politique envahissante de la Russie, politique inaugurée il y a près d'un siècle et demi par Pierre Ier et suivie jusqu'à nos jours par ses successeurs avec une persévérance sans exemple et presque incroyable, ainsi qu'il est facile d'en juger par le testament de ce prince qu'on appelle *le Grand* et que son humeur sanguinaire eût dû faire surnommer *le Cruel.* Voici les principaux passages de cet important document :

« Le grand Dieu de qui nous tenons notre existence et notre couronne, nous ayant constamment éclairé de ses lumières et soutenu de son divin appui, me permet de regarder le peuple russe comme appelé par l'avenir à la domination générale de l'Europe. Je fonde cette pensée sur ce que les nations européennes sont arrivées, pour la plupart, à un état de vieillesse voisin de la caducité, ou qu'elles y marchent à grands pas. Il s'ensuit donc qu'elles doivent être facilement et indubitablement conquises par un peuple jeune et neuf quand ce dernier aura acquis toute sa force et toute sa croissance. Je regarde l'invasion future des pays de l'Occident et de l'Orient par le Nord comme un mouvement périodique arrêté par les desseins de la Providence, qui a ainsi régénéré le peuple romain par l'invasion des barbares.

« ... J'ai trouvé la Russie rivière, je la laisse fleuve; mes successeurs en feront une grande mer..... c'est pourquoi je leur laisse les enseignements suivants :

« ... Diviser la Pologne en y entretenant le trouble et les jalousies continuelles; gagner les puissants à prix d'or ; influencer les diètes, les corrompre, afin d'avoir action sur l'élection des rois ; y faire nommer ses partisans, les protéger ; y faire entrer et séjourner les troupes russes jusqu'à ce que se présente l'occasion d'y demeurer tout à fait. Si les puissances voisines opposent des difficultés, les apaiser momentanément en leur donnant une partie du pays, jusqu'à ce qu'on puisse reprendre ce qui aura été donné.

« Prendre le plus qu'on pourra à la Suède, et savoir se faire attaquer par elle pour avoir le prétexte de la subjuguer.

« .... S'étendre sans relâche dans le Nord, le long de

la mer Baltique, ainsi que vers le Sud, le long de la mer Noire.

« Approcher le plus possible de Constantinople et des Indes : celui qui y régnera *sera le* souverain du monde. En conséquence, susciter des guerres continuelles tantôt au Turc, tantôt à la Perse; établir des chantiers sur la mer Noire; *s'emparer peu à peu de cette mer ainsi que de la Baltique*, ce qui est un double point nécessaire à la réussite du projet; hâter la décadence de la Perse, pénétrer jusqu'au golfe Persique; rétablir, si c'est possible, par la Syrie, l'ancien commerce du Levant, et avancer jusqu'aux Indes, qui sont l'entrepôt du monde. Une fois là, on pourra se passer de l'or de l'Angleterre.

« S'attacher à réunir autour de soi tous les Grecs schismatiques qui sont répandus soit dans la Hongrie, soit dans le midi de la Pologne; se faire leur centre, leur appui, et établir d'avance la prépondérance universelle par *une sorte de royauté ou de suprématie sacerdotale* (1). Ce seront autant d'amis qu'on aura chez chacun de ses ennemis.

« La Suède démembrée, la Perse vaincue, la Pologne subjuguée, la Turquie conquise, nos armées réunies, la mer Noire et la mer Baltique gardées par nos vaisseaux, il faut alors proposer séparément et secrètement, d'abord à la cour de Versailles, puis à celle de Vienne, de partager avec elles l'empire de l'univers (2). Si l'une des deux accepte, ce qui

---

(1) C'est ainsi que les czars sont devenus les chefs suprêmes de l'Église schismatique fondée par Photius. Ce pouvoir spirituel est délégué d'ordinaire à quelque fonctionnaire de second ordre; c'est ainsi que l'Église russe a aujourd'hui pour chef un général de cavalerie.

Noel Ségur.

(2) Cette prescription de Pierre 1er a été, dans ces derniers temps, modifiée par le czar Nicolas : ce n'est pas à la France et à l'Autriche qu'il a offert le partage du monde; mais c'est à la France seule d'abord, et à l'Angleterre ensuite : à la France il offrait l'Egypte; à l'Angleterre il

est immanquable en flattant leur amour-propre et leur ambition, il faut se servir d'elle pour écraser l'autre ; puis écraser à son tour celle qui demeurera en engageant avec elle une lutte qui ne saurait être douteuse, la Russie possédant déjà en propre tout l'Orient et une grande partie de l'Europe.

« Si, ce qui n'est pas probable, chacune d'elles refusait l'offre de la Russie, il faudrait savoir leur susciter des querelles, et les faire s'épuiser l'une par l'autre. Alors, profitant d'un moment décisif, la Russie ferait fondre ses troupes, rassemblées d'avance, sur l'Allemagne, en même temps que deux flottes considérables partiraient l'une de la mer d'Azof et l'autre du port d'Archangel, chargées de hordes asiatiques, sous le convoi des flottes armées de la mer Noire et de la Baltique. S'avançant par la Méditerranée et l'Océan, elles inonderaient la France d'un côté tandis que l'Allemagne le serait de l'autre ; et, ces deux contrées vaincues, le reste de l'Europe passerait facilement et sans coup férir sous le joug. Ainsi peut et doit être subjuguée l'Europe (1). »

Ainsi que je l'ai dit plus haut, ce programme n'a cessé

---

offrait Candie... *sauf à reprendre le tout plus tard*, d'après les errements tracés par Pierre Ier. Déjà un partage semblable avait été offert par l'empereur Alexandre à Napoléon Ier après la paix de Tilsitt. La suite a prouvé que Nicolas et Alexandre avaient voulu vendre la peau de l'ours avant de l'avoir tué ; et c'est là, si nous sommes bien informé, un des grands chagrins aujourd'hui d'Alexandre II.

(1) Les partisans de la Russie ont cherché à mettre en doute l'authenticité de ce document, qui montre à nu la politique des czars ; c'était de la mauvaise foi mise au service d'une mauvaise cause. L'autographe de ce testament a été solennellement déposé, après la mort de Pierre Ier, dans les archives du palais de Péterhof, près de Saint-Pétersbourg, où un grand nombre d'étrangers l'ont vu et lu et où il se trouvait encore en 1854. Il a été, depuis un siècle, cité par plusieurs historiens, et Mme de Krudner elle-même, cette amante mystique d'Alexandre Ier, a déclaré l'avoir lu tout entier à plusieurs reprises.

(Note de l'Éditeur.)

d'être suivi avec la plus scrupuleuse exactitude par les souverains de la Russie depuis que cet empire existe politiquement, c'est-à-dire depuis que sa volonté et ses actes ont commencé à être de quelque poids dans la balance des destinées du monde. Mais ce ne fut pas toujours ouvertement que les successeurs de Pierre Ier marchèrent vers le but indiqué par ce dernier ; plusieurs fois il leur fallut s'incliner devant les soupçons des cours occidentales, qui, bien qu'elles ne s'alarmassent pas bien vivement des faits et gestes de ces hordes qu'on appelait alors le *peuple russien*, suivaient pourtant d'un regard peu satisfait la marche ascendante de cette puissance si récemment sortie du néant.

Plus audacieuse envers le grand seigneur, trois fois la Russie avait tenté de rejeter les Turcs en Asie avant l'avénement de Catherine II. C'est vers le même but que se tournèrent tous les efforts de cette souveraine implacable, si digne de continuer l'œuvre de Pierre Ier et qui, comme ce prince, mérita mieux le surnom de *Cruelle* que celui de *Grande*, qui lui fut décerné par l'adulation des grands et par l'ignorance des peuples (1) ; et ce but, il vint un moment où elle se crut

(1) Souvarow, après avoir vaincu, en 1794, la vaillante, mais peu nombreuse armée des insurgés polonais, s'écriait au milieu de ses soldats : « Notre bonne mère Catherine m'a ordonné de massacrer tous les Polo- « nais ; massacrons-les ! » Et, prêchant d'exemple, il ne cessa lui-même d'égorger des hommes sans défense que lorsque la fatigue l'obligea à se reposer. — Plus tard, le même général hurlait dans les rues de Praga, dont il venait de s'emparer de vive force : « Enfants, souvenez-vous des « ordres de notre bonne mère ! Tuez ! tuez ! partout, toujours !... » Et trente mille victimes désarmées, femmes, enfants, vieillards, furent impitoyablement massacrées. — Il n'était que trop vrai, Catherine avait ordonné à ce général d'être impitoyable : « Frappez, frappez sans relâche, « lui avait-elle dit, et que ce peuple de rebelles soit anéanti !... » Lorsque la nouvelle de cette effroyable boucherie lui arriva, elle sortit toute radieuse de son cabinet, et, trouvant dans une antichambre deux courtisans qui jouaient aux échecs, elle s'écria : « Ah ! Messieurs, je fais mieux que « vous ! Vous ne faites que des prisonniers, moi j'anéantis les rebelles ! »
(L'ORIENT DÉFENDU, par *Noël Ségur*.)

si près de l'atteindre qu'elle fit inscrire sur les murs d'un des faubourgs de Saint-Pétersbourg ces mots d'audacieuse menace : *Route de Constantinople*.

Cette soif, cette ardeur d'envahissement se calma quelque peu lors de la révolution française de 1789 ; puis les victoires de Napoléon et ensuite les révolutions de 1830 et de 1848 causèrent de longs temps d'arrêt dans l'exécution du vaste plan de conquête de Pierre Ier, auquel pourtant ses successeurs ne renoncèrent jamais ; il suffit, pour s'en convaincre et pour se faire une idée de la ténacité de Catherine II, de Paul Ier, d'Alexandre Ier et de Nicolas, ses successeurs, de jeter les yeux sur les territoires et les nombreuses populations qu'ils annexèrent à l'empire russe en moins de soixante ans.

Telle fut la persévérance de la Russie dans cette voie que, de 1771 à 1829, elle enleva à la Turquie et à la Perse la Crimée, le territoire du Bug au Dniester, plusieurs ports de la mer Noire et entre autres le territoire où s'éleva depuis la ville d'Odessa, le pays des Ossètes, le Daghestan, le Schirvan, le Kouban, l'île de Taman, Anapa, Soudjouk-Kalé.

A la Suède elle arracha la Finlande, sa plus belle et plus importante province.

A la Pologne elle prit tout ou presque tout, ne laissant à la Prusse et à l'Autriche que de misérables bribes de cet immense festin et entraînant dans sa nasse l'Ukraine, la Lithuanie et la Courlande.

En même temps elle transformait son protectorat en souveraineté absolue sur les provinces indépendantes transcaucasiennes de la Mingrélie, de la Gourie, de l'Imérétie, de la Circassie et du royaume de Géorgie, dont elle attachait le jeune roi à son char de triomphe.

Ces envahissements ajoutèrent à l'empire de Russie une population de vingt-quatre millions d'âmes.

Quant au terrain ainsi envahi par cette insatiable puissance dans le même espace de temps, il suffit, pour en donner une juste idée, d'appeler l'attention sur les chiffres suivants :

En 1772, les frontières de la Russie étaient éloignées de 400 lieues ou 1600 kilomètres de Berlin ; elles n'en sont aujourd'hui qu'à 86 lieues ou 344 kilomètres ;

Elles étaient à 410 lieues ou 1640 kilomètres de Dresde ; elles n'en sont plus qu'à 90 lieues ou 360 kilomètres ;

Leur distance de Leipsick était de 450 lieues ou 1800 kilomètres ; cette distance n'est plus que de 120 lieues ou 480 kilomètres ;

Elles étaient séparées de Vienne par une distance de 460 lieues ou 1840 kilomètres ; elles n'en sont plus éloignées que de 130 lieues ou 520 kilomètres ;

Ces mêmes frontières étaient éloignées de 536 lieues ou 2144 kilomètres de Francfort-sur-Mein ; elles n'en sont plus qu'à 210 lieues ou 840 kilomètres ;

Enfin les frontières de la Russie, qui faisaient alors aux Parisiens l'effet d'être au bout du monde, parce qu'elles étaient à 675 lieues ou 2700 kilomètres de leurs foyers, n'en sont plus aujourd'hui qu'à 350 lieues ou 1400 kilomètres.

De toutes ces acquisitions, de toutes ces conquêtes, — peut-être serait-il plus juste de dire de *tous ces vols*, — il résulte que l'empereur de Russie règne aujourd'hui sur un peu plus de la septième partie du monde connu, et que le nombre de ses sujets ne s'élève pas à moins de soixante-dix millions.

Au reste, les czars, depuis quarante ans, ne cherchent pas à dissimuler ces diverses agrégations de territoires et de sujets, ou plutôt ces rapines, dues presque toutes à la ruse, à la duplicité, à la trahison, bien plus qu'à la force et à la capacité. Voici, en effet, comment le czar actuel, Alexandre II, s'intitule en tête des actes officiels :

« Alexandre II, par la grâce de Dieu, empereur et autocrate de toutes les Russies, de Moscou, Kieff, Wladimir et Novgorod ; czar de Kasan, czar d'Astracan, czar de Pologne, czar de Sibérie, czar de la Chersonèse Taurique ; seigneur de Pskof, grand-prince de Smolensk, de Lithuanie, de Valachie, de Podolie et de Finlande ; prince d'Esthonie, de Livonie, de Courlande, de Semigalle, de Samogitie, de Bialystok, de Carélie, de Tver, d'Ingrie, de Perm, de Viatka, de Bulgarie et de plusieurs autres pays ; seigneur et grand-prince du territoire de Novgorod inférieur, de Tschernigow, de Riazan, de Polotsk, de Rostof, de Jaroslaf, de Bielozero, d'Oudorie, d'Obdorie, de Kordinie, de Witebsk, de Mtislaf, et dominateur de toute la région hyperboréenne ; seigneur du pays d'Ibérie, de Kartalinie, de Grousinie, de Kabardinie et d'Arménie ; seigneur héréditaire et suzerain des princes Tcherkesses, de ceux des montagnes et d'autres encore ; héritier de la Norvége ; duc de Schleswig-Holstein, de Storman, de Ditmarzen, d'Oldembourg, etc., etc., etc. »

Eh bien ! c'est en possession de tous ces titres et au milieu de ces vastes territoires que les czars se trouvent à l'étroit, tant il est vrai que la domination du monde entier peut seule satisfaire leur monstrueuse ambition ; et il est vraiment incroyable qu'ils n'aient pas trouvé à la réalisation de leurs audacieux projets plus d'obstacles qu'il ne leur en fut opposé par toutes les puissances européennes alors que la lumière, se faisant de toutes parts, leur montrait clairement les tendances de la Russie. Ainsi, par exemple, Talleyrand, qui, quelque chose que l'on puisse dire de sa moralité, était incontestablement le premier diplomate de son temps, Talleyrand faisait remettre à Napoléon, le 7 février 1807, veille de la bataille d'Eylau, cette note remarquable :

« Sire, la Russie cesse de dissimuler ; elle a jeté le masque dont elle avait essayé jusqu'à présent de se couvrir. Ses troupes sont entrées en Moldavie et en Valachie ; elles ont assiégé les forteresses de Choczim et de Bender.

« La Porte n'a su qu'elle était attaquée, elle n'a appris que ses provinces étaient envahies que par le manifeste du général Michelson. Et ce qui est aussi révoltant que bizarre, au moment où la Porte recevait ce manifeste, l'envoyé de Russie protestait qu'il n'avait reçu aucune instruction de sa cour et qu'il ne croyait pas à la guerre.

« Peu de nations ont mis dans la poursuite de leurs desseins autant *d'artifice et de constance* que la Russie. La *ruse et la violence* qu'elle a tour à tour employées pendant soixante ans contre la Pologne sont encore les armes dont elle se sert contre l'empire ottoman. Abusant de l'influence que, depuis les dernières guerres, elle avait acquise sur la Moldavie et la Valachie, elle a, du sein de ces provinces, soufflé partout l'*esprit de sédition et de révolte;* elle a encouragé les Serviens rebelles à la Porte, elle leur a fait passer des armes, elle leur a envoyé des officiers pour les diriger. Profitant du naturel sauvage des Monténégrins et de leur penchant à la rapine, elle les a soulevés et armés. Elle a pareillement, et pour ses futurs desseins, armé secrètement la Morée après l'avoir effrayée des dangers imaginaires dont elle avait adroitement semé le bruit.

« L'exécution de ses projets étant ainsi préparée par tous les moyens que l'intrigue de l'artifice pouvaient lui fournir, elle a saisi habilement l'occasion que lui offrait la guerre de la France et de la Prusse et marché à son but avec cette violence qui ne connaît aucun frein et qui n'en respecte aucun (1)... »

(1) *Lettres sur les événements politiques et militaires contemporains*, par le commandant Ferdinand Durand.

Ainsi que nous l'avons dit, quelques heures après avoir lu cette note Napoléon Ier gagnait la grande bataille d'Eylau ; quatre mois plus tard il achevait d'écraser les Russes et les Prussiens à Friedland ; mais alors, soit qu'il se crût assez fort pour braver la ruse et l'astuce de ses plus implacables ennemis, soit que l'enivrement de ses dernières victoires lui eût fait oublier la note de Talleyrand, Napoléon eut le malheur de se laisser séduire par l'apparente bonne foi d'Alexandre Ier, et la paix de Tilsitt fut signée. « Alexandre
« quitta Napoléon en le comblant de témoignages d'admira-
« tion, de protestations affectueuses. Le czar avait parfai-
« tement joué son rôle ; il avait trompé Napoléon lui-même.
« Mais, comme l'avoua plus tard un des confidents dévoués
« d'Alexandre, il fallait à tout prix éloigner pour le moment
« la guerre de l'Europe ; il fallait gagner le temps nécessaire
« pour se préparer à soutenir avec avantage une nouvelle
« lutte contre un ennemi aussi habile, aussi puissant (1). »

On a vu plus haut que le cabinet russe ne perdit pas son temps et que jusqu'à nos jours, tantôt ouvertement quand il se croyait le plus fort, tantôt ténébreusement lorsque les secousses politiques de l'Europe le faisaient trembler, il ne cessa de marcher vers le but indiqué par Pierre Ier : LA DO-MINATION DU MONDE !

Plus de quarante années s'écoulèrent ainsi sans que la Russie, bien que toujours prête à profiter des événements qui pourraient lui être favorables, osât pourtant frapper un coup décisif. Ce fut seulement en 1851, alors que le géni. napoléonien, en étendant son égide sur la France, eut rassuré tous les souverains de l'Europe, que le czar Nicolas osa revenir tout à fait, non ostensiblement, mais sans trop de précautions oratoires, aux projets de conquête de Pierre Ier.

(1) FERDINAND DURAND, *Événements politiques et militaires contemporains.*

D'abord il chercha à insinuer à l'ambassadeur anglais, sir Hamilton Seymour, que l'empire de Turquie en était venu à un tel point de marasme que son anéantissement prochain était inévitable :

« C'est un homme gravement malade, disait le czar, qui peut mourir d'un jour à l'autre et rester sur les bras de l'Europe..... Nous ne pouvons pas ressusciter ce qui est mort ; si l'empire turc tombe, il tombera pour ne plus se relever..... Je désire voir se maintenir le pouvoir du sultan ; mais s'il le perd, c'est pour toujours...... L'empire ottoman est une chose qu'on peut tolérer, mais non pas reconstruire, et je vous jure que je ne souffrirais pas qu'on brûlât une seule amorce en faveur d'une pareille cause. »

Il ne fallait pas avoir une grande dose de perspicacité pour comprendre que ces paroles étaient plutôt une menace qu'une prédiction, et le czar n'annonçait ainsi la mort prochaine de l'empire ottoman que parce qu'il avait l'espoir et la volonté de l'anéantir; aussi sir Hamilton Seymour, en transmettant ces paroles à son gouvernement, faisait-il observer qu'il ne pouvait être douteux qu'un souverain qui insistait avec une telle opiniâtreté sur la chute d'un État voisin n'eût arrêté dans son esprit que l'heure était venue non pas d'attendre sa dissolution, mais de la provoquer, observation confirmée par le ministre des affaires étrangères de la Grande-Bretagne, lord Clarendon, lequel dit, après avoir lu la dépêche de l'ambassadeur, que *rien* n'était plus propre à précipiter la chute de la Turquie que de dire sans cesse qu'elle sera prochaine.

Ainsi la ruse et la perfidie russes commençaient à se déceler en attendant qu'elles se montrassent au grand jour, appuyées sur les immenses forces militaires que le czar rassemblait depuis longtemps.

Telle était la situation des choses vers la fin de 1852 : la Russie se croyait d'autant plus sûre du succès de la spoliation qu'elle méditait qu'elle s'était assurée de la neutralité de la Prusse, les souverains de ces deux puissances étant unis par des liens de famille, et que l'Autriche, encore mal remise de la terrible insurrection qui l'avait mise en péril, pouvait se croire l'obligée du czar, dont les armes l'avaient si puissamment secourue dans ces derniers temps. Pour entrer en campagne il ne fallait plus qu'un prétexte; le cabinet russe le trouva dans la question des Lieux Saints, question pendante depuis longues années, que la diplomatie avait semblé prendre à tâche d'embrouiller de plus en plus, bien qu'elle fût de la plus grande simplicité, ainsi que nous essaierons de le démontrer plus loin.

Disons ici que cette conduite du czar fut l'objet d'un blâme général, blâme à coup sûr bien mérité, ainsi que le constatent ces lignes d'un illustre écrivain, qui, lui aussi, fut pendant quelque temps l'arbitre des destinées d'un grand peuple et peut-être de celles de l'Europe entière (1) :

« La sagesse de Nicolas lui échappa tout à coup en plein repos de l'Europe. Il jeta les dés de la guerre universelle au monde; il quitta sans prétexte le beau rôle de conservateur de l'ordre européen pour prendre le rôle téméraire d'agitateur de l'univers.

« Nous ne devons pas dissimuler qu'il fut malheureusement provoqué à exercer une certaine prépotence russe à Constantinople par la prépotence inopportune et impolitique et les complaisances très intempestives que des moines exigeants de la Terre Sainte nous firent afficher nous-mêmes dans le divan.....

« ..... Nous fîmes une faute; mais la Russie fit un crime en représailles de cette faute. Ce crime fut d'autant plus crime que nous revînmes promptement nous-mêmes sur notre faute,

---

(1) DE LAMARTINE, Épilogue de l'*Histoire de Russie*.

et que nous enlevâmes par là tout prétexte à la Russie de persévérer dans son crime et d'attaquer la Turquie au cœur. Pourquoi? Parce qu'elle avait été faible devant les forts et parce qu'elle avait condescendu par contrainte à quelques exigences de situation envers nous! Etait-ce là de la justice? Non, c'était de la *politique judaïque*, qui se vengeait sur le faible de l'offense qu'elle avait reçue du fort.

« Nous croyons fermement qu'après avoir honoré l'avénement de Nicolas la Russie accusera bientôt sa mémoire. L'Europe dormait, il l'a réveillée en sursaut..... Malheur à qui réveille la conscience de l'Europe. L'opinion de l'Europe aujourd'hui, c'est le destin ; l'opinion du monde est unanime contre le dernier acte de la vie de l'empereur Nicolas.

« Quelle que soit la lutte plus ou moins longue, plus ou moins sanglante, plus ou moins heureuse pour nous qu'il a engagée sur l'existence de l'empire ottoman, la Russie ne peut que perdre à cette politique, perdre de l'estime, perdre des alliances, perdre du temps, perdre des hommes, perdre des mers, perdre du commerce, perdre des provinces! L'ambition qu'elle a démasquée trop tôt d'étendre sa domination sur Constantinople a noué en un seul jour la plus terrible ligue que ses ennemis pussent rêver contre elle, la ligue de la France et de l'Angleterre, la ligue des mers et du continent. Il ne fallait rien moins que le danger suprême de Constantinople aux mains des Russes pour faire disparaître ou ajourner toutes les causes de division et de rivalité secondaires entre ces deux grands peuples, et pour les unir en une seule flotte, en une seule armée, en un seul trésor. L'empereur Nicolas a accompli ce prodige.

« De ce jour, le fameux système continental, projeté par Napoléon contre l'Angleterre, est accompli ; mais il est accompli contre la Russie. Elle vivait d'exportation de ses produits agricoles : elle ne peut plus ni vendre ni acheter ; la mer, qui est le bazar flottant du monde, lui est fermée par ses deux portes, la Baltique et la mer Noire. Un blocus l'étouffe à l'embouchure de ses fleuves depuis la Néva jusqu'au Don et au Danube. Tous ces ports, tous ces forts et tous ces vaisseaux qu'elle avait construits depuis un siècle sur le littoral de la mer d'Azof, de la Crimée, du Kouban, du Caucase, comme autant d'avant-postes de ses conquêtes d'Europe et d'Asie, tombent sous le canon des coalisés pour l'empire ottoman. A la place des Tartares, qu'elle méprisait ou qu'elle asservissait, elle a appelé les Français, les Anglais, les Piémontais, et elle rappelle les Turcs en Crimée. »

CHAPITRE II.

Question des Lieux Saints. — Prétention de Nicolas au protectorat des chrétiens sujets du sultan. — Le prince Menchikoff, ambassadeur extraordinaire à Constantinople. — Conduite étrange de cet ambassadeur. — Rupture des négociations. — Menchikoff quitte Constantinople. — Manifeste de l'empereur Nicolas. — Les Russes passent le Pruth. — Déclaration de guerre de la Turquie au czar. — Lettre d'Omer-Pacha au prince Gortchakoff. — Modération du gouvernement ottoman. — Commencement des hostilités.

Examinons maintenant cette question des Lieux Saints qui a fait tant de bruit dans le monde et que la diplomatie semble avoir entourée à dessein d'un imbroglio inextricable. La voici dans toute sa simplicité.

Tout le monde sait que, depuis des siècles, les lieux consacrés par la naissance, la vie et la mort du Sauveur sont sous la domination de l'empereur de Turquie.

Par une tolérance qui fait le plus grand honneur aux enfants de Mahomet, les sultans ont constamment admis les chrétiens des diverses communions à faire leurs dévotions dans ces sanctuaires. Cela était bien; mais l'esprit de secte ne tarda pas à tout gâter, et depuis lors jusqu'à ce jour chrétiens du rite grec et chrétiens du rite latin n'ont cessé de réclamer, chacun de leur côté, des droits exclusifs et qui, en raison même de cette exclusivité, ne pouvaient pas avoir de durée. Appelés à prononcer sur des contestations sans cesse renouvelées, les sultans, dont près de la moitié des sujets sont du rite grec, étaient naturellement portés à favoriser ces derniers ; de leur côté les latins en appelaient au souverain de la France, seul capable de leur prêter un véritable appui.

Cette querelle sans cesse renaissante s'était considérablement envenimée dans ces dernières années, grâce à la Russie, qui, sous le prétexte de soutenir son Église prétendue orthodoxe, faisait tous ses efforts pour rendre le mal incurable.

Certes il était déraisonnable, absurde de rendre le sultan responsable de ces querelles en quelque sorte intestines ; ce fut pourtant ce que fit le cabinet de Saint-Pétersbourg, et Nicolas, s'appuyant sur ces dissensions, prétendit imposer au souverain de la Turquie un traité qui lui eût donné, à lui czar, le protectorat de tous les sujets chrétiens de la Sublime Porte et dont les termes étaient tels qu'il eût presque équivalu à une abdication du sultan Abd-ul-Medjid en faveur du czar. Repoussées avec indignation, ces prétentions n'en furent pas moins maintenues par Nicolas, qui, pour les soutenir, nomma, vers la fin de 1852, le prince Menchikoff ambassadeur extraordinaire à Constantinople (1).

Cette nomination fut considérée comme un événement politique de la plus haute importance, et le prince ambassadeur, obéissant aux instructions qu'il avait reçues, ne négligea rien pour en augmenter l'apparente importance. Parti de Saint-Pétersbourg vers le milieu de février, il se rendit d'abord en Crimée, où il passa en revue avec beaucoup de bruit et d'éclat l'immense flotte rassemblée dans la rade de Sébastopol, et où se trouvait rassemblée une armée de plus de cent mille hommes prête à entrer en campagne ; puis à la

(1) Voir à la partie biographique de cet ouvrage la notice sur le prince Menchikoff.

suite de ces menaçantes démonstrations, il s'embarqua à bord du vapeur *le Foudroyant*, qui le conduisit à Constantinople, où il arriva le 28 février 1853.

« Rien n'avait été négligé, dit un historien, pour que l'entrée du prince dans cette capitale produisît une grande sensation. Stipendiés par les agents russes, plus de dix mille Grecs l'attendaient à Top-Hané, et lui firent, dès qu'il fut à terre, un immense cortége, aux acclamations duquel il se mit en marche pour se rendre à son hôtel, accompagné du prince Galitzin, aide de camp de l'empereur, du comte Dimitri de Nesselrode, fils du ministre des affaires étrangères, et de tout le personnel de la légation russe.

« En même temps que cette marche triomphale mettait Constantinople en rumeur, le bruit se répandait dans cette ville que la formidable flotte de Sébastopol se disposait à mettre à la voile ; que plusieurs corps d'armée se concentraient en Bessarabie, et qu'une nombreuse avant-garde était arrivée sous les murs d'Iassy.

« Tout ce fracas eut en partie l'effet qu'en attendait le prince ambassadeur, c'est-à-dire que les musulmans en parurent visiblement émus. Grâce aux Grecs soudoyés par le czar, on se faisait depuis longtemps déjà, en Turquie, un fantôme monstrueux de la puissance militaire des Russes ; on y prenait à la lettre ces énonciations hyperboliques qui portaient l'ensemble des divers corps d'armée de l'empereur Nicolas à douze cent mille hommes, et qui montraient ses flottes assez fortes pour subjuguer à elles seules le monde entier.

« Mettant à profit cette disposition d'esprit des enfants de Mahomet, le prince Menchikoff donna immédiatement essor à son humeur violente et despotique. Dès le lendemain de son arrivée il envoya ses lettres de créance à Fuad-Effendi, ministre des affaires étrangères du sultan ; vingt-quatre heures après il sortit de son hôtel pour se rendre à la Porte.

« On put dès lors se convaincre que le prince avait surtout compté, pour le succès de son ambassade, sur le système d'intimidation qui déjà tant de fois avait réussi au cabinet russe. Se dépouillant tout à coup de cette auréole de grandeurs dont son débarquement avait été environné, Menchikoff se rendit au palais dans un costume civil d'un négligé inouï et sans aucune décoration.

« Le grand vizir, par patriotisme, se montra insensible à ces procédés outrageants. La conférence ne dura que quelques instants, après lesquels le prince sortit pour retourner à son hôtel. On lui fit alors observer qu'il était d'usage qu'un ambassadeur, après avoir été reçu par le grand vizir, fît visite au ministre des affaires étrangères.

« Ce ministère était alors occupé par Fuad-Effendi, un des hommes d'État les plus remarquables de notre temps et qui à une grande perspicacité joint une entente parfaite des affaires et des connaissances très étendues. Fuad-Effendi est commandeur de la Légion d'honneur; il parle le français et l'anglais avec une grande facilité, et dans diverses missions diplomatiques dont il a été chargé depuis dix ans il a rendu à son pays de très grands services. C'est lui qui, en 1849, fut nommé ambassadeur extraordinaire à Saint-Petersbourg pour régler les affaires des Principautés danubiennes. Il put alors étudier la Russie, se faire une juste idée de ses forces, de ses moyens d'action, et bientôt convaincu que l'on avait partout une opinion exagérée des ressources de cette puissance, il n'avait cessé jusqu'alors de combattre les injustes prétentions de l'autocrate.

« Le prince Menchikoff n'ignorait rien de tout cela; il savait parfaitement que Fuad-Effendi était, à Constantinople, l'adversaire le plus redoutable qu'il eût à combattre; aussi avait-il résolu de ne rien négliger pour le renverser. Il répondit donc à l'introducteur des ambassadeurs, qui l'invitait a entrer chez le ministre des affaires étrangéres, dont les appartements sont situés près de ceux du grand vizir, qu'il ne voulait rien avoir à démêler avec un homme sans foi comme l'était Fuad-Effendi; que c'était à ce dernier que l'on devait la prolongation des débats que lui, prince, avait mission de terminer, et qu'il était résolu à ne pas traiter avec lui.

« L'insulte était d'autant plus grave que ces paroles méprisantes et dédaigneuses furent prononcées à haute voix devant plusieurs grands fonctionnaires et au milieu des soldats qui faisaient la haie sur le passage de l'ambassadeur.

« Fuad-Effendi ne pouvait rester sous le coup d'un pareil outrage ; ne voulant pas augmenter les embarras de la situation, il donna aussitôt sa démission, et les instances les plus pressantes ne purent le déterminer à accepter un autre portefeuille (1). »

Gonflé de ce premier succès et continuant à s'affranchir des convenances diplomatiques et des plus simples règles de la politesse, Menchikoff fit bientôt connaître au gouvernement ottoman qu'il était venu pour obtenir un traité qui garantît au czar les priviléges qu'il réclamait en faveur du culte gréco-russe et le maintien de ce qu'il prétendait avoir toujours existé, et qui, ainsi que nous l'avons dit, eût donné à Nicolas le protectorat de la moitié des sujets du sultan.

Contrairement à l'espoir du prince Menchikoff, ses prétentions, les rodomontades, les menaces de rupture dont il les accompagna n'eurent aucun succès. Le cabinet ottoman sentit qu'il était temps d'en finir et de faire comprendre, une fois pour toutes à l'ambassadeur extraordinaire que ses efforts, tendant à compromettre l'indépendance de l'empire turc, ne pouvaient avoir aucun succès. On convoqua

---

(1) *L'Orient défendu*, par Noel Ségur.

donc un conseil dans lequel, indépendamment des ministres, tous les hauts fonctionnaires de l'État furent admis, et ce conseil, à la majorité de quarante-deux voix contre trois, rejeta les dernières propositions de la Russie, dont les tendances étaient trop évidentes pour qu'on pût s'y tromper.

Avis de cette décision ayant été donné à l'ambassadeur extraordinaire, il dut se reconnaître vaincu ; la retraite était donc le seul parti qu'il eût à prendre, et il s'y résigna d'autant plus facilement que c'était, de la part de la Russie, chose prévue et peut-être même désirée ; car, pendant que toutes ces jongleries s'accomplissaient, le czar n'avait pas cessé de caresser la France et l'Angleterre et de leur prodiguer des assurances de modération et des promesses de toute nature, tout en cherchant à les désunir.

Le prince Mènchikoff quitta Constantinople le 24 mai 1853, et il devint évident dès lors que tous les efforts de la diplomatie européenne seraient impuissants à empêcher la guerre d'éclater. Ce n'était pas que le sultan Abd-ul-Medjid se fît illusion sur les forces matérielles de la Russie ; mais, confiant en son bon droit et sentant bien que sa chute frapperait d'un stigmate ineffaçable les puissances occidentales, il résolut de faire tête à l'orage et de tomber avec honneur plutôt que de s'incliner ignominieusement devant le colosse du Nord.

Tandis que les diplomates européens, réunis à Vienne, continuaient à s'agiter dans le vide, entassant protocoles et *ultimatum* les uns sur les autres, et que M. de Nesselrode, ministre des affaires étrangères de Russie, signifiait aux puissances européennes la résolution prise par le czar de maintenir par tous les moyens possibles le protectorat qu'il prétendait lui être acquis sur les sujets du sultan appartenant à l'Église grecque, des préparatifs de guerre se faisaient de toutes parts.

Le 26 juin 1853, l'empereur Nicolas, s'appuyant sur le refus du traité demandé par le prince Menchikoff, publia contre la Turquie un manifeste menaçant; sept jours après, le 3 juillet, cent cinquante mille Russes passaient le Pruth et envahissaient la Moldavie et la Valachie, sans aucune déclaration de guerre préalable. Peut-être le czar s'attendait-il, de la part de la Turquie, en réponse à cet acte agressif, à quelque démonstration d'impuissante colère; il n'en fut rien : ce fut avec le calme que donne le sentiment du bon droit que le cabinet ottoman se disposa à opposer la force à la force.

Le 25 septembre, le gouvernement ottoman convoqua un grand conseil où furent admis, indépendamment des dix-sept ministres composant le cabinet, deux cents membres civils et militaires, tous dignitaires de l'État et chefs d'administration. A ces hommes vieillis dans les affaires fut soumise la grande question de la paix ou de la guerre, et telle était l'évidence du bon droit de la Porte qu'après deux séances de dix heures chacune l'assemblée se déclara, à l'unanimité, pour le maintien des droits du sultan contrairement aux stipulations de la note de Vienne. Il fut en outre décidé que, tant que les Russes n'auraient pas repassé le Pruth, la Turquie devait se considérer en état de guerre contre eux.

Cette déclaration de guerre fut officiellement constatée dans le *Journal de Constantinople* du 4 octobre; le 8 du même mois, le grand vizir l'annonça par une proclamation pleine de dignité, de modération et du sentiment du bon droit qui l'avait dictée.

« Qu'il soit bien compris, *était-il dit dans cette pièce*, que cette guerre est une guerre contre un gouvernement qui, sans la moindre provocation, a violé les droits de l'indépendance de l'empire ottoman. Les relations amicales qui existent entre la Sublime Porte et les autres nations amies ne doivent pas souffrir la moindre altération par suite des conséquences de cette situation. Personne donc ne doit molester les marchandises ou les sujets de ces puissances, quelle que soit leur religion. La vie, l'honneur et les propriétés des raïas doivent être sacrés comme les nôtres. »

Le même jour, 8 octobre, Omer-Pacha, généralissime des troupes turques en Roumélie, écrivait au prince Gortchakoff, commandant en chef des troupes russes qui avaient envahi la Moldavie et la Valachie :

« Monsieur le général, c'est par ordre de mon gouvernement que j'ai l'honneur d'adresser cette lettre à Votre Excellence.

« Tandis que la Porte épuisait tous les moyens de conciliation afin de maintenir la paix en même temps que son indépendance, la cour de Russie n'a cessé de faire naître des difficultés, et elle a été jusqu'à violer les traités par l'occupation des Principautés de Moldavie et de Valachie, qui forment partie intégrante de l'empire.

« Fidèle à son système pacifique, la Sublime Porte, au lieu d'user de son droit de représailles, s'est bornée alors à protester, sans s'écarter de la voie qui pouvait encore mener à un arrangement. La Russie, au contraire, se gardant bien de montrer des sentiments analogues, a fini par rejeter les propositions recommandées par les augustes cours médiatrices et nécessaires à l'honneur comme à la sûreté du gouvernement ottoman. Il ne reste, par conséquent, à celui-ci que l'indispensable obligation de recourir à la guerre. Mais, puisque l'invasion des Principautés et la violation des traités qui l'accompagne sont les causes inévitables de la guerre, la Sublime Porte, pour dernière expression de ses sentiments pacifiques, invite Votre Excellence, par mon intermédiaire, à évacuer les deux Principautés, et elle vous accorde pour vous conformer à cette invitation un délai de quinze jours. C'est ce que j'ai l'honneur de faire savoir à Votre Excellence, en saisissant cette occasion pour lui offrir les assurances de ma parfaite considération. »

Le prince Gortchakoff, ainsi qu'on devait s'y attendre, se borna à répondre qu'il ne pouvait qu'obéir aux ordres de l'empereur, son maître, en vertu desquels il occupait les Principautés.

Il ne s'agissait donc plus de négocier, mais de combattre. C'est alors que le gouvernement ottoman donna une preuve de sagesse et de modération digne d'être enregistrée dans l'histoire. Instruit que l'empereur Nicolas devait se rendre à Olmutz pour y avoir une entrevue avec le roi de Prusse et l'empereur d'Autriche, et que les diplomates espéraient encore que cette entrevue pourrait amener une solution pacifique, il s'empressa d'envoyer l'ordre à Omer-Pacha de rester sur la défensive jusqu'au 1ᵉʳ novembre, dans le cas où les hostilités ne seraient pas commencées lorsque cet ordre lui parviendrait. Mais lorsque le général ottoman reçut ce message le sang avait déjà coulé : le jour même où expirait le délai accordé au prince Gortchakoff pour évacuer les Principautés, attaqués dans le fort d'Issatcha qu'ils occupaient, sur la rive gauche du Danube, les Turcs, bien qu'inférieurs en nombre, s'y étaient vigoureusement défendus, et deux compagnies russes avaient été battues près de Tourtoukaï par un détachement d'infanterie égyptienne.

La lutte ainsi engagée devait avoir des conséquences immenses ; ses résultats pouvaient changer non-seulement la face de l'Europe, mais celle du monde entier. Évidemment l'heure de la réalisation des vastes et ambitieux projets de Pierre Iᵉʳ n'était pas venue, et il était aisé de prévoir, à l'attitude des puissances occidentales, qu'elles avaient le sentiment de leur force et qu'elles étaient loin de cette décadence de l'empire romain qui avait amené l'invasion des barbares ; mais la prospérité a cela de fatal qu'elle aveugle ses favoris, et il arrive que les meilleurs esprits ne savent pas se garantir de l'espèce de mirage qu'elle produit. Telle était la situation morale de Nicolas et de son cabinet : la fortune semblait s'être efforcée pendant quarante ans d'épaissir le bandeau qui couvrait leur vue.

L'étoile de la Russie commençait à pâlir.

CHAPITRE III.

oclamation d'Omer-Pacha. — Bataille d'Oltenitza. — Mouvement des flottes française et anglaise. — Massacre de Sinope. — Entrée des flottes française et anglaise dans la mer Noire. — Premières hostilités en Asie. — Affaire de Citaté. Entrée des Russes dans la Drobrutcha. — Siége de Silistrie. — Déclaration de la reine d'Angleterre à son Parlement. — Lettre de l'empereur Napoléon III au czar Nicolas.—Réponse du czar.—Déclaration de guerre de la France et de l'Angleterre à la Russie.

Les Turcs, dont la Russie et ses partisans s'étaient tant efforcés, depuis longtemps, de rabaisser les qualités militaires, devaient donner bientôt un éclatant et glorieux démenti à leurs détracteurs. Plein de foi en son génie, en la justice de la cause qu'il est chargé de défendre, Omer-Pacha (1) se prépare à prendre l'offensive, et il adresse à son armée cette proclamation remarquable, qui eût suffi pour enthousiasmer les plus timides :

« Soldats impériaux !

« Quand nous combattrons notre ennemi, fermes et courageux, nous ne fuirons pas, et, pour nous venger de lui, nous sacrifierons notre tête et notre âme. Voyez le Coran ; nous l'avons juré sur le Coran. Vous êtes musulmans et je

(1) Voir plus loin, à la partie biographique de cet ouvrage, la notice historique sur ce grand homme de guerre.

ne doute pas que vous ne sacrifiiez votre tête et votre âme pour la religion et pour le gouvernement.

« Mais s'il est parmi vous un seul homme qui ait peur de la guerre, qu'il le dise ; car il est trop périlleux de se présenter à l'ennemi avec de tels hommes. La peur est une maladie du cœur. Celui qui a peur sera employé dans les hôpitaux et à d'autres services ; mais plus tard quiconque tournera le dos à l'ennemi sera fusillé.

« Les hommes courageux qui veulent, au contraire, s'immoler pour la religion et pour le trône, qu'ils restent. Leur cœur est uni à Dieu, fidèle à la religion, et s'ils se montrent valeureux, Dieu leur donnera la victoire.

« Soldats ! purifions notre cœur, et puis confions-nous dans l'assistance de Dieu !

« Combattons et faisons le sacrifice de nous-mêmes comme nos aïeux, et comme ils nous ont légué notre patrie et notre religion, nous devons les léguer à nos fils.

« Vous savez tous que le but de cette vie est de servir dignement Dieu et le sultan, et de gagner ainsi le ciel.

« Soldats, quiconque a de l'honeur doit penser et servir dans ces sentiments. Dieu nous protége !

« Le muchir OMER-PACHA. »

Électrisés par cette énergique allocution, les dix mille Turcs qui occupent le camp de Tourtoukaï reçoivent, le 2 novembre 1853, l'ordre de se tenir prêts à se mettre en marche. Le lendemain, avant le point du jour, la prière se fait dans le camp ; puis, aux premières lueurs de l'aube, dix mille hommes sortent sans bruit de leurs retranchements, s'avancent en colonnes serrées vers le Danube, s'élancent sur les barques qui les attendent, et se dirigent résolûment vers le village d'Oltenitza, situé sur l'autre rive et occupé par les Russes qui ouvrent aussitôt un feu terrible sur les assaillants.

Les Turcs ne s'en émeuvent pas ; ils continuent de s'avancer en bon ordre, et, fidèles à leur résolution d'obéir jusqu'à la mort à leur brave général, ceux qu'atteignent les balles, les boulets et la mitraille tombent sans pousser un cri, sans que la moindre plainte se fasse entendre dans les rangs.

Bientôt les barques ne sont plus qu'à une faible distance de la rive défendue par les Russes ; quelques-unes même y touchent : alors, avec un admirable élan, les Turcs qui montent les plus éloignées s'élancent dans le fleuve ; puis, dans l'eau jusqu'aux reins, quelques-uns même jusqu'aux épaules, ils ouvrent le feu en s'avançant vers la rive, qu'ils atteignent intrépidement, et, malgré le feu des Russes, devenu plus meurtrier à mesure que les Ottomans s'avancent, ces derniers s'emparent des bâtiments dits de la Quarantaine, s'y établissent et s'y défendent avec tant de vigueur que tous les efforts des Russes sont impuissants à les en déloger.

En même temps une partie des troupes ottomanes montées sur les dernières barques, s'emparait d'une petite île située en face d'Oltenitza et y établissait des batteries dont le feu bien dirigé ne tarda pas à faire taire celui de leurs adversaires.

Après trois heures de combat, les Russes commencent de toutes parts à battre en retraite, et cette retraite est tellement précipitée qu'elle semble ne pouvoir tarder à se transformer en une déroute complète, lorsqu'un renfort de douze mille hommes leur arrive sous la conduite du général Dannenberg.

Grâce à ce secours, les Russes s'arrêtent, parviennent à prendre position, et le 4 au matin le général Pavloff, qui commande les forces réunies, se dispose à reprendre l'offensive. Mais de son côté Omer-Pacha avait pris toutes ses dispositions pour le cas où il serait attaqué, et tel était l'enthousiasme de ses soldats exaltés par le succès que tous, malgré leur infériorité numérique, brûlaient du désir d'en venir aux mains pour la seconde fois.

Au lever du soleil, le canon russe se fait entendre ; les Turcs y répondent d'abord faiblement ; attirés par cette défense en apparence si molle, les soldats de Pavloff s'avancent avec confiance ; mais tout à coup un feu terrible de mousqueterie part des lignes ottomanes, et l'artillerie d'Omer-Pacha tonne avec fureur. Les Turcs manœuvrent avec tant d'ensemble, à la voix de leur général, qu'ils semblent se multiplier et font face sur tous les points, et que les Russes, se trouvant tout à coup pris entre deux feux, cherchent leur salut dans la fuite ; écrasées par la mitraille, leurs colonnes se jettent dans un marais, seul chemin qui leur soit ouvert. Cette fois leur déroute fut complète ; ils laissèrent le terrain jonché de cadavres et littéralement couvert d'armes, que les fuyards avaient jetées pour s'éloigner plus rapidement.

Tandis que cela se passait, la France et l'Angleterre ne restaient pas inactives ; à la première nouvelle de l'envahissement de la Valachie et de la Moldavie par les Russes, Napoléon III avait ordonné à sa flotte de la Méditerranée de se rendre dans les eaux de Salamine, en même temps que la flotte anglaise se concentrait à Malte. Le 27 novembre 1853, ces deux flottes réunies franchissaient les Dardanelles sous le commandement de l'amiral Hamelin pour les Français et de l'amiral Dundas pour les Anglais. Ce même jour (27 novembre) les Russes commençaient, sur l'ordre du czar Nicolas, l'accomplissement d'un acte de férocité et de barbarie tel qu'il n'a point d'exemple dans les annales de la guerre : le massacre de Sinope. Voici dans quelles circonstances s'accomplit cet épouvantable attentat.

L'empereur Nicolas, dans son semblant d'hypocrite modération, avait déclaré, en recevant la déclaration de guerre de la Porte, que, les négociations n'étant pas rompues avec les grandes puissances occidentales, il resterait sur la défensive, et que tant que les négociations dureraient la flotte de la mer Noire ne se livrerait à aucun acte d'hostilité. Cette déclaration avait été communiquée à l'amiral turc Osman-Pacha, commandant la flottille turque dans ces parages, laquelle se bornait, selon ses instructions, à entretenir les communications entre Constantinople et l'armée turque d'Anatolie.

Voici maintenant ce qui arriva, d'après les rapports les plus authentiques :

Le 27 novembre, cette flottille était mouillée dans la rade de Sinope, attendant un vent favorable pour reprendre la mer, lorsque deux vaisseaux de ligne et un brick russe vinrent la reconnaître en s'avançant à demi-portée de canon. Osman-Pacha aurait pu demander du secours aux flottes alliées, qui étaient peu éloignées ; mais la reconnaissance s'étant faite pacifiquement, il crut n'avoir rien à craindre, et il resta au mouillage sans même songer à prendre position pour le cas où il serait attaqué. Il était encore dans la même situation lorsque le 30 novembre, vers le milieu du jour, une escadre russe lui fut signalée ; elle était composée de six vaisseaux de ligne, deux frégates et trois bateaux à vapeur, et suivie à distance de quatre frégates et de plusieurs autres bâtiments. Cette escadre, six fois plus forte que la flottille turque, était commandée par l'amiral Nakimoff.

Osman-Pacha sentait bien qu'il ne pouvait compter sur l'appui de la ville de Sinope, dont les batteries, vieilles, mal situées et mal construites, auraient vainement tenté de lui être en aide ; mais, comme je viens de le dire, il ne s'émut d'aucune de ces circonstances, tant il était convaincu qu'on ne songeait pas à l'attaquer. Il devait pourtant en être tout autrement, et bientôt Nakimoff, après avoir fait prendre position à son escadre, envoya à Osman un parlementaire pour le sommer de se rendre; pour toute réponse à cet acte déloyal, Osman-Pacha jeta, comme un rugissement de lion, l'ordre de faire feu de toutes pièces sur ce déloyal adversaire.

Ce fut d'abord un beau spectacle que celui de cette pauvre petite flottille se dressant comme un serpent de feu contre le géant moscovite; mais la lutte était trop inégale pour qu'il fût possible qu'elle durât longtemps; écrasés par huit cents canons de gros calibre, alors qu'ils n'avaient pour riposter qu'une artillerie quatre fois moins forte, les Turcs, après s'être battus jusqu'au dernier moment avec le courage du désespoir, firent héroïquement sauter leurs frégates, afin de ne pas tomber vivants aux mains de l'ennemi; mais le sort trahit le courage de quelques-uns, et, entre autres, de l'amiral Osman, qui, la cuisse droite brisée par la mitraille, fut fait prisonnier au moment où le bâtiment qu'il montait s'enfonçait dans l'abîme. Les Turcs, ainsi déloyalement attaqués, perdirent dans cette terrible rencontre plus de quatre mille de leurs plus braves marins, et un seul des bâtiments de leur flottille, *le Taïf*, bateau à vapeur, parvint à échapper au désastre; ce fut lui qui en apporta la nouvelle à Constantinople, tandis que les Russes, terminant leur œuvre de lâcheté et de destruction, achevaient d'écraser et de brûler la ville de Sinope.

Il devint évident dès lors que l'indépendance de l'empire ottoman était sérieusement menacée, et que la Russie était décidée à ne reculer devant aucun des moyens les plus déloyaux pour amener la chute de cet empire, objet de sa longue et persévérante convoitise; aussi le sultan s'empressa-t-il d'appeler dans la mer Noire les flottes anglaise et française, qui, seules désormais, pouvaient mettre sa capitale à l'abri d'un coup de main.

Ce fut le 3 janvier 1854 que les pavillons des flottes alliées se montrèrent sur cette mer, où, d'après les traités, nul bâtiment de guerre appartenant aux puissances occidentales ne devait pénétrer, et les amiraux anglais et français donnèrent aussitôt avis au gouverneur de Sébastopol que, conformément aux instructions de leurs gouvernements respectifs, ils ne souffriraient désormais aucune agression contre le territoire ottoman.

Cependant les hostilités avaient également commencé en Asie, où bientôt les habitants de la Circassie et du Daghestan se levèrent en masse contre les Russes, leurs plus anciens et plus implacables ennemis. Vingt mille Russes furent par eux attaqués et presque anéantis, et l'autorité du czar dans cette contrée fut un instant tellement compromise que le gouverneur de cette province demanda en toute hâte des secours à Saint-Pétersbourg contre les généraux turcs qui étaient sur le point de faire leur jonction avec Schamyl, ce prince guerrier qui depuis plus de trente ans défend contre les efforts des Russes sa patrie et sa foi (1). Schamyl, en effet, avait, dès le 23 octobre 1853, attaqué et emporté d'assaut le fort de Chefkétil, appelé par les Russes Saint-Nicolas, après avoir culbuté les Russes à la baïonnette, leur avoir pris deux mille fusils et plusieurs pièces de canon.

Irrité par ces revers successifs qui donnaient un si éclatant démenti à ce qu'il avait dit de la faiblesse et de la chute prochaine de l'empire ottoman, le czar devint furieux en apprenant le résultat de l'affaire de Citaté, qui eut lieu le 6 janvier 1854 et dans laquelle les Turcs, après avoir écrasé les Russes dans le village de Citaté, où ils les avaient attaqués corps à corps, avaient achevé leur défaite sur la route de Kalafat, en enlevant à la baïonnette, n'ayant que quatre mille hommes, une redoute défendue par dix mille Russes appartenant aux corps d'élite. Il est vrai qu'Omer-Pacha était là, marchant toujours

(1) Voir à la partie biographique de cet ouvrage.

au premier rang et faisant ramasser en riant, après la victoire, sacs, fusils et gibernes et jusqu'aux instruments de musique abandonnés sur le champ de bataille.

Quoi qu'il en soit, le czar rappela Gortchakoff, et le remplaça par le maréchal Paskiévitch, vieillard presque octogénaire, vivant sur sa vieille réputation plus ou moins bien acquise et qui néanmoins voulut tout d'abord reprendre l'offensive. Le 22 mars 1854, quarante mille Russes, sous le commandement de ce vieux général, s'avancèrent vers le Danube, et commencèrent à passer le fleuve sur trois points différents, après avoir anéanti le fort de Matchin, défendu par une poignée de Turcs, qui se battirent tant qu'ils eurent un canon et une cartouche. Le combat ne fut pas moins meurtrier sur la rive droite, où les Turcs avaient établi des redoutes en terre dans lesquelles ils soutinrent plusieurs assauts, bien qu'ils n'eussent que deux mille cinq cents hommes et quatre pièces de canon à opposer aux quarante mille soldats de Paskiévitch.

« Les Russes, dit le *Moniteur*, furent reçus par un feu d'infanterie très nourri qui dura fort avant dans la nuit et fit de grands ravages dans leurs rangs. Bien qu'ils fussent environ cinq contre un, ils ne purent se rendre maîtres des retranchements derrière lesquels les Turcs leur opposaient une résistance héroïque.

« Ce n'est qu'à minuit, et lorsque des douze cents réguliers il ne restait plus que cent soixante hommes, dont quatre-vingt-dix blessés, que l'ennemi parvint à prendre la position d'assaut. Les quatre-vingt-dix blessés furent faits prisonniers et envoyés à Ismaïl.

« La perte des Turcs a été de douze cents morts et blessés et de cent quinze prisonniers.

« Les Russes ont eu quatre mille hommes hors de combat, dont soixante-dix officiers.

« L'armée russe était tellement découragée par la perte énorme qu'elle avait essuyée dans cette affaire que ce ne fut que le lendemain, à trois heures après midi, qu'elle entra à Toultcha. Le général Uschakoff avait fait camper ses troupes hors de la ville; mais il fut obligé d'y introduire trois bataillons pour contenir les volontaires grecs de l'armée, qui y commettaient les plus grandes atrocités. Ces scrupules du général n'ont pas empêché toutefois qu'il ne livrât lui-même la ville pendant deux jours au pillage de ses soldats. La perte des négociants grecs, autrichiens et anglais fut considérable. »

C'est ainsi que l'armée russe pénétra dans la Dobrutcha, pays marécageux, malsain, où Paskiévitch espérait attirer Omer-Pacha; mais ce dernier était trop habile pour donner dans le piége et compromettre inutilement son armée. Au lieu de s'engager dans des marais pestilentiels, il laissa les Russes s'y étendre, et, se repliant, il alla prendre position dans le triangle formé par les places fortes de Varna, Silistrie et Schumla. Paskiévitch alors marcha sur Silistrie, qu'il attaqua avec quatre-vingts pièces de canon, et dont il devait être obligé de lever le siége, trois mois après, sans que le moindre succès eût compensé les pertes énormes que lui avaient fait éprouver les héroïques défenseurs de cette glorieuse cité.

Tandis que cela se passait, les flottes des amiraux anglais et français, Dundas et Hamelin, étaient, comme nous l'avons dit plus haut, entrées dans la mer Noire; dès les premiers jours de janvier 1854, ils firent savoir aux amiraux russes que, si tous les navires de guerre du czar n'étaient pas rentrés dans les ports dans le délai de quinze jours, ils les obligeraient à y rentrer par la force (1). L'empereur Nicolas,

1) Confiant et persévérant dans le système d'intimidation qu'il avait adopté, le cabinet russe eut l'air de ne pas prendre au sérieux cette déclaration; aussi M. de Nesselrode se borna-t-il à répondre à lord Clarendon, ministre des affaires étrangères d'Angleterre : « L'empereur se voit

furieux de cette sommation, y répondit en rappelant ses ambassadeurs de Londres et de Paris; en même temps, les ambassadeurs anglais et français quittaient Saint-Pétersbourg, et le 31 janvier la reine Victoria annonçait en ces termes à son parlement que la guerre était devenue inévitable :

« L'espoir que j'ai exprimé à la fin de la dernière session, que le différend qui existait entre la Russie et la Porte ottomane serait bientôt arrangé, ne s'est pas réalisé, et j'ai le regret de dire qu'un état de guerre s'en est suivi.

« J'ai continué d'agir avec la coopération cordiale de l'empereur des Français, et les efforts que j'ai faits avec mes alliés pour conserver et rétablir la paix entre les puissances en lutte, quoiqu'ils aient été sans succès jusqu'à ce jour, n'ont pas cessé un seul instant.

« Je ne manquerai pas de persévérer dans ces efforts; mais la continuation de la guerre pouvant affecter profondément l'intérêt de l'Angleterre et celui de l'Europe, je crois nécessaire de procéder à une nouvelle augmentation de mes forces de terre et de mer dans le but d'appuyer mes représentations et de contribuer plus efficacement au rétablissement de la paix.

« J'ai ordonné que les papiers explicatifs des négociations qui ont eu lieu à ce sujet fussent communiqués sans retard. »

Tout annonçait donc la rupture prochaine des deux grandes puissances occidentales avec la Russie. Dans ces conjonctures, Napoléon III, dont ces paroles : *l'Empire c'est la paix*, avaient eu un si grand et si universel retentissement,

donc obligé de protester solennellement contre la déclaration qui lui a été adressée, et il ne peut, en aucune façon, en admettre la légalité. Il attendra, pour se décider sur la marche qu'il adoptera, la manière dont cette déclaration aura été mise à exécution par les amiraux des deux flottes et l'attitude que prendront leurs vaisseaux vis-à-vis des nôtres. »

(*Pièces diplomatiques communiquées au Parlement.*)

voulut, avant que la puissante épée de la France sortît du fourreau, tenter un dernier effort pour ramener le czar à des sentiments de justice et de paix, et il lui adressa la lettre suivante qui restera comme un monument de loyauté, de modération, de force bien sentie et de haute raison :

« Sire,

« Le différend qui s'est élevé entre Votre Majesté et la Porte ottomane en est venu à un tel point de gravité que je crois devoir expliquer moi-même directement à Votre Majesté la part que la France a prise dans cette question et les moyens que j'entrevois d'écarter les dangers qui menacent le repos de l'Europe.

« La note que votre Majesté vient de faire remettre à mon gouvernement et à celui de la reine Victoria tend à établir que le système de pression adopté dès le début par les deux puissances maritimes a seul envenimé la question. Elle aurait, au contraire, ce me semble, continué à demeurer une question de cabinet si l'occupation des Principautés ne l'avait transportée tout à coup du domaine de la discussion dans celui des faits. Cependant, les troupes de Votre Majesté une fois entrées en Valachie, nous n'en avons pas moins engagé la Porte à ne pas considérer cette occupation comme un cas de guerre, témoignant ainsi notre extrême désir de conciliation. Après m'être concerté avec l'Angleterre, l'Autriche et la Prusse, j'ai proposé à Votre Majesté une note destinée à donner une satisfaction commune ; Votre Majesté l'a acceptée. Mais à peine étions-nous avertis de cette bonne nouvelle que son ministre, par des commentaires explicatifs, en détruisait tout l'effet conciliant et nous empêchait par là d'insister à Constantinople sur son adoption pure et simple. De son côté, la Porte avait proposé au projet de note des modifications que les quatre puissances représentées à

Vienne ne trouvèrent pas inacceptables. Elles n'ont pas eu l'agrément de Votre Majesté. Alors la Porte, blessée dans sa dignité, menacée dans son indépendance, obérée par les efforts déjà faits pour opposer une armée à celle de Votre Majesté, a mieux aimé déclarer la guerre que de rester dans cet état d'incertitude et d'abaissement. Elle avait réclamé notre appui ; sa cause nous paraissait juste : les escadres anglaise et française reçurent l'ordre de mouiller dans le Bosphore.

« Notre attitude vis-à-vis de la Turquie était protectrice, mais passive. Nous ne l'encouragions pas à la guerre. Nous faisions sans cesse parvenir aux oreilles du sultan des conseils de paix et de modération, persuadés que c'était le moyen d'arriver à un accord, et les quatre puissances s'entendirent de nouveau pour soumettre à Votre Majesté d'autres propositions. Votre Majesté, de son côté, montrant le calme qui naît de la conscience de sa force, s'était bornée à repousser, sur la rive gauche du Danube comme en Asie, les attaques des Turcs, et avec la modération digne du chef d'un grand empire elle avait déclaré qu'elle se tiendrait sur la défensive. Jusque-là nous étions donc, je dois le dire, spectateurs intéressés, mais simples spectateurs de la lutte, lorsque l'affaire de Sinope vint nous forcer à prendre une position plus tranchée. La France et l'Angleterre n'avaient pas cru utile d'envoyer des troupes de débarquement au secours de la Turquie. Leur drapeau n'était donc pas engagé dans les conflits qui avaient lieu sur terre. Mais sur mer c'était bien différent. Il y avait à l'entrée du Bosphore trois mille bouches à feu dont la présence disait assez haut à la Turquie que les deux premières puissances maritimes ne permettraient pas de l'attaquer sur mer. L'événement de Sinope fut pour nous aussi blessant qu'inattendu ; car peu importe que les Turcs aient voulu ou non faire passer des munitions de guerre sur le territoire russe. En fait, des vaisseaux russes sont venus attaquer des bâtiments turcs dans les eaux de la Turquie et mouillés tranquillement dans un port turc; ils les ont détruits malgré l'assurance de ne pas faire une guerre agressive, malgré le voisinage de nos escadres. Ce n'était plus notre politique qui recevait là un échec, c'était notre honneur militaire.

« Les coups de canon de Sinope ont retenti douloureusement dans le cœur de tous ceux qui, en Angleterre et en France, ont un vif sentiment de la dignité nationale. On s'est écrié d'un commun accord : Partout où nos canons peuvent atteindre, nos alliés doivent être respectés. De là l'ordre donné à nos escadres d'entrer dans la mer Noire, et d'empêcher par la force, s'il le fallait, le retour d'un semblable événement. De là la notification collective envoyée au cabinet de Saint-Pétersbourg pour lui annoncer que, si nous empêchions les Turcs de porter une guerre agressive sur les côtes appartenant à la Russie, nous protégerions le ravitaillement de leurs troupes sur leur propre territoire. Quant à la flotte russe, en lui interdisant la navigation de la mer Noire, nous la placions dans des conditions différentes, parce qu'il importait, pendant la durée de la guerre, de conserver un gage qui pût être l'équivalent des parties occupées du territoire turc et faciliter la conclusion de la paix en devenant le titre d'un échange désirable.

« Voilà, Sire, la suite réelle et l'enchaînement des faits. Il est clair qu'arrivés à ce point ils doivent amener promptement ou une entente définitive ou une rupture décidée.

« Votre Majesté a donné tant de preuves de sa sollicitude pour le repos de l'Europe, elle y a contribué si puissamment par son influence bienfaisante contre l'esprit de désordre que je ne saurais douter de sa résolution dans l'alternative qui se présente à son choix. Si Votre Majesté désire autant que moi une conclusion pacifique, quoi de plus simple que de déclarer qu'un armistice sera signé aujourd'hui, que les choses reprendront leur cours diplomatique, que toute hostilité cessera et que toutes les forces belligérantes se retireront des lieux où des motifs de guerre les ont appelées?

« Ainsi les troupes russes abandonneraient les Principautés et nos escadres la mer Noire. Votre Majesté préférant traiter directement avec la Turquie, elle nommerait un ambassadeur qui négocierait avec un plénipotentiaire du sultan une convention qui serait soumise à la conférence des quatre puissances. Que Votre Majesté adopte ce plan, sur lequel la reine d'Angleterre et moi sommes parfaitement d'accord; la tranquillité est rétablie et le monde satisfait. Rien, en effet, dans ce plan qui ne soit digne de Votre Majesté, rien qui puisse blesser son honneur. Mais si, par un motif difficile à comprendre, Votre Majesté opposait un refus, alors la France, comme l'Angleterre, serait obligée de laisser au sort des armes et aux hasards de la guerre ce qui pourrait être décidé aujourd'hui par la raison et par la justice.

« Que Votre Majesté ne pense pas que la moindre animosité puisse entrer dans mon cœur; il n'éprouve d'autres sentiments que ceux exprimés par Votre Majesté elle-même dans sa lettre du 17 janvier 1853, lorsqu'elle m'écrivait : « Nos
« relations doivent être sincèrement amicales, reposer sur
« les mêmes intentions : maintien de l'ordre, amour de la
« paix, respect aux traités et bienveillance réciproque. » Ce programme est digne du souverain qui le traçait, et, je n'hésite pas à l'affirmer, j'y suis resté fidèle.

« Je prie Votre Majesté de croire à la sincérité de mes sentiments, et c'est dans ces sentiments que je suis,

« Sire,

« De Votre Majesté, le bon ami,

« NAPOLÉON. »

A cette lettre si digne, empreinte à chaque phrase de la plus noble franchise, Nicolas ne répondit que par de misérables récriminations, où l'orgueil délirant du czar et la mauvaise foi moscovite, si justement devenue proverbiale, se déguisent mal sous un monceau d'arguments sans valeur et d'assertions erronées. Voici cette lettre, que l'histoire doit enregistrer, afin que les générations futures puissent se faire une juste idée de cette politique cauteleuse à laquelle tous les moyens sont bons pour arriver à ses fins :

« Sire,

« Je ne saurais mieux répondre à Votre Majesté qu'en répétant, puisqu'elles m'appartiennent, les paroles par lesquelles sa lettre se termine : « Nos relations doivent être « sincèrement amicales et reposer sur les mêmes intentions : « maintien de l'ordre, amour de la paix, respect aux traités « et bienveillance réciproque. » En acceptant, dit-elle, ce programme, tel que je l'avais moi-même tracé, elle affirme y être restée fidèle. J'ose croire et ma conscience me dit que je ne m'en suis pas écarté (1).

« Car, dans l'affaire qui nous divise et dont l'origine ne vient pas de moi, j'ai toujours cherché à maintenir des relations excellentes avec la France ; j'ai évité avec le plus grand soin de me rencontrer sur ce terrain avec les intérêts de la religion que Votre Majesté professe ; j'ai fait au maintien de la paix toutes les concessions de fond et de forme que mon honneur me rendait possibles, et en réclamant pour mes coreligionnaires de Turquie (2) la confirmation des droits et

(1) Était-ce donc par respect pour ce programme que Nicolas annonçait à l'ambassadeur d'Angleterre la chute prochaine de l'empire ottoman, et qu'il en offrait successivement le partage à la Grande-Bretagne et à la France?

(2) Les chrétiens du rite grec ne sont pas les coreligionnaires des Russes orthodoxes. Cette confusion volontaire n'a d'autre but de la part de

privilèges qui leur ont été acquis depuis longtemps au prix du sang russe, je n'ai demandé autre chose que ce qui découlait des traités.

« Si la Porte avait été laissée à elle-même, le différend qui tient en suspens l'Europe eût été depuis longtemps aplani (1). Une influence fatale est seule venue se jeter à la traverse. En provoquant des soupçons gratuits, en exaltant le fanatisme des Turcs, en égarant leur gouvernement sur mes intentions et la vraie portée de mes demandes, elle a fait prendre à la question des proportions si exagérées que la guerre en a dû sortir.

« Votre Majesté me permettra de ne point m'étendre trop en détails sur les circonstances exposées à son point de vue particulier, dont sa lettre présente l'enchaînement. Plusieurs actes de ma part, peu exactement appréciés, suivant moi, et plus d'une fois intervertis, nécessiteraient, pour être établis tels au moins que je les conçois, de longs développements qui ne sont guère propres à entrer dans une correspondance de souverain à souverain.

« C'est ainsi que Votre Majesté attribue à l'occupation des Principautés le tort d'avoir subitement transporté la question du domaine de la discussion dans celui des faits. Mais elle perd de vue que cette occupation, purement éventuelle encore, a été devancée et en grande partie amenée par un fait antérieur fort grave, celui de l'apparition des flottes combinées dans le voisinage des Dardanelles (2), outre que déjà

Nicolas, que de se poser en protecteur des sujets grecs du sultan, dont le nombre dépasse onze millions. Quel misérable subterfuge!
(*Notes de l'Éditeur.*)

(1) C'est-à-dire que le drapeau russe flotterait depuis longtemps sur les mosquées et les palais de Constantinople.

(2) Voici la meilleure réplique qui puisse être faite à cette assertion :
« Je me bornerai à rappeler que, si l'escadre française, à la fin de mars, a mouillé dans la baie de Salamine, c'est que, depuis le mois de

bien auparavant, quand l'Angleterre hésitait encore à prendre contre la Russie une attitude comminatoire, Votre Majesté avait la première envoyé sa flotte jusqu'à Salamine.

« Cette démonstration blessante annonçait certes peu de confiance en moi. Elle devait encourager les Turcs et paralyser d'avance le succès des négociations, en leur montrant la France et l'Angleterre prêtes à soutenir leur cause à tout événement.

« C'est encore ainsi que Votre Majesté attribue aux commentaires explicatifs de mon cabinet sur la note de Vienne l'impossibilité où la France et l'Angleterre se sont trouvées d'en recommander l'adoption à la Porte.

« Mais Votre Majesté peut se rappeler que nos commentaires ont suivi, et non précédé la non-acceptation pure et simple de la note, et je crois que les puissances, pour peu qu'elles voulussent sérieusement la paix, étaient tenues à réclamer d'emblée cette adoption pure et simple, au lieu de permettre à la Porte de modifier ce que nous avions adopté sans changement.

« D'ailleurs, si quelques points de nos commentaires avaient pu donner matière à difficultés, j'en ai offert à Olmutz une solution satisfaisante, qui a paru telle à l'Autriche et à la Prusse. Malheureusement, dans l'intervalle, une par-

---

janvier, d'immenses rassemblements de troupes se formaient en Bessarabie; que si les forces navales de la France et de l'Angleterre se sont rapprochées des Dardanelles, où elles ne sont arrivées qu'à la fin de juin, c'est qu'une armée russe campait sur les bords du Pruth et que la résolution de lui faire franchir cette rivière était prise et officiellement annoncée dès le 31 mai; que si nos flottes ont été plus tard à Constantinople, c'est que le canon grondait sur le Danube; et qu'enfin, si elles sont entrées dans la mer Noire, c'est parce que, contrairement à la promesse de rester sur la défensive, des vaisseaux russes avaient quitté Sébastopol pour foudroyer des navires turcs à l'ancre dans le port de Sinope. »

(*Circulaire de* M. DROUYN DE L'HUYS.

tie de la flotte anglo-française était déjà entrée dans les Dardanelles sous prétexte d'y protéger la vie et les propriétés des nationaux anglais et français; et, pour l'y faire entrer tout entière sans violer le traité de 1841, il a fallu que la guerre nous fût déclarée par le gouvernement ottoman.

« Mon opinion est que, si la France et l'Angleterre avaient voulu la paix comme moi, elles auraient dû empêcher à tout prix cette déclaration de guerre, ou, la guerre une fois déclarée, faire au moins en sorte qu'elle restât dans les limites étroites que je désirais lui tracer sur le Danube, afin que je ne fusse pas arraché de force au système purement défensif que je voulais suivre. Mais du moment qu'on a permis aux Turcs d'attaquer notre territoire asiatique, d'enlever un de nos postes-frontières (même avant le terme fixé pour l'ouverture des hostilités), de bloquer Akhaltisik, et de ravager la province d'Arménie; du moment qu'on a laissé la flotte turque libre de porter des troupes, des armes et des munitions de guerre sur nos côtes, pouvait-on raisonnablement espérer que nous attendrions patiemment le résultat d'une pareille tentative? Ne devait-on pas supposer que nous ferions tout pour la prévenir? L'affaire de Sinope s'en est suivie: elle a été la conséquence forcée de l'attitude adoptée par les deux puissances, et l'événement ne pouvait certes pas leur paraître *inattendu*. J'avais déclaré vouloir rester sur la défensive, mais avant l'explosion de la guerre, tant que mon honneur et mes intérêts me le permettraient, tant qu'elle resterait dans de certaines bornes.

« A-t-on fait ce qu'il fallait faire pour que ces bornes ne fussent pas dépassées? Si le rôle de spectateur ou celui de médiateur même ne suffisait pas à Votre Majesté, et qu'elle voulût se faire l'auxiliaire armé de mes ennemis, alors, Sire, il eût été plus loyal et plus digne d'elle de me le dire franchement d'avance en me déclarant la guerre. Chacun alors eût connu son rôle. Mais nous faire un crime après coup de ce qu'on n'a rien fait pour empêcher, est-ce un procédé équitable? Si les coups de canon de Sinope ont retenti douloureusement dans le cœur de tous ceux qui, en France et en Angleterre, ont le vif sentiment de la dignité nationale, Votre Majesté pense-t-elle que la présence menaçante à l'entrée du Bosphore des trois mille bouches à feu dont elle parle et le bruit de leur entrée dans la mer Noire soient des faits restés sans écho dans le cœur de la nation dont j'ai à défendre l'honneur? J'apprends d'elle pour la première fois (car les déclarations verbales qu'on m'a faites ici ne m'en avaient encore rien dit) que, tout en protégeant le ravitaillement des troupes turques sur leur propre territoire, les deux puissances ont résolu de *nous interdire la navigation de la mer Noire*, c'est-à-dire apparemment le droit de ravitailler nos propres côtes. Je laisse à penser à Votre Majesté si c'est là, comme elle le dit, faciliter la conclusion de la paix, et si, dans l'alternative qu'on me pose, il m'est permis de discuter, d'examiner même un moment ses propositions d'armistice, d'évacuation immédiate des Principautés et de négociation avec la Porte d'une convention qui serait soumise à une conférence des quatre cours. Vous-même, Sire, si vous étiez à ma place, accepteriez-vous une pareille position? Votre sentiment national pourrait-il vous le permettre? Je répondrai hardiment que non. Accordez-moi donc, à mon tour, le droit de penser comme vous-même. Quoi que Votre Majesté décide, ce n'est pas devant la menace que l'on me verra reculer. Ma confiance est en Dieu et dans mon droit, et la Russie, j'en suis garant, saura se montrer en 1854 ce qu'elle fut en 1812.

« Si toutefois Votre Majesté, moins indifférente à mon honneur, en revient franchement à notre programme, si elle me tend une main cordiale, comme je la lui offre en ce dernier moment, j'oublierai volontiers ce que le passé peut avoir eu de blessant pour moi. Alors, Sire, *mais alors seulement*, nous pourrons discuter, et peut-être nous entendre. Que sa flotte se borne à empêcher les Turcs de porter de nouvelles forces sur le théâtre de la guerre; je promets volontiers qu'ils n'auront rien à craindre de mes tentatives. Qu'ils m'envoient un négociateur; je l'accueillerai comme il convient. Mes conditions sont connues à Vienne. C'est la seule base sur laquelle il ne soit permis de discuter.

« Je prie Votre Majesté de croire à la sincérité des sentiments avec lesquels je suis,

« Sire,

« de Votre Majesté, le bon ami,

« NICOLAS. »

Un des passages les plus remarquables de cette lettre, est certainement celui où Nicolas parle avec tant de jactance des événements de 1812. Qui donc a vaincu les Français en 1812? Est-ce que de Wilna à Smolensk, l'armée française ne s'est pas toujours avancée victorieuse? Est-ce qu'elle n'a pas anéanti, à la bataille de la Moskowa, la plus formidable armée que la Russie eût jamais réunie? Est-ce que les débris de cette armée, pour échapper aux vainqueurs, n'ont pas été obligés de brûler Moscou, cette belle et ancienne capitale des czars, comme l'armée de Gortchakoff a brûlé Sébastopol et la flotte, honteusement cachée derrière les fortifications de cette place réputée imprenable, et dans les rues de laquelle nos soldats, aujourd'hui, jouent aux boules avec les boulets entassés en vue de les exterminer? — Les Français ont été écrasés en 1812 par les rigueurs d'un hiver presque inouï; la force des armes et la valeur des Russes n'y ont été pour rien.

Cette lettre outrecuidante et mensongère du czar, n'eut d'autre résultat que de démontrer aux esprits les plus pacifiques la nécessité de recourir aux armes ; elle fut publiée dans les journaux russes le 3 février 1854; le 28 mars suivant la guerre était officiellement déclarée à la Russie par la France et l'Angleterre.

Nous appuierons notre appréciation sur un document important sorti en 1854 des presses de l'imprimerie du gouvernement français, et qui eut un grand retentissement non-seulement en France, mais dans toute l'Europe.

« On a pu voir, à la lecture de ces dépêches, que l'empereur de Russie a constamment poussé à la guerre. Il a été sourd aux observations de ses alliés, aux instances de ses amis. Son égoïsme hautain se refuse à tenir compte d'une autre autorité que la sienne, et il veut que son empire soit sans borne comme son ambition.

« C'est donc le czar, c'est lui seul qui, après avoir violé les traités, après avoir envahi, en pleine paix, le territoire de la Turquie, trouble violemment, sans motifs avouables, la paix du monde, interrompt les transactions commerciales, et porte atteinte à la fortune publique et à la fortune privée. L'Europe serait digne du mépris éternel de l'histoire si elle souffrait des prétentions qui sont une insulte aujourd'hui et qui deviendraient une ruine demain.

« La France a déjà fait connaître qu'elle ne les souffrira pas. Fidèle observatrice des traités, elle les fera respecter des autres. Seules contre les Russes, les armées françaises les ont toujours et complétement battus, à Austerlitz, à Eylau, à Friedland, à Smolensk, à la Moskowa; réunis à l'armée anglaise, maîtres de toutes les mers, appuyés par une flotte combinée qui sera, dans trois mois, de quatre-vingts vaisseaux de ligne, les soldats français, dignes enfants de leurs glorieux pères, auront promptement et solidement rétabli la paix, nécessaire au travail et au bien-être des familles et des nations (1). »

(1) Extrait d'une brochure fort curieuse sortie en février 1854 des presses de l'imprimerie impériale et intitulée : *La France et la Russie. — Question d'Orient, — Documents.*

(*Note de l'Éditeur.*)

CHAPITRE IV.

Traité d'alliance de la France et de l'Angleterre avec la Turquie.—Arrivée des Français et des Anglais en Orient. — Entrée dans la Baltique des flottes anglaise et française. — Bombardement d'Odessa. — Les Français en Grèce. — Belle défense de Silistrie. — Attaque et prise de Bomarsund.

C'en était fait ; l'épée de la France allait de nouveau peser de tout son poids dans la balance du monde ; les fils des vainqueurs d'Austerlitz et les enfants de la vieille Angleterre, oubliant les discordes de leurs pères, allaient marcher de concert contre ce colosse du Nord fatalement poussé à sa ruine par son insatiable ambition.

Dès le 20 mars, la France, l'Angleterre et la Turquie avaient conclu le traité suivant :

« S. M. la reine du royaume-uni de la Grande-Bretagne et de l'Irlande et S. M. l'empereur des Français ayant été invités par S. H. le sultan à repousser l'agression que S. M. l'empereur de toutes les Russies a dirigée contre le territoire de la Porte ottomane, agression qui met en péril l'intégrité de l'empire ottoman et l'indépendance du trône du sultan, et Leurs Majestés étant intimement convaincues que l'existence de l'empire ottoman dans ses limites actuelles est essentielle à l'équilibre politique européen, et, en conséquence, Leurs Majestés ayant consenti à donner à S. H. le sultan le secours qu'elle leur avait demandé dans ce but, Leurs Majestés et S. H. le sultan ont jugé convenable de fixer leurs vues d'après ce qui précède et de déterminer le mode et la manière dont elles fourniront au sultan le secours dont il s'agit. Dans ce but, Leurs Majestés ont nommé leurs plénipotentiaires (les ambassadeurs de France et d'Angleterre) et le sultan son ministre des affaires étrangères, qui, après s'être communiqué leurs pouvoirs respectifs trouvés parfaitement en règle, sont convenus de ce qui suit :

« Art. 1ᵉʳ. S. M. la reine de la Grande-Bretagne et S. M. l'empereur des Français ayant déjà donné l'ordre, sur le désir du sultan, à de fortes divisions de leurs flottes de se rendre à Constantinople, pour assurer au territoire et au pavillon ottomans la protection que pourraient exiger les circonstances, Leurs Majestés prennent par le présent traité l'engagement de coopérer dans une plus grande extension avec S. H. le sultan à la protection du territoire ottoman, en Europe et en Asie, contre l'agression de la Russie, en fournissant dans ce but à S. H. le sultan un nombre de troupes suffisant.

« Les troupes de débarquement seront envoyées par Leurs Majestés sur tels points du territoire ottoman qui paraîtront convenables. S. H. le sultan s'engage à ce que les troupes françaises et anglaises de débarquement qui seront envoyées par Leurs Majestés reçoivent le même accueil et soient traitées avec le même respect que les forces navales françaises et anglaises qui, depuis quelque temps, sont déjà employées dans les eaux de la Turquie.

« Art. 2. Les hautes parties contractantes s'engagent réciproquement à se communiquer, sans perte de temps, toute proposition que l'une d'elles recevrait directement ou indirectement de la part de l'empereur de Russie relativement à la cessation des hostilités, à un armistice ou à la paix. Et, en outre, S. H. le sultan s'engage à ne conclure aucun armistice et à n'entamer aucune négociation pour la paix ou à ne conclure aucun préliminaire de paix avec la Russie sans la connaissance et l'assentiment des autres hautes parties contractantes.

« Art. 3. Aussitôt que le but du traité actuel sera atteint par la conclusion du traité de paix, LL. MM. la reine d'Angleterre et l'empereur des Français prendront des mesures immédiates pour retirer leurs forces de terre et de mer qui ont été employées pour atteindre l'objet du traité actuel, et toutes les forteresses et positions sur le territoire ottoman qui seront occupées temporairement par les forces de l'Angleterre et de la France seront rendues aux autorités de la Sublime Porte ottomane dans l'espace de... jours, calculé d'après la date de l'échange des ratifications du traité qui aura mis fin à la guerre actuelle.

« Art. 4. Le présent traité sera ratifié et les ratifications échangées aussitôt que cela pourra avoir lieu, dans l'espace de... semaines à compter du jour de la signature. »

(Suivent les signatures.)

« Le traité ci-dessus reste ouvert à la signature des autres puissances européennes. »

Les actes suivirent de près les paroles ; d'immences prératifs furent faits avec une rapidité qui tenait du prodige; plus de cent mille hommes anglais et français, avec un matériel de guerre formidable, furent embarqués et arrivèrent en Orient, où leur apparition fut signalée par les vivat et les cris de joie de la population entière.

En même temps deux flottes, anglaise et française, la première commandée par l'amiral Napier, la seconde sous les ordres de l'amiral Parseval-Deschênes, pénétraient dans la Baltique, d'où elles jetèrent bientôt la terreur dans toute la

Finlande et firent trembler Saint-Pétersbourg, que le czar s'empressa de mettre en état de siége, expédient qui ne lui eût pas été d'un grand secours si nos vaisseaux avaient pu pénétrer dans la Neva.

De son côté, la flotte combinée de la mer Noire avait accueilli avec enthousiasme la nouvelle de la déclaration de guerre, impatiente qu'elle était de voir de près ces terribles vaisseaux russes tant vantés par les partisans de Nicolas ; mais, avant de commencer les hostilités, les amiraux alliés durent songer à envoyer un bâtiment à Odessa pour y prendre les consuls de France et d'Angleterre. Ce fut la frégate anglaise *le Furious* que l'on chargea de cette mission.

Arrivé devant Odessa, le commandant de cette frégate fit mettre à la mer une embarcation qui, sous pavillon parlementaire, s'approcha du port ; mais en approchant du rivage M. Alexander, qui commandait cette embarcation, aperçut une foule d'officiers et de soldats russes qui s'opposèrent à son débarquement. Ne pouvant, malgré tous ses efforts, obtenir d'être conduit devant le commandant de la place, M. Alexander dut se résoudre à regagner la frégate sans avoir accompli sa mission ; mais à peine avait-il quitté le rivage que d'une des batteries du port partirent plusieurs coups de canon dirigés contre la frégate et contre son embarcation, qui heureusement ne furent atteintes ni l'une ni l'autre.

Indignés de cette violation sauvage du droit des gens, les amiraux Dundas et Hamelin résolurent d'en tirer vengeance et de donner aux Russes une leçon d'humanité de nature à n'être pas facilement oubliée ; aussitôt l'ordre fut donné de s'approcher d'Odessa.

« Le 22 avril, au matin, huit frégates à vapeur, dont trois françaises et cinq anglaises, se dirigèrent sur le port impérial d'Odessa, et, bientôt après une sommation restée sans réponse, elles ouvrirent leur feu, qui dura jusqu'à cinq heures. La batterie du Môle impérial était incendiée ; la poudrière avait sauté ; quinze navires russes étaient coulés ou en feu. Les établissements de la marine étaient également en feu. La ville et le port marchand, où se trouvaient réunis un grand nombre de navires de toutes les nations, avaient été épargnés. Plusieurs de ces navires avaient même pu, profitant du désordre causé par le bombardement, sortir du port, et entre autres les deux seuls navires français qui s'y trouvaient. Enfin on avait pris à l'ennemi treize bâtiments chargés de munitions, et la perte des alliés n'avait été que de deux hommes tués et dix-huit blessés. »

Tel fut d'abord le résultat annoncé par l'amiral Hamelin ; mais plus tard cet amiral compléta ainsi son rapport :

« Monsieur le ministre,

« Lorsque j'ai eu l'honneur de vous rendre compte des pertes qu'avait dû essuyer le gouvernement russe par suite du bombardement du port impérial d'Odessa par les bâtiments à vapeur de l'escadre combinée, je n'avais pu constater que celles visibles du pont de nos bâtiments ; or, comment apprécier exactement, soit à bord des navires combattants, soit à bord des vaisseaux qui les voyaient combattre, le ravage que nos projectiles avaient opéré au milieu des rangs ennemis ou dans l'arsenal lui-même ?

« Nous avions bien vu et entendu une poudrière sauter et les navires s'enflammer pêle-mêle au milieu de cet arsenal, dont les casernes et magasins incendiés s'écroulaient successivement, dont les canons et affûts gisaient démantelés sur la tête du môle : pendant trois nuits consécutives les flammes de l'incendie n'avaient pas cessé de briller sur ces débris ; mais tels étaient les seuls résultats généraux que nous avions pu constater.

« Aujourd'hui il n'en est pas de même, et je puis, grâce

à des renseignements puisés à bonne source et provenant d'une personne digne de foi qui se trouvait à Odessa, même pendant l'attaque, et y est restée depuis, donner à Votre Excellence les détails que sollicite sa dépêche du 24 mai. Voici donc quels sont les dommages éprouvés par le port impérial d'Odessa et ce qu'il renfermait, à la suite de l'attaque du 22 avril :

« Parmi les dix bouches à feu qui défendaient les unes l'entrée, les autres la tête du môle, ces dernières ont été complétement démantelées; c'est ce que nos bâtiments à vapeur avaient en vue et ce qui leur a permis d'approcher du port impérial pour y détruire magasins et bâtiments russes.

« La poudrière construite pour les besoins de la batterie du môle a sauté, explosion qui a tué ou blessé la presque totalité des hommes qui armaient cette batterie. Le magasin du gouvernement, qui contenait tous les objets de matériel pour l'usage des paquebots à vapeur de l'Etat dans la mer Noire, a été entièrement consumé. Une caserne, construite pour les Cosaques, a eu le même sort, ce qui a entraîné la perte d'un assez grand nombre de cavaliers et de chevaux. Il en a été de même d'un grand magasin renfermant des grains et des fourrages.

« Le môle lui-même, atteint par de nombreux coups de feu, a été grandement endommagé. Bref, la batterie de campagne qui avait tenté de se mesurer avec l'artillerie de nos frégates a été presque complétement détruite, hommes et chevaux.

» Le port impérial contenait cinquante-trois bâtiments à voiles, trois à vapeur et cinq machines à draguer. Des trois bâtiments à vapeur, l'un, *le Dniester*, en fer, de quarante chevaux, appartenant au gouvernement, coula après avoir reçu plusieurs boulets dans sa coque et disparut en moins de cinq minutes. On essaya vainement de le relever. Un autre bâtiment en fer, *le Luba*, coula également après avoir reçu seize boulets dans la partie avant de sa carène. On considère sa remise à flot comme impraticable. Un troisième vapeur de quatre-vingt-dix chevaux, *l'Andia*, fut coulé également ; mais il paraît qu'on est parvenu à le relever.

« Des cinq machines à draguer, la plus neuve a été entièrement détruite ; elle a coulé le premier jour, et l'on n'a aucun espoir de la remettre à flot ; les quatre autres ont éprouvé des avaries plus ou moins considérables.

« Des cinquante-trois bâtiments à voiles qui étaient dans le port d'Odessa, l'un, *le Nicolas Ier*, d'environ six cents tonneaux, a été consumé par les flammes, deux bricks ont été complétement brûlés, ainsi qu'une goëlette chargée de charbon qu'elle allait transporter à Ismaïl. Le reste de ces navires, qui étaient des caboteurs russes, ont été plus ou moins endommagés par les boulets, et la plupart ont coulé.

« Quant aux pertes en hommes supportées par l'ennemi, il a fallu, pour pouvoir les apprécier, recourir à des sources particulières, le gouvernement russe s'étant abstenu d'en publier officiellement le chiffre. Il résulte de ces informations que le nombre des tués et blessés n'est pas inférieur à deux cents.

« Votre Excellence n'avait pas besoin de ces renseignements pour rester convaincue d'avance que les renseignements renfermés dans mes rapports antérieurs étaient plutôt au-dessous de la vérité qu'au-dessus. Peut-être n'en faut-il pas dire autant de ceux du général ennemi, surtout en ce qui concerne la mise hors d'état prétendue de je ne sais combien de nos frégates à vapeur à la suite de cet engagement. Votre Excellence le sait, aucune de nos frégates, de nos corvettes à vapeur, n'ayant reçu aucun boulet dans sa machine ou ses chaudières, n'a été empêchée de suivre les escadres, et, chose singulière, pas un de nos hommes n'a été tué ou blessé par les projectiles de l'ennemi alors que les nôtres faisaient ravage dans ses rangs, dans sa flottille et dans son arsenal.

« Quant au désordre qui régnait dans l'arsenal au début de l'affaire, il m'a été de nouveau affirmé, ce qui explique, comme j'ai eu l'honneur de l'écrire à Votre Excellence, que les autorités d'Odessa ont combattu *sans pavillon,* et cependant des couleurs russes s'arboraient assez fréquemment sur les édifices de la Douane et de la Quarantaine. »

C'était une première leçon de savoir vivre et de droit international donnée au czar ; mais on put se convaincre dès lors que l'orgueil de Nicolas était à l'épreuve de la bombe et que plus d'une correction de ce genre serait nécessaire pour amener ces demi-sauvages au sentiment du juste et du vrai.

Tandis que cela se passait, les vaisseaux anglais et français continuaient à transporter des troupes à Constantinople et à Gallipoli ; en même temps, une expédition française se rendait en Grèce, dont les agents du czar avaient fanatisé et fait soulever la population en faveur de la Russie, et que l'apparition de l'escadre commandée par M. le contre-amiral Le Barbier de Tinan parvint à faire rentrer dans le devoir.

En Asie, la guerre se continuait avec des avantages marqués pour les Turcs: tandis qu'Omer-Pacha concentrait son armée, les populations circassiennes, sous les ordres de Schamyl (1), s'avançaient vers Tiflis, et Mussa-Pacha continuait à se défendre comme un lion dans Silistrie, dont la garnison, malgré la famine qui la décimait, faisait chaque jour des prodiges de valeur et arrachait de vive force à l'ennemi les vivres dont elle manquait ; chaque sortie de cette héroïque garnison était pour elle une victoire. Bientôt pourtant les Russes, croyant les forces des défenseurs de la ville épuisées, tentèrent un assaut, et ils arrivèrent sur la large brèche faite

---

(1) Voir ce nom à la partie biographique de cet ouvrage.

par leur artillerie aux murs de cette glorieuse cité ; mais le courage de la garnison semblait avoir grandi en même temps que le danger. Les Turcs se montrèrent invincibles, et telles furent les pertes des Russes qu'ils furent forcés de lever le siége, emmenant leur général en chef, le prince Paskiévitch, gravement blessé, et laissant quinze mille cadavres ensevelis sous les murs de la ville.

Mais avant de se retirer, et alors qu'ils n'avaient plus aucune chance de succès, les Russes se livrèrent à une vengeance de sauvages : pendant trois jours consécutifs, ils firent subir à Silistrie un épouvantable bombardement qui ne pouvait avoir d'autre résultat que d'écraser des vieillards, des femmes, des enfants, puisque déjà leur retraite, à eux assiégeants, était résolue. Au nombre des victimes de cette atrocité gratuite fut le brave Mussa-Pacha, qui, après une défense admirée du monde entier, tombait atteint d'un éclat de bombe au moment où il se mettait en prière pour remercier Dieu des succès de sa dernière sortie.

Cependant Omer-Pacha s'avançait à marches forcées pour secourir Silistrie ; mais lorsqu'il arriva sous les murs de la glorieuse cité, les Russes avaient disparu. Sans perdre de temps, le brave et habile général ottoman dirigea aussitôt toutes ses forces sur Roustchouk afin d'attaquer les Russes, de se rendre maîtres de Giurgevo, et de leur enlever la possession du Danube sur ce point. Bientôt les deux armées furent en présence ; les Turcs ne comptaient pas moins de cent mille hommes ; les Russes étaient en nombre égal. Le choc fut terrible, et la bataille dura quarante-huit heures sans cesser un seul instant. Près de quarante mille coups de canon furent tirés. Les Russes se battirent en désespérés ; mais les Turcs, pleins de foi en leur habile et brave général, se montrèrent invincibles, et, battus sur tous les points, les Russes abandonnèrent enfin le champ de bataille, qu'ils laissèrent jonché de plus de six mille de leurs morts et d'une énorme quantité de blessés.

C'est alors qu'un événement qui semblait promettre beaucoup plus qu'il n'a tenu vint faire en Europe une sensation nouvelle : l'Autriche, qui jusqu'alors avait gardé une neutralité absolue, parut s'émouvoir de la position dangereuse où la plaçait cette guerre, dont le retentissement tenait sa population en éveil. Ses frontières jusque-là avaient été respectées ; mais telle était la gravité des événements qu'une étincelle sur ce point pouvait mettre tout en feu. C'est ce que parut parfaitement comprendre le jeune empereur François-Joseph, qui fit sommer le czar d'avoir à évacuer les provinces danubiennes, en même temps que, par un traité avec le sultan, il s'engageait à faire occuper ces mêmes provinces par une armée autrichienne, et que, par un autre traité, il faisait avec la France une alliance offensive et défensive.

Le czar, dès lors, commença à sentir le danger de la position qu'il s'était faite : obéissant humblement à la sommation de l'empereur d'Autriche, il fit évacuer à bas bruit la Valachie et la Moldavie, dont il s'était emparé en triomphateur quelques mois auparavant et dans lesquelles les troupes autrichiennes s'établirent aussitôt.

Là ne devaient pas se borner les premiers échecs de la Russie : maîtresses de la mer Noire, les flottes anglaise et française parcourent cette mer en tous sens ; à leur aspect, les Russes détruisent toutes les forteresses par eux élevées à si grands frais sur le littoral depuis cinquante ans ; ils laissent prendre ou brûler sans défense leurs vaisseaux marchands, et sur tous les points ils se retirent à la hâte, redoutant l'apparition du terrible Schamyl, qui, à la tête de ses rudes et infatigables soldats, descend des montagnes du Daghestan.

Tels furent les heureux résultats que résuma l'amiral Hamelin dans un ordre du jour ainsi conçu :

« Le vice-amiral, commandant en chef, témoigne sa satisfaction à l'escadre sur la manière dont elle a rempli ses devoirs pendant le cours de cette dernière croisière, qui n'a pas été sans quelque lustre pour nos armes. Le port impérial d'Odessa réduit en cendres ainsi que tout ce qu'il renfermait, l'ennemi défié dans Sébastopol et n'osant pas en sortir, les bâtiments du commerce russe capturés en mer ou sur les rades ouvertes, les quinze forts que la Russie avait échelonnés depuis un demi-siècle sur le littoral de la Circassie abandonnés par elle en prévision de nos attaques prochaines, enfin le pavillon russe chassé de cette mer Noire où il prétendait dominer en maître, tels sont les premiers résultats obtenus par nos vaisseaux ou par les bâtiments à vapeur opérant sous leur égide.

« Un autre fait non moins remarquable a été constaté ; c'est que les dix-neuf vaisseaux des deux escadres combinées ont navigué de compagnie pendant plus d'un mois avec un ensemble parfait ; c'est qu'enveloppés par des brumes épaisses et presque continuelles ils ont croisé durant vingt jours devant Sébastopol sans qu'il s'en soit suivi aucun accident de mer, aucune séparation, tant était grande l'attention de chacun à veiller les mouvements des amiraux et les signaux qui avaient pour objet d'arriver à ce résultat.

« Le vice-amiral, commandant en chef, s'est empressé de signaler au gouvernement de l'empereur les titres nouveaux que l'escadre venait ainsi d'acquérir à la confiance du pays. »

Dans le même temps, deux escadres, française et anglaise, la première sous les ordres de l'amiral Parseval-Deschênes, la seconde commandée par l'amiral Napier, sillonnaient en tous sens la Baltique, cherchant inutilement les vaisseaux russes, honteusement cachés derrière les fortifications de leurs principaux ports. C'est alors qu'il fut résolu que, du camp de Boulogne, formé par ordre de l'empereur, partirait une armée expéditionnaire dirigée contre les îles d'Aland, que les Russes croyaient imprenables grâce aux prodigieuses fortifications qu'ils y avaient élevées.

Le 11 juillet 1854, l'empereur Napoléon III se rendit à Boulogne; le 12, après avoir passé en revue l'armée expéditionnaire, il lui adressa cette remarquable proclamation marquée au coin du génie napoléonien :

« Soldats !

« La Russie nous a contraints à la guerre; la France a
« armé cinq cent mille de ses enfants. L'Angleterre a mis sur
« pied des forces considérables. Aujourd'hui nos flottes et
« nos armées, unies pour la même cause, vont dominer dans
« la Baltique comme dans la mer Noire. Je vous ai choisis
« pour porter les premiers nos aigles dans ces régions du
« Nord. Des vaisseaux anglais vont vous y transporter ; fait
« unique dans l'histoire, qui prouve l'alliance intime de
« deux grands peuples et la ferme résolution des deux
« gouvernements de ne reculer devant aucun sacrifice pour
« défendre le droit du plus faible, la liberté de l'Europe et
« l'honneur national !

» Allez, mes enfants ! l'Europe attentive fait ouvertement
« ou en secret des vœux pour votre triomphe. La patrie,
« fière d'une lutte où elle ne menace que l'agresseur, vous
« accompagne de ses vœux ardents ; et moi, que des devoirs
« impérieux retiennent encore loin des événements, j'aurai
« les yeux sur vous, et bientôt en vous revoyant je pourrai
« dire : *Ils étaient les dignes fils des vainqueurs d'Auster-*
« *litz, d'Eylau, de Friedland, de la Moskowa. Allez! Dieu*
« *vous protége !* »

Deux jours après la division expéditionnaire s'embarquait à Calais sous le commandement du général Baraguey d'Hilliers; elle fut suivie à peu de distance d'une autre division, et leur prochaine arrivée fut annoncée en ces termes par l'amiral Parseval-Deschênes à son escadre dans les parages où elle se trouvait :

« Le brave général Baraguey d'Hilliers arrive à la tête de dix mille hommes de nos vaillantes troupes.

« L'empereur envoie ses aigles rejoindre nos vaisseaux, pour montrer aux régions du Nord ce que peut la puissante volonté de la France armée pour une noble cause, le droit du plus faible et la liberté de l'Europe.

« La marine et l'armée sont depuis longtemps accoutumées à s'appuyer l'une sur l'autre, n'ayant d'autre rivalité que celle de bien faire.

« Qu'ils soient donc les bienvenus, nos frères d'armes de l'armée : notre concours loyal et entier les attend, et bientôt, devant l'ennemi, comme toujours, nous serons unis dans une même pensée : *La gloire de la France*; dans un même cri : *Vive l'Empereur!* »

Laissons maintenant parler le général en chef de l'expédition dont les paroles aussi bien que les actes appartiennent à l'histoire.

« Les troupes de ce corps expéditionnaire, embarquées à Calais le 16 juillet et jours suivants, devaient se réunir au nord de l'île de Gothland. Par le seul fait de la présence de toutes les forces navales dans la baie de Ledsund, située à l'extrémité sud de l'île d'Aland, il devenait difficile de cacher à l'ennemi le but que l'on se proposait; mais il faut convenir aussi que ces dispositions avaient l'avantage d'intercepter toute communication entre Aland et Abo, et privaient la place des secours que, sans cela, elle eût pu recevoir de la Finlande.

« Le général en chef, prévenu de la réunion des flottes à Ledsund par les amiraux auxquels il avait demandé une entrevue préalable, afin de bien s'entendre sur le but de l'opération, s'y rendit également. Mais tous ses transports n'avaient pas pu marcher avec une égale vitesse ; *le Saint-Louis*, *le Tilsitt*, quelques frégates, portant le matériel de l'armée et le personnel du génie et de l'artillerie, étaient en retard. Ces bâtiments se rallièrent le 6 août. Dès le jour même et le lendemain 7, tous les navires chargés de troupes remontèrent dans la baie de Lumpar, au nord de laquelle est située la forteresse de Bomarsund.

« Quelques jours auparavant, et de concert avec les amiraux Napier et Parseval, le général en chef avait reconnu les points les plus favorables au débarquement.

« Si l'agglomération de la flotte dans la baie de Lumpar rendait bien difficile l'espoir de tromper l'ennemi sur nos projets, elle ne lui indiquait pas cependant le point précis où nous voulions débarquer, et elle pouvait lui donner de vives appréhensions relativement à la retraite des troupes qu'il enverrait à notre rencontre.

« L'île d'Aland est découpée, dans la direction nord et sud, par des bras de mer qui s'enfoncent dans les terres et dans lesquels se jettent une foule de lacs qui, joints entre eux par des ruisseaux de déversement, permettent d'isoler presque entièrement quelques points de l'île. Ainsi, en partant de Bomarsund, cette forteresse, située sur le bord de la mer, a derrière elle un bras de mer et deux lacs ou marais qui en défendent les approches. A cette première enceinte ou défense naturelle, s'en joint une seconde d'un rayon plus étendu, qui prend à Castelholm, va de là à Silby, et se relie à la mer par une langue de terre de peu d'étendue et facile à garder.

« Ne sachant pas si la population de l'île nous serait hostile et voulant tout au moins concentrer le plus possible les hostilités dans un périmètre que nous pourrions toujours garder, voulant aussi empêcher la place de recevoir des renforts ou des secours du reste de l'île, le général en chef avait arrêté à l'avance de garder les trois points de Castelholm, de Sonbou et Silby, qui, seuls, nous mettaient en rapport avec le reste de l'île.

« Pour détourner l'attention de l'ennemi, il avait aussi, de concert avec les amiraux, déterminé trois point de débarquement.

« Le premier, situé au nord, à la hauteur de Halta, devait être occupé par le général Harry Jones, ayant sous ses ordres neuf cents hommes de troupes anglaises et deux mille hommes d'infanterie de marine française ;

« Le deuxième, sur le versant oriental de la montagne au sud de la baie de Tranvik ;

« Le troisième au sud-ouest de cette montagne.

« Une fois débarqué à Halta, le général Harry Jones devait se porter sur le fort de Bomarsund, en occupant avec deux mille hommes la langue de terre entre Silby et la mer, de manière à assurer ses derrières et à fermer toute issue aux partis qui voudraient sortir de la place. Arrivé près du lac de Pernest, il se mettait en rapport avec les troupes françaises qui, de Tranvik, repoussaient l'ennemi dans le fort.

« A l'est de Tranvik débarquait le 12ᵉ bataillon de chasseurs à pied, qui occupa tout de suite les hauteurs au nord et au sud de ce village, ainsi que la jonction des routes qui, du même point, se dirigent sur la communication postale de Castelholm à Bomarsund.

« Le 2ᵉ régiment d'infanterie légère soutint le 12ᵉ bataillon de chasseurs.

« Le 3ᵉ de ligne, débarqué dans la baie de Tranvik, dut remonter vers ce village, et se porter en entier à l'embranchement des routes indiquées ci-dessus.

« Le 48ᵉ devait occuper définitivement les points conquis par le 12ᵉ bataillon de chasseurs et le 2ᵉ léger, et destinés à servir de camp retranché pour le débarquement de tout le personnel et du matériel de l'artillerie, du génie et de l'administration.

« Le 51ᵉ, jeté au sud-ouest de la même montagne, devait rabattre sur l'intersection des routes, prendre l'ennemi à dos, s'il résistait sur la hauteur du sud, et se porter rapidement sur la route postale en avant de Castelholm.

« Toutes les troupes, étant à terre et maîtresses des points qui leur étaient assignés, devaient se mettre en route au commandement du général en chef, et se diriger sur Nora et Sodra-Finby, en appuyant leur droite au bord de la mer. Arrivées à Finby, elles devaient se mettre immédiatement en communication avec le général Harry Jones.

« Ces dispositions, arrêtées le 7 et communiquées le même jour aux officiers généraux et supérieurs, furent exécutées le 8, autant que le permit l'extrême difficulté des terrains, augmentée encore par la destruction de tous les ponceaux et par les nombreux abattis dont les Russes avaient couvert la route.

« Les troupes furent mises à terre à trois heures du matin; à neuf heures elles occupaient les premières positions indiquées; vers onze heures le 3ᵉ de ligne et le 51ᵉ se dirigèrent vers la route postale par deux chemins différents; enfin, après bien des fatigues et des travaux, la route de Tranvik à Nora-Finby fut rendue à l'artillerie. Alors, tous les corps, moins le 48ᵉ régiment, se portèrent en avant, s'approchèrent de la place et en firent le complet investissement.

« L'ennemi avait préparé des batteries et des redoutes, que le feu de la marine le contraignit bientôt à abandonner.

« La plage de Tranvik était trop éloignée et nos moyens de transport étaient trop insuffisants pour nous permettre d'y laisser nos parcs et nos approvisionnements de toute nature.

Nous reconnûmes un point plus rapproché du camp où les marines française et anglaise s'empressèrent d'établir de nouveaux débarcadères.

« Des compagnies, dont le nombre fut plus tard augmenté, furent chargées d'assurer fortement nos derrières.

« Dès le lendemain de notre arrivée devant la place, le génie s'occupa de faire des fascines et des gabions.

« Le général Niel, le lieutenant-colonel d'artillerie de Rochebouët reconnurent les points sur lesquels les premières batteries devaient être établies. Le général Harry Jones se renforça de cinq cents hommes tirés de l'infanterie de marine française, et reconnut aussi l'emplacement d'une batterie qui, de concert avec la nôtre, devait jouer sur la tour du sud.

« Le lendemain, le colonel Ducrot, du 3ᵉ de ligne, qui, lors de l'investissement de la place, s'était trouvé au point le plus avancé et connaissait déjà les lieux, fut encore chargé d'occuper ces positions avec son régiment. L'ennemi, toute la journée, tirailla avec nos avant-postes et nous envoya beaucoup de boulets et d'obus qui ne nous firent que peu de mal.

« Dans la nuit du 12, on ouvrit la tranchée au moyen de sacs à terre, et cette opération, toujours si délicate, nous coûta douze hommes tués ou blessés. Le lieutenant Nolfe, du 12ᵉ bataillon de chasseurs à pied, fut malheureusement des premiers. La tour nous couvrit de son feu; mais nos tirailleurs y répondirent avec tant de précision que les hommes sortis de la place furent bientôt obligés d'y chercher un refuge.

« Le 12, à trois heures du matin, la batterie de quatre pièces de seize et de quatre mortiers qui avait été armée dans la nuit commença son feu. D'abord, et jusqu'à midi, la tour conserva sur nous de l'avantage; mais à partir de cette heure son feu se ralentit; les embrasures étaient à peu près détruites et les parements de la tour étaient disjoints ; beaucoup de bombes étaient tombées sur la toiture ; tout faisait donc espérer que le lendemain on pourrait lui donner l'assaut, lorsqu'à sept heures du soir elle arbora le drapeau blanc.

« Toutefois, après une suspension d'armes d'une heure, pendant laquelle on ne put s'entendre, le feu recommença. Mais ces derniers efforts de l'ennemi durent céder bientôt à la foudroyante précision de notre tir ; la tour se tut de nouveau, et le lendemain matin deux officiers français, M. Gigot, sous-lieutenant au 12e bataillon de chasseurs à pied, et M. Gibon, sous-lieutenant de voltigeurs au 51e, suivis d'hommes déterminés, pénétrèrent résolûment dans l'ouvrage. Le commandant russe, en voulant repousser cette attaque imprévue, fut atteint de deux coups de baïonnette, et trente-deux Russes, qui n'avaient pu s'échapper, furent amenés prisonniers au quartier général.

« La reddition de cette tour nous donnait l'espoir de réduire la forteresse sans que ce nouveau succès coûtât trop cher à nos troupes.

« Dès le même jour, nous poussâmes nos approches sur la droite, et nous nous mîmes en mesure de faire jouer, le lendemain, une batterie composée de quatre mortiers et de deux obusiers de vingt-deux centimètres. Pendant que l'on construisait cette batterie, le génie reconnaissait l'emplacement de la batterie de brèche.

« Le 15 août, à huit heures du matin, notre batterie de mortiers et d'obusiers jeta force projectiles creux dans la place, pendant que la flotte, embossée, envoyait aussi sur Bomarsund le feu de quatre vaisseaux. Le soir, le fort ne répondit plus que lentement ; toutefois son feu ne s'éteignit pas complétement.

« Le 15, à huit heures du matin, le général Harry Jones,

LE MARÉCHAL DE SAINT-ARNAUD
Général en chef de l'armée d'Orient
Vainqueur de l'Alma

LE PRINCE NAPOLÉON BONAPARTE
Commandant la 3e division de l'armée française
à la bataille de l'Alma

BARAGUAY-D'HILLIERS
Commandant en chef le corps expéditionnaire
de la Baltique.

L'AMIRAL HAMELIN
Commandant en chef la flotte française
dans la mer Noire

Typ. J. Claye.

qui n'avait pu concourir, par le feu de son artillerie, à la prise de la tour du Sud et avait tourné ses efforts vers celle du Nord, commença un feu très-vif sur ce point, et vers quatre heures il avait fait une large brèche à la tour, qui le même soir capitula.

« Dans la nuit, la batterie de brèche avait été établie à cent quatre-vingts mètres du corps de la place, et l'on se préparait à l'armer la nuit suivante avec des pièces de trente, prêtées par la marine.

« Nous ayant sous les yeux et, pour ainsi dire, sous la main, l'ennemi nous lança des bombes et de la mitraille, et nous blessa quatorze hommes. Notre feu ne se ralentit pas cependant, et nous voulions le continuer ainsi jusqu'au moment où aurait joué la batterie de brèche, lorsqu'à midi l'ennemi, effrayé des ravages causés par notre artillerie et reconnaissant que toute résistance devenait impossible, arbora le drapeau blanc. M. le colonel Gouyon, chef d'état-major de l'armée de terre, et les aides de camp des deux amiraux pénétrèrent ensemble dans le fort. Le colonel y fit entrer le colonel Suau, du 2ᵉ léger, qui était de tranchée avec un bataillon de son régiment et quelques compagnies du 12ᵉ bataillon de chasseurs à pied.

« A la suite de la reddition de la place, un désordre grave surgit dans les rangs de la garnison russe; les plus irrités voulaient faire sauter le fort; mais l'attitude de nos troupes leur en imposa; l'ordre se rétablit. La garnison prisonnière défila devant les troupes françaises et anglaises réunies, et fut embarquée dans la soirée.

« La place de Bomarsund, avec les trois tours qui en sont les avant-postes, renfermait une garnison de deux mille quatre cents hommes; elle était armée de cent quatre-vingts pièces de canon et munie d'approvisionnements considérables.

« L'intention de l'empereur de Russie était de faire de Bomarsund un immense camp retranché pour ses armées de terre et de mer, dont l'abord eût présenté de grands obstacles et qui eût été une constante menace pour les États riverains de la Baltique.

« Depuis sa prise de possession des îles d'Aland, la Russie n'avait cessé de travailler à augmenter les fortifications de Bomarsund ; et si, par ce qui existait ou était en cours d'exécution, on juge des projets de cette puissance, Bomarsund paraissait destiné à devenir la sentinelle avancée et le port principal de la Russie dans la Baltique.

« La destruction de Bomarsund sera une perte considérable pour la Russie, non moins sous le rapport matériel que sous le rapport moral. Nous avons détruit en huit jours le prestige attaché à ces remparts de granit, que le canon, disait-on, ne pouvait ébranler. Nous savons maintenant, à n'en pouvoir douter, que rien, dans ces fortifications si belles, si menaçantes, n'est à l'abri d'un feu bien dirigé. »

A ce compte rendu si lucide, si palpitant d'intérêt qu'il nous soit permis d'ajouter quelques détails qui, eux aussi, appartiennent à l'histoire et sont destinés à faire bien apprécier les faits,

Le 14 au matin, lorsque notre artillerie rouvrit son feu contre la tour de l'Est, la première attaquée, les assiégés n'y répondirent point, à la grande surprise des alliés. Le feu de l'artillerie cessa aussitôt, et une compagnie de chasseurs de Vincennes s'avança en tirailleurs pour reconnaître la cause de ce silence. A une nouvelle décharge d'artillerie, la tour continua de rester muette; enfin, après une troisième salve à laquelle les Russes ne répondirent pas davantage, les chasseurs de Vincennes, qui étaient arrivés auprès de la muraille, l'escaladèrent et pénétrèrent dans l'intérieur par les embrasures. Là un spectacle étrange s'offrit à leurs yeux : les morts et les mourants gisaient les uns sur les autres, et les défenseurs de la forteresse, réduits à trente-cinq, restaient plongés dans le sommeil et l'ivresse !... Ils furent emmenés à bord du *Saint-Louis*, et leur commandant embarqué sur *le Tilsitt*, où sa femme alla le rejoindre peu après.

Que s'était-il passé, en effet, dans la nuit du 13 au 14 ? Les soldats, découragés et combattant sans patriotisme, avaient cherché non une mort glorieuse sur la brèche, mais l'abrutissement dans l'orgie ; la cantinière avait été assassinée dans le fort. De tels soldats sont bien ceux de l'homme qui a prêché la croisade contre les puissances civilisées et fait appel au fanatisme le plus exagéré !

Le général commandant la forteresse de Bomarsund était un brave officier, presque octogénaire, le général Bodisco, qu'on ne pourrait sans injustice rendre responsable des désordres dont nous venons de parler. Homme plein d'honneur, de valeur, ce général s'était défendu tant qu'il avait pu conserver l'espoir de repousser les assaillants ; mais dès que l'inutilité de la défense lui avait été démontrée, il avait, sur les ruines de la forteresse, arboré le drapeau parlementaire afin de ne pas prodiguer inutilement le sang de ses soldats ; mais il arriva que quelques-uns de ses subordonnés ivres blâmèrent sa conduite et voulurent s'opposer à la reddition de la place : il s'ensuivit quelque désordre que l'arrivée de nos troupes fit cesser. Mais cela ne put empêcher que le vieux général fût violemment ému de cet incident : « — J'ai fait mon devoir, disait-il en proie à la plus violente exaltation ; s'il n'avait fallu que le sacrifice de ma vie pour repousser l'ennemi, Dieu m'est témoin que je l'aurais fait avec joie : mais il ne m'était pas permis de faire tuer mes soldats alors que leur mort ne pouvait rien sauver... »

Heureusement le général Baraguey d'Hilliers, un des meilleurs juges sur le point d'honneur, vint rassurer le vieux général ; il lui rendit son épée et lui dit : « Je vous félicite, général, de la bravoure avec laquelle vous vous êtes défendu et de la prudence dont vous avez fait preuve en ne prolongeant pas une lutte inutile. »

Cette glorieuse expédition valut au général Baraguey d'Hilliers le bâton de maréchal de France et à l'amiral Parseval-Deschênes la grand'croix de la Légion d'honneur, récompenses bien méritées, mais qui furent malheureusement suivies des scènes les plus douloureuses. Le choléra, qui déjà depuis deux mois décimait l'armée d'Orient, éclata tout à coup sur les flottes de la Baltique. Laissons parler un témoin oculaire.

« Le lendemain même de la prise de Bomarsund, le choléra se déclara dans les îles d'Aland. A peine l'ambulance avait-elle été construite au village de Finby que tentes et baraques s'encombraient de cholériques apportés de toutes parts ; mais les médecins, pharmaciens, infirmiers, employés de l'intendance, aumôniers rivalisent de zèle pour conjurer l'épidémie. Les vaisseaux en furent également attaqués, et les compagnies d'infanterie de marine, qu'on avait débarquées sur l'île de Presto, eurent cruellement à souffrir. »

Il faut le dire à l'honneur de nos braves soldats, ils supportèrent cette terrible épreuve sans que le découragement se montrât un seul instant parmi eux. Tous ceux qui se sentaient arriver à leur dernière heure réclamaient les secours de la religion ; mais c'était sans défaillance, et l'on eût dit que sur les traits de ceux qui succombaient se peignait le sentiment du devoir rempli et du plus grand, du plus noble sacrifice fait à la patrie.

CHAPITRE V.

Le choléra se déclare dans l'armée des alliés en Orient. — Mort du duc d'Elchingen, petit-fils de l'illustre maréchal Ney. — L'expédition de Crimée est résolue. — Départ de l'expédition. — Débarquement de l'armée expéditionnaire. — Rapport et ordre du jour du maréchal de Saint-Arnaud. — Bon esprit de l'armée. — Les fourrageurs.

Le choléra, qui décimait l'expédition de la Baltique, n'épargnait pas l'armée d'Orient concentrée à Gallipoli et à Varna. Une des premières victimes de ce terrible fléau fut le général duc d'Elchingen, petit-fils de l'illustre maréchal Ney; peu de jours après succomba le général Carbuccia, qui avait amené d'Afrique la brigade qu'il commandait. Il y eut alors des exemples inouïs d'admirable abnégation et d'incroyable dévouement : nos braves soldats, inaccessibles à la crainte, mouraient sur le lit de douleur comme ils seraient tombés sous le feu de l'ennemi, heureux de donner leur dernier soupir à la patrie.

Certes, la prise de Bomarsund était un beau fait d'armes, et suffisant pour donner une juste idée de la valeur de nos soldats; mais d'autres et plus brillantes preuves de cet admirable héroïsme ne devaient pas tarder à se produire. Nommé commandant en chef de l'armée française en Orient, le maréchal de Saint-Arnaud conçut le projet homérique d'aller frapper à mort le colosse russe sur le point où il se croyait le plus invulnérable ; c'était Sébastopol, cette forteresse réputée imprenable, qu'il avait résolu d'anéantir.

« C'est là, disait-il, que le czar peut être frappé au cœur ; en écrasant Sébastopol, nous enlevons aux Russes la domination de la mer Noire ; nous les chassons de la Crimée, dont ils se sont emparés par la ruse bien plus que par la force. »

C'était là certainement un projet d'une audace inouïe ; mais, en guerre, n'est-ce pas l'audace qui donne le succès ? Cette vérité fut comprise, et l'expédition, résolue en dépit du choléra, se prépara, aux acclamations de tous ceux qui pouvaient espérer d'y prendre part. Varna fut choisie pour point de départ, et bientôt quarante mille Français, vingt mille Anglais et six mille Turcs furent réunis dans cette ville, en même temps qu'une flotte immense se réunissait pour transporter en Crimée ces valeureuses légions impatientes de faire retentir le monde du bruit de leurs exploits.

Les Russes ne purent croire d'abord à la réalité de cette gigantesque expédition ; ce fut le sourire aux lèvres que l'empereur Nicolas en accueillit la nouvelle ; mais le doute ne fut plus possible lorsque le maréchal de Saint-Arnaud eut adressé aux braves qu'il commandait la proclamation suivante :

« Soldats !

« Vous venez de donner de beaux spectacles de persévérance, de calme et d'énergie au milieu de circonstances douloureuses qu'il faut oublier.

« L'heure est venue de combattre et de vaincre. L'ennemi ne nous a pas attendus sur le Danube. Ses colonnes, démoralisées, détruites par la maladie, s'éloignent péniblement. C'est la Providence peut-être qui a voulu nous épargner l'épreuve de ces contrées malsaines ; et c'est elle aussi qui nous appelle en Crimée, pays salubre comme le nôtre, et à Sébastopol, siége de la puissance russe, dans ces murs où nous allons chercher ensemble le gage de la paix et de notre retour dans nos foyers. L'entreprise est grande et digne de vous. Vous la réaliserez à l'aide du plus formidable appareil militaire et maritime qui se vit jamais. Les flottes alliées avec leurs trois mille canons et leurs vingt-cinq mille matelots, vos émules et vos compagnons d'armes, porteront sur la terre de Crimée une armée anglaise dont vos pères ont appris à respecter la haute valeur, une division choisie de ces soldats ottomans qui viennent de faire leurs preuves à vos yeux et une armée française que j'ai le droit et l'orgueil d'appeler l'élite de notre armée tout entière.

« Je vois là plus que des gages de succès, j'y vois le succès lui-même.

« Généraux, chefs de corps, officiers de toutes armes, vous partagerez et vous ferez passer dans l'âme de vos soldats la confiance dont la mienne est remplie.

« Bientôt nous saluerons ensemble les trois drapeaux flottant sur les remparts de Sébastopol de notre cri national : *Vive l'Empereur!* »

Parties de Varna, les escadres française, anglaise et turque, portant l'armée des alliés, arrivèrent le 8 à l'île des Serpents, choisie pour lieu de ralliement. De là, cette immense flotte fit voile pour la Crimée. Jamais armée ne s'était montrée animée d'un plus grand enthousiasme. On allait donc enfin se trouver en face de l'ennemi ; cette pensée faisait battre à l'unisson les cœurs de ces braves prêts à verser leur sang pour l'honneur et le salut de leur patrie.

Ce même jour, 8 septembre, fut tenu à bord du vaisseau anglais *le Caradoc* un conseil de guerre où, sous la présidence du maréchal de Saint-Arnaud, commandant en chef de l'armée française, assistèrent lord Raglan, général en chef de l'armée anglaise, l'amiral Dundas, commandant de la flotte britannique, et l'amiral Hamelin, commandant des forces navales françaises.

Le résultat de cette conférence, dit un historien (1), fut qu'avant de déterminer d'une manière définitive le point de débarquement une commission composée d'officiers généraux de terre et de mer se rendrait sur le littoral de la Crimée, depuis le cap Chersonèse jusqu'à Eupatoria, pour constater les préparatifs de défense qu'avait pu y faire l'ennemi. En conséquence, la corvette à vapeur *le Primauguet*, portant le général de division Canrobert, le général d'état-major de Martimprey, le général d'artillerie Thierry, le général du génie Bizot, le contre-amiral Bouët-Willaumez et les colonels Trochu et Le Beuf, fit route pour les côtes de Crimée, en compagnie du *Caradoc*, portant les généraux anglais lord Raglan, Burgoyne et Brown, du vaisseau *l'Agamemnon*, portant le contre-amiral Lyons, et du *Sampson*, ajouté à cette division afin qu'elle parût assez forte pour que les officiers généraux qu'elle portait pussent se livrer tranquillement aux explorations qu'ils voulaient accomplir.

Le 10 septembre au matin, ces quatre navires atterrirent sur la presqu'île de Chersonèse, où ils trouvèrent un camp russe assez nombreux. Ils parcoururent lentement et à petite distance tout le littoral compris entre le cap Chersonèse et le cap Loukoul. Rien n'était changé à la situation antérieure du port de Sébastopol et des vaisseaux russes; mais depuis que la dernière reconnaissance avait été faite, des camps nouveaux et de l'artillerie avaient été établis sur les positions principales de la Chersonèse et des rivières de la Katcha et de l'Alma. Les officiers d'état-major n'évaluèrent pas à moins de trente mille hommes les troupes campées sur toute cette

---

(1) De Serbalier, Documents inédits.

partie de la côte, qui fut explorée très attentivement et à petite distance de terre par la commission.

Les quatre bâtiments, continuant à monter le littoral depuis l'Alma jusqu'à Eupatoria, aperçurent vers le milieu de la côte qui sépare ces deux points une plage située par le parallèle de 45° de latitude et qui est très favorable à un débarquement de troupes.

En outre, après avoir contourné la baie d'Eupatoria de très près, les officiers explorateurs reconnurent que l'occupation de la ville serait fort utile pour servir de point d'appui aux armées et aux flottes, et qu'un lazaret considérable et bien clos qui s'y trouvait pourrait, au besoin, servir de réduit aux troupes débarquées. En conséquence, lord Raglan ayant réuni la commission des officiers généraux de terre et de mer désignée ci-dessus, il fut pris les résolutions suivantes, sauf l'approbation réservée du maréchal, resté à bord de *la Ville-de-Paris*, et des deux amiraux en chef :

1° Que le débarquement, au lieu de s'effectuer sous le feu de l'ennemi, dans les baies de la Katcha et de l'Alma, aurait lieu sur la plage intermédiaire entre ces rivières et Eupatoria, au point marqué sur la carte, Vieux-Fort (parallèle de 45° de latitude) ;

2° Que le même jour, Eupatoria serait occupé par deux mille Turcs, un bataillon français, un bataillon anglais, deux vaisseaux turcs et un vaisseau français ; ces forces étant suffisantes pour une ville qui semble dépourvue de toute espèce de défense et où il semble n'y avoir point de garnison.

3° Que trois ou quatre jours après le débarquement l'armée se mettrait en marche dans le Sud, sa droite appuyée à la mer et à une escadre de quinze vaisseaux ou frégates à vapeur qui la suivraient le long du littoral pour la protéger de son artillerie et assurer son approvisionnement.

Le 12 septembre, l'expédition arriva en vue des côtes de

Crimée. Dans la nuit du 12 au 13, une violente bourrasque du nord-est vint retarder la marche de quelques-uns de nos bâtiments de convoi. Mais cet incident n'eut pas de suite, et le 13, à midi, l'amiral Hamelin, ayant jeté l'ancre à l'entrée de la baie d'Eupatoria, envoya de tous côtés des bâtiments à vapeur pour prendre à la remorque et rallier dans cette baie les bâtiments restés à l'arrière.

Dans la nuit du 13 au 14, le beau temps ayant succédé à la bourrasque, la flotte combinée partit pour aller jeter l'ancre devant la plage d'Old-Fort (Vieux Fort), plage située sur le littoral occidental de la Crimée, à sept lieues au nord de Sébastopol. Ce fut chose merveilleuse que cette manœuvre de plus de deux cent cinquante navires dont se composaient les flottes combinées ; elle fut exécutée avec tant d'habileté que pas un navire n'éprouva la moindre avarie.

A sept heures du matin, le vaisseau amiral *la Ville-de-Paris* jetait l'ancre au poste qui lui était assigné sur la plage ; le reste de l'escadre imita ce mouvement, et dès ce moment chaque vaisseau, chaque frégate déploya une activité extraordinaire pour remplir le rôle qui lui avait été assigné.

Bien que l'ennemi ne parût pas sur la plage, l'amiral Hamelin crut devoir envoyer immédiatement mouiller au sud du point de débarquement quatre chaloupes de vaisseaux à trois ponts, munies de leur artillerie et de fusées à la congrève ; il envoya également une frégate et deux avisos à vapeur pour protéger les troupes dans le cas où l'ennemi viendrait à paraître. Dès ce moment le débarquement était assuré.

A huit heures moins dix minutes, l'ordre est donné de commencer la mise à terre, et les chalands, conduits par les embarcations, poussent vers la plage. Chacun rivalise d'ardeur pour arriver au but le premier. *L'Ajacio, le Dauphin, la Mouette* remorquent des chalands et embarcations chargées de nos soldats. Une baleinière du vaisseau *la Ville-de-*

Paris conduit au rivage le contre-amiral Bouët-Willaumez et le général Canrobert, tandis que le capitaine de vaisseau Anne Duportal, commandant la plage, s'y rend de son côté.

A huit heures trente minutes, le pavillon français, emprunté à un de nos canots, flotte sur la terre de Crimée, et l'on voit bientôt se dresser les guidons destinés à indiquer aux différentes divisions l'emplacement où elles doivent se former.

Le détachement d'infanterie de *la Ville-de-Paris* et celui des fuséens marins et artilleurs de la marine prennent position sur la falaise du sud, sous le commandement du capitaine de frégate de *la Ville-de-Paris*.

A neuf heures vingt minutes, nos troupes débarquent en masse et toutes à la fois ; elles sont presque aussitôt formées que débarquées. La première division tout entière est bientôt sur le sol ennemi ; elle est presque immédiatement accompagnée de toute son artillerie, que les corvettes à vapeur *le Pluton* et *l'Infernal* ont débarquée dans les chalands désignés d'avance et qui arrivent en même temps qu'elle à la plage. A peine les chalands ont-ils mis leurs soldats à terre qu'ils retournent à bord des vaisseaux, à la remorque de nos avisos à vapeur et de deux de nos corvettes à vapeur, *le Roland* et *le Lavoisier*. La deuxième division, la troisième division, l'artillerie et le génie, tout se succède à terre sans interruption. Le débarquement se fait avec une célérité prodigieuse et presque mathématique, comme l'avait prescrit l'ordre.

Pas un accident ne vient troubler ou interrompre une opération dont nos marins comprennent toute l'importance. A dix heures, les troupes anglaises touchent à terre ; dès lors bientôt nous avons un si grand nombre de soldats sur la plage et sur la falaise qu'il n'est plus à supposer que l'ennemi puisse chercher à inquiéter notre débarquement. Aussi l'amiral en chef rappelle-t-il *le Caton* et lui donne-t-il la mission de faire mouiller entre la terre et les vaisseaux tous les navires du convoi qui ont quitté le mouillage d'Eupatoria à la voile et qui rallient l'escadre en grand nombre.

Il est midi : les vaisseaux turcs mouillés depuis une heure coopèrent au débarquement de nos soldats, et il en reste un si petit nombre à bord de nos vaisseaux que l'amiral donne l'ordre de ne plus employer les chalands qu'au débarquement des chevaux et de l'artillerie. Le chef d'état-major vient annoncer que, à peu d'hommes près, les trois divisions sont débarquées, ainsi que dix-huit bouches à feu accompagnées de tout leur matériel.

Le maréchal, sur la dunette du vaisseau *la Ville-de-Paris*, suit avec les marques de la plus vive satisfaction les opérations qui s'accomplissent. Il voit son armée grossir, se former, se mettre en marche, et il se prépare à descendre lui-même à terre pour se mettre à la tête. On continue le déchargement des frégates à vapeur ; le complément de l'artillerie, les chevaux des états-major et ceux d'un escadron de spahis sont débarqués.

Le calme a succédé à la petite brise du nord de la matinée, et l'escadre anglaise, après s'être dirigée un instant vers la Katcha, vient mouiller auprès de son convoi. La diversion projetée de ce côté est faite par cinq de nos bâtiments à vapeur et trois navires à vapeur anglais. On les voit s'approcher de la côte, et l'on entend le bruit de leurs canons. A deux heures, le maréchal, impatient de se trouver sur la plage, quitte le vaisseau *la Ville-de-Paris*. Le temps se couvre dans le sud; nos vaisseaux ont entièrement débarqué. toutes leurs troupes.

L'amiral, en prévision du mauvais temps, donne l'ordre aux vaisseaux les plus rapprochés du rivage de venir mouiller plus au large. *Le Caton* et *le Roland* les remorquent successivement, et à quatre heures ils mouillent eux-mêmes dans le sud de notre escadre pour parer aux brûlots. A la nuit, le vent fraîchit de l'ouest, et la houle commence à se faire sentir; la mer grossit à la plage, et le débarquement de l'artillerie et des chevaux devient dangereux. L'ordre est donné de suspendre le débarquement ; mais déjà l'escadre a mis à terre les trois divisions d'infanterie au complet, munies de quatre jours de vivres, leurs bagages et leurs chevaux, les compagnies du génie et tout leur outillage, plus de cinquante pièces d'artillerie accompagnées de tout leur matériel, les chevaux des spahis, les chevaux du maréchal et de l'état-major (1).

Le 15 septembre le débarquement de l'armée était complétement achevé ; nos soldats pleins d'ardeur foulaient cette terre ennemie où les attendait la victoire. Le 16, le maréchal de Saint-Arnaud écrivait au ministre de la guerre, du bivouac d'Old-Fort, où il avait établi son quartier général :

« Monsieur le maréchal, j'ai l'honneur de vous confirmer ma dépêche télégraphique en date de ce jour.

« Notre débarquement s'est opéré dans les conditions les plus heureuses et sans que l'ennemi ait été aperçu. L'impression morale qu'ont reçue les troupes a été excellente, et c'est au cri de *Vive l'Empereur !* qu'elles ont mis pied à terre et pris possession de leurs bivouacs.

« Nous sommes campés sur des steppes où l'eau et le bois nous font défaut. La nécessité d'effectuer un débarquement difficile et compliqué au delà de tout ce qu'on peut dire, contrarié par un vent de mer qui a rendu la plage souvent inabordable, nous a retenus jusqu'à ce jour dans ces mauvais bivouacs.

« J'avais d'abord voulu occuper Eupatoria, dont la rade foraine est l'unique refuge qui nous soit ouvert sur cette côte

---

(1) DE SERBALIER, officier d'état-major, *Notes sur la campagne de Crimée.*

difficile. Mais j'ai trouvé les dispositions des habitants si accommodantes que je me suis contenté d'y établir une station navale et quelques agents qui ont mission de recueillir les ressources qui s'y peuvent rencontrer.

« Les Tatares commencent à arriver au camp; ils sont très doux, très inoffensifs et paraissent très sympathiques à notre entreprise. J'espère que nous obtiendrons par eux du bétail et des transports. Je fais payer avec soin toutes les ressources qu'ils nous offrent, et je ne néglige rien pour nous les rendre favorables; c'est un point très important.

« En tout, notre situation est bonne et l'avenir se présente avec de premières garanties de succès qui semblent très solides. Les troupes sont pleines de confiance. La traversée, le débarquement étaient assurément deux des éventualités les plus redoutables qu'offrait une entreprise qui est presque sans précédent, eu égard aux distances, à la saison, aux incertitudes sans nombre qui l'entouraient. Je juge que l'ennemi, qui laisse s'accumuler à quelques lieues de lui un pareil orage sans rien faire pour le dissiper à son origine, se met dans une situation fâcheuse, dont le moindre inconvénient est de paraître frappé d'impuissance vis-à-vis des populations.

« J'ai l'honneur de vous adresser ci-joint l'ordre du jour que j'ai fait lire aux troupes au moment du débarquement.

« Veuillez agréer, Monsieur le maréchal, l'expression de mes sentiments très respectueux. »

Le même jour le maréchal adressait à ses soldats cet ordre du jour accueilli par tous avec enthousiasme.

« Soldats,

« Vous cherchez l'ennemi depuis cinq mois. Il est enfin devant vous, et nous allons lui montrer nos aigles. Préparez-vous à subir les fatigues et les privations d'une campagne qui sera difficile, mais courte, et qui élèvera devant l'Europe la réputation de l'armée d'Orient au niveau des plus hautes gloires militaires de l'histoire.

« Vous ne permettrez pas que les soldats des armées alliées, vos compagnons d'armes, vous dépassent en vigueur et en solidité devant l'ennemi, en constance dans les épreuves qui vous attendent.

« Vous vous rappellerez que nous ne faisons pas la guerre aux paisibles habitants de la Crimée, dont les dispositions nous sont favorables, et qui, rassurés par notre excellente discipline, par le respect que nous montrons pour leur religion, leurs mœurs et leurs personnes, ne tarderont pas à venir à nous.

« Soldats, à ce moment où vous plantez vos drapeaux sur la terre de Crimée, vous êtes l'espoir de la France ; dans quelques jours vous en serez l'orgueil. *Vive l'Empereur!* »

Ainsi s'était accompli un événement militaire tellement audacieux que beaucoup de bons esprits et d'officiers d'un grand mérite n'en avaient pas pu voir les préparatifs sans quelque crainte. L'étoile de la France brillait d'un nouvel éclat, et notre jeune armée allait montrer que rien ne lui était impossible.

Plein de sollicitude pour ses soldats, le maréchal voulut, malgré l'impatience qu'ils montraient d'aller à l'ennemi, qu'ils prissent deux jours de repos, ce temps étant d'ailleurs nécessaire pour achever de mettre à terre toute l'artillerie, sans laquelle il ne voulait rien hasarder, sentant bien que, si les Russes ne se montraient pas et n'avaient rien fait pour empêcher le débarquement, c'est qu'ils avaient choisi quelque position formidable où ils espéraient lui disputer le terrain avec plus d'avantage. Il fallait, d'ailleurs, creuser des puits pour obtenir de l'eau, travail pénible et qui n'eut que peu de succès, l'eau que l'on parvint à se procurer ainsi étant saumâtre et à peine potable.

Mais déjà l'esprit inventif des soldats avait paré à cet inconvénient : les zouaves particulièrement, toujours aventureux, avaient dès le premier jour pénétré par petits groupes assez avant dans le pays ; ils s'emparèrent d'abord d'un convoi de voitures chargées de bois ; puis ils visitèrent quelques riches maisons de campagne situées à peu de distance des côtes, et bientôt les provisions de bouche arrivèrent de toutes parts ; on ne s'en tint même pas aux vivres seulement, et dès le premier jour un zouave arrivait au bivouac salué par les éclats de rire de l'armée entière : coiffé d'un chapeau de femme des plus élégants, les épaules couvertes d'un riche cachemire et doucement assis dans un wiski attelé d'un cheval superbe, il s'avançait avec une gravité bouffonne capable de désopiler la rate des plus tristes spectateurs de cette apparition. Il raconta qu'étant entré dans une charmante habitation pour s'y rafraîchir il avait été obligé de se servir lui-même, n'ayant trouvé personne à qui parler ; et pourtant les maîtres de cette maison ne pouvaient être loin, car un châle et un chapeau de femme étaient posés sur un piano, et, dans la cour, le cheval attelé attendait évidemment son maître,

« Ayant vainement appelé, ajoutait le hardi fourrageur, j'ai fini par me persuader que tout avait été ainsi préparé par mon hôte invisible en vue de m'être agréable et de m'éviter la fatigue du retour à pied ; or, ayant l'esprit trop bien fait pour prendre la chose du mauvais côté, j'ai accepté de bonne volonté, et après une visite à la cave et une station à la cuisine je suis monté en voiture, et me voici (1). »

---

(1) Une grande partie des événements que nous rapportons nous ayant été rapportés par un zouave témoin oculaire, ainsi qu'on l'a vu au commencement de cet ouvrage, nous avons cru devoir ne pas passer sous silence ces petits détails, qui peignent si bien nos soldats.

(*Note de l'Éditeur.*)

Il y eut bien quelques coups de fusil tirés dans ces excursions non autorisées, et çà et là les Cosaques se montrèrent; mais nulle part ils ne tinrent pied. L'apparition des alliés avait produit un tel effet que, dès le 16, un poste russe de cinquante hommes, chargé de la garde d'un magasin, jetait les armes et se mettait à genoux à l'aspect de quelques-uns de nos fantassins n'ayant d'autres armes que leurs baïonnettes. Il est juste de dire cependant que cette panique dura peu : le prince Menchikoff, qui commandait alors l'armée russe de Crimée, parvint promptement à remonter le moral de ses soldats, et le moment approchait où les Français et leurs braves alliés allaient rencontrer des adversaires dignes d'eux.

Nous croyons devoir rapporter, en terminant ce chapitre, la lettre suivante d'un brave et jeune officier qui, deux jours après l'avoir écrite, mourait glorieusement sur le champ de bataille de l'Alma, lettre qui peint parfaitement l'esprit et l'ardeur de notre armée :

« Au bivouac près Eupatoria, camp d'Old-Fort,
15 septembre.

« Ma chère sœur, nous avons tous débarqué en Crimée sans être inquiétés par l'ennemi. Nous partons demain à sept heures avec les Anglais et les Turcs ; nous devons effectuer le passage d'une rivière défendue, dit-on, par vingt mille Russes. Tous les villages nous fournissent des bœufs, des moutons et des voitures avec la meilleure grâce possible. Les femmes d'Eupatoria, toutes habillées à la française, sont charmantes et nous baisent les mains, nous regardant comme des sauveurs. Le maréchal a prévenu que quiconque serait pris à marauder serait fusillé sur-le-champ et sans jugement.

« Nous n'avons, depuis trois jours, que de l'eau de mer un peu dessalée par la filtration pour toute boisson ; aussi espérons-nous boire demain de l'eau potable au nez de MM. les Russes.

« Le maréchal, en passant la revue hier, m'a dit : « Mon-
« sieur, vous portez un drapeau; mais j'espère bien que vous
« m'en apporterez un russe avec celui-là. » Je lui ai répondu
que je ferais mon possible pour le contenter.

« Le porte-drapeau titulaire est passé lieutenant; mais,
comme nous n'avons pas encore eu l'inspection générale, il
est probable que celui qui était proposé pour cet emploi l'année dernière est nommé (il est au dépôt) ; dans tous les cas
il arrivera après la bataille ; et, si je ne suis pas tué, on ne
sait pas ce qui peut arriver. Le choléra n'existe plus dans
l'armée.

« Nous espérons commencer le siége de Sébastopol le 21
ou le 22 ; on dit que nous avons des intelligences dans la place.
Toute la population de la Crimée est pour nous ; à chaque
instant les villages font leur soumission et apportent du
bétail. Tu crois alors que nous faisons des économies, dé-
trompe-toi; les habitants ne peuvent pas tout nous fournir, et
les Grecs nous vendent de mauvais vin trois francs la bou-
teille : juge du reste.

« Je t'écrirai de Sébastopol ou de la tranchée.

« Ton frère qui t'aime,

« C.-W. POIDEVIN,
« sous-lieutenant au 39ᵉ de ligne. »

CHAPITRE VI.

Position de l'armée russe. — L'armée des alliés se met en marche. — Bataille de l'Alma. — Belle conduite du prince Napoléon. — Intrépidité des zouaves. — Froide bravoure et héroïsme des Anglais. — Lettre du maréchal de Saint-Arnaud à l'empereur. — Rapport du maréchal au ministre de la guerre — Curieux récit d'un marin sur la bataille de l'Alma.

Le choléra, qui avait si cruellement décimé nos soldats à Varna et à Gallipoli, disparut complétement de notre armée dès qu'elle eut mis le pied sur le territoire ennemi. Il n'en était pas de même parmi les Russes : le fléau continuait à sévir à Sébastopol. Menchikoff néanmoins se trouvait à la tête d'une armée nombreuse, aguerrie et parfaitement approvisionnée. Ce fut avec toutes ses forces qu'il prit position sur l'Alma, où il se retrancha de la manière la plus formidable; aussi disait-il, le 29 septembre au matin, en apprenant que l'armée alliée s'avançait, « qu'avant que le soleil fût couché il aurait jeté tous ces aventuriers à la mer. »

Ce jour-là aussi il écrivait au czar Nicolas :

« La position que j'occupe est telle, qu'une armée de deux cent mille hommes ne parviendrait pas à m'en déloger. »

Et il devait ce jour-là même expier cette forfanterie.

L'armée des alliés s'était mise en marche le 18, se dirigeant sur Sébastopol, mais espérant bien ne pas aller jusque-là pour rencontrer l'ennemi ; car elle savait qu'elle aurait trois rivières à traverser, l'Alma, la Katcha et le Belbeck ; et il n'était pas probable que l'ennemi ne tentât point de profiter de ces obstacles. On fit peu de chemin ce jour-là à cause du manque d'eau, qui obligeait à faire de longues haltes là où il s'en trouvait quelque peu. Le 19, l'étape fut plus longue, et, lorsque l'on fit halte le soir, on n'était plus qu'à trois ou quatre kilomètres de l'ennemi.

Les Russes, ainsi que nous l'avons dit, étaient formidablement retranchés sur la rive gauche de l'Alma, à peu de distance de la mer. Cette rive est très escarpée ; elle n'est en quelque sorte que la fin de la falaise qui borde la mer et qui se continue le long de l'Alma jusqu'à une grande distance dans les terres. Le camp retranché des Russes occupait la hauteur, ayant au centre une batterie de trente pièces de canon ; c'était le centre de leur ligne. L'aile gauche n'atteignait pas la mer ; le gros de leur armée formait l'aile droite. Soixante-dix pièces de canon appuyaient les deux ailes. Les rampes étagées qui, du haut du plateau, descendaient jusque vers la rivière étaient occupées par dix bataillons, dont plus de la moitié portait le casque évasé de la garde impériale ; une nuée de tirailleurs, armés de carabines, était répandue sur les flancs de la colline. Un corps nombreux de cavalerie se tenait à l'aile droite et à la réserve. En tout cinquante mille hommes à peu près.

C'est dans cette formidable position que l'armée franco-anglo-turque trouva les Russes le 20 au matin. A onze heures et demie, elle était sur la rive droite de l'Alma. Le centre était formé par la troisième division, commandée par le prince Napoléon. L'aile droite, appuyée à la mer, se composait de la deuxième division, commandée par le général Bosquet, et de quatre mille Ottomans ; et, à notre gauche, en face du gros de l'armée ennemie étaient le général Canrobert et l'armée anglaise. La réserve s'établit en arrière de la troisième division ; le maréchal y avait laissé la quatrième division française, la cinquième division anglaise et six mille Ottomans.

Pour toute cavalerie nous n'avions que deux escadrons français, le 17e et le 4e régiment anglais.

Le prince Napoléon avait donc le poste d'honneur ; il faisait face à la plus terrible redoute. Notre artillerie était à peu près égale à celle de l'ennemi, et nous comptions en tout environ cinquante-six mille hommes. Mais cette supériorité numérique était bien loin de compenser la supériorité de position des Russes.

Le maréchal, s'étant aperçu que l'ennemi avait négligé la défense d'un passage situé à notre extrême droite, entre leur gauche et la mer, s'empressa de profiter de cette faute, et il ordonna au général Bosquet de franchir ce passage et d'attaquer le flanc gauche de l'ennemi. Ce mouvement fut rapidement exécuté.

Bientôt le canon de la deuxième division et des Turcs apprit au maréchal que ses ordres étaient exécutés ; il était facile, du reste, de s'en apercevoir à la surprise que causa dans les rangs ennemis cette attaque imprévue.

Immédiatement les brigades de la troisième division furent successivement lancées sur la redoute russe. En un clin d'œil les zouaves et le régiment d'infanterie de marine franchirent la rivière sous le feu de l'artillerie, des dix bataillons et des tirailleurs. Nos braves soldats rencontrèrent encore là une autre difficulté : les Russes, ayant coupé toutes les broussailles pour ne laisser aucun abri aux assaillants et en ayant fait plusieurs monceaux qui garantissaient leurs propres tirailleurs, mirent à profit le vent qui soufflait en ce moment, allumèrent ces broussailles, et la fumée vint descendre sur nos soldats et les aveugler.

Il y eut là un moment terrible. Un ouragan de boulets, de plomb, de mitraille tombait du haut de la falaise ; nos soldats ripostaient par un feu bien nourri, mais qui faisait peu de mal à l'ennemi ; leurs rangs en revanche étaient ravagés. Après trois quarts d'heure de cette lutte inégale, le régiment de zouaves, à lui seul, avait plus de quatre cents hommes hors de combat ; l'infanterie de marine faisait aussi des pertes considérables : il fallait se retirer ou monter à l'assaut. L'ordre fut donné, et la brigade engagée s'élança la baïonnette en avant, tandis que la brigade du général Thomas s'avançait pour la soutenir.

Ce fut pendant une heure une lutte surhumaine : s'accrochant aux aspérités du terrain, aux crevasses, aux racines, aux pierres, à tout ce qui pouvait offrir au pied ou à la main le plus frêle point d'appui, nos soldats arrivèrent, de plateau en plateau, jusqu'à la batterie, écrasant tout sur leur passage. Sur ce point l'acharnement sembla redoubler encore. Enfin, à deux heures, après une résistance désespérée, les Russes, entamés à gauche par le général Bosquet, culbutés en face par la division du prince Napoléon, commencèrent à plier sur tous les points.

A notre gauche, l'armée anglaise avait marché à l'ennemi avec un sang-froid admirable et l'avait résolûment attaqué malgré la disproportion du nombre. Une mêlée furieuse s'était engagée entre les Russes et les *Wales fusiliers* (23e régiment des chasseurs de Galles) ; ceux-ci, soutenus par un régiment des gardes, par les highlanders, cornemuse en tête, s'élancèrent sur l'ennemi, sans que le feu incessant de deux colonnes pût retarder seulement leur marche ; leur artillerie, bien placée et bien dirigée, faisait des ravages considérables dans les rangs des Russes.

Nous avions atteint de tous côtés le sommet du plateau que défendaient les Russes. Ils firent retirer leur artillerie et ils se formèrent en plusieurs carrés qui ouvrirent un feu meurtrier; mais personne ne songea à leur répondre. Tous, Français, Anglais et Turcs, s'élancèrent à l'arme blanche avec une force irrésistible. Après s'être maintenu quelque temps avec une froide intrépidité, l'ennemi fut entamé et culbuté. Dès ce moment ce fut une véritable déroute. Les chasseurs anglais, les Écossais, les zouaves, l'infanterie de marine, qui avait si cruellement souffert, firent un carnage affreux de tout ce qui leur tomba sous la main. L'ennemi se retira dans le plus grand désordre jusqu'à la rivière de Katcha, sur les rives de laquelle était un second camp retranché. Si nous avions eu quelques régiments de cavalerie, plus de la moitié de l'armée russe eût été faite prisonnière.

Au soir de cette glorieuse journée, l'armée était établie en partie dans le camp russe; le reste s'était porté en avant pour observer l'ennemi.

Les Russes avaient laissé entre nos mains quatre canons de gros calibre, deux drapeaux, dix-huit guidons et un grand nombre de fusils et de havresacs; ils avaient plus de six mille hommes tués ou blessés. Il faut pourtant leur rendre cette justice qu'ils s'étaient courageusement défendus: pendant deux heures entières ils avaient vaillamment soutenu le choc de l'armée alliée; leur feu avait été pendant tout ce temps bien nourri et parfaitement dirigé. Il n'avait pas fallu moins, pour les entamer, que l'élan irrésistible des troupes de la troisième division, et particulièrement des zouaves, qui avaient fait de véritables prodiges.

La division du prince Napoléon avait souffert beaucoup plus que les autres, ce qui s'explique par la position qu'elle occupait, par le rôle qu'elle avait à remplir et encore par une circonstance particulière. L'aile gauche était formée des corps anglais. Partis en même temps que nous, les Anglais n'ont pas marché aussi rapidement à l'ennemi. Leur sang-froid, leur calme naturel ne les quitta même pas dans ce moment solennel.

Ils arrivèrent sous le feu de l'ennemi comme à une parade ; les manœuvres furent exécutées avec la même précision, avec la même régularité que s'ils se fussent trouvés à Malte, au champ de San Floriano. Mais ces mouvements ne s'exécutaient pas avec assez de rapidité ; notre droite et notre centre étaient déjà sérieusement engagés quand les Anglais ouvrirent leur feu. Pendant ce temps une partie de l'aile droite russe et son artillerie foudroyaient d'écharpe la troisième division.

Dans cette terrible position, nos troupes furent tout simplement héroïques. On ne saurait dépeindre leur incroyable intrépidité et leur prodigieux sang-froid au milieu du feu dont l'ennemi les écrasait. Parmi nos blessés il faut compter le général Thomas, renversé de cheval par un éclat d'obus au moment où, arrivé dans la rivière, il lançait sa brigade sur la redoute ; le sous-intendant militaire Leblanc, qui eut une jambe emportée par un boulet, aux côtés du prince Napoléon, et un assez grand nombre d'officiers. La brigade du général Thomas avait à elle seule vingt officiers blessés. Le général Canrobert avait aussi reçu une forte contusion à la poitrine.

La première division avait moins souffert ; mais l'aile droite avait fait des pertes sérieuses en se maintenant énergiquement sur le flanc gauche de l'ennemi. La cavalerie russe tenta à plusieurs reprises de la charger ; mais elle fut contenue par une pluie d'obus que lançaient les frégates à vapeur, de manière à l'empêcher d'avancer.

Les Turcs n'avaient que cent vingt tués ou blessés ; mais l'armée anglaise avait fait des pertes considérables. Il y avait quelque chose d'héroïque dans le calme avec lequel nos braves alliés marchaient à l'ennemi ; mais il est incontestable qu'ils auraient perdu moins de monde s'ils avaient marché plus vite. Le 23ᵉ *Wales fusiliers* et les Écossais furent surtout cruellement maltraités. Le 23ᵉ régiment, fort de sept cent cinquante hommes, ne comptait plus que trois cent soixante-quinze hommes et cinq officiers ; tous les autres étaient morts ou blessés.

Le lendemain de cette belle victoire, le maréchal de Saint-Arnaud écrivait à l'empereur :

« Sire,

« Le canon de Votre Majesté a parlé. Nous avons remporté une victoire complète. C'est une belle journée, Sire, à ajouter aux fastes militaires de la France, et Votre Majesté aura un nom de plus à joindre aux victoires qui ornent les drapeaux de l'armée française.

« Les Russes avaient réuni hier toutes leurs forces, tous leurs moyens pour s'opposer au passage de l'Alma. Le prince Menchikoff les commandait en personne. Toutes les hauteurs étaient garnies de redoutes et de batteries formidables.

« L'armée russe comptait quarante mille baïonnettes venues de tous les points de la Crimée ; le matin il en arrivait encore de Théodosie... six mille chevaux, cent vingt-quatre pièces de canon de campagne ou de position.

« Des hauteurs qu'ils occupaient, les Russes pouvaient nous compter homme par homme, depuis le 19, au moment où nous sommes arrivés sur le Bulbanack.

« Le 20, dès six heures du matin, j'ai fait opérer par la division Bosquet, renforcée de huit bataillons turcs, un mouvement tournant qui enveloppait la gauche des Russes et tournait quelques-unes de leurs batteries.

« Le général Bosquet a manœuvré avec autant d'intelligence que de bravoure. Ce mouvement a décidé du succès de la journée.

« J'avais engagé les Anglais à se prolonger sur leur gauche, pour menacer en même temps la droite des Russes pendant que je les occuperais au centre ; mais leurs troupes ne sont arrivées en ligne qu'à dix heures et demie. Elles ont bravement réparé ce retard. A midi et demi, la ligne de l'armée alliée occupait une étendue de plus d'une grande lieue, arrivait sur l'Alma, et elle était reçue par un feu terrible de tirailleurs.

« Dans ce moment, la tête de la colonne Bosquet paraissait sur les hauteurs. Je donnais le signal de l'attaque générale.

« L'Alma fut traversé au pas de charge. Le prince Napoléon, en tête de sa division, s'emparait du gros village d'Alma, sous le feu des batteries russes. Le prince s'est montré digne en tout du beau nom qu'il porte. On arrivait en bas des hauteurs sous le feu des batteries ennemies.

« Là, Sire, a commencé une vraie bataille sur toute la ligne, bataille avec ses épisodes de brillants hauts faits et de valeur. Votre Majesté peut être fière de ses soldats, ils n'ont pas dégénéré : ce sont des soldats d'Austerlitz et d'Iéna.

« A quatre heures et demie, l'armée française était victorieuse partout.

« Toutes les positions avaient été enlevées à la baïonnette au cri de *Vive l'Empereur!* qui a retenti toute la journée ; jamais je n'ai vu d'enthousiasme semblable ; les blessés se soulevaient de terre pour crier. A notre gauche les Anglais rencontraient de grosses masses et éprouvaient de grandes difficultés ; mais tout a été surmonté.

« Les Anglais ont abordé les positions russes dans un ordre admirable sous le canon, les ont enlevées et ont chassé les Russes.

« Lord Raglan est d'une bravoure antique. Au milieu des boulets et des balles, c'est le même calme qui ne l'abandonne jamais.

« Les lignes françaises se formaient sur les hauteurs en débordant la gauche russe, l'artillerie ouvrait son feu. Alors ce ne fut plus une retraite, mais une déroute ; les Russes jetaient leurs fusils et leurs sacs pour mieux courir.

« Si j'avais eu de la cavalerie, Sire, j'obtenais des résultats immenses, et Menchikoff n'aurait plus d'armée ; mais il était tard, nos troupes étaient harassées, les munitions d'artillerie s'épuisaient. Nous avons campé à six heures du soir sur le bivouac même des Russes.

« Ma tente est sur l'emplacement même de celle qu'occupait le matin le prince Menchikoff, qui se croyait si sûr de nous arrêter et de nous battre qu'il avait laissé sa voiture. Je l'ai prise avec son portefeuille et sa correspondance ; je profiterai des renseignements précieux que j'y trouve.

« L'armée russe aura pu probablement se rallier à deux lieues d'ici, et je la trouverai demain sur la Katcha, mais battue et démoralisée, tandis que l'armée alliée est pleine d'ardeur et d'élan. Il m'a fallu rester ici aujourd'hui pour évacuer nos blessés et les blessés russes sur Constantinople, et reprendre à bord de la flotte des munitions et des vivres.

« Les Anglais ont eu quinze cents hommes hors de combat. Le duc de Cambridge se porte bien ; sa division et celle de sir G. Brown ont été superbes. Moi, j'ai à regretter environ douze cents hommes hors de combat, trois officiers tués, cinquante-quatre blessés, deux cent cinquante-trois sous-officiers et soldats tués, mille trente-trois blessés.

« Le général Canrobert, auquel revient en partie l'honneur de la journée, a été blessé légèrement par un éclat d'obus qui l'a atteint à la poitrine et à la main ; il va très-bien. Le général Thomas, de la division du prince, a reçu une balle dans le bas-ventre, blessure très-grave. Les Russes ont perdu environ cinq mille hommes. Le champ de bataille est jonché de leurs morts, nos ambulances sont pleines de leurs blessés. Nous avons compté une proportion de sept cadavres russes pour un cadavre français.

« L'artillerie nous a fait du mal, mais la nôtre lui est bien supérieure. Je regretterai toute ma vie de ne pas avoir eu seulement mes deux régiments de chasseurs d'Afrique. Les zouaves se sont fait admirer des deux armées : *ce sont les premiers soldats du monde.*

« Veuillez agréer, Sire, l'hommage de mon profond respect et de mon entier dévouement.

« Maréchal A. DE SAINT-ARNAUD. »

En même temps, et sur le champ de bataille même, le maréchal adressait cet ordre du jour aux braves soldats qu'il était si digne de commander :

« Soldats,

« La France et l'empereur seront contents de vous.

« A Alma, vous avez prouvé aux Russes que vous étiez les dignes fils des vainqueurs d'Eylau et de la Moskowa. Vous avez rivalisé de courage avec vos alliés les Anglais, et vos baïonnettes ont enlevé des positions formidables et bien défendues.

« Soldats, vous rencontrerez encore les Russes sur votre chemin, vous les vaincrez encore comme vous l'avez fait aujourd'hui, au cri de *Vive l'Empereur!* et vous ne vous arrêterez qu'à Sébastopol; c'est là que vous jouirez d'un repos que vous aurez bien mérité.

« Champ de bataille d'Alma, le 20 septembre 1854. »

Le rapport adressé par le maréchal au ministre de la guerre achèvera de faire connaître tous les hauts faits accomplis dans cette grande journée, qui eût suffi pour immortaliser le chef de si braves soldats :

« Monsieur le ministre,

« Mon rapport officiel rend compte à Votre Excellence des détails de la belle journée du 20; mais je ne puis laisser partir le courrier sans vous dire quelques mots de nos braves soldats.

« Les soldats de Friedland et d'Austerlitz sont toujours sous nos drapeaux, monsieur le maréchal, la bataille de l'Alma l'a prouvé. C'est le même élan; la même bravoure brillante. On peut tout faire avec de pareils hommes quand on a su leur inspirer de la confiance.

« Les armées alliées ont enlevé des positions formidables. En les parcourant hier, j'ai reconnu tout ce qu'elles offraient de favorable à la résistance, et, en vérité, si les Français et les Anglais les avaient occupées, jamais les Russes ne s'en seraient emparés.

« Aujourd'hui que tout est plus calme et que les renseignements qui nous arrivent par les déserteurs et les prisonniers sont plus précis, nous pouvons sonder les plaies de l'ennemi.

« La perte des Russes est considérable. Les déserteurs accusent plus de six mille hommes. Leur armée est démoralisée. Dans la soirée du 20, elle s'était partagée en deux. Le prince Menchikoff, avec l'aile gauche, marchait sur Baktchi-Séraï; l'aile droite se dirigeait sur Belbeck. Mais ils étaient sans vivres, leurs blessés les encombraient, la route en est jonchée. Beau succès, monsieur le ministre, qui fait honneur à nos armes, ajoute une belle page à notre histoire militaire, et donne à l'armée un moral qui vaut vingt mille hommes de plus. Les Russes ont laissé sur le champ de bataille près de dix mille sacs et plus de cinq mille fusils. C'était une véritable déroute. Le prince Menchikoff et ses généraux étaient bien fanfarons dans leur camp, que j'occupe, le matin du 20. Je crois qu'ils ont un peu l'oreille basse. Le général russe avait demandé à Alma des vivres pour trois semaines; j'ai dans l'idée qu'il aura arrêté le convoi en route.

« Votre Excellence pourra juger qu'il y a beaucoup de mirage dans toutes les affaires russes. Dans trois jours je serai sous Sébastopol, et je saurai dire à Votre Excellence tout ce que cela vaut au juste.

« Le moral et l'esprit de l'armée sont admirables.

« Les bâtiments qui doivent aller chercher à Varna des renforts de troupes de toutes armes sont partis depuis le 18. Ils m'arriveront à Belbeck avant la fin du mois.

« Ma santé est toujours la même : elle se soutient entre les souffrances, les crises et le devoir. Tout cela ne m'empêche pas de rester douze heures à cheval les jours de bataille..... mais les forces ne me trahiront-elles pas?

« Adieu, monsieur le maréchal; j'écrirai à Votre Excellence quand je serai sous Sébastopol. »

Qu'il nous soit permis de faire suivre ces pièces officielles, dans chaque phrase desquelles l'illustre maréchal montre tant de grandeur, de noblesse et de patriotisme; qu'il nous soit permis, disons-nous, de faire suivre ces belles et éloquentes pages du récit du même événement fait par un brave marin (1), et qui donne une juste idée de la part que prit la flotte à cette bataille et de la gloire qui lui en revient.

« Pendant que l'armée marchait en avant, tout le long de

---

(1) On ne doit pas oublier que l'auteur de cet ouvrage, écrivant ces lignes sur le théâtre de la guerre et pour ainsi dire sur les champs de bataille, a beaucoup puisé, pour les détails, dans les récits d'un zouave qui est encore sous les drapeaux aujourd'hui sur les ruines de Sébastopol; mais les notes recueillies par ce brave soldat et entassées dans son havre-sac n'étaient pas, on l'imagine aisément, dans un ordre très régulier; il y avait un peu de tout, et ce récit d'un marin s'y trouvait parmi beaucoup d'autres plus ou moins importants, mais qui certes, comme il est facile de le reconnaître, portent l'empreinte d'une incontestable véracité.

(*Note de l'Éditeur.*)

la côte, pour franchir les dix milles marins qui séparent Old-Fort de l'Alma, la flotte suivait, beau temps, petite brise de S.-O., les vaisseaux à voiles remorqués par des bateaux à vapeur et des frégates ; le plus près de la côte marchaient les petits vapeurs, toujours sondant et indiquant le fond ; un peu derrière eux, et un peu plus au large, étaient les quatre frégates à vapeur de combat *Vauban, Descartes, Canada, Caffarelli*, puis parallèlement, et plus au large, les vaisseaux. La veille, toutes nos autres frégates et presque tous nos transports étaient partis pour Varna, devant y prendre de la cavalerie, qui nous manque complétement, puis dix mille hommes de renfort.

« Nous marchions nécessairement plus vite que l'armée ; aussi à midi, le 19 septembre, nous étions tous mouillés devant l'embouchure de l'Alma ; les vaisseaux se trouvaient par huit à neuf brasses à deux milles au large. Le vieux *Vauban*, mouillé par quatre brasses, était en face de la rivière et à une distance de trois à quatre encablures. Ses pièces de l'avant portaient à seize encablures : il pouvait ainsi balayer deux kilomètres de terrain ; malheureusement, la falaise de la rive gauche qui le dominait avait cent pieds et quatre encablures. Les pièces de campagne russes perchées là-haut pouvaient nous cribler presque impunément. Mais, heureusement, ils s'effrayèrent de tant de navires, dont ils jugèrent mal la position, et ils se retirèrent dans l'intérieur, hors de la portée de nos canons. Leurs tirailleurs de Finlande, gens, dit-on, très-adroits, vinrent seuls sur les crêtes les plus voisines, et, se couchant à plat ventre, commencèrent à tirer sur nous. *Le Roland, le Lavoisier, le Berthollet, le Primauguet, le Vauban, le Spitfire, le Caton, le Caffarelli* leur expédièrent quelques obus, et bientôt toute cette bordure fut nettoyée.

« A midi, notre avant-garde contournait les mamelons de

Zembrouck et n'était plus séparée que par la vaste plaine de deux kilomètres qui s'étend de Zembrouck à l'Alma. Nous savions que le projet du maréchal était de s'arrêter quelque temps à Zembrouck, ne montrant que ses têtes de colonne pour attirer une partie des Russes dans la plaine, sur la rive droite de l'Alma. Canrobert devait se dérober dans l'Est, puis se rabattre, à un moment donné, sur la droite des Russes engagés dans la plaine, et tous alors, agissant ensemble, acculer et pousser l'ennemi à la mer sous le feu de nos batteries.

« Jusqu'à deux heures de l'après-midi, Menchikoff resta immobile, retranché dans le village d'Alma et sur les inaccessibles plateaux de la rive gauche.

« A deux heures cependant, prenant notre immobilité sur la ligne de Zembrouck pour une hésitation que nous causait sa formidable position, il fit déboucher dans la plaine une forte colonne de cavalerie (dragons de la garde), soutenue et suivie par une brigade d'infanterie marchant en colonnes serrées.

« Attention, voilà le drame qui va commencer ! Tous, émus, palpitants et groupés sur la passerelle, dans la hune, sur les barres, dans les haubans, nous dominions admirablement le terrain; rien ne nous échappait : on distinguait les uniformes, les armes, etc. Oh ! le grandiose et beau spectacle; deux armées allaient se heurter là, sous nos yeux ! Nos amis, nos frères d'armes allaient se prendre corps à corps avec cet ennemi tant désiré, tant souhaité ; la France allait croiser le fer avec la Russie, quel beau duel !

« La cavalerie russe se déploie ; elle exécute de belles manœuvres d'ensemble; nous en admirons la justesse et la précision. Elle escarmouche avec nos avant-postes; on lui tire quelques volées d'artillerie, elle se replie; les colonnes d'infanterie russe se forment en carrés et marchent résolûment pour l'appuyer. Mais notre front reste immobile ; les Anglais, qui devaient nous suivre, ne sont pas en ligne : impossible au maréchal d'engager ce jour-là une bataille générale. Il est quatre heures ; les Anglais arrivent, mais il est trop tard pour un mouvement en avant. L'armée prépare son bivouac et fait ses tentes. Menchikoff se félicite là-haut. Il nous croit frappés de terreur, et il se promet bien de nous écraser le lendemain.

« A quatre heures un quart, la division Canrobert, qui a réussi à dérober sa marche de flanc, se montre enfin dans l'est de la plaine ; elle avance comme une trombe. Tous les escadrons moscovites se déploient sur la droite, forment un grand cercle, et chargent à fond sur notre division. Elle s'arrête, forme trois carrés flanqués de son artillerie et attend. Dieu ! comme le cœur me battait ! S'ils allaient être écrasés par cette masse de trois mille cavaliers lancés au galop ! Mais non ! un feu effroyable de canons et de mousqueterie les accueille ; des chevaux roulent à terre ; un plus grand nombre s'échappent sans cavalier dans toutes les directions, et la masse de cavalerie fuit en désordre et court se reformer derrière son infanterie. Bravo ! bravo ! le feu est commencé ! le Moscovite a tourné le dos.

« Bientôt Canrobert est à la hauteur du milieu de notre front ; il défie l'ennemi. La cavalerie, honteuse de son premier échec, veut une revanche ; ses colonnes se reforment, elles se massent plus serrées, et la charge à fond recommence plus rapide, plus furieuse. Une décharge à bout portant frappe et écrase cette masse roulante ; la terre est jonchée de cadavres ; les dragons fuient dispersés et courent se remiser derrière les trois carrés moscovites. Sans doute que le général qui commande cette infanterie est possédé d'une horrible rage en voyant ainsi la belle cavalerie de la garde se débander honteusement aux yeux des deux armées ; car cette fois il accueille les fuyards par une décharge générale qui nous a tous bien surpris, et, je l'avoue, fait rire de bon cœur. Il est sept heures, chacun regagne son terrain et rentre dans son camp.

« 20 *septembre*. — Beau ciel, belle mer, radieux soleil. Nos troupes plient les tentes et s'ébranlent à six heures. Les Anglais sont en ligne et occupent la gauche de notre armée. Les Turcs sont à l'extrême droite et s'appuient à la mer. Nous voyons du bord les Russes dans toutes leurs positions. La tentative de Canrobert, pour les tourner par leur droite dans la journée du 19, a mis Menchikoff en défiance contre cette manœuvre. Ainsi nous reconnaissons que depuis la veille toute l'armée russe a appuyé à droite. Son centre est massé dans la vallée qui fait face au pont de l'Alma ; sa gauche, qui s'est éloignée de la mer d'un bon kilomètre, couvre les versants qui regardent la rivière et qui font suite à la falaise à pic qui est près de l'embouchure ; sa droite couvre toutes les hauteurs qui dominent la vallée à l'est ; enfin son avant-garde et tous les tirailleurs occupent le village sur les deux rives de l'Alma. Une formidable artillerie protége le front et les flancs ; sur toutes les éminences en avant de la vallée, en face de la rivière, ils ont de fortes redoutes. Menchikoff occupe la tour d'un télégraphe, et de là il embrasse toute la situation du pays à trois lieues à la ronde.

« Le maréchal et lord Raglan, qui commande les Anglais, ont arrêté les mêmes dispositions que la veille. Seulement, cette fois, il ne s'agit plus de jeter l'armée russe à la mer, elle s'en est éloignée de trois kilomètres ; mais il faut l'entourer et l'envelopper dans la vallée où elle s'est concentrée en masse. Il est donc convenu que les Anglais, qui forment notre aile gauche, se porteront dans l'est, puis, se rabattant par une conversion à droite, déborderont la droite russe. A notre droite, les Turcs et la division Bosquet suivront la mer, et déborderont l'aile droite russe, qui a laissé un grand vide entre elle et les grèves ; puis ils se rabattront sur les derrières des Russes et sur leur flanc gauche. Le maréchal attaquera le front par le village et le pont conduisant à la vallée où est massé le fort des Russes ; mais il modérera son mouvement pour occuper l'attention de l'ennemi et laissera le temps à nos deux ailes de le déborder.

« Toutes les dispositions ainsi arrêtées, notre armée commence franchement son mouvement vers sept heures ; à dix heures, il y eut halte générale : on fit manger le soldat, et il prit une heure de repos. Les Russes restaient immobiles, attendant le choc dans leurs formidables positions. Une chose nous surprenait étrangement à bord, c'est que Menchikoff eût complétement abandonné la défense de la falaise à pic qui protégeait sa gauche ; quelques canons et une poignée de soldats défendant les quelques ravins qui perçaient cette muraille de cent pieds à pic eussent suffi pour arrêter toutes nos armées voulant franchir ces obstacles. Nous avons su depuis, par des prisonniers, qu'il avait abandonné la défense de cette ligne qui couvrait sa gauche, la regardant comme absolument infranchissable, même pour des chèvres ! Il ne connaissait pas nos zouaves ! Pendant cette lutte de dix à onze heures, Menchikoff, ne devinant pas nos projets de le déborder par les ailes et ne voyant pas l'immense conversion faite par les Anglais, que couvraient les montagnes dans l'est, crut encore, comme la veille, que nous hésitions, déconcertés et rebutés par les obstacles qui se dressaient devant nous. « Définitivement, disait-il aux
« officiers de son état-major, les Français n'en veulent plus ;
« je vais être forcé d'aller les aider à rembarquer plus
« vite ! »

« A onze heures, le maréchal a lancé sa droite le long du rivage ; nous voyons les chasseurs, les zouaves et les Turcs arriver au pas de course; il suppose que les Anglais ont suffisamment gagné sur sa gauche. Tout notre centre s'ébranle et s'avance en bon ordre sur le village. A midi, il aborde cette position couverte par une nuée de tirailleurs russes; le canon gronde, la bataille s'engage partout.

« Pendant ce temps, nous voyons notre droite franchir la rivière à son embouchure, puis d'autres colonnes percent plus haut, passant la rivière je ne sais comment. Bientôt c'est merveille de voir tous nos hommes escaladant ces pics inaccessibles, s'accrochant à tout, grimpant comme des fourmis. Et, après vingt minutes d'efforts, nous les voyons surgissant sur la crête, couronnant toutes les hauteurs, et, avant que Menchikoff en ait pu croire ses yeux, nous avions dix mille hommes débordant sur sa gauche. Il avise alors à conjurer le danger et lance contre Bosquet de la cavalerie, trente pièces d'artillerie et plusieurs colonnes d'infanterie; mais il est trop tard, nos troupes ne reculent pas ! six pièces de notre artillerie ont pu franchir le pont et viennent soutenir Bosquet.

« L'artillerie formidable des Russes nous perce, troue nos rangs; mais tous nos braves gens tiennent bon, et bientôt à chaque instant des secours leur arrivent; notre centre envahit le village, les tirailleurs russes sont débusqués ou tués. Bientôt nous sommes si forts sur la gauche des Russes, et leur attention est tellement fixée sur leur centre, menacé par le maréchal, qu'ils nous laissent paisiblement maître des hauteurs vers la mer; Bosquet en profite pour prendre les devants et porter sa division sur la route de Katcha, afin de fermer la retraite. Tout va bien de ce côté; mais les Anglais de l'aile gauche n'arrivent pas. Le maréchal ne peut pas trop s'avancer, parce que notre centre resterait découvert sur sa gauche. A deux heures, tout le village est à nous et la rive gauche est conquise; à trois heures, nous entamons le centre russe, une batterie est enlevée dans une redoute, nous pressons la gauche des Russes et nous les forçons à concentrer tous leurs efforts sur le centre et leur gauche. Pendant trois heures, trois de nos divisions et une division anglaise eurent toute l'armée russe sur les bras.

« Enfin, à trois heures et demie, un grand mouvement s'opère dans le flanc droit des Russes ; ce sont les Anglais qui surgissent, ils marchent vivement ; bientôt ils sont en face de l'ennemi ; mais en approchant des obstacles de terrain les empêchent sans doute de prendre l'armée russe en flanc, et ils font une marche de flanc pour venir prendre poste en face de la vallée et en face des masses russes. Ils sont sur deux lignes parallèles ; les Russes se décident à l'attaque, et tout à coup trois énormes colonnes qui soutenaient toute leur bataille à droite se forment en colonnes serrées, croisant la baïonnette, et se ruent au pas de course sur la première ligne anglaise ; celle-ci résiste ; la seconde ligne accourt à son aide, et alors ces lignes de front qui se déroulent comme de longs serpents se replient par leurs extrémités ; elles enserrent les colonnes russes et tirent ainsi de de cet ordre un peu développé le grand avantage de pouvoir cerner l'ennemi.

« Si le centre de ces lignes avait été percé, c'était fini : l'armée anglaise était abîmée ; mais ces braves gens, soutenant le choc, n'ont pas rompu ; à ce moment même une batterie à cheval française vint prendre cette masse russe dans son flanc gauche. Il y eut là un affreux pêle-mêle : on ne tirait plus, on se poignardait à la baïonnette ! Au bout d'un quart d'heure, la masse russe était écrasée, et les deux lignes anglaises, se reformant et se serrant pour boucher de nombreux vides, s'élancent sur la droite des Russes.

« A partir de là, tout plia devant nous, et les Russes se mirent en pleine déroute. Si nous avions eu de la cavalerie, cette armée était anéantie. *Nos artilleurs la poursuivirent jusqu'a six heures*, trouant cette masse sans relâche, tandis que Bosquet les saluait au passage des feux les plus nourris.

« A sept heures, toutes nos colonnes entrent au camp russe et campent sur ce champ de bataille si glorieusement conquis. Le lendemain 21, le premier soin fut de se compter, de relever les blessés et d'enterrer les morts. Les alliés ont mille tués et deux mille blessés ; les Russes huit mille.

« On ne saurait se faire une idée de la manière prodigieuse dont nos soldats combattent, habitués à la guerre d'Afrique et attaquant avec une résolution inouïe, mais aussi avec une intelligence merveilleuse : sont-ils devant une batterie, preste !... vous les voyez s'éparpiller en tirailleurs et tuer au loin sans exposer une masse saisissable ; de même devant les carrés ennemis ; puis, s'il faut charger, quand ils ont jeté le désordre dans une colonne, vous les voyez former un bloc subit et charger à la baïonnette. Les braves Anglais sont toujours ces colonnes de fer qui vont intrépidement se faire tuer sans se presser, sans reculer d'une semelle. Quand lord Raglan a vu nos divisions de droite escalader les murailles gigantesques de la falaise qui encaissait la rivière, il applaudissait et s'écriait : *Oh ! ce ne sont pas des hommes, ce sont des tigres et des lions !* Les braves Anglais sont enchantés de leurs alliés, et eux qui se connaissent en bravoure trouvent que nous avons bien travaillé ; car hier, partout où ils apercevaient un Français, c'étaient des hourras frénétiques.

« Le prince Napoléon a été superbe de calme et d'ardeur ; aussi le soir, après le combat, l'un de ses zouaves résumait ainsi l'opinion générale sur son compte : « C'est un troupier *fini* ; pour sûr, il a dû servir dans la vieille garde de *l'ancien*. »

« Hier et aujourd'hui, nous avons ramassé et embarqué

les blessés, les Russes comme les nôtres. J'ai visité le champ de bataille. Dieu! quel terrible spectacle! Il y avait des endroits où les Russes étaient si serrés qu'on jetait de la terre en masse, sans creuser, pour les couvrir. La terre était jonchée d'armes et de mille débris!

« Demain, nous devons partir pour Katcha, à dix mille d'ici ; les Russes nous y attendront-ils? Ils doivent être bien démoralisés ; car nous venons de les battre à plate couture dans la plus formidable position qui se puisse imaginer. De là, nous irons tous fondre sur Sébastopol, et, Dieu aidant, nous arracherons cette griffe de la patte de l'ours du Nord (1). »

(1) Nous croyons devoir reproduire ici, pour l'intelligence des événements, la note suivante, insérée au *Moniteur* le 20 novembre 1854:

« Le public doit comprendre par quel motif de prudence le gouvernement s'abstient de faire connaître exactement la quantité de troupes qu'il envoie en Orient.

« Pour juger de la force de l'armée française devant Sébastopol, il suffit de savoir qu'au moment du débarquement en Crimée cette armée, qui, avec l'armée anglaise, a gagné la bataille de l'Alma, se composait de quatre divisions; qu'elle a été successivement augmentée de deux divisions, et que deux autres sont actuellement en route. Ainsi, sans compter les renforts envoyés chaque jour pour combler les vides à mesure qu'ils se produisent dans les corps, l'armée française se trouvera très prochainement doublée.

« L'armée anglaise reçoit également des renforts considérables. Il en est de même des troupes turques, qui s'augmentent d'envois de Tunis, d'Egypte et de Constantinople.

« Les subsistances de l'armée française sont complétement assurées. L'administration a réuni dans ses magasins, en Crimée, pour cent vingt jours de vivres et de provisions de toute espèce.

« Aux efforts de nos troupes viennent se joindre celles de la marine impériale, qui, outre les flottes de nos alliés, ne compte pas moins de soixante-dix bâtiments de guerre dans la mer Noire. Ces bâtiments sont employés à bloquer le port de Sébastopol, à menacer les autres ports russes et à assurer, avec le concours de treize bâtiments à vapeur de fort tonnage, nolisés à cet effet, le ravitaillement de l'armée et le transport des troupes entre Constantinople et le théâtre de la guerre. »

Que n'a-t-on pas le droit d'attendre de tels soldats, toujours prêts à faire à la France le sacrifice de leur vie et capables d'apprécier ainsi les événements à l'accomplissement desquels ils sont appelés à prendre part? Bien heureux le pays qui voit naître de tels enfants, dont le sang généreux suffirait à vivifier le monde.

LE MARÉCHAL CANROBERT

Général en chef de l'armée de Crimée, après la mort du Maréchal de Saint-Arnaud

Typ. J. Claye.

CHAPITRE VII.

Adieux du maréchal de Saint-Arnaud à l'armée. — Mort du maréchal. — Le général Canrobert prend le commandement en Crimée. — Situation de l'armée. — Ouverture du feu contre Sébastopol. — Rapport de l'amiral Hamelin. — Belle conduite de la flotte. — Intrépidité de l'amiral à bord du vaisseau *la Ville-de-Paris.* — Mort de l'amiral Korniloff.

Tels sont les décrets de la Providence que les joies les plus vives et les plus légitimes doivent être presque toujours suivies de quelque profonde douleur. Victorieuse sur l'Alma, l'armée des alliés, pleine d'enthousiasme, se disposait à quitter le champ de bataille par elle si glorieusement conquis, pour marcher sur Sébastopol, lorsqu'une sinistre nouvelle se répandit tout à coup dans les rangs : « Le maréchal est malade !.... le maréchal se meurt ! » Répétées sur toute la ligne, ces lugubres paroles jetèrent la consternation au cœur des soldats, qui l'aimaient comme un père et qui avaient en lui confiance comme en Dieu. *Les forces ne me trahiront-elles pas?* Ces mots, tracés dans la dernière dépêche du maréchal au ministre de la guerre, annonçaient assez que le vainqueur de l'Alma ne se faisait pas illusion sur son état de santé. Beaucoup de ses braves compagnons d'armes doutaient pourtant encore que le mal eût fait de si rapides progrès ; mais les plus incrédules furent bientôt obligés de se rendre à l'évidence en lisant, les yeux mouillés de larmes, ces adieux de l'illustre capitaine à son armée :

« Soldats,

« La Providence refuse à votre chef la satisfaction de continuer à vous conduire dans la voie glorieuse qui s'ouvre devant vous. Vaincu par une cruelle maladie, avec laquelle il a lutté vainement, il l'envisage avec une profonde douleur, mais il saura remplir l'impérieux devoir que les circonstances lui imposent, celui de résigner le commandement dont une santé à jamais détruite ne lui permet plus de supporter le poids.

« Soldats, vous me plaindrez, car le malheur qui me frappe est immense, irréparable et peut-être sans exemple.

« Je remets le commandement au général de division Canrobert, que, dans sa prévoyante sollicitude pour cette armée et pour les grands intérêts qu'elle représente, l'empereur a investi des pouvoirs nécessaires par une lettre close que j'ai sous les yeux. C'est un adoucissement à ma douleur que d'avoir à déposer en de si dignes mains le drapeau que la France m'avait confié.

« Vous entourerez de vos respects, de votre confiance cet officier général, auquel une brillante carrière militaire et l'éclat des services rendus ont valu la notoriété la plus honorable dans le pays et dans l'armée. Il continuera la victoire de l'Alma et aura le bonheur que j'avais rêvé pour moi-même et que je lui envie de vous conduire à Sébastopol.

« Maréchal DE SAINT-ARNAUD. »

Ce jour-là même, 26 septembre, le maréchal, dont l'état était désespéré, s'embarqua pour retourner à Constantinople, où il avait laissé madame de Saint-Arnaud ; mais le mal fit de tels progrès que, malgré toute l'énergie dont il était doué, l'illustre malade ne put supporter la traversée : il mourut en mer le 29 septembre.

Le maréchal de Saint-Arnaud, avant de succomber à la maladie dont il portait depuis longtemps le germe mortel, avait voulu accomplir jusqu'à sa dernière heure la mission toute de dévouement qu'il s'était imposée envers l'empereur et la France, en réclamant le glorieux privilége de commander en chef l'armée d'Orient. Les témoins intimes de ses longues souffrances savent seuls tout ce qu'il lui a fallu de force morale pour les combattre et les dominer, sans cesser un instant de se maintenir à la hauteur de son difficile commandement ; car il ne se dissimulait pas la gravité du mal ; il en avait plus que personne la conscience, et, quand les forces lui manquèrent, quand le moment suprême fut venu, il envisagea avec la sérénité d'une âme religieuse et fortement trempée le terme de cette lutte presque surhumaine. Dès le 12 septembre, alors qu'il arrivait en vue de cette terre où il allait planter les aigles de la France, il écrivait au ministre de la guerre :

« Monsieur le maréchal.

« Ma situation sous le rapport de la santé est devenue grave. Jusqu'à ce jour j'ai opposé à la maladie dont je suis atteint tous les efforts d'énergie dont je suis capable, et j'ai pu espérer pendant longtemps que j'étais assez habitué à souffrir pour être en mesure d'exercer le commandement sans révéler à tous la violence des crises que je suis condamné à subir.

« Mais cette lutte a épuisé mes forces. J'ai eu la douleur de reconnaître dans cette traversée, pendant laquelle je me suis vu sur le point de succomber, que le moment approchait où mon courage ne suffirait plus à porter le lourd fardeau d'un commandement qui exige une vigueur que j'ai perdue et que j'espère à peine recouvrer.

« Ma conscience me fait un devoir de vous exposer cette situation. Je veux espérer que la Providence me permettra de remplir jusqu'au bout la tâche que j'ai entreprise, et que je pourrai conduire jusqu'à Sébastopol l'armée avec laquelle je descendrai demain sur la côte de Crimée ; mais ce sera là, je le sens, un suprême effort, et je vous prie de demander à l'empereur de vouloir bien me désigner un successeur.

« Veuillez agréer, monsieur le maréchal, l'expression de mes sentiments très respectueux.

« Le maréchal commandant en chef,

« A. DE SAINT-ARNAUD. »

Enfin, en même temps qu'il adressait à son armée les paroles d'adieu rapportées plus haut, il en donnait avis en ces termes au ministre de la guerre ;

« Au quartier général, au bivouac sur la Tchernaïa, le 26 septembre 1854.

« Monsieur le maréchal,

« Ma santé est déplorable. Une crise cholérique vient de s'ajouter aux maux que je souffre depuis si longtemps, et je suis arrivé à un état de faiblesse tel que le commandement m'est, je le sens, devenu impossible. — Dans cette situation et quelque douleur que j'en éprouve, je me fais un devoir d'honneur et de conscience de le remettre entre les mains du général Canrobert, que des ordres spéciaux de Sa Majesté désignent pour mon successeur.

« L'ordre du jour ci-joint vous dira dans quels sentiments je me sépare de mes soldats et renonce à poursuivre la grande entreprise à laquelle d'heureux débuts semblaient présager une issue glorieuse pour nos armes.

» Veuillez agréer, Monsieur le maréchal, l'expression de mes sentiments respectueux.

« Le maréchal commandant en chef,

« A. DE SAINT-ARNAUD. »

La mort de ce grand homme de guerre fut un deuil général non-seulement pour l'armée, mais pour la France entière, deuil auquel s'associèrent noblement nos braves alliés, ainsi que le prouvent les sentiments si bien exprimés dans cette lettre de condoléance adressée par lord Cowley, ambassadeur d'Angleterre en France, au ministre des affaires étrangères :

« Paris, 10 octobre 1854.

« Monsieur le ministre,

« Le principal secrétaire d'État de Sa Majesté pour les affaires étrangères m'a invité à faire parvenir le plus promptement possible à l'empereur l'expression du profond regret avec lequel le gouvernement de la reine a reçu la nouvelle de la mort du maréchal de Saint-Arnaud. Le gouvernement de Sa Majesté est désireux d'offrir à Sa Majesté Impériale et à la nation française ses condoléances pour le douloureux événement qui a privé l'empereur et la France des services d'un général aussi brave et aussi éminent. Si quelque chose peut adoucir l'amertume des regrets que le gouvernement et le peuple de France doivent ressentir d'une pareille perte et que partage l'Angleterre, c'est la pensée, bien que douloureuse elle-même, que les derniers moments du maréchal ont été illustrés par l'éclat d'une victoire qui restera éternellement glorieuse dans les annales militaires des deux pays.

« En priant Votre Excellence de se faire l'interprète de ces sentiments auprès de l'empereur, j'ai la confiance qu'elle me permettra d'ajouter l'expression de mes regrets personnels.

Connaître le maréchal de Saint-Arnaud, c'était l'aimer ; car la courtoise affabilité de sa vie privée n'était pas moins à remarquer que son intrépide fermeté sur le champ de bataille.

« Je saisis cette occasion, etc.   Cowley. »

Cependant l'armée victorieuse continuait à s'avancer vers Sébastopol. Le 24, elle franchit le Belbeck ; le 25, elle atteignit la vallée d'Inkerman, en tête du port de Sébastopol. Le 26, comme on l'a vu par les pièces relatées ci-dessus, elle avait pris position sur la Tchernaïa. Ce fut là que le général Canrobert, en prenant le commandement en chef de l'armée, adressa à ses soldats cet ordre du jour si remarquable :

« Soldats de l'armée d'Orient, mes camarades,

« Les graves circonstances dans lesquelles m'échoit l'insigne honneur d'être votre commandant en chef augmenteraient pour moi le poids de cette tâche si le concours de tous ne m'était assuré au nom de la patrie, au nom de l'empereur. Pénétré, comme je suis, de la grandeur de la mission historique que nous accomplissons sur cette terre lointaine, vous y apporterez, chacun dans votre sphère et avec le dévouement le plus absolu, la part d'action qui m'est indispensable pour la mener à bonne fin.

« Encore quelques jours de souffrances et d'épreuves, et vous aurez fait tomber à vos pieds le boulevard menaçant du vaste empire qui naguère bravait l'Europe. Les succès que vous avez remportés sont les garants de ceux qui vous attendent ; mais n'oubliez pas que l'intrépide maréchal qui fut notre général en chef les a préparés par sa persévérance à organiser la grande opération que nous exécutons et par la brillante victoire de l'Alma !... »

Pendant plusieurs jours il n'y eut que de légères escarmouches entre les Russes et les alliés, qui continuaient à marcher en avant. Voici quelle était, le 3 octobre, la position de ces derniers : l'extrémité de l'aile droite s'appuyait aux pentes des montagnes situées à l'est de la ville de Balaclava, ville dont les Anglais avaient pris possession. Ces montagnes s'étendent à la ville d'Alutcha, en formant comme un immense mur qui atteint en plusieurs endroits une hauteur de près de deux mille mètres ; l'armée d'invasion n'avait donc rien à craindre de ce côté. Le gros de cette aile droite était à Kamara, et ses avant-postes s'étendaient jusqu'à la rivière de Tchernaïa. Le centre occupait les deux routes qui conduisent de Sébastopol et Baktchi-Seraï à Balaclava, près de Kadikoï. Le gros de l'aile gauche était à Karani, et elle avait ses avant-postes à Khutor. Un bataillon de chasseurs et un régiment d'infanterie occupaient, au bord de la mer, le couvent de Saint-Georges.

Le rocher blanc sur lequel est placé Sébastopol et qui s'élève à quatre-vingts mètres au-dessus du niveau de la mer, était très visible du camp ; car le terrain monte peu à peu du cap Chersonèse vers l'est. Ce terrain est entrecoupé de lignes de collines qui ombragent de fécondes vallées. Le terrain est argileux et généralement couvert de gazon ; il n'y avait que les terrains les plus rapprochés de Sébastopol qui fussent composés de terre nue ; mais, en revanche, ils étaient couverts de formidables batteries.

Le parc d'artillerie des alliés se composait en grande partie de pièces de vingt-quatre à quarante-huit, avec des munitions pour mille coups par pièce en moyenne ; d'obusiers et de mortiers pouvant tirer chacun sept cents coups ; de vingt mille fascines, quinze mille gabions, dix-huit mille pioches ; et le personnel de cette armée pleine d'ardeur s'élevait à près de cent dix mille hommes.

Mais la ville assiégée se trouvait être dans des conditions de défense tout à fait extraordinaires : assise sur le roc, entourée de murailles de granit, présentant un front immense garni de quatre cents bouches à feu d'une énorme puissance; défendue par six forteresses garnies chacune de cent à deux cents bouches à feu de gros calibre; renfermant pour garnison une armée entière, ne pouvant être complétement investie, et communiquant conséquemment avec l'armée du dehors, elle disposait en outre de ressources considérables en hommes, en canons et en munitions de sa flotte, sacrifiée comme inutile à l'extérieur, mais dont le concours intérieur doublait les forces de la garnison. C'est que cette flotte, condamnée dès lors et détruite depuis, était réellement formidable, puisqu'elle ne comptait pas moins de cent dix bâtiments de guerre, dont dix-sept vaisseaux de ligne, portant ensemble deux mille quatre cents bouches à feu.

Rien ne saurait donner une idée plus précise de la situation des choses en ce moment que les lettres du général Canrobert au ministre de la guerre, du 3 octobre au 18 du même mois, et que nous nous bornons, en conséquence, à reproduire fidèlement.

3 octobre : — « Monsieur le ministre, aucun fait nouveau ne s'est produit depuis la prise de possession de Balaclava. Les deux armées sont établies dans une excellente position militaire, l'armée anglaise tirant son matériel et ses vivres de Balaclava, l'armée française de deux petites baies au nord du cap Chersonèse.

« Cette position des deux armées a naturellement déterminé leur répartition sur le terrain en avant de la place de Sébastopol pendant le siége. L'armée française aura la gauche des attaques, depuis la mer jusqu'au fort du Sud ; l'armée anglaise en aura la droite, depuis le fort du Sud jusqu'aux ruines d'Inkerman.

« Notre armée est divisée en deux corps ; le premier, aux ordres du général Forey et composé des 3e et 4e divisions, fera le siége ; le second, sous les ordres du général Bosquet et comprenant les 1re et 2e divisions, formera le corps d'observation. La division turque est en réserve pour agir suivant les circonstances.

« L'armée anglaise a pris des positions analogues : une partie de ses divisions suivra les attaques contre la place ; l'autre partie, formant corps d'observation, se reliera avec le corps du général Bosquet.

« Ces dispositions sont de nature à ne laisser aucun doute sur l'issue du siége qui va commencer. »

13 octobre. — « Nous avons ouvert la tranchée dans la nuit du 9 au 10 ; nous devions nous attendre à ce que ce travail, dont la préparation n'avait pu être entièrement dérobée à l'ennemi, nous serait vivement disputé.

« Il n'en a rien été. Favorisée par un vent violent du nord-est, l'ouverture de la tranchée s'est faite dès la première nuit sur un développement d'environ mille mètres, sans que nos travailleurs fussent inquiétés. Nous nous sommes d'ailleurs contentés de relier par une amorce à ce premier travail la parallèle très étendue vers notre droite, qui doit plus tard nous rattacher aux travaux de l'armée anglaise. Nous concentrerons tous nos efforts sur la construction d'une sorte de grand front bastionné qui doit servir d'appui à notre gauche, et où, pour profiter des avantages marqués de la position, nous accumulons cinquante-six pièces réparties en cinq batteries.

« Pendant toute la journée du 10 et la nuit suivante, le feu de la place a été très vif. Mal dirigé d'abord, il n'a pas tardé à devenir plus précis, mais nos travailleurs étaient déjà à couvert et nos communications dérobées à la vue directe de la place.

« Le travail s'est continué le 11 et le 12 sans incident qui mérite d'être signalé. Nos pertes se réduisent à une trentaine d'hommes tués ou blessés. Deux sorties assez timides tentées par la garnison, sans aucun but apparent bien déterminé, ont été rejetées dans la place.

« Les travaux de sape, comme la construction des batteries, ont souvent rencontré de sérieuses difficultés, dues à la nature du terrain, qui est rocheux sur beaucoup de points.

» J'espère cependant que nos batteries seront armées après-demain 15, et que nous pourrons ouvrir le feu immédiatement après. La marine concourt pour une bonne part à leur armement avec ses pièces de canon de gros calibre, que lord Raglan et moi avons jugé à propos d'opposer à celles que l'ennemi a développées sur tout le périmètre de la place.

« Elle a en outre commencé hier soir, sous la direction des officiers de génie, une autre batterie de dix pièces, établie en arrière du port de la Quarantaine, très près du rivage.

« Bien que tirant à longues distances, j'espère qu'elle pourra contre-battre utilement les batteries que l'ennemi a depuis longtemps en avant de la Quarantaine ou qu'il y construit actuellement.

« L'inaction de l'armée du prince Menchikoff est toujours complète. Il attend des renforts. »

Le 14, lendemain du jour où le général en chef écrivait ces lignes, un bâtiment autrichien, chargé de vivres pour l'armée française, fut poussé par la violence du vent sous le feu de la place. Dès qu'il fut à portée, les boulets et les bombes commencèrent à pleuvoir sur lui. Réunissant tous ses efforts, l'équipage parvint à le faire échouer sur la gauche de la quatrième division. Les Russes, malgré cette manœuvre, ne désespérèrent pas de s'en emparer; mais, accueillis par le feu d'un bataillon du 74ᵉ de ligne, ils furent promptement dispersés, et, malgré le feu terrible que la place continuait à diriger contre ce navire en péril, les marins de la flotte envoyés pour le secourir parvinrent à le remettre à flot et à le sauver.

Dès ce moment les canons et les mortiers russes ne cessèrent de tonner avec une violence toujours croissante sur nos travaux de tranchée; mais nos braves soldats n'en travaillaient qu'avec plus d'ardeur, impatients qu'ils étaient de répondre au feu de l'ennemi et de faire taire cette jactance d'artillerie. Enfin, grâce à l'ardeur de ces travailleurs infatigables, toutes nos batteries, ainsi que celles des Anglais, se trouvèrent, le 16 au soir, en état de commencer le feu. Le moment solennel était proche; les Russes le sentaient, et pendant la nuit un ouragan de bombes parties de tous leurs points de défense s'abattit sur le camp des assiégeants, sans parvenir toutefois à faire changer les dispositions prises pour l'attaque du lendemain (1).

(1) Voici qui peut donner une idée de ce qui se passait alors dans Sébastopol :
« Depuis hier, je suis à Sébastopol. Comme on s'attend chaque jour au bombardement de la ville, on a fait venir ici plus de la moitié des médecins qui étaient employés dans les lazarets de Baktchi-Séraï et de Simphéropol. Je suis chargé de la direction de l'hôpital de la marine établi dans les bâtiments de l'ancienne amirauté...
« Hier soir, après mon service, j'ai été me promener sur la route de Balaclava, j'ai monté sur une des tours qui la dominent. Deux officiers étaient sur la plate-forme observant la position des ennemis. C'étaient le vice-amiral Korniloff et le capitaine Kopandopoulo, qui commandait une frégate. J'allais m'éloigner quand l'amiral m'a lui-même engagé à rester et à faire avec lui le tour des remparts. Après avoir longtemps contemplé en un profond silence la flotte ennemie, cette flotte immense qui, de tous les côtés, bornait l'horizon : « Qu'en pensez-vous, cher docteur, m'a-t-il dit, ne voudrions-nous pas tous être plus vieux de dix ou quinze jours. »
« Oui, mais personne n'échappe à son sort, et celui qui sortira sain et sauf de ce siége sera peut-être atteint par une balle dans une misérable escarmouche. Où est le terme de cette lutte? Si les alliés croient en finir en s'emparant de Sébastopol, ils sont dans l'erreur. La pensée de conclure la paix est assurément la dernière qui entrera dans l'esprit des Russes. Quand Sébastopol serait pris, et Cronstadt, et Saint-Pétersbourg même,

Ici nous laisserons de nouveau parler le général en chef; rien, selon nous, ne pouvant égaler l'intérêt de ce compte rendu heure par heure, écrit sur le champ de bataille, au milieu du fracas des armes, alors que les terribles explosions qui se succèdent font trembler la terre et que dans l'air sifflent des laves de fer et de plomb portant la mort et la destruction sur tous les points.

« Aujourd'hui 17 octobre, au lever du soleil, écrivait le général Canrobert, nous avons ouvert le feu de concert avec l'armée anglaise. Les choses étaient en bonne voie, lorsque l'explosion d'un magasin à poudre de batterie, qui malheureusement était considérable, a jeté quelque trouble dans notre attaque. Cette explosion a eu d'autant plus d'effet que nos batteries étaient plus accumulées autour du point où elle s'est produite. L'ennemi en a profité pour multiplier ses feux, et, d'accord avec le général commandant l'artillerie, j'ai jugé que nous étions dans la nécessité de suspendre le nôtre pour faire nos réparations et compléter vers notre droite, par de nouvelles batteries qui se rapprocheront de celle de l'armée anglaise, le système de notre attaque.

« Ce retard est assurément fort regrettable ; mais il faut s'y résigner, et je prends toutes les dispositions nécessaires pour le rendre le plus court possible,

« La place a mieux soutenu le feu qu'on ne le croyait ; l'enceinte, dans son énorme développement en ligne droite, portant tout ce qu'elle peut recevoir en gros calibre de marine, lui permet de prolonger la lutte. Le 17, nos troupes ont pris possession du plateau qui se trouve devant le point d'attaque

dans l'opinion unanime du peuple russe, les alliés ne seraient pas plus près de réaliser leurs espérances qu'avant cette conquête. C'est une guerre terrible que celle qui a commencé à la bataille de l'Alma. Non, c'est plus qu'une guerre : c'est la première phase d'une nouvelle époque historique. »

(*Journal d'un chirurgien allemand au service de la Russie.*)

appelé le bastion du Mât et l'occupent; ce soir, 18, nous y construirons le masque d'une batterie de douze pièces, et, s'il est possible, celui d'une deuxième batterie à l'extrême droite, au-dessus du ravin.

« Tous nos moyens d'attaque sont concentrés sur ce bastion, et doivent, je l'espère, le désemparer rapidement, avec le concours des batteries anglaises qui contre-battent sa face gauche...

« Les batteries anglaises sont dans le meilleur état possible; elles ont reçu neuf nouveaux mortiers qui doivent produire un grand effet; déjà hier il y a eu, dans la batterie qui entoure la tour située à la gauche de la place, une explosion immense qui a dû faire beaucoup de mal à l'ennemi. Depuis lors cette batterie a peu tiré, et ce matin, 18, il n'y a que deux ou trois pièces qui ont pu faire feu.

« Je n'ai point de nouvelles précises de l'armée russe. Rien n'indique qu'elle ait modifié les positions qu'elle occupait et où elle attend ses renforts.

« J'ai reçu la presque totalité des renforts que j'attendais en infanterie de Gallipoli et de Varna. Le général Levaillant vient d'arriver avec son état-major, ce qui porte à cinq divisions l'effectif en infanterie de l'armée que j'ai ici sous mes ordres.

« L'état sanitaire est très-satisfaisant, le moral excellent, et nous sommes tous pleins de confiance. »

Bien que les opérations de cette journée n'eussent pas eu tout le succès qu'on en espérait, il s'en fallait de beaucoup qu'elles fussent de nature à décourager les alliés, dont la supériorité était demeurée incontestable, malgré les accidents impossibles à prévoir qui s'étaient produits dans leurs attaques, et qui avaient nécessité, comme on vient de le voir, la cessation de leur feu. Les escadres anglaise et française avaient d'ailleurs pris une part brillante à cette affaire, en attaquant les ouvrages extérieurs de la place, ainsi que cela avait été convenu le 16 au soir entre le général en chef et les amiraux. Fidèle à notre système, nous laisserons ici parler l'un des héros de cette journée, l'amiral Hamelin, qui commandait en chef l'escadre française. Voici donc ce qu'écrivait ce brave marin au ministre de la marine, alors que retentissaient encore les derniers coups de canon :

« Monsieur le ministre,

« Par ma lettre du 13 octobre, j'annonçais à Votre Excellence que je me portais avec tout mon état-major à bord de la frégate *le Mogador*, pour aller jeter l'ancre le plus près possible du quartier général français, et combiner avec le général en chef une attaque générale des forces de terre et de mer contre Sébastopol, le jour où commencerait le feu des batteries de siége.

« Le 14, j'eus, en effet, une entrevue avec le général Canrobert, dont les vues se trouvèrent conformes aux miennes. Le 15, une réunion des amiraux des flottes alliées avait lieu à bord de la frégate *le Mogador*, et les dispositions d'attaque générale étaient prises d'un commun accord; puis soumises aux généraux de l'armée de terre et acceptée par eux avec empressement.

« Cette attaque générale fut résolue pour le 17, jour de l'ouverture du feu des batteries de siége.

« En ce qui concerne les escadres, elle devait s'effectuer comme il suit :

« L'escadre française se chargeait de venir sur les brisants du sud s'établir à sept encablures environ contre les trois cent cinquante bouches à feu de la batterie de la Quarantaine, des deux batteries du fort Alexandre et de la batterie de l'Artillerie.

« L'escadre anglaise avait à combattre, sur la lisière des

brisants du nord, à peu près à même distance, les cent trente canons de la batterie Constantin, de la batterie du Télégraphe et de la tour Maximilienne du nord.

« Si donc Votre Excellence suppose une ligne tracée le long de l'entrée de Sébastopol, de l'est à l'ouest, cette ligne sépare en deux parties l'emplacement de l'attaque dévolue à chaque escadre.

« L'amiral turc, avec deux vaisseaux, les seuls qui lui restassent dans le moment, devait jeter l'ancre au nord des deux lignes françaises, c'est-à-dire dans une position intermédiaire entre les vaisseaux anglais et les vaisseaux français.

« Le 17 au matin, l'attaque des batteries de siége a commencé ; mais le temps était calme, il a fallu accoupler les vaisseaux aux frégates à vapeur avant de venir développer devant Sébastopol la ligne des vingt-six vaisseaux des escadres alliées. Toutefois, malgré cette difficulté et le fractionnement qui existait entre les vaisseaux de l'escadre française, dont partie était mouillée à Kamiesch et partie devant la Katcha, j'ai la satisfaction d'annoncer à Votre Excellence que les vaisseaux de notre première ligne s'avançaient, vers midi et demi, sous le feu des batteries de Sébastopol, qu'ils affrontaient les premiers pendant plus d'une demi-heure sans y répondre.

« Peu d'instants après, ils étaient embossés et ripostaient vivement à ce feu, qui ne laissait pas cependant de les incommoder à cause de leur petit nombre. Plus tard, les autres vaisseaux français et anglais arrivèrent successivement, et l'attaque devint générale.

« Vers deux heures et demie, le feu des batteries russes se ralentit; il était éteint à la batterie de la Quarantaine. C'était le but que se proposait particulièrement l'escadre française ; mais le nôtre redoubla et dura sans interruption jusqu'à la nuit.

« Si les Russes n'avaient pas fermé l'entrée de Sébastopol en y coulant cinq vaisseaux et deux frégates, je ne mets pas en doute que les vaisseaux des escadres, après le premier feu essuyé, n'eussent pu donner dans les passes avec succès, venir s'échouer au fond du port et se mettre en communication avec l'armée.

« Peut-être n'auraient-ils pas perdu beaucoup plus de monde que nous n'en avons à regretter ; mais la mesure extrême que l'ennemi a adoptée, en sacrifiant une partie de ses vaisseaux, nous a obligés à nous borner à combattre pendant cinq heures les batteries de mer de Sébastopol, dans le but d'arriver à les faire taire plus ou moins longtemps, à occuper beaucoup de monde de la garnison aux pièces et à prêter ainsi à notre armée une assistance aussi bien matérielle que morale.

« Aujourd'hui 18, je n'ai que le temps de jeter à la hâte à Votre Excellence un aperçu général de cette affaire, qui, dans mon opinion, fait grand honneur à la marine française ; je joins à cet aperçu une liste nominative des hommes tués et blessés à bord de chaque bâtiment ; prochainement je lui enverrai un rapport détaillé sur toutes les phases de l'attaque et sur la part plus ou moins active qu'y a prise chaque vaisseau.

« Au début de l'affaire, l'enthousiasme était extrême ; pendant le combat, la ténacité de chacun ne le fut pas moins. Avant de commencer le feu, j'avais signalé à l'escadre : *la France vous regarde!* signal qui avait été accueilli par les cris de *vive l'Empereur!* »

Quelle noble simplicité dans ce récit ! l'amiral n'y parle que des résultats obtenus, de la belle conduite de l'armée navale qu'il commande ; de lui-même il ne dit pas un mot. C'est à l'histoire qu'il appartient de réparer cette noble omission.

L'amiral, pendant cette affaire, montait le vaisseau *la Ville-*

de-Paris, qui s'était avancé en tête de la ligne ; au plus fort du combat, une bombe ennemie tombe sur la dunette de ce vaisseau et pénètre dans l'intérieur, où elle éclate. Telle fut la violence de l'explosion qu'elle souleva le plancher de l'arrière, qui fut presque entièrement détruit. L'amiral, les officiers qui l'entouraient et plusieurs matelots furent lancés en l'air. L'amiral retomba sain et sauf ; mais un de ses aides de camp, M. Sommelier, fut tué sur le coup, ainsi qu'un autre officier, M. de La Bourdonnaye ; trois autres officiers furent blessés ; l'un d'eux, M. Zédé, eut les deux jambes emportées ; un ami de l'amiral qui se trouvait à bord en amateur fut également tué. Quant à l'amiral, sans paraître ému le moins du monde par cette violente secousse, il se releva, ramassa son chapeau, reprit sa longue vue et continua à donner des ordres, comme s'il ne lui était rien arrivé. Son fils aîné, jeune enseigne du *Primauguet*, qui se trouvait près de lui en ce moment, montra le même sang-froid, et renversé comme son père, il se releva sans plus d'émotion que ce dernier.

Pour se faire une juste idée de la position dangereuse qu'avait prise le vaisseau amiral, il suffit de savoir que, pendant l'action, il fut atteint de plus de deux cents boulets, dont deux boulets rouges qui percèrent ses murailles. Il faut le reconnaître, les Russes se défendirent vaillamment dans cette journée (1) ; mais rien n'était capable d'étonner nos soldats et nos marins, qui, fiers de la résistance qu'il leur fallait

---

(1) On lit dans le *Times*, à la suite du compte rendu de cette journée :
« Il est impossible de ne pas rendre justice au courage, à la persévérance,
« à l'habileté de nos adversaires, qui, jusqu'ici, n'ont négligé aucun moyen
« de résistance, et paraissent se relever de chaque désastre avec de nou-
« velles forces. C'est à quoi l'on devait s'attendre ; car nul ne doute du
« courage du soldat russe ou du loyal dévouement de ses officiers. Nous
« espérons seulement, pour le bonheur de l'humanité, que ces qualités
« n'iront pas jusqu'à un sauvage dédain de la vie, quand elles se trouvent
« désormais impuissantes à défendre la ville. »

vaincre, n'en mettaient que plus d'ardeur et de confiance dans le succès.

Si nous eûmes des pertes à déplorer dans cette journée, celles de l'ennemi, bien que retranché derrière les murailles de ses forteresses, furent bien plus grandes : elles s'élevèrent, d'après le rapport du prince Menchikoff, à plus de cinq cents hommes. L'amiral Korniloff, chef d'état-major de la flotte et des ports de la mer Noire, fut tué par un boulet au moment où il achevait d'écrire un ordre sous le péristyle du théâtre; l'amiral Nakimoff et plusieurs autres officiers supérieurs furent blessés, et un grand nombre d'édifices avaient été presque entièrement détruits.

Ce n'était là toutefois qu'un faible échantillon des terribles coups qu'on se disposait à porter à cette formidable cité, dont les murs de granit devaient, aux applaudissements de l'Europe, tomber sous les efforts surhumains de nos vaillants soldats et de leurs braves et généreux alliés.

CHAPITRE VIII.

Difficulté des travaux du siége.— Bataille de Balaclava. — Intrépidité de la cavalerie anglaise. — Les zouaves et les chasseurs d'Afrique balayent les Russes. — Belle conduite du général anglais Lucan. — Charge désastreuse de la cavalerie légère anglaise sur l'artillerie russe. — Le général Bosquet dégage les Anglais. — Bataille d'Inkerman. — Épisodes de cette bataille. — Mort du colonel de Camas et du général de Lourmel.

Depuis l'ouverture de la tranchée, les Russes n'avaient cessé de diriger un feu épouvantable contre nos travailleurs. Après la journée du 17, on calcula que, depuis le moment où leurs batteries avaient commencé à jouer, ils avaient brûlé au moins huit cent mille kilogrammes de poudre, et qu'ils n'avaient pas lancé dans nos travaux moins de deux millions quatre cent mille kilogrammes de fer. Heureusement leurs artilleurs avaient plus d'ardeur que d'adresse, et ces nuées de projectiles, qui semblaient capables d'anéantir une armée, ne parvinrent pas à mettre plus de huit cents hommes hors de combat, Français, Anglais ou Ottomans. Moins prodigues de leurs munitions, les alliés n'en poursuivaient pas moins activement leurs travaux.

« Les difficultés que nous rencontrons sont de deux sortes, disait le général Canrobert dans une dépêche du 22 octobre: celles qui résultent de la nature du sol, dont la couche de terre, déjà très insuffisante, diminue au fur et à mesure que nous approchons de la place ; celles qui résultent du nombre et du calibre des pièces d'artillerie que l'ennemi nous oppose sur un front à peu près en ligne droite et très étendu. Sous ce rapport, les ressources qu'il tire de ses vaisseaux immobilisés dans le port, tant comme personnel que comme matériel, sont presque inépuisables, tandis que les nôtres, bien qu'augmentées par les emprunts que nous faisons aux deux flottes, sont nécessairement limitées. Les canons de 68, les obusiers de 80, les mortiers de 12 pouces sont, en définitive, l'espèce d'artillerie à laquelle nous avons presque uniquement à répondre.

« Cette situation fait du siége de Sébastopol l'une des opérations les plus laborieuses qui se soient rencontrées depuis longtemps, et les efforts qu'elle nous oblige à développer expliquent les lenteurs que nous subissons.

« Dans la nuit du 20 au 21, l'ennemi a fait une tentative d'enclouage qui a avorté. Quelques hommes, qui avaient pu pénétrer par surprise dans les batteries, y ont été tués avec l'officier qui les commandait.

« Les pertes que nous fait éprouver le feu de l'ennemi ne sont pas, à beaucoup près, aussi considérables qu'elles devraient l'être, eu égard aux difficultés de la situation que je vous ai exposée.

« ..... La ville a beaucoup souffert par notre feu, et nous savons que les pertes que ses défenseurs ont faites sont énormes.

« Les Anglais gardent Balaclava (qui est leur centre de débarquement) avec des soldats de marine, un bataillon d'infanterie et des Turcs. »

Jusque-là les Russes ne s'étaient montrés hors de leurs murailles que dans quelques sorties nocturnes, et ils avaient été repoussés sans résultat bien important de part et d'autre.

On ne pouvait douter qu'ils songeassent à prendre une revanche de leur défaite sur l'Alma ; mais on ne croyait pas que leurs dispositions fussent terminées, lorsque tout à coup, le 25 octobre à la pointe du jour, les collines situées à deux mille cinq cents mètres du port de Balaclava, défendues seulement par quelques ouvrages très incomplets garnis de quelques canons, furent envahies par des forces supérieures. Environ deux cents Turcs, à la garde desquels ces ouvrages avaient été confiés, firent d'abord assez bonne contenance, et répondirent au feu de l'ennemi ; mais bientôt, à la vue des masses qui se déployaient, ils se retirèrent en désordre, abandonnant les canons avec lesquels ils eussent pu, au moins pendant quelques instants, se maintenir dans leurs positions et attendre du secours.

Aux premiers coups de fusil, le général Canrobert et lord Raglan, général en chef de l'armée anglaise, se portent sur les hauteurs qui bordent la vallée de Balaclava et aperçoivent l'ennemi, dont les masses occupaient les collines et les hauteurs boisées qui en forment le fond du côté de la Tchernaïa.

C'était le général russe Liprandi qui, à la tête de vingt-cinq mille hommes et de quarante pièces de canon, s'était avancé à la faveur de la nuit espérant avoir assez promptement raison des Turcs pour surprendre les Anglais avant qu'ils pussent se mettre en défense. Contrairement à cet espoir, les cavaleries anglaise et française se réunirent avec une rapidité prodigieuse et se portèrent sur les hauteurs où déjà se trouvaient les généraux en chef. En même temps, deux divisions d'infanterie anglaise s'établissaient en avant du port, et, sur l'ordre du général Canrobert, tout ce qui était disponible de la première division française descendait au pied des premières pentes.

Liprandi, à la vue de ces forces et des excellentes positions qu'elles avaient prises, feignit un mouvement de retraite, ne montrant qu'une faible partie de son monde, tandis que ses masses, cachées dans les ravins et les broussailles, se tenaient prêtes à entrer en ligne dès que les alliés se seraient suffisamment avancés pour perdre l'avantage de leur position.

Les choses en étaient là lorsque, impatient de l'inaction dans laquelle il se trouvait, le brigadier général anglais Scarlett lança tout à coup en avant les Ecossais gris et les dragons d'Enniskillen.

« Tournant un peu à gauche, dit un témoin oculaire (1), pour enfoncer la droite des Russes, les gris se précipitent en poussant un cri qui fait frissonner tous les cœurs, et au même instant y répond le cri des Enniskillen. Comme la foudre traverse le nuage, ainsi ils passent à travers les masses noires des Russes. Le choc ne dura qu'un instant. Il y eut un bruit d'acier et un miroitement de lames dans l'air, puis les gris et les rouges disparaissent au milieu des colonnes défoncées. Aussitôt nous les voyons reparaître de l'autre côté, un peu diminués et rompus et fondant sur la seconde ligne, qui s'avance contre eux. Ce fut un moment terrible. On cria : « Dieu les protége ! ils sont perdus ! » Avec un indomptable élan, les nobles cœurs fondirent sur l'ennemi : c'était une bataille de héros. La première ligne de Russes qui s'était ralliée revenait sur eux pour les envelopper. Déjà les chevaux gris et les habits rouges apparaissaient de l'autre côté après avoir encore traversé la seconde ligne, lorsque, avec une force irrésistible, les dragons à leur tour fondent sur la première ligne, la traversent comme du carton, tombent sur la seconde ligne, déjà rompue, et la mettent en pleine déroute. Une acclamation d'enthousiasme jaillit de

---

(1) Correspondance particulière du *Times*.

toutes les bouches : officiers et soldats ôtent leurs chapeaux et les agitent en l'air, et sur tout l'amphithéâtre éclatent des salves répétées d'applaudissements. Lord Raglan envoie sur-le-champ féliciter le brigadier général Scarlett ; le vaillant vieil officier était radieux de joie en recevant ce message, et il dit à l'aide de camp : « Veuillez faire tous mes remerciements à Sa Seigneurie. »

Presque dans le même moment les zouaves et les chasseurs d'Afrique arrivaient sur le terrain, balayant les Russes, qui essayaient de se reformer sous la protection de l'artillerie dont ils avaient garni les redoutes enlevées aux Turcs.

Tout allait bien, lorsqu'un ordre donné mal à propos ou transmis inexactement vint changer la face des choses. Cet événement a été raconté de plusieurs manières ; bien des assertions contradictoires ont été avancées et réfutées sur ce point ; nous croyons pouvoir affirmer que le récit suivant, emprunté à un écrivain qui, comme nous, se trouvait alors sur le théâtre de la guerre et se trouvait en position de bien voir, nous croyons pouvoir affirmer, disons-nous, que ce récit est le seul qui présente les faits sous leur véritable jour.

« Les zouaves, quelques bataillons de ligne et les chasseurs d'Afrique, du côté des Français, entraient en scène en même temps que les grenadiers-gardes et les Écossais, du côté des Anglais, quand vers les onze heures le capitaine Nolan, aide de camp du général Raglan, arrive au galop apportant à lord Lucan, commandant toute la cavalerie anglaise, l'ordre formel de balayer la plaine avec la division de cavalerie légère qui n'avait pas encore donné.

« — Je dois sans doute interpréter cet ordre, fit observer lord Lucan, comme m'enjoignant de chasser seulement la cavalerie russe de la plaine ; car c'est folie de vouloir enlever avec des escadrons de hussards des redoutes garnies d'artillerie.

« — Milord, répliqua le jeune capitaine, emporté au delà des bornes par l'ardeur du combat et les préventions injustes de l'armée contre ce général, surnommé, à cause de sa prudence, lord *Look on* (lord *Considérant*), — l'ennemi est aussi bien dans les redoutes que dans la plaine ; il est partout devant vous : balayez donc tout ; il est inutile de perdre plus de temps à considérer les choses, *to look on !*

» Lord Lucan, irrité par ce qu'il regardait, à tort peut-être, comme un sarcasme, oublia un moment sa circonspection habituelle : pour montrer aux jeunes nobles qui le harcelaient de leurs railleries depuis le commencement de la campagne que, chez lui, la prudence n'était pas timidité, il commanda la charge et la dirigea en personne.

« Elle fut désastreuse. Toute cette division d'élite, que j'avais vue la veille si ardente, si magnifique, alla se faire broyer, abîmer par la mitraille, qu'elle affrontait de face comme à Alma. De mille cavaliers qui la composaient (car les régiments de cavalerie anglaise ne comptent guère plus d'hommes que nos escadrons), de mille cavaliers, dis-je, il en est à peine revenu trois cents. Tous les autres sont restés sur le carreau. Le capitaine Nolan, le premier, a payé de sa vie ses téméraires paroles (1).

(1) « Lorsque s'exécuta cette fatale charge de la cavalerie légère, me dit un jour un major anglais qui avait pris part à l'action sous les ordres du général Scarlett, vous ne pourriez vous figurer quelle mêlée furieuse. La cavalerie se ruait contre des ennemis de fer ; les chevaux, blessés par la mitraille, s'élançaient de toutes parts en bonds insensés, traînant après eux leurs cavaliers frappés mortellement ; d'autres, éperdus de tant de bruit, de tout cet effroyable tumulte, de tout ce sang répandu, reviennent sur nous se mêler à nos chevaux, frémissant et se soutenant à peine sur leurs jarrets tremblants. — Souvent vingt arrivaient ensemble, et une fois entrés au milieu de nos escadrons, il était impossible d'obtenir d'eux un mouvement. — Pauvres chevaux ! nous les reconnaissions, et ils nous disaient par avance les noms des morts....

« J'ai vu lord Lucan la veille du jour où il quittait la Crimée ; il venait

« Peut-être pas un n'en fût revenu, sans une heureuse diversion opérée par la cavalerie française, que le général Bosquet avait fait avancer à la hâte avec une partie de sa division. Les 1er et 4e régiments de chasseurs d'Afrique accoururent les premiers au secours de nos alliés. Couverts par un escadron déployé en tirailleurs, ils tournèrent la redoute dont le feu était le plus meurtrier; puis le commandant Abdébal, à la tête du 4e escadron du 4e régiment, exécuta une charge à fond sur les carrés d'infanterie russe qui défendaient l'approche des batteries.

« Cette attaque en fourrageurs, à la mode algérienne, fut si rudement, si rapidement menée, que les cavaliers traversèrent, presque sans l'apercevoir, la ligne avancée des tirailleurs ennemis qui, couchés par terre, n'eurent pas même le temps de se relever, et du premier choc un des bataillons fut enfoncé, coupé en deux. Mais il se referma sur le capitaine Hanglade et son lieutenant. Ils s'y firent tuer à coups de baïonnette en cherchant à se frayer un passage.

« Après être sorti sain et sauf de ce carré avec son escadron, le commandant Abdébal se trouva en face d'un autre bataillon inabordable, dont le feu roulant lui abattit une vingtaine d'hommes et le força à la retraite.

« Quelque cruelles que fussent ces pertes, celles de l'ennemi étaient bien plus grandes : les bataillons intimidés reculèrent ; deux batteries cessèrent leur feu et furent abandonnées ; les débris de la division de cavalerie de lord Cardigan furent ainsi dégagés (1). »

---

visiter les tranchées de l'attaque de gauche. Il nous parla de cette fatale journée ; il en parlait toujours.

« — J'ai là, sur moi, nous dit-il en frappant sa poitrine de la main, l'ordre écrit par lord Raglan ; il ne me quitte pas. — On me rappelle, je m'y attendais ; mais bientôt l'Angleterre me jugera. »

(Baron DE BAZANCOURT. — *Cinq mois au camp devant Sébastopol.*)
(1) EUGÈNE JOUVE. — *Voyage à la suite des armées alliées.*

Cependant les travaux du siége continuaient à être poussés avec la plus grande activité ; tandis que de leur côté les Russes semblaient résolus à défendre la ville jusqu'à la dernière extrémité. Chaque jour, de nouveaux renforts leur arrivaient en poste, et tout annonçait qu'ils se disposaient à faire un grand effort dans l'espoir de forcer les alliés à lever le siége. Bientôt arrivèrent deux des fils de l'empereur Nicolas, les grands-ducs Nicolas et Michel, dont la présence devait avoir pour objet de réchauffer l'enthousiasme des troupes afin que, dans une nouvelle bataille, elles rachetassent par une victoire décisive, les revers successifs qu'elles avaient éprouvés.

Cette nouvelle attaque, facile à prévoir, mais contre laquelle nos alliés les Anglais, selon leur habitude ne s'étaient pas prémunis, ne se fit pas attendre. Le dimanche, novembre, vers cinq heures du matin, des coups de feu, retentissant sur les versants qui descendent de la Tchernaïa, annoncèrent aux Anglais l'approche de l'ennemi.

Nous laisserons ici parler successivement les généraux en chef anglais et français, dont les rapports sont nécessairement les récits les plus authentiques que l'histoire puisse admettre. Voici donc comment lord Raglan rend compte de cette sanglante bataille :

« Le 5 novembre, un peu avant le jour, de profondes colonnes ennemies attaquèrent nos avant-postes qui couvraient la droite de la position. Ces avant-postes combattirent avec une bravoure admirable et défendirent le terrain pied à pied contre des forces très-supérieures jusqu'à ce que la seconde division, commandée par le major général Pennefather, qui s'était immédiatement mise sous les armes, arrivât sur le terrain et y prît position avec ses pièces de campagne.

« La division légère commandée par le lieutenant général sir George Brown est arrivée aussi sans perdre de temps; la première brigade, commandée par le major général Codrington, occupait à gauche les terrains en pente qui descendent à Sébastopol, couvrant notre batterie de droite ; et la seconde brigade, commandée par le brigadier général Ruller, s'est formée à droite de la deuxième division portant en avant le 88ᵉ régiment commandé par le lieutenant-colonel Jeffrey. La brigade des gardes, sous les ordres de S. A. R. le duc de Cambridge et du major général Bentinck, s'est portée aussi en avant et a pris un poste fort important à l'extrême droite de l'alignement de la seconde division, mais séparé d'elle par un ravin profond, et avec ses canons unis à ceux de la seconde division.

« La 4ᵉ division, commandée par le lieutenant général sir George Cathcart, étant sortie de son campement, s'est portée en avant et à droite du point attaqué : la première brigade, sous le brigadier général Goldie, est allée à gauche de la route d'Inkerman ; la 2ᵉ brigade, sous le brigadier général Torrens, s'est placée à droite de la même route et sur les hauteurs qui dominent la vallée de la Tchernaïa. La 3ᵉ division, aux ordres du lieutenant général sir Richard England, a occupé, en partie, le terrain abandonné par la 4ᵉ division légère et a appuyé la division légère avec deux régiments sous les ordres du brigadier sir John Campbell. Le brigadier général Eyre commandait les troupes dans la tranchée. La matinée était fort obscure et il tombait une pluie froide, de telle sorte qu'on ne pouvait guère distinguer que le feu et la fumée du canon et un feu nourri de mousqueterie. Cependant il devint bientôt évident que l'ennemi, couvert par des nuées de tirailleurs et soutenu par de puissantes colonnes d'infanterie, avait porté de nombreux canons de gros calibre sur les terrains élevés à la gauche et en face de la 2ᵉ division, tandis que de fortes colonnes d'infanterie attaquaient, avec une grande vigueur, la brigade des gardes.

« De nouvelles batteries de grosse artillerie furent encore placées par l'ennemi sur les terrains en pente à notre gauche. Les pièces mises en position étaient au nombre de quatre-vingt-dix en tout, indépendamment des canons de marine et de ceux de la place. Protégées par un feu terrible accompagné de boulets, de bombes et d'obus, les colonnes russes s'avançaient en grande force, et il fallait que nos troupes fissent de grands efforts de bravoure pour leur résister. A ce moment, deux bataillons d'infanterie française, envoyés au premier signal par le général Bosquet, arrivèrent sur notre droite et contribuèrent très utilement au succès de notre résistance, encourageant nos soldats et chargeant l'ennemi du haut en bas de la colline, en lui faisant éprouver de grandes pertes. Vers le même temps, une attaque très résolue fut poussée sur notre extrême gauche, et, pendant un moment, l'ennemi fut maître de quatre de nos canons, dont trois furent repris par le 88°, pendant que le quatrième était repris par le 77°, sous le lieutenant-colonel Egerton. Du côté opposé, la brigade des gardes, commandée par S. A. R. le duc de Cambridge, était engagée dans une lutte fort vive.

« L'ennemi, couvert par des halliers épais, s'avançait sur deux colonnes profondes et attaquait avec beaucoup de résolution une petite redoute construite pour deux canons, mais non armée. Le combat a été rude, et la brigade, après avoir montré beaucoup de solidité et de bravoure, fut obligée de se retirer devant un ennemi supérieur en nombre, jusqu'à ce que, soutenue par un détachement du 20° régiment de la 4° division, elle est revenue en avant et a repris la redoute.

« Cette position a été occupée plus tard bravement par les Français, et les gardes se sont promptement reformés sur le flanc droit de la seconde division. Cependant, le lieutenant général sir George Cathcart, avec quelques compagnies du 68⁰ régiment, estimant qu'il pourrait faire une diversion utile en descendant dans la vallée et en y prenant en flanc l'ennemi, se porta rapidement en avant ; mais les hauteurs étaient occupées par les Russes ; il fut enveloppé par des forces supérieures, et, au moment où il cherchait à se dégager, il fut frappé mortellement. Un peu auparavant, le brigadier général Torrens avait été dangereusement blessé à la tête du 68⁰.

« La bataille continua ensuite sans se ralentir et sans résultat définitif, l'ennemi mettant en ligne, non-seulement toutes ses batteries de campagne, mais celles de la place et ses canons de marine jusqu'à l'après-midi. Alors les Russes commencèrent à fléchir, et bientôt après, quoique le feu ne cessât pas, la retraite est devenue générale, et l'on vit des masses profondes se retirer par le pont d'Inkerman et gravir les collines opposées, laissant sur le champ de bataille cinq ou six mille morts ou blessés. Ils avaient déjà enlevé des blessés en très grand nombre. Je n'ai jamais vu un spectacle pareil à celui du champ de bataille ; mais je n'insiste pas là-dessus.

« C'est pour moi une satisfaction bien vive que d'appeler l'attention de Votre Grâce sur la brillante conduite des troupes alliées. Les Français et les Anglais ont rivalisé de bravoure, d'ardeur et de dévoûment, bien qu'ils aient eu à lutter contre une force infiniment supérieure et qu'ils aient été exposés pendant un grand nombre d'heures à un feu très meurtrier. Il faut se rappeler que, durant plusieurs semaines, ils ont eu chaque jour à supporter constamment les plus grandes fatigues, et que beaucoup d'entre eux avaient passé la nuit précédente dans les tranchées.

« Je n'essaierai pas d'entrer dans le détail du mouvement des troupes françaises, je craindrais d'en faire un exposé inexact ; mais je suis fier de l'occasion de rendre hommage à leur courage et aux services qu'elles ont rendus avec tant de vigueur, de payer un tribut d'admiration à la belle conduite de leur chef immédiat, le général Bosquet. Je suis heureux aussi de pouvoir dire hautement combien j'apprécie le précieux concours que j'ai reçu du commandant en chef, le général Canrobert, qui était en personne sur le terrain et constamment en communication avec moi ; je ne puis trop faire l'éloge de sa cordiale coopération en toutes circonstances. Votre Grâce se rappellera qu'il a été blessé à la bataille de l'Alma ; il l'a été encore le 5, mais j'espère qu'il ne se ressentira pas longtemps de cette dernière atteinte.

« Il est difficile de préciser positivement le chiffre des hommes amenés en bataille par l'ennemi. La configuration du sol ne permettait pas à ses forces de se développer beaucoup : l'attaque consistait dans une série d'assauts répétés par grosses masses en colonnes ; mais, à en juger par le nombre que nous avons vu dans la plaine lorsqu'ils ont battu en retraite, j'ai lieu de supposer que les Russes ne pouvaient pas être en moindre nombre que soixante mille hommes. Leur perte a été *excessive*, et l'on estime qu'ils ont laissé sur le champ de bataille près de cinq mille morts, et que leur perte intégrale en tués, blessés et prisonniers n'a pas dû être moindre de quinze mille hommes. Votre Grâce sera étonnée d'apprendre que le chiffre des troupes anglaises engagées ne dépassait que de peu huit mille hommes, et que celui de la division du général Bosquet s'élevait seulement à six mille hommes, les autres troupes françaises disponibles sur le terrain étant gardées en réserve.

« Je dois mentionner que, pendant que l'ennemi attaquait notre droite, il attaquait aussi la gauche des tranchées françaises, et qu'il était entré dans deux batteries ; mais il en a été vivement repoussé de la manière la plus brave avec une perte considérable, et il a été chaudement poursuivi jusque sous les murs mêmes de Sébastopol (1) »

Voici maintenant le rapport du général Canrobert au ministre de la guerre sur cette sanglante bataille :

« L'armée russe, grossie par des renforts venant du Danube, par les réserves réunies dans les provinces méridionales, et animée par la présence des grands-ducs Michel et Nicolas, a attaqué hier la droite de la position anglaise devant la place.

« L'armée anglaise a soutenu le combat avec la plus remarquable solidité. Je l'ai fait appuyer par une partie de la division Bosquet, qui a combattu avec une admirable vigueur,

---

(1) On lit dans le *Times*, à la suite du rapport :

« La bataille d'Inkerman a eu pour résultat de prouver que, dans les circonstances même les plus défavorables à nos troupes et les plus avantageuses à leurs adversaires, il suffisait d'une force n'excédant pas un tiers des armées alliées pour résister et pour battre en définitive les innombrables colonnes à la tête desquelles le général Dannenberg a attaqué nos lignes. Jamais la supériorité de nos troupes, de notre position, de nos armes n'a été plus victorieusement démontrée, et les énormes monceaux de cadavres russes entassés dans la vallée, qui présentaient le plus terrible spectacle qu'il eût jamais été donné à de vieux soldats de contempler, ont attesté l'énergie et l'opiniâtreté d'une attaque qui n'a été surpassée que par l'incomparable et triomphante bravoure qui l'a repoussée.

« Quand les Russes ont battu en retraite, il a été impossible de les poursuivre de manière à compléter leur défaite, parce qu'ils se sont retirés sous la protection de leurs canons placés sur les hauteurs et dans les forts. Cependant, quoique cette affaire n'ait eu aucun résultat décisif dans le sens ordinaire de ce mot, cette résistance victorieuse de nos armées à une si formidable attaque, tend à dissiper toute crainte relativement à la sûreté de l'armée jusqu'à ce que les renforts arrivent. Elle prouve qu'une force très peu considérable des armées alliées peut défendre une forte position contre l'ennemi, en quelque nombre presque qu'il soit, et, bien que l'absence de ces renforts, que nous avons si vivement sollicités, puisse retarder la marche du siège, nous ne saurions douter que l'armée qui a combattu à Inkerman ne puisse se maintenir jusqu'à ce que, considérablement renforcée, elle soit en état d'attaquer avec la certitude du succès. »

et par les troupes le plus à portée. L'ennemi, beaucoup plus nombreux que nous, a battu en retraite avec des pertes énormes, évaluées à huit ou neuf mille hommes.

« Cette lutte opiniâtre a duré toute la journée. A ma gauche, le général Forey a eu à repousser en même temps une sortie de la garnison. Les troupes, énergiquement conduites par lui, ont repoussé dans la place l'ennemi, qui a perdu là un millier d'hommes.

« Cette brillante journée, qui n'a pas été achetée sans perte pour les alliés, fait le plus grand honneur à nos armes.

« Dès les premiers coups de fusil, les déserteurs qui nous sont arrivés nous ont révélé la véritable situation de l'armée russe sous le rapport de l'effectif, et nous avons pu mesurer les renforts qu'elle a successivement reçus depuis la bataille de l'Alma. Ce sont : 1° des contingents venus de la côte d'Asie, de Kertch et de Kaffa ; 2° six bataillons et des détachements de marins venus de Nicolaïeff ; 3° quatre bataillons de Cosaques de la mer Noire ; 4° une grande partie de l'armée du Danube : dixième, onzième et douzième divisions d'infanterie, formant le quatrième corps, commandé par le général Dannenberg.

« Ces trois divisions ont été transportées en poste avec leur artillerie d'Odessa à Simphéropol en quelques jours.

« Enfin, sont arrivés les grands-ducs Michel et Nicolas, dont la présence n'a pu manquer de surexciter cette armée, qui forme, avec la garnison de Sébastopol, un ensemble d'au moins cent mille hommes.

« C'est dans ces conditions que quarante-cinq mille hommes de cette armée ont surpris la pointe des hauteurs d'Inkerman, que l'armée anglaise n'avait pu occuper avec assez de forces. Six mille Anglais seulement ont pris part à l'action, le surplus étant employé aux travaux du siége : ils

LE MARÉCHAL BOSQUET

Blessé à l'assaut de la tour Malakoff, le 8 septembre 1855

Typ. J. Claye.

ont vaillamment soutenu le choc jusqu'au moment où le général Bosquet, arrivant avec une partie de sa division, a pu leur prêter un concours qui a déterminé le succès. On ne sait ce qu'il faut le plus louer de l'énergique solidité avec laquelle nos alliés ont fait face pendant longtemps à l'orage, ou de l'intelligente vigueur que le général Bosquet, conduisant une partie des brigades Bourbaki et d'Autemarre, a montrée pour attaquer l'ennemi qui les débordait par leur droite (1).

« Le 3ᵉ régiment de zouaves, sous les chefs de bataillon Montaudon et Dubos, a justifié là, de la manière la plus éclatante, la vieille réputation de l'arme. Les tirailleurs algériens, colonel de Wimpffen; un bataillon du 7ᵉ léger, commandant Vaissier; le 6ᵉ de ligne, colonel de Camas, ont rivalisé d'ardeur. On s'est abordé trois fois à la baïonnette, et l'ennemi n'a cédé qu'après ce troisième choc le terrain, qu'il a laissé jonché de ses morts et de ses blessés. L'artillerie russe de position et de campagne était très supérieure en nombre et avait une position dominante. Deux batteries à cheval, commandant de la Boussinière, et une batterie de la deuxième division d'infanterie, commandant Barral, l'ensemble aux ordres du colonel Forgeot, ont soutenu, concurremment avec l'artillerie anglaise, la lutte pendant toute la journée.

» L'ennemi s'est décidé à battre en retraite, laissant plus de trois mille morts, un très-grand nombre de blessés, quelques centaines de prisonniers, ainsi que plusieurs caissons d'artillerie, aux mains des alliés. Ses pertes, dans leur en-

---

(1) « Vous avez tenu tête à vingt mille Russes, disait le général Bosquet aux Anglais après la bataille ; vous êtes des braves. — Hourrah! crièrent les Anglais, » et, pour toute réponse, ils enlevèrent le général et le portèrent en triomphe.

(Correspondance particulière du *Times*.)

semble, ne peuvent pas être évaluées à moins de huit à dix mille hommes.

« Pendant que ces événements s'accomplissaient à la droite, cinq mille hommes environ de la garnison effectuaient sur la gauche de nos attaques une vigoureuse sortie, à la faveur d'un brouillard épais et par les ravins qui en facilitent l'approche. Les troupes de service à la tranchée, aux ordres du général de la Motterouge, marchèrent à l'ennemi, qui avait déjà envahi deux de nos batteries, et le repoussèrent en lui tuant plus de deux cents hommes sur le terrain même de ces batteries.

« Le général de division Forey, commandant le corps de siége, par de rapides et habiles dispositions, arriva avec les troupes de la quatrième division à l'appui de ses gardes de tranchée, et marcha lui-même à la tête du 5e bataillon de chasseurs à pied. Les Russes, refoulés sur toute la ligne, se retiraient précipitamment sur la place avec des pertes considérables, lorsque le général de Lourmel, les voyant fuir devant lui, et se laissant entraîner par un courage chevaleresque, se lança à leur poursuite avec sa brigade, jusque sous les murs de la place, où il tomba grièvement blessé (1).

(1) La brigade française allait enlever les batteries russes, lorsque le général de Lourmel, aide de camp de l'Empereur, qui la commandait, reçut à dix pas une balle qui, passant entre la deuxième et la troisième côte, vint sortir par l'omoplate en faisant un trou de sa dimension. Le général ne pâlit pas, il resta à cheval et continua à donner des ordres avec le sang-froid qui le caractérisait sur le champ de bataille ; il sut commander à un tel point à la douleur, que le commandant d'Auvergne, aide de camp du général de division Forey, qui venait à toute bride, de la part de son chef, le prévenir de faire sonner la retraite, ne s'aperçut pas qu'il fût blessé. Le général de Lourmel donna lui-même les ordres nécessaires pour effectuer ce mouvement; puis se tournant vers son aide de camp, il lui dit : « Je suis blessé. » Il ne voulait pas descendre de cheval, mais il fut bientôt obligé de se laisser transporter, sous une grêle de balles et de boulets, jusqu'à la baraque qu'il occupait dans le camp.

« Le général Forey eut beaucoup de difficulté à le retirer de la position très avancée que, par excès de bravoure, il avait fait prendre à sa brigade. La brigade d'Aurelle, qui avait pris à gauche une excellente position, protégea cette retraite, qui s'effectuait sous le feu de la place avec des pertes sensibles. Le colonel Niol, du 26ᵉ de ligne, qui a perdu ses deux chefs de bataillon, avait pris le commandement de la brigade, dont la conduite a été admirable d'énergie. L'ennemi, dans cette sortie, a perdu un millier d'hommes, tués, blessés ou prisonniers, et il a reçu là un échec moral et matériel très considérable.

« La bataille d'Inkerman et le combat soutenu par le corps de siége ont été glorieux pour nos armes, et ont grandi la force morale que les armées alliées portent avec elles ; mais nous avons subi des pertes regrettables. Elles s'élèvent, pour l'armée anglaise, à deux mille quatre cents hommes tués ou blessés, parmi lesquels figurent sept généraux, dont trois tués ; et, pour l'armée française, à mille sept cent vingt-six tués ou blessés. Nous déplorons amèrement la perte du général de Lourmel, mort de sa blessure, et que de brillantes qualités militaires et privées devaient appeler à un grand avenir. J'ai aussi le regret de vous annoncer la mort du colonel de Camas, du 6ᵉ de ligne, tué à la tête de sa troupe, au moment où elle se mêlait à l'ennemi (1).

La blessure était terrible : le poumon était traversé. — Le lendemain, 6, le général sentant approcher son dernier moment, prit la main de son aide de camp, et la lui serrant, il dit : « Dites que mes dernières pensées ont été pour Madame de Lourmel, pour ma mère, pour l'Empereur et pour la France. » Il expira en héros chrétien sans laisser apercevoir sur son noble visage la plus légère trace de douleur.

(*Moniteur de l'Armée.*)

(1) Au moment où les Anglais, accablés par le nombre, allaient être obligés de céder, le colonel de Camas arrive à la tête de son régiment et se précipite sur les Russes. Au même instant, l'officier porte-drapeau, qui

« La vigueur des troupes alliées, soumises aux doubles épreuves d'un siége que ses difficultés rendent sans précédent, et d'actions de guerre qui rappellent les plus grandes luttes de notre histoire militaire, ne saurait être trop hautement louée. »

A la suite de cette nouvelle victoire, le général Canrobert adressa à l'armée cet ordre du jour :

« Soldats,

« Vous avez eu aujourd'hui une autre glorieuse journée.

« Une grande partie de l'armée russe, à la faveur de la nuit et du brouillard, a pu venir s'établir, avec une puissante artillerie, sur les hauteurs qui forment l'extrême droite de nos positions. Deux divisions anglaises ont soutenu un combat inégal avec l'inébranlable solidité que nous connaissons à nos alliés, pendant qu'une partie de la division Bosquet, conduite par son digne chef, et l'artillerie à cheval, arrivaient à leur appui, et se lançaient sur l'ennemi avec une intelligence et une audace auxquelles je rends ici un éclatant hommage.

« Définitivement rejeté dans la vallée de la Tchernaïa, l'ennemi a laissé sur le terrain plus de quatre mille des siens tués ou blessés, et en a enlevé au moins autant pendant la bataille.

« Pendant que ces événements s'accomplissaient, la garnison de Sébastopol faisait sur la gauche de nos attaques une sortie qui a fourni aux troupes du corps de siége, et particulièrement à la quatrième division, conduite avec la plus grande vigueur par le général Forey, l'occasion de donner à l'ennemi

---

se trouvait près de lui, tombe frappé d'une balle dans la poitrine. Le colonel relève aussitôt son aigle en criant : « Au drapeau, mes enfants ! » Les Russes sont culbutés en un instant ; mais, dans la mêlée, le colonel avait été mortellement atteint d'une balle.

(*Moniteur de l'Armée.*)

une sévère leçon. Les troupes appelées à repousser cette sortie ont fait preuve d'une énergie qui ajoute beaucoup aux titres que leur a déjà mérités la constance avec laquelle elles ont supporté les rudes et glorieux travaux du siége.

« J'aurai à citer des corps, des militaires de toutes armes et de tout grade qui se sont hautement signalés dans cette journée ; je les ferai connaître à la France, à l'empereur et à l'armée. Mais j'ai voulu dès aujourd'hui vous remercier en leur nom, et vous dire que vous veniez d'ajouter une grande page à l'histoire de cette campagne difficile. »

Tels sont les rapports officiels sur cette sanglante affaire. Il nous reste à faire connaître les principaux détails de cette journée si féconde en sanglants épisodes et en terribles péripéties. Parlons d'abord de la glorieuse mort du colonel du 6ᵉ de ligne, M. de Camas.

« L'armée russe allait se déployer entièrement sur le plateau et détruire successivement toutes les divisions anglaises attaquées de flanc. Ce fut dans ce moment critique que les Français arrivèrent au pas gymnastique après une longue course ; un bataillon du 6ᵉ de ligne, commandé par M. de Camas, colonel de ce régiment, et un autre du 7ᵉ de ligne, formaient avant-garde à grande distance.

« *Bono, bono, Frances ! Hurrah for the Frenchmen ! hurrah !* crièrent les Anglais au milieu du feu. Et se sentant sauvés, à la vue de leurs alliés, ils se ruèrent de nouveau sur les Russes. De leur côté, nos soldats, sans compter l'ennemi, sans s'amuser à une vaine fusillade, se lancèrent du premier coup à l'assaut du mamelon ; et, la baïonnette en avant, leur colonel en tête, l'épée à la main, firent une large trouée dans le flanc des colonnes moscovites refoulées de front par les grenadiers gardes et les Écossais.

« Cet élan de sublime enthousiasme fut tellement foudroyant, que toutes les masses russes se renversèrent en désordre, les unes sur les autres, et reculèrent jusqu'au sommet du monticule, au delà des retranchements inondés de sang.

« Malheureusement, les deux bataillons français, engagés un contre cinq dans cette affreuse mêlée, avaient été abîmés. L'ennemi, honteux et renforcé de troupes fraîches, fut ramené à la charge par ses officiers. Le 6e de ligne, qu'animait l'intrépidité de son colonel, le reçut de pied ferme, se fit écharper, et ne recula que devant des forces écrasantes. Un moment, son drapeau tomba avec tous les hommes de sa garde. M. de Camas s'en aperçoit et relève son étendard en criant : « *A moi, mes braves grenadiers!* » Et il tombe lui-même, frappé par une balle en pleine poitrine. Il resta au pouvoir des Russes, dont nos hommes, frémissant d'indignation, virent alors des soldats et même des officiers mutiler et achever leurs camarades blessés.

« Dans les premiers moments de la déroute des Russes, quelques horribles scènes de vengeance et de fanatisme farouche se sont passées de part et d'autre, au fond de ce ravin sinistre où les soldats des deux armées, confondus en une mêlée furieuse, combattaient corps à corps à l'arme blanche. Ici, c'est un sergent russe qui, étendu par terre, la cuisse cassée par un biscaïen, demande à un zouave de lui donner une goutte d'eau-de-vie : le Français, humain même dans sa colère, a pitié d'un ennemi hors de combat ; il se baisse pour le faire boire à son bidon ; l'autre se désaltère à longs traits, puis, pour remerciements, il se retourne sur le flanc, tire son sabre et en frappe son bienfaiteur : « Ah! s...... canaille, s'écrie le zouave, c'est comme ça que tu me paies ma goutte!.. tiens donc, gredin, voilà ta rincette!.. » Et d'un coup de fusil il lui fait sauter la cervelle.

« Un peu plus loin un colonel russe, quoique blessé, se glissait de broussailles en broussailles, espérant se sauver sans être vu. Mais, à dix pas de lui, un Turc le guettait comme un lion guette sa proie ; il attendait le moment de s'élancer sur lui à l'improviste, parce qu'il n'avait plus que sa baïonnette, tandis que l'ennemi était armé d'un fusil chargé, le chien en arrêt. Tout d'un coup, un dragon anglais aperçoit l'officier, fond sur lui, et reçoit, en échange de son coup de sabre, une balle dans le corps. Le Russe se croyait sauvé, la baïonnette de l'Arabe le cloue contre terre.

« Au plus fort de la déroute, traversant un fourré de chênes, un jeune chasseur français se rencontre nez à nez avec un soldat russe qui restait là immobile, une main appuyée sur son fusil, l'autre sur son visage comme s'il pleurait : « Rends-toi, Cosaque ! » lui crie-t-il, en retenant son coup de baïonnette. — A ce mot, le Russe se retourne du côté de la voix, et étendant les deux mains avec un sourd gémissement, lui montre son visage hideusement mutilé ; une balle lui avait traversé les deux yeux ; des orbites vides coulaient deux ruisseaux de sang !

« Pauvre aveugle ! il semblait attendre une main charitable pour le conduire. Le chasseur lui aurait volontiers rendu ce service ; mais au milieu du feu du combat, il ne pouvait s'amuser à faire de la sensibilité, et force lui fut de laisser le Russe se tirer d'affaire comme il pourrait (1). »

Voici maintenant le récit d'une visite au champ de bataille d'Inkerman, faite par un gentilhomme anglais dont la véracité ne saurait être mise en doute :

« Dans la soirée de la bataille, avant que les corps n'eussent pu être enlevés, il se trouvait dans les tentes anglaises huit cents à mille Russes tués et blessés et un certain nombre de zouaves et de soldats d'infanterie de ligne français. Tous les blessés anglais étaient déjà enlevés. Les hommes blessés par les boulets et les bombes sont affreusement mutilés : sans

(1) *Voyage à la suite des armées alliées*, par M. Eugène Jouve.

des fragments d'uniformes conservant les boutons du régiment, il serait impossible de les reconnaître. Par un raffinement de lâche cruauté, dans la soirée, les Russes envoyaient encore sur le champ de bataille des bombes qui n'atteignaient plus que des cadavres.

« Les corps des hommes de la garde et des régiments de ligne russes étaient si nombreux que la terre en était littéralement jonchée. Ils étaient étendus pêle-mêle avec les chevaux tués et blessés. Quelques-uns de ces pauvres animaux se relevaient; ils faisaient un effort suprême, puis retombaient pour ne plus bouger. La lune éclairait par moments ce hideux et triste spectacle. Le silence de la nuit n'était troublé que par les cris des malheureux blessés qui se tordaient dans les dernières convulsions de l'agonie. Des hommes avec des litières parcouraient le champ de bataille, cherchant et emportant les survivants. D'autres, avec des lanternes, s'efforçaient de reconnaître les officiers qui avaient manqué à l'appel. Il y avait quelques femmes anglaises qui, en se lamentant, retournaient les corps afin d'exposer les visages des morts à la pâle clarté de l'astre des nuits, pour tâcher de reconnaître leurs maris.

« Auprès de la batterie plusieurs fois prise et reprise, le carnage des Russes des 20ᵉ et 55ᵉ de la garde avait été effroyable. Ce n'étaient plus des corps isolés que l'on voyait là, mais des monceaux de cadavres, Russes, Anglais étendus pêle-mêle. Quelques-unes de ces figures semblaient doucement sourire: on eût dit ces braves endormis ; d'autres avaient l'air farouche et ils semblaient encore menaçants, même après la mort; quelques-uns avaient des poses funèbres : on eût dit que des mains de parents ou d'amis les avaient disposés déjà pour la tombe. D'autres étaient demeurés genoux en terre, serrant convulsivement leur arme ou mordant la cartouche. Beaucoup avaient le bras levé, soit qu'ils cherchassent encore à parer quelque coup, soit qu'ils eussent formulé une prière suprême en rendant le dernier soupir.

« Toutes ces figures étaient pâles, et le vent qui soufflait avec force, en remuant ces débris d'hommes et d'uniformes, semblait ranimer ces cadavres. On aurait dit que ces longues files de morts allaient se relever pour recommencer la lutte. Les soldats russes tombés à Inkerman étaient, quant à la force physique, inférieurs aux premiers qui combattirent à l'Alma, mais ils étaient supérieurs en courage et en discipline. Ils n'avaient que de petits sacs contenant du pain noir et puant. Aucune autre provision. On leur avait fait laisser leurs havresacs afin de leur permettre de franchir et escalader les hauteurs avec plus de facilité. Tous les hommes avaient de bonnes bottes en cuir fort et solide; sur eux, ni argent ni livres, mais quelques portraits de femmes, quelques boucles cheveux. C'étaient des troupes d'élite ayant déjà servi; beaucoup avaient des cicatrices de blessures anciennes.

« Parmi les prisonniers est un homme de six pieds six pouces, énorme; il s'est rendu sans faire résistance. Il a été envoyé en parlementaire à Sébastopol avec une lettre des commandants des forces alliées pour le commandant en chef des forces russes. On dit que le général Canrobert et lord Raglan ont vu, avec autant d'indignation que de dégoût, la cruauté des soldats russes donnant des coups de baïonnette aux blessés alliés à terre. Dans cette lettre, on dit que, si l'on maltraite les prisonniers, on usera de représailles à l'égard des prisonniers russes. On craint que la réponse ne soit pas satisfaisante et que cette guerre ne devienne une guerre d'extermination.

« A la fin de la bataille on a pris un major russe que l'on avait vu, à diverses reprises, frapper et piquer nos blessés avec son épée. Ordre avait été donné aux gardes anglaises de prendre cet homme vivant s'il était possible. Lorsqu'il a été pris, il a offert quelques pièces d'or aux soldats pour le laisser aller. Il sera jugé demain par un conseil de guerre et l'arrêt sera renvoyé au commandant en chef à Sébastopol. S'il veut le punir on le lui rendra; sinon, cet homme sera fusillé. Les généraux alliés sont décidés à faire un exemple. Les prisonniers russes disent qu'ils ont eu quatre généraux tués et trois blessés, et que tous leurs officiers, à mesure qu'ils tombaient, étaient portés à l'arrière-garde.

« Dans cette affaire, les Russes étaient sous les ordres des généraux Osten-Sacken et Liprandi. Ce dernier a été légèrement blessé. Les prisonniers déclarent qu'on ne les avait pas fait boire avant l'affaire. Si l'on a trouvé de l'eau-de-vie dans quelques cantines, c'est qu'on en avait donné à chaque trentaine d'hommes pour les blessés. Le fait est que les hommes faits prisonniers ne paraissent pas avoir bu. Ils ont perdu près de dix mille hommes de maladie et de fatigue dans la marche d'Odessa.

« Les grands-ducs fils du czar n'étaient pas présents sur le champ de bataille; ils ont passé toute la journée sur le versant des hauteurs au nord du port, au delà d'Inkerman. Par ordre du grand-duc, cinq divisions ont été envoyées successivement pour maintenir la position que les Russes avaient gagnée sur les hauteurs de notre camp, au-dessus d'Inkerman. A mesure que chaque division venait d'être refoulée, le grand-duc adressait aux commandants les apostrophes les plus insultantes, leur reprochant d'être des traîtres et des lâches, et les renvoyait à l'attaque. Ceci est affirmé par presque tous les prisonniers.

« Les Russes n'attendent plus d'autres renforts que les quarante-deux bataillons du général Dannenberg, ou cinquante mille hommes; il n'en arriverait ici que trente à trente-cinq mille un peu avant la fin de novembre ou vers le commencement de décembre.

« Les Français, comme toujours, se sont battus noblement : ils ont attaqué l'ennemi avec une impétuosité et un enthousiasme qui enlevaient tout. Le 50ᵉ régiment de ligne, en particulier, s'est couvert de gloire ; c'était quelque chose de terrible que de le voir charger les flancs de l'ennemi : à chaque charge, des milliers de tués et de blessés russes tombaient ; l'artillerie française s'est également distinguée.

« Au demeurant, dans cette bataille, il n'y a pas eu de manœuvres ni d'évolutions militaires de la part des alliés ; ces derniers n'ont fait que repousser toutes les fois qu'ils étaient attaqués, et chaque position a été soutenue, pied à pied, avec acharnement. Les Anglais ayant été au feu avec leurs capotes de nuit, il en est résulté quelques méprises fatales : des compagnies se sont chargées, et, d'autres fois, les Russes, dont les capotes grises se confondaient avec les nôtres, ont pu passer à travers les rangs des Anglais (1). »

« Personne, dit l'auteur d'une autre relation, en quelque lieu qu'il eût été placé, n'aurait pu voir même une faible partie des épisodes de cette glorieuse journée, car les vapeurs de l'atmosphère, les brouillards et la pluie obscurcissaient si profondément le ciel sur le point où la lutte s'est livrée, qu'il était impossible de rien discerner à quelques pas de soi. De plus, l'aspect régulier du sol, la pente rapide de la montagne du côté d'Inkerman, là où le combat a été le plus terrible, auraient empêché, même dans les circonstances les plus favorables, de voir plus que quelques détails insignifiants de l'horrible tragédie qui se jouait dans la vallée. »

« Au moment où les Russes commencèrent leur mouvement pour tourner les Français, le jeune général Bourbaki, ancien colonel du 1ᵉʳ de zouaves, comprenant le danger qui allait menacer notre position, si l'ennemi réussissait dans sa

---

(1) Traduit du *Morning Herald*.

tentative, se mit à la tête de sa brigade, l'électrisa par quelques mots, et avec les zouaves et le régiment des tirailleurs indigènes du colonel Wimpfen, il s'élança sur les Russes au cri de : *Vive l'Empereur !* le chapeau au bout du sabre. L'ennemi fut tellement surpris, tellement effrayé par ce torrent humain qui se précipitait sur ses rangs, que, se pelotonnant pour résister, il se forma en carré plein ; les Français ne tirant pas un coup de fusil, arrivant à toute course à la baïonnette et, comme disent les zouaves, *pour les travailler à la fourchette*, pas un seul de ces malheureux Russes, nous assurait la personne témoin de ce fait, n'avait échappé au massacre. »

Telle était alors la situation des armées alliées ; grâce à leur ardeur, à leur enthousiasme, la victoire était demeurée fidèle à leurs drapeaux, et tout semblait promettre à leur audacieuse vaillance de prochains et nouveaux succès.

CHAPITRE IX.

Belle conduite des aumôniers et des sœurs de charité en Orient. — Ouragan du 14 novembre 1854. — Terrible naufrage du navire la *Perseveranza* à bord duquel était un détachement de hussards. — Perte du vaisseau de ligne *le Henri IV* et de la corvette *le Pluton*. — Continuation du siége. — Rigueur de l'hiver. — Industrie des Français. — Souffrances des Anglais. — Sollicitude de Napoléon III pour l'armée.

Jusqu'ici nous n'avons parlé que de la justice de la cause défendue par les armées alliées et de l'héroïsme de nos soldats. Qu'il nous soit permis, avant d'aller plus loin, de rendre hommage à l'admirable dévoûment de ces dignes ministres de la religion, de ces intrépides soldats de Jésus-Christ, et de ces nobles sœurs de charité qui avaient sollicité et obtenu le périlleux honneur de suivre dans ces lointains parages les enfants de la France, afin que les secours et les consolations de la religion ne manquassent à aucun, et que sur les champs de bataille mêmes, les blessures de l'âme pussent être traitées en même temps que celles du corps.

Nous avons dit qu'avant de marcher à l'ennemi, nos soldats avaient été cruellement éprouvés par le choléra ; le terrible fléau avait en même temps éclaté à Varna, à Gallipoli et à l'hôpital de Péra. « Cet hôte terrible, dit un historien (1), commença par frapper tous ceux qui auraient pu mettre obs-

(1) L'Abbé Mullois, premier chapelain de la maison de l'Empereur. — *Histoire populaire de la guerre d'Orient.*

tacle à ses ravages : les médecins et les infirmiers. Les généraux Ney d'Elchingen et Carbuccia succombèrent également dès les premiers jours en donnant à leurs soldats l'exemple de la mort la plus chrétienne. Le premier, fils du maréchal Ney, était aimé dans l'armée autant pour lui-même que pour son père. Dès les premiers symptômes, il se sentit perdu. Brusquement dépossédé d'un nom illustre, d'un rang élevé, d'une carrière de gloire, il chercha des consolations dans les croyances religieuses, qu'il avait probablement négligées avant ce moment suprême. Il ne se trouvait alors dans le camp de Gallipoli qu'un seul ecclésiastique, un jésuite, le père Gloriot. Le duc d'Elchingen le fit mander, et après s'être confessé, il lui dit : « Vous pouvez revenir dans une « ou deux heures pour m'administrer. »

« Le père Gloriot, un des aumôniers de l'armée, fut exact au rendez-vous. Voyant le général assoupi, il lui tâta le pouls et reconnut que la dernière heure était proche. Il le réveilla doucement, et le moribond, comprenant ce que signifiait la visite de l'ecclésiastique, murmura ces mots : « Faites, mon père, je suis prêt. »

« Les cérémonies de l'extrême-onction s'accomplirent, et au bout de quelques minutes, le duc d'Elchingen n'était plus.

« Le général Carbuccia mourut trois jours après, le 9 juillet. Il avait amené d'Afrique la brigade d'infanterie qu'il commandait. C'était non-seulement un intrépide militaire, mais encore un savant distingué. Pendant son séjour en Algérie, il s'était occupé de recherches archéologiques qui avaient attiré l'attention de l'Académie des inscriptions et belles-lettres, dont il avait été nommé correspondant. Ses funérailles, comme celles du duc d'Elchingen, furent suivies par les Turcs avec autant d'empressement que par les Français. »

Le confesseur de ces deux généraux, dans une lettre à l'évêque de Beauvais, a retracé leurs derniers moments en ces termes :

« Le premier, dit le père Gloriot, des deux généraux moissonnés par le choléra, le duc d'Elchingen, fils du maréchal Ney, était un homme aussi distingué par l'élévation de son esprit que par la politesse exquise de ses manières. Le dimanche il avait présidé à la messe militaire ; deux jours après, son aide de camp accourait auprès de moi en me disant : — Vite, monsieur l'abbé, auprès du général, il vous demande, il est au plus mal. — Au moment où je me rendais dans sa chambre, le général me tendit la main en me disant, en présence de son état-major : — Monsieur l'aumônier, je tiens à ce qu'on sache que c'est moi qui vous ai fait appeler ; je veux mourir en bon chrétien. — Et il se confessa.

« Après avoir reçu l'absolution, il croisa ses mains sur sa poitrine, offrit à Dieu le sacrifice de sa vie, et lui adressa la prière la plus touchante pour sa femme et ses enfants. Vers trois heures de l'après-midi, je le trouvai assez mal pour lui administrer l'extrême-onction ; à huit heures, je pénétrai une dernière fois dans sa chambre, elle était remplie de tout ce que l'armée possède de plus distingué. Le général entrait en agonie : je me mis à genoux pour réciter les prières des mourants ; ses deux aides de camp étaient à mes côtés, tenant des flambeaux allumés. Au moment où je terminais, ce brave guerrier rendait son âme à Dieu au milieu des sanglots des assistants.

« Le général Carbuccia avait conduit le deuil aux obsèques du duc d'Elchingen, et trois jours après il le suivait au tombeau. La veille de sa mort je l'avais rencontré au moment où je me rendais à l'hôpital ; quelques heures après, il me faisait appeler. Il était Corse, et avait la foi ardente des habitants de cette île ; il accomplit ses devoirs avec la plus tendre ferveur.

« Quant à nos braves soldats, ils mouraient avec une aussi grande édification, priant l'aumônier d'écrire à leurs parents qu'ils étaient morts en bons chrétiens.

« Toutes les fois que j'entrais dans ces lieux de désolation, écrit encore le père Gloriot, je m'entendais appeler de toutes parts : « Monsieur l'aumônier, venez à moi, hâtez-vous de me réconcilier avec Dieu, car je n'ai plus que quelques moments à vivre. » D'autres me serraient affectueusement la main et me disaient : « Que nous sommes heureux de vous avoir au milieu de nous ; si vous n'étiez pas là, qui nous consolerait dans nos derniers moments ? » Quelquefois j'entendais des confessions en me rendant d'un hôpital à l'autre ; d'autres fois je rencontrais des officiers et des soldats m'attendant sur les escaliers intérieurs de l'hôpital. Je m'appuyais sur les mêmes escaliers ; ils se mettaient à genoux à mes côtés et recevaient le pardon de leurs fautes. Quand ils m'apercevaient dans les rues, ils descendaient de cheval, me remerciaient affectueusement et ajoutaient presque toujours : « Surtout, si je suis atteint, ne manquez pas de vous rendre au premier appel. » Tous les soirs, nous avions une cérémonie religieuse pour l'enterrement des officiers. Un jour que j'avais sous les yeux sept ou huit bières, et autour de moi l'état-major de tous les régiments, je demandai la permission d'adresser quelques paroles. Debout sur une tombe, je parlai pendant une heure ; jamais je n'avais contemplé de spectacle plus émouvant ; je voyais de grosses larmes couler dans tous les yeux, et je n'entendais autour de moi que des sanglots. »

« Partout, disait le maréchal de Saint-Arnaud dans ses rapports au ministre de la guerre, partout je trouve la *grande nation* : un moral de fer, un dévouement au-dessus de l'admiration. Tout le monde se multiplie ; les soldats sont devenus des sœurs de charité. » Il donne des éloges particuliers aux officiers de santé, aux fonctionnaires de l'intendance, et à ceux des différentes administrations, sans oublier les aumôniers de l'armée qui se sont prodigués au chevet des malades.

« Des sœurs hospitalières sont venues de Constantinople au Pyrée, à Gallipoli, à Varna ; partout elles ont été accueillies comme des anges consolateurs (1). »

C'est qu'en effet, le dévouement des sœurs de charité dans ces terribles circonstances fut tel que les expressions manquent pour en donner une juste idée. Voici une lettre écrite par une de ces saintes filles qui suffirait seule à justifier tous les éloges :

« Mes chers parents, le bon Dieu m'a choisie et m'a préférée à beaucoup de mes compagnes pour une mission qui m'est bien chère et que je désirais beaucoup ; je n'osais cependant pas en témoigner le désir, car j'aurais craint de m'opposer à la volonté de Dieu ; mais il est venu au devant de mes désirs. Le 24 août, notre très honorée mère me demanda si je voulais me dévouer pour aller à l'étranger. Chers parents, j'étais tellement contente que je ne pouvais croire ce qu'elle me disait. Le jour même, à six heures du soir, nous sommes partis, vingt-deux sœurs et deux prêtres de la mission, pour aller soigner les soldats blessés et les cholériques. Nous nous sommes embarqués à Marseille le 27, et nous sommes arrivés à Constantinople le 5 septembre. Pendant la traversée, nous avons été malades du mal de mer, et cela nous a bien purgés sans prendre de médecine.

« Ma chère mère, je désirais bien vous écrire avant de partir de la communauté, mais le temps m'a manqué : il a fallu faire le sac de suite, comme les militaires. Notre traversée n'a pas été des plus agréables ; nous avons toujours eu

(1) LA BÉDOLLIÈRE, un des rédacteurs du journal le SIÈCLE.—*Sébastopol.*

le vent contraire. Vous comprenez bien qu'étant nigaude comme je suis, n'ayant jamais vu que mon clocher et celui de la communauté, j'ai eu un peu peur, surtout la première nuit que je passai sur mer. Mais je me suis bientôt habituée. Ce que le bon Dieu fera de moi, je n'en sais rien ; mais je suis toute prête à faire sa volonté.

« Nous sommes chez nos sœurs de Constantinople. Là, on va nous distribuer, les unes pour rester, les autres pour aller à la guerre.

« Mes chers parents, ne vous faites pas de peine ; si je suis un peu plus éloignée de vous, ce n'est que pour quelque temps ; c'est pour seconder nos sœurs. Quand toutes ces maladies seront terminées, nous retournerons. Je vous ai dit que nous étions parties vingt-deux sœurs. Le gouvernement en a demandé un cent : nous espérons donc qu'il va en arriver beaucoup d'autres. Dans notre traversée, nous sommes descendues deux fois. Nous avons été dans le camp des soldats. Comme ils étaient contents de nous voir ! Ce sont bien nos sœurs qui les soignent ; mais elles sont si peu nombreuses ! Ces pauvres militaires n'auraient pas voulu les voir partir et les laisser là ! Le choléra a beaucoup cessé ; mais il en est beaucoup mort, et nos sœurs nous disent qu'ils sont morts presque tous après avoir reçu les derniers sacrements. Ce sont eux qui demandaient les premiers à se confesser. Je ne puis dire combien cela me fit de peine de voir tant de jeunes gens malades, d'autres qui se mouraient ; et cela m'a fait prendre la résolution de faire tout ce que je pourrais pour leur être de quelque utilité.

« Chers parents, aidez-moi à remercier le bon Dieu de m'avoir donné une vocation si belle. C'est un petit sacrifice pour moi de quitter mes chères compagnes de Paris. Elles désiraient toutes partir ; mais le bon Dieu m'a préférée. Que son saint nom soit béni ! »

Voici maintenant ce qu'écrivait un aumônier de l'armée :

« Le choléra est venu s'abattre sur les troupes campées autour de Gallipoli, au nombre de dix mille hommes environ ; nous n'étions pas prêts pour recevoir la visite de cet hôte terrible. Deux généraux sur quatre ont succombé ; dès les premiers jours, sept officiers de santé, trois officiers comptables, dix-sept infirmiers, le chef pharmacien et ses aides ont également péri victimes du choléra.

« J'étais seul au milieu des malades... Pour les confesser j'étais obligé de me tenir à genoux à côté d'eux. — Ce n'est que là que j'ai bien compris que, pour sauver les âmes avec Jésus-Christ, il faut être prêt à subir avec lui la double agonie du corps et de l'âme. Ma plus grande épreuve, c'était mon isolement ; je suis resté six semaines sans pouvoir me confesser, et en voyant tout succomber autour de moi, je n'avais pas même l'espoir d'être assisté par un frère à mes derniers moments. Dieu évidemment me conservait pour que je pusse administrer les secours de la religion à tant d'âmes bien préparées ; car si l'épreuve a été grande, grande aussi a été la consolation.

« Plusieurs me donnaient l'adresse de leur famille, en me priant d'écrire à leurs parents qu'ils étaient morts en bons chrétiens. J'en ai vu qui recueillaient le peu de forces qui leur restaient, pour chercher au fond de leurs poches quelques pièces de monnaie qu'ils me remettaient, en me chargeant de faire prier Dieu pour eux après leur mort. » (1)

Le dévoûment de ces dignes ministres de la religion ne se démentit pas un instant ; il fut et il est sur les champs de bataille, au moment même où nous écrivons ces lignes, ce qu'il avait été sur la flotte et dans les hôpitaux ; partout, en toute circonstance, les aumôniers et les chirurgiens rivali-

(1) L'Abbé MULLOIS, premier chapelain de la maison de l'empereur. — *Histoire populaire de la guerre d'Orient.*

sent de zèle ; c'est avec le même empressement qu'ils accourent auprès des blessés et des mourants, au milieu des balles, des boulets et de la mitraille. C'est ainsi qu'un de ces intrépides soldats du Christ, l'abbé Parabère, à la bataille de l'Alma, sentant ses forces presque épuisées et voulant à tout prix suivre le mouvement des troupes lancées en avant sous le feu terrible de l'ennemi, sauta sur un canon et se laissa emporter par ce véhicule d'un nouveau genre jusqu'au milieu de la mêlée.

Reprenons le cours des événements. Jusqu'alors les alliés n'avaient eu à combattre en Crimée que l'armée russe ; mais les temps étaient proches où les rigueurs de l'hiver et les terribles ouragans, si fréquents dans ces parages, allaient leur imposer de nouvelles et cruelles souffrances.

« Le 14 novembre, vers six heures du matin, éclata le plus formidable des ouragans. Le vent, qui soufflait du Sud-Ouest, eut promptement déchiré les tentes, brisé les piquets les plus solides, enlevé les toitures des baraques ; les constructions en bois qui servaient de magasins ou d'ambulances s'écroulèrent avec fracas. La tempête souleva et dispersa au loin des couvertures, des chapeaux, des vestes, des cabans et jusqu'à des tables et des chaises ; de lourdes voitures furent renversées sens dessus dessous ; des chevaux, des hommes furent renversés les uns sur les autres. Au bout de quelques heures, il ne restait guère d'autres abris que des pans de murs, d'anciens édifices ruinés, des rochers ou des accidents de terrain, sous lesquels des milliers d'hommes cherchaient un refuge précaire et insuffisant. La grêle, la neige, la pluie, ajoutaient à leurs souffrances ; le sol détrempé se transformait en un lac de fange, et les sommets des montagnes voisines, subitement couverts de neige, encadraient cette scène de désolation..

« Un cavalier avait été envoyé du quartier général à Balaclava avec des dépêches ; au bout de trois quarts d'heure, il revenait brisé, moulu, déclarant qu'il lui avait été impossible de faire marcher son cheval contre le vent.

« La garnison et les habitants de Balaclava n'eurent pas moins à souffrir. Les marins et soldats campés sur les falaises perdirent leurs tentes, leurs effets, leurs ustensiles, et furent pour la plupart obligés de se cramponner à la terre pour ne pas être emportés au delà de la baie. Une magnifique avenue d'acacias, qui s'élevait à l'extrémité de la plage, fut complétement déracinée ; un arbre séculaire, qui ornait à la porte de la ville la façade d'un corps-de-garde, tomba sur ce bâtiment, dont il fit un monceau de ruines. Le vent emporta des toits, des balcons, des galeries extérieures. Le lendemain la principale rue de la ville ressemblait à un canal de boue, où, pour réparer les désastres de la veille, se démenaient des marins, des soldats, des voyageurs de toutes les nations, avec des charrettes, des chevaux, des mules ou des chameaux. C'était un mélange confus d'Anglais, de Français, de Turcs, d'Arabes, d'Italiens, d'Egyptiens, de Maltais, de Tartares, de Grecs, d'Espagnols, de Bulgares ; un concert de cris et de jurons dans toutes les langues.

« Les escadres éprouvèrent de nombreux sinistres. Pendant toute la journée la mer montait en pyramides pour se creuser ensuite en abîmes. *Le Danube* se perdit à dix lieues du cap Chersonèse, et l'équipage ne gagna la plage qu'après de pénibles efforts. *Le Pyrenus, le Gange, le Rodwell, le Tyrone, le Lord Raglan* et treize bâtiments de commerce furent jetés à la côte dans la baie de la Katcha. A Balaclava, *le Prince, le Resolute, le Kenilworth, le Progress, le Wanderer, le Wild-Dove,* et *le Malta* se brisèrent contre les rochers, et trente ou quarante hommes seulement réussirent à se sauver. Sur un équipage de cent cinquante hommes qui montait le bateau à vapeur *le Prince*, six seulement purent être recueillis.

« A la hauteur d'Odessa *le Rip-ban-Wrinkle*, transport anglais, sombra, et avec lui furent engloutis deux cent cinquante prisonniers russes qu'il conduisait à Constantinople. Il portait aussi M. Nicklin, artiste photographe, et ses deux aides, envoyés en Crimée par le gouvernement britannique.

« *Le Sané*, frégate à vapeur, qui avait appareillé pour Kamiesch vers minuit, fut assailli par la bourrasque à dix lieues environ du cap Chersonèse avec une telle force, que dans un coup de roulis, un canon de 30, n° 1, amarré en vache sur le gaillard d'avant, emporta pitons, palans, affût, et fut projeté par dessus le bord comme un balai sans même écorcher la muraille extérieure !

« *La Perseveranza*, du port de Livourne, avait été affrétée par le gouvernement français; elle transportait de Varna en Crimée un dernier détachement de vingt-cinq hommes du 4e régiment de hussards avec ses chevaux.

« Après dix-sept jours de mer, elle avait été prise à la remorque par une frégate à vapeur ; mais, au moment où éclata la tempête du 14, le matin même, le piston de la machine se brisa, la frégate recula sur *la Perseveranza*, qui faillit couler bas. Ce choc terrible avait causé une voie d'eau. Le capitaine vint s'abriter dans une petite anse où il pensait opérer son débarquement.

« L'ouragan ne lui en laissa pas le temps. Le vent ayant brusquement sauté, la goëlette fut démâtée et jetée à la côte. Lui et son équipage italien n'eurent rien de plus pressé que de se sauver les premiers, eux et leurs bagages. Dix hussards seulement trouvèrent place dans la grande chaloupe encombrée de paquets; elle fut brisée en abordant. Le capitaine, le principal coupable, se noya, et évita ainsi le châtiment qu'il méritait.

« Le navire resta couché sur le flanc, le tillac incliné vers la terre, à peine éloignée d'une portée de pistolet. Sept des hussards restés à bord se tenaient accrochés au bastingage et à la cabane du roufle : un ou deux appelaient au secours, imploraient la compassion de leurs camarades; les autres, muets, immobiles, semblaient se résigner à la mort ou ne pas comprendre le péril de leur situation, et pourtant elle était horrible.

« A chaque instant des vagues monstrueuses, resserrées dans la baie, déferlaient sur la carène disjointe et l'ensevelissaient tout entière sous une montagne d'eau. Les naufragés disparaissaient au milieu de l'écume; puis la lame en se retirant renversait le navire en sens contraire et le laissait retomber lourdement sur son lit de roches nues qui l'éventraient peu à peu, tandis que la mâture, retenue par les cordages, battait ses flancs comme un bélier.

« Un des hussards sauvés avait couru au port, éloigné d'une lieue, afin d'y chercher des secours ; une cinquantaine de soldats et une escouade de marins arrivèrent bientôt conduits par des officiers. Plusieurs de ces hommes exposèrent bravement leur vie en se jetant à la nage pour aller amarrer une corde à bord, afin d'opérer le sauvetage des naufragés. Vains efforts! la mer en furie rejetait bien loin sur les galets les imprudents, meurtris, froissés, à demi morts. Les plus vieux matelots, les plus braves officiers finirent par reconnaître leur impuissance à lutter contre un pareil ouragan.

« Deux des malheureux naufragés, se voyant perdus, voulurent essayer de se sauver eux-mêmes. Glacés par le froid, ils n'eurent pas la force ou la présence d'esprit de se déshabiller. Le premier enjamba par dessus le bord et se jeta à la nage ; mais au même moment une lame gigantesque s'abattit sur le navire, le roula comme une barrique parmi les tronçons de la mâture renversée. Quand elle se retira, l'homme ne reparut pas au-dessus de la nappe d'écume qui couvrait les rochers.

« Le second hussard ne se laissa pas intimider par cet exemple. Il descendit avec précaution en se tenant aux débris des haubans; une nouvelle vague l'engloutit : il attendit le moment favorable, et, quand le flot eut passé, il se lança à l'eau. Deux fois il disparut sous d'autres avalanches, deux fois il reparut nageant toujours, mais sans pouvoir avancer ; le malheureux était retenu au milieu des lambeaux de la voilure par ses éperons.

« Tous les spectateurs de cette scène poignante suivaient avec une anxiété inexprimable cette lutte contre la mort ; on criait, on faisait signe aux autres naufragés de lancer une corde à leur camarade. Lors même que les hurlements de la tempête leur eussent permis d'entendre la voix, paralysés comme ils l'étaient par la terreur et par le froid, ils auraient été incapables de comprendre et d'exécuter des ordres.

« La tête du hussard, toujours coiffé de son képi bleu, surnageait encore au-dessus des flots ; dans un suprême effort, il se souleva tout entier hors de l'eau, suspendu à une corde du mât de beaupré. Pendant cinq mortelles minutes d'agonie il y demeura cramponné, tantôt plongeant au fond de la mer, tantôt enlevé à une grande hauteur, suivant les ballottements du navire. Enfin ses forces s'épuisèrent, il lâcha prise, tomba et disparut pour toujours. Par un mouvement spontané tous les hommes assemblés sur le rivage détournèrent les yeux en poussant un cri.

« Il ne restait plus aucun espoir à personne. Soldats et marins revinrent tristement au port les uns après les autres, pour ne pas assister à l'affreux dénouement de ce drame.

« Avec quel serrement du cœur les naufragés durent les voir partir ! Abandonnés de tous, ils se sentirent condamnés sans ressource et demeurèrent seuls en face de la grève à peu près déserte, sur le vaisseau qui allait se déchirer sous leurs pieds. La nuit approchait, et la mer, loin de s'apaiser, était encore plus terrible qu'au début de l'ouragan. Les rafales de neige et de grêle, devenues plus épaisses, ajoutaient aux ténèbres d'un crépuscule d'hiver.

« Pendant la nuit, d'autres détachements de marins et de soldats accoururent sur les lieux avec tous les moyens de sauvetage qu'on put se procurer; et la tempête ayant un peu molli, on parvint à ramener à terre la plupart des hussards restés à bord. Mais, avant que cette difficile opération fût terminée, la goëlette se partagea en deux... Il n'y eut pourtant que six hommes de perdus sur vingt-quatre (1). »

En même temps que cette terrible scène se passait, plus de quarante transports français et anglais, chargés d'approvisionnements de toute espèce, étaient jetés à la côte; on se résigna à les brûler, pour qu'ils ne tombassent pas aux mains de l'ennemi.

Dans cet immense désastre, la marine impériale ne fut pas épargnée : le vaisseau *le Henri IV* et la corvette à vapeur *le Pluton* furent entièrement perdus.

« Monsieur le ministre, écrivait l'amiral Hamelin au ministre de la marine le lendemain de cette catastrophe, j'ai l'honneur de vous adresser les copies des rapports de MM. les commandants du *Henri IV* et du *Pluton*, sur les circonstances qui ont occasionné la perte de leurs bâtiments.

« En lisant ces douloureux détails, Votre Excellence remarquera que ce n'est qu'à la fatalité et à la fureur des éléments déchaînés que peuvent être attribués ces désastres. Ce n'est qu'après avoir cassé ses quatre chaînes que *le Henri IV* est allé à la côte, et *le Pluton* ne doit sa perte qu'à un abordage d'un transport anglais démâté qui, un instant, a menacé de l'engloutir et a fini par casser ses

---

(1) *Inkerman*, par La Bédollière. — *Voyage à la suite des armées alliées*, par Eugène Jouve.

chaînes. Chacun, dans ces circonstances malheureuses, a fait son devoir et s'est même distingué par un dévouement digne d'éloges. »

En effet, officiers et matelots avaient fait preuve d'autant d'habileté que de courage dans cette triste circonstance ; leurs efforts pour maîtriser la tempête avaient été surhumains, comme on va le voir par les rapports des commandants de ces bâtiments à l'amiral. Nous laisserons d'abord parler M. Fisquet, commandant du *Pluton* :

« Baie d'Eupatoria, 16 novembre 1845.

« Amiral,

« J'ai à remplir le pénible devoir de vous rendre compte de la perte de la corvette à vapeur *le Pluton*, dont le commandement m'était confié.

« *Le Pluton* avait mouillé, le 10 octobre dernier, devant Eupatoria, par cinq brasses, relevant le moulin le plus à l'Est au Nord 16° Est, et la mosquée au Nord 60° Ouest.

« La ville était tenue en alerte continuelle par des milliers de Cosaques et menacée d'une attaque sérieuse. J'avais dû prendre ce mouillage, le plus près de terre possible, quoique cependant encore à sept cents mètres du rivage, pour être à portée, avec l'artillerie du *Pluton*, de défendre les approches de l'Est d'Eupatoria.

« Le bâtiment était affourché Sud-Est et Nord-Ouest ; il avait essuyé, dans cette position, un fort coup de vent du Sud à l'Ouest, dans la nuit du 10 au 11, et un second coup de vent dans la matinée du 13. Les ancres n'avaient pas cédé et cette épreuve pouvait me rassurer sur la sécurité du navire. Les mâts de hune étaient calés et les vergues sur les porte-lof.

« Le 14 au matin, la brise était du Nord-Est ; pas de mer. Tout présageait le beau temps. Un de nos canots est allé aux provisions, et à sept heures et demie, sur le signal du *Henri IV*, j'ai envoyé nos deux autres canots et nos canots-tambours pour l'embarquement des bœufs à bord du *Lavoisier*; c'étaient quarante matelots hors du bord.

« Vers huit heures, un grain s'est élevé de l'Est avec mauvaise apparence. Le baromètre est descendu rapidement à sept cent quarante millimètres ; le grain a donné avec pluie et grêle, par violentes rafales qui ont varié au Sud-Est puis au Sud.

« Nous avons filé six maillons de chaîne bâbord et quatre de celle de tribord. Cette dernière ne faisait rien. Les feux ont été poussés prêts à mettre en marche.

« J'ai fait étalinguer un grelin sur l'ancre de la cale mais ; cette ancre n'ayant pas passage entre l'ellipse et les tambours, il a fallu se disposer à le jeter par dessus le bord à l'arrière des tambours. Pendant l'opération, j'ai vu un trois-mâts anglais en dérive qui allait tomber sur nous.

« J'ai envoyé aussitôt tout le monde aux deux stoppeurs, prêt à filer l'une et l'autre chaîne. Nous avons filé bâbord. La chaîne de tribord a rappelé et le trois-mâts nous a parés : il est allé à la côte. Plusieurs bâtiments y étaient déjà, d'autres coupaient leurs mâts pour tenir.

« La mer, tourmentée, grossissait toujours. Le vent avait tourné au Sud-Ouest et à l'Ouest, et, malgré sa violence, nous restions évités au courant du Sud, présentant le travers à la lame et à la mer. J'ai renoncé à faire jeter l'ancre de la cale, elle eût risqué, en tombant sous le bâtiment, de le crever.

« Nous marchions en avant, doucement, avec la machine, de manière à soulager les chaînes sans cependant les empêcher de travailler.

« J'avais pris des alignements à terre. Ils n'avaient pas

varié depuis trois jours. J'étais assuré que nos ancres tenaient bien.

« Vers midi, un transport anglais démâté a cassé ses chaînes. Nous le relevions dans le Sud-Sud-Ouest, à une encâblure, et malgré la force du vent d'Ouest, le courant le portait sur notre bossoir de tribord. Nous allions être écrasés et couler sur place.

« J'ai fait établir la grande voile goëlette pour éviter au vent et fait faire machine en avant à toute vapeur. Notre avant a paré, mais cet énorme trois-mâts nous a allongés par bâbord, et, à mesure que nous le dépassions, chaque lame alternativement nous lançait au-dessus de lui et nous laissait retomber sur son cuivre. Dans ces chocs, nos vergues ont été cassées, nos porte-manteaux et leviers en fer de mise à l'eau des canots-tambours tordus, le tambour de bâbord et l'arrière craqués. La machine a cependant pu continuer à marcher; mais, sitôt dégagé, j'ai été obligé de stopper pour faire parer des manœuvres et des bouts de chaînes de balancines cassées qui se pressaient dans les aubes.

« Un officier, M. Boulet, a reçu un morceau de bois sur la tête; il a fallu le transporter sans connaissance.

« Sitôt les aubes dégagées, nous avons remis en marche, et tout danger semblait évité. Malheureusement, la lourde chaîne de ce bâtiment raguait sur les nôtres. Celle de tribord a cassé, et celle de bâbord a été déchaussée. Malgré notre grande voile, malgré la machine, nous n'avons pu revenir au vent. Les alignements ont commencé à varier: nous allions en travers à la côte.

« A midi et demi, nous avons commencé à talonner; peu après, le gouvernail a été démonté. Les ébranlements du navire sont devenus terribles. Chaque lame nous couchait tantôt sur tribord, tantôt sur bâbord. J'ai essayé de tenter l'abattage sur bâbord en béquillant avec la vergue du grand hunier. Cette vergue, dans le sable mouvant, n'a produit aucun effet. Le bâtiment s'est couché du côté du large pour ne plus se relever.

« Dans ce moment, une vive canonnade s'est fait entendre. La ville était attaquée par six mille Russes et seize pièces de canon. Des escadrons de Cosaques s'avançaient à l'Est, du côté que nous devions appuyer avec notre artillerie. *Le Pluton* pouvait rendre encore un dernier service. Nous avions fait branle-bas de combat, chargé les petites armes et deux pièces du côté de l'ennemi. Nous étions prêts à commencer le feu dès que les Cosaques arriveraient à portée; ils ont trouvé les dispositions de défense de la ville trop bien prises et se sont retirés.

« L'eau gagnait rapidement. La soute aux poudres était pleine. J'ai fait monter tout ce qu'on a pu en tirer de munitions et fait mettre en réserve quelques sacs de biscuits et de l'eau.

« A la nuit, les lames balayaient le gaillard d'arrière. J'ai été obligé de faire évacuer complètement cette partie du navire et j'ai fait monter les effets de l'équipage dans les jardins du tambour de bâbord.

« La nuit a été longue et froide. Le vent n'a pas molli. La mer nous couvrait de plus en plus. A une heure, l'eau a gagné le faux pont avant. J'ai fait placer les malades et les mousses sur l'avant du tambour de bâbord, et le reste de l'équipage s'est groupé à bâbord d'avant.

« Le jour s'est fait sur ce désastre. Seize bâtiments avaient fait naufrage, et nous avons éprouvé le chagrin de reconnaître le vaisseau *le Henri IV* échoué.

« Les habitants du pays ne se rappellent pas avoir vu un pareil coup de vent. La moitié des moulins ont été renversés, et des maisons situées au bord de la mer ont eu des pans de muraille abattus.

» *Le Pluton* était complétement perdu, ensablé à quatre-vingts mètres de la plage, les bordages du pont disjoints, l'arrière se séparant de l'avant. Chaque lame en déferlant montait sur le pont jusqu'au bord opposé. Enfin, l'entre-pont était plein d'eau.

« Il y avait urgence, pour la sûreté de la vie des hommes, d'évacuer le bâtiment ; je m'y suis décidé.

« J'ai fait mettre à la mer le youyou ; deux hommes dévoués s'y sont embarqués et ont nagé vers la côte, pendant que nous filions une ligne de loch dont ils avaient le bout. Une lame les a roulés à terre, ils ont halé la ligne, nous avons filé un faux bras, et, le va-et-vient étant établi, nous avons ramené à bord le youyou.

« Le débarquement s'est opéré quatre par quatre, en commençant par les malades, les mousses et les hommes qui ne savent pas nager. L'embarcation remplissait souvent à la dernière lame. Les hommes qu'elle transportait étaient enlevés aussitôt par les premiers débarqués et par M. Granderie, enseigne de vaisseau, que j'avais envoyé pour veiller au débarquement.

« Quand tous ceux pour lesquels le passage présentait des dangers ont été en sûreté à terre, M. André, commis d'administration, a descendu la comptabilité, et M. Pignoni, chirurgien, quelques médicaments.

« J'ai fait envoyer à terre les effets de l'équipage, les fusils, l'obusier de douze et quelques munitions.

« Le reste de l'équipage, les maîtres, M. Boulet, lieutenant de vaisseau, sont descendus successivement, et à une heure, après avoir fait une ronde dans le bâtiment, le maître d'équipage Gaubert et M. Bocher, mon second, se sont embarqués ; moi-même, dernier, j'ai quitté le *Pluton*, le cœur navré, mais avec la consolation, s'il en est une possible pour l'officier qui voit perdu le bâtiment qu'il commandait, de voir tout l'équipage sauvé et de pouvoir dire avec une conscience nette que tous ont bien fait leur devoir.

« Au milieu de ce coup de vent, un bâtiment malheureux avait entraîné *le Pluton* dans sa perte.

« M. d'Osmond, commandant de place, avec une sollicitude pour laquelle je ne saurais trop témoigner de reconnaissance, avait envoyé des chariots pour le transport des bagages, et avait fait préparer des logements, dans lesquels les hommes ont pu en arrivant se sécher et se remettre d'une rude épreuve.

« Dans ce désastre, amiral, les officiers et l'équipage du *Pluton* ont été admirables de sang-froid et de dévouement. Veuillez me permettre de les signaler à votre estime et à votre bienveillance.

« Je suis, etc. »

Voici maintenant comment s'exprimait M. Jéhenne, commandant du *Henri IV* :

« Baie d'Eupatoria, le 15 novembre 1854.

« Amiral,

» J'ai la douleur de vous annoncer que mon vaisseau est à la côte depuis hier au soir à vingt milles au sud d'Eupatoria, et que je n'ai aucun espoir de l'en retirer dans la saison où nous sommes.

« Ce triste événement est dû à la rupture successive de mes quatre chaînes pendant la tempête que nous venons d'essuyer, et qui, bien que moins violente, dure encore au moment où j'écris.

« Toutes les précautions que conseillait la prudence avaient été prises. La bouée de l'ancre de bâbord, qui était celle qui travaillait avec les vents du large, était de cent vingt brasses sur un fond de huit brasses, et je m'étais affourché N. et S. dès mon arrivée. De plus, chaque fois qu'il venait un vent frais, je laissais tomber l'ancre de veille de tribord, qui était ma meilleure. Je n'avais pas manqué de le faire hier lorsque je vis la mauvaise apparence du temps. Je fis ensuite caler les mâts de hune, amener les basses vergues sur le porte-lof et mouiller la seconde ancre de veille, ce qui m'en faisait quatre dehors, c'est-à-dire tout ce que je possédais, puisque j'en avais perdu une à Baltchick, par suite de rupture de chaîne en dérapant, et qu'une autre avait été cassée par un boulet dans le combat du 17 octobre.

« Je devais, amiral, me croire en sécurité avec quatre fortes ancres en dehors, lorsque, dans une très-forte rafale avec saute de vent, la chaîne de tribord cassa net au portage de la bitte. A onze heures, celle de bâbord, qui avait souvent filé, chaînon par chaînon, malgré les stoppeurs et les coins, et qui était arrivée à au moins cent cinquante brasses, en fit autant. Nous vînmes alors à l'appel de l'ancre de veille de tribord, dont le levier de stoppeur se brisa ; mais, la chaîne ayant fait une coque à l'écubier du puits, elle tint bon au septième maillon (126 brasses) jusqu'à cinq heures dix minutes du soir, instant où elle cassa dans un violent coup de tangage.

« Celle de bâbord, travaillant alors seule, ne résista pas une minute, et ce fut avec terreur que j'entendis la double secousse qui m'apprenait que tout espoir de résister à la tempête était perdu, et qu'il fallait se résigner à aller à la côte, comme l'avaient déjà fait, sous mes yeux, dans cette fatale journée, douze ou quinze autres bâtiments, au nombre desquels se trouvent la corvette *le Pluton*, arrivée depuis quatre jours seulement, et un vaisseau turc portant pavillon de contre-amiral, qui ont sans doute aussi cassé toutes leurs chaînes.

» Certain de n'être plus tenu par rien, je fis hisser le petit foc pour faciliter l'abatage du vaisseau sur tribord et éviter les navires mouillés à terre de moi ; puis, après les avoir parés, je fis border l'artimon afin d'aller m'échouer le moins loin possible de la ville et de pouvoir communiquer avec elle par la langue de sable qui nous sépare du lac Salé, sans être inquiété par les Cosaques qui ne manqueraient pas de venir rôder autour de nous.

« La nuit était très-obscure quand nous commençâmes à toucher. Je fis en sorte d'échouer l'avant à terre perpendiculairement à la côte ; mais d'énormes brisants, prenant le vaisseau par la hanche de bâbord, le portèrent petit à petit pendant toute la nuit, et même aujourd'hui dans la matinée, dans une direction presque parallèle au rivage, et le sable mouvant remplissant à l'arrière la souille à mesure que la carène se déplaçait, dans son agitation continue, il en est résulté, chose incroyable, que nous sommes déjaugés de quatre mètres et demi à l'arrière et de quatre mètres à l'avant, et que notre distance du rivage n'est que de soixante mètres au plus.

« La situation du *Henri IV* au moment où j'ai l'honneur de vous écrire, amiral, est celle-ci : incliné un peu sur tribord, presque parallèlement à la côte ; le cap au N.-N.-E., la sonde indiquant trois mètres trente-cinq centimètres à l'arrière, deux mètres trente centimètres à l'avant, quatre mètres par le travers à bâbord, et trois mètres vingt centimètres par le travers à tribord. Il a fait sa souille, et il n'éprouve plus les secousses qui l'ont tourmenté pendant dix-huit heures. Le vaisseau n'est pas défoncé, puisque les pompes ordinaires suffisent pour étancher l'eau de la cale, et qu'elles ne fonctionnent pas toujours.

« Le gouvernail est démonté, et je crois ses ferrures brisées, de même que celles de l'étambot.

« Le vaisseau n'a plus d'autres ancres que celles à jet. Deux des bouts de chaînes restés à bord sont engagés sous la quille. La chaloupe est à la côte : je la suppose réparable. Le grand canot, le canot-major et ma baleinière sont entièrement hors de service. Les deux canots moyens ont été aussi jetés à la côte à Eupatoria, où ils étaient occupés le 14 au matin pour l'embarquement des bœufs; mais ils peuvent être et ils seront réparés. Quant aux chalands, ils sont coulés et probablement en pièces. La mâture est intacte. J'ai fait déverguer les voiles, envoyer en bas les vergués et manœuvres courantes. Je ferai dépasser les mâts de hune dès que je le pourrai.

« J'ai pu, au moyen du youyou, établir un va-et-vient avec la terre; mais la mer est encore trop grosse pour entreprendre le sauvetage des cent dix malades que je compte à bord. Je me suis contenté de faire passer au commandant supérieur d'Eupatoria des munitions pour obusiers de montagne, en remplacement de celles qu'il avait consommées avec succès la veille sur la cavalerie russe.

« Nos batteries sont restées chargées, et j'ai eu l'occasion ce matin de faire usage de nos caronades pour faire rebrousser chemin à une cinquantaine de Cosaques qui s'avançaient au grand galop pour s'emparer des hommes de mon youyou restés à terre et qui ne pouvaient réussir à remettre à flot cette petite embarcation.

« Voilà, amiral, la situation actuelle du *Henri IV*, de ce beau vaisseau dont j'étais si fier... : elle est bien triste, et je ne parlerai pas de la douleur que j'en éprouve, vous êtes fait pour la comprendre et pour me plaindre.

« J'espère que ma santé se soutiendra assez pour me permettre d'achever jusqu'au bout les devoirs que j'ai à remplir envers l'État et envers mon équipage; quant à mon courage, il ne faillira pas.

« Je n'ai pas encore pu communiquer directement avec le commandant du *Pluton;* mais il est venu sur la plage vis-à-vis de mon vaisseau et m'a fait dire par un de ses matelots que son bâtiment était défoncé et son entrepont envahi par la mer; il l'avait évacué ce matin sans perdre un seul homme. M. Fisquet est à Eupatoria avec tout son équipage, qui a pu aussi sauver ses effets. Le rapport de cet officier supérieur vous fera connaître en détail les circonstances de son malheur, qui ne fait qu'ajouter au mien.

« J'ai signalé au *Lavoisier*, qui, lui aussi, a cassé une de ses chaînes et n'a tenu sur l'autre qu'au moyen de sa machine, de faire route pour vous faire connaître notre fâcheuse situation dès que le temps le lui permettrait.

« Je n'évacuerai pas mon vaisseau tant qu'il en restera un morceau pour me porter et y faire flotter les couleurs nationales. J'attends les secours qu'il vous sera possible de m'envoyer, amiral, afin de sauver, en fait de vivres et de matériel d'armement, tout ce que je pourrai. Ne pouvant déposer ces objets sur une terre ennemie, il me faut des bâtiments pour les recevoir et les porter aux autres vaisseaux de l'escadre.

« Mon équipage, affaibli considérablement par les détachements que j'ai fournis tant pour le siége de Sébastopol que pour la garnison d'Eupatoria, se trouve réduit à un petit nombre de matelots valides, d'où il résulte que les moindres travaux sont pour nous très-difficiles, et que ceux qui demandent beaucoup de force sont impossibles. Du reste, amiral, je suis heureux de le dire, mon équipage est admirable de zèle et de discipline ; chaque homme tâche de doubler sa force et vole à mon moindre mouvement. Quant à mes officiers, ils me secondent en tout avec cette parfaite entente du service, ce courage et ce dévouement de cœur dont je vous ai souvent entretenu dans d'autres circonstances, et qui ne pouvaient faillir dans celle-ci. Tout le monde a fait et fera son devoir jusqu'à la fin avec la plus entière abnégation ; vous pouvez y compter, amiral, et si la marine perd un de ses beaux vaisseaux, on ne peut s'en prendre qu'à la tempête qui a été plus forte que nous et nous a jetés à la côte malgré tous les moyens employés pour lui résister.

« Dans ma dernière lettre, qui n'a que quelques jours de date, il semble que je pressentais le malheur qui allait me frapper, lorsque je vous disais que « je me considérais comme « en perdition sur la rade d'Eupatoria, lorsque viendrait un « fort coup de vent du Sud-Ouest; » ma crainte n'a pas tardé à se réaliser.

« J'aurai l'honneur de vous faire connaître plus tard les noms des personnes qui se sont plus particulièrement distinguées dans notre naufrage, et d'appeler sur elles la bienveillance du gouvernement. Je me borne pour le moment à citer M. d'André, enseigne de vaisseau, et le quartier-maître de manœuvre Gournay (Joseph), qui ont fait le premier voyage à terre avec une faible embarcation que les brisants couvraient à chaque instant, pour aller établir le va-et-vient qui devait servir au salut de tous si le vaisseau s'était ouvert.

« Je suis, etc. »

Cependant le siége continuait, sans qu'il fût possible toutefois de prévoir le jour où pourrait être donné l'assaut, jour bien impatiemment attendu par les soldats que les rigueurs du froid faisaient horriblement souffrir. Les Français continuaient à travailler avec ardeur non-seulement aux tranchées, mais aussi dans le camp, où ils employaient toutes sortes de moyens ingénieux pour se mettre à l'abri de l'intempérie: ils construisaient des cabanes, se creusaient des demeures souterraines. Ce fut alors que l'empereur Napoléon envoya à chaque homme, officiers et soldats, deux bouteilles de vieille eau-de-vie et plusieurs bouteilles de vieux vin. Cela dura peu, il est vrai, mais en même temps arrivèrent des capotes à capuchon, des paletots et des guêtres en peau de mouton. Puis commencèrent à arriver des baraques toutes faites, faciles à monter et démonter, et offrant un excellent abri.

Les Anglais, malheureusement pour eux, n'avaient rien de tout cela; aussi souffraient-ils horriblement, et les maladies faisaient parmi eux de nombreuses victimes.

Les régiments de ligne français présentaient toutefois un singulier aspect dont on pourra se faire une idée par ce fragment d'une lettre écrite par un officier au rédacteur d'un journal (1):

« Si vous pouviez, dit-il, voir aujourd'hui ce beau régiment, dont vous admiriez tant à Orléans la brillante tenue, vous en lèveriez les mains au ciel, à coup sûr! Des figures hâves, des barbes incultes, des vêtements de toutes les formes et de toutes les couleurs, excepté des couleurs et des formes connues; et sur le tout de la boue d'une semaine, rafraîchie chaque jour par de la boue nouvelle : tel est notre aspect, aussi laid que nouveau. Ce matin, en revenant d'un trou boueux où nous avions passé la nuit de grand'garde, je riais en voyant derrière moi ma compagnie. Il n'y a pas de bohémiens d'un aspect plus varié. Il avait plu toute la nuit, bien entendu, et comme chaque homme s'ingénie pour se préserver de l'eau, il en résulte le plus bizarre assortiment d'effets sans nom, formé de mille débris russes, anglais et français, mais où ces derniers sont en minorité. Ce que je dis du 27ᵉ s'applique à toute l'armée. Un bariolage étrange, pittoresque, incroyable, inouï, et dont je ne saurais vous donner une idée. »

Le 28 novembre 1854, le général Canrobert écrivait au ministre de la guerre:

« Devant Sébastopol, 28 novembre 1854.

« Monsieur le maréchal,

« Le temps s'améliore, et c'est une circonstance qui est

(1) *Journal du Loiret.*

loin d'être sans intérêt pour nos opérations. Une pluie continuelle et l'état des chemins sur les plateaux où nous sommes établis avaient augmenté considérablement les difficultés des transports de vivres et de matériel. Un rayon de soleil va réparer tout cela, et nous allons reprendre nos travaux avec un redoublement d'activité.

« L'ennemi met de son côté à profit ces intermittences forcées pour augmenter ses moyens de défense, ainsi que nous pouvons le constater. Jusqu'à présent il a cherché avant tout à nous intimider, et jamais on n'a vu une pareille consommation de poudre et de boulets ; nos officiers d'artillerie calculent qu'ils ont tiré pour cet objet, depuis notre arrivée sous les murs de Sébastopol, quatre cent mille coups de canon et brûlé au moins deux cent mille kilogrammes de poudre. On peut se faire une idée, d'après cela, des approvisionnements accumulés depuis longtemps dans la place. Nous remarquons cependant que leur artillerie est plus économe de son tir, et particulièrement que celui des projectiles creux a beaucoup diminué. Le chiffre de nos tués ou blessés ne dépasse pas quinze par jour.

« L'armée du prince Menchikoff se maintient sur la défensive. Elle couvre ses positions d'ouvrages défendus par des pièces de marine, et il semble acquis que jusqu'à nouvel ordre elle a renoncé à rien entreprendre contre nous.

« Pendant ce temps, notre position s'améliore sous tous les rapports. Les renforts nous arrivent, et nos régiments de zouaves, comme tous ceux qui sont originaires d'Afrique, présentent surtout un ensemble des plus satisfaisants. Nos approvisionnements ont pris de grandes proportions, et je me trouve dès aujourd'hui en mesure de distribuer aux troupes une ration quotidienne de vin et d'eau-de-vie. C'est un point très-important, qui nous épargnera bien des maladies et sauvegardera nos effectifs.

« D'autre part, les vêtements d'hiver nous arrivent, et déjà la capote à capuchon, le paletot en peau de mouton dominent dans nos camps. Le soldat supportera noblement et courageusement l'épreuve de la mauvaise saison, se voyant ainsi l'objet de soins nouveaux pour lui et qui témoignent de tant de sollicitude pour sa situation de la part de l'empereur et de son ministre.

« Le gouvernement turc m'a promis six mille tentes coniques, qui sont fort recherchées ici parce qu'elles résistent mieux que les nôtres aux vents très-violents de ces contrées.

« Je puis vous assurer, Monsieur le maréchal, que l'armée devient d'une rare solidité, et vous ne sauriez imaginer à quel point nos jeunes gens, tout-à-coup mûris par la grandeur de la lutte, deviennent vite de vieux soldats. Vous n'auriez pas vu sans un vif sentiment de satisfaction des lignes déployées rester calmes et immobiles sous un feu de canon que lord Raglan m'a déclaré être supérieur à celui qu'il avait entendu à Waterloo.

« Je vous donne ces détails parce qu'ils ne peuvent manquer de vous intéresser vivement, de vous rassurer en même temps, enfin de vous donner la mesure de la confiance que m'inspirent mes troupes.

« Les nouvelles divisions trouveront ici des aînées qui leur donneront de bons exemples.

« Veuillez agréer, etc. »

Malheureusement, cette amélioration du temps ne devait pas être de longue durée, comme on peut le voir par cette autre dépêche, écrite à cinq jours de date de la première :

« Devant Sébastopol, 3 décembre 1854.

« La pluie tombe à torrents. Nos chemins sont défoncés, nos tranchées remplies d'eau, et toutes nos opérations, comme la plupart de nos travaux, restent suspendues. L'ennemi est immobile par les mêmes causes et par celles que j'ai antérieurement exposées.

« Malgré ces épreuves le moral de tous est excellent, et nous tenons ferme, prêts à recommencer nos opérations dès que le temps et l'état des routes le permettront. »

ABDUL-MEDJID
Empereur de Turquie

NICOLAS
Empereur de Russie

FRÉDÉRIC GUILLAUME IV
Roi de Prusse

FRANÇOIS JOSEPH
Empereur d'Autriche

Typ. J. Claye.

CHAPITRE X.

Traité du 2 décembre 1854 entre l'empereur d'Autriche, d'une part, la France et l'Angleterre, de l'autre. — Nouvelles négociations. — Ouverture du Parlement anglais. — Discours de Napoléon III à l'ouverture de la session législative. — Appréciation de ce discours par divers publicistes. — Nouveau manifeste de l'empereur Nicolas. — Rapports du général Canrobert. — Expéditions au Kamtchatka et en Laponie. — La guerre en Asie. — L'amiral Hamelin quitte le commandement de la flotte. — Combats de chaque jour. — Mort de l'empereur Nicolas.

Malgré les rigueurs de la saison, les armées alliées recevaient presque journellement de nouveaux renforts, en hommes, en chevaux, en matériel de siége. Bientôt l'Autriche, qui avait fait un premier pas en faveur des puissances occidentales, en occupant les provinces danubiennes, du consentement du sultan et contre la volonté de la Russie, l'Autriche, disons-nous, parut vouloir se rapprocher des alliés, et le 2 décembre 1854 fut conclu entre l'empereur François-Joseph, d'une part, la reine Victoria et l'empereur Napoléon III, d'autre part, un traité ainsi conçu :

« Art. 1er. Les parties contractantes s'engagent à ne pas entrer en arrangement avec la Russie, sans en avoir préalablement délibéré en commun.

« Art. 2. L'Autriche s'oblige à défendre les Principautés danubiennes contre tout retour des Russes. Les armées anglaise et française seront libres d'entrer dans les Principautés, si elles le jugent convenable.

« Art. 3. En cas de guerre entre l'Autriche et la Russie, la France et l'Angleterre promettent de signer un traité offensif et défensif avec l'Autriche.

« Art. 4. Dans ce dernier cas, aucune proposition de paix émanant de la Russie ne serait accueillie sans que les puissances alliées fussent arrivées à une entente commune.

« Art. 5. Si la paix n'est pas rétablie d'ici au 1ᵉʳ janvier 1855, les trois puissances alliées délibéreront sur les moyens les plus efficaces pour atteindre le but qu'elles se proposent en contractant leur alliance.

« Art. 6. Le présent décret sera communiqué à la Prusse, sa coopération étant désirable. »

En même temps, de nouvelles négociations s'ouvrirent à Vienne ; elles devaient avoir pour base les quatre garanties exigées par les puissances alliées et que la Russie adoptait sous réserve, et afin qu'il ne pût y avoir de malentendu, ces quatre garanties furent clairement interprétées par les représentants de la France, de l'Angleterre et de l'Autriche, dans un protocole ainsi conçu :

« Dans le but de préciser le sens que leurs gouvernements attribuent à chacun des principes contenus dans les quatre articles, et en se réservant d'ailleurs, comme ils l'ont toujours fait, la faculté de poser telles conditions particulières qui leur paraîtraient exigées en sus des quatre garanties par l'intérêt général de l'Europe pour prévenir le retour des dernières complications, les représentants de l'Autriche, de la France et de la Grande-Bretagne déclarent que :

« 1° Leurs gouvernements, en jugeant de commun accord qu'il était nécessaire d'abolir le protectorat exclusif exercé par la Russie sur la Moldavie, la Valachie et la Servie, et de placer dorénavant sous la garantie collective des cinq puissances les priviléges reconnus par les sultans à ces Principautés dépendantes de leur empire, ont entendu et entendent qu'aucune des stipulations des anciens traités de la Russie avec la Porte, concernant lesdites provinces, ne pourrait être remise en vigueur à la paix, et que les arrangements à conclure à leur sujet seraient ultérieurement combinés de façon à donner une pleine et entière satisfaction aux droits de la puissance suzeraine, à ceux des trois Principautés et aux intérêts généraux de l'Europe.

« 2° Pour donner à la liberté de la navigation du Danube tout le développement dont elle est susceptible, il serait convenable que le cours du bas Danube, à partir du point où il devient commun aux deux États riverains, fût soustrait à la juridiction territoriale existant en vertu de l'article 3 du traité d'Andrinople. En tout cas, la libre navigation du Danube ne saurait être assurée si elle n'est pas placée sous le contrôle d'une autorité syndicale investie des pouvoirs nécessaires pour détruire les obstacles existant aux embouchures de ce fleuve ou qui s'y formeraient plus tard.

« 3° La révision du traité du 13 juillet 1841 doit avoir pour objet de rattacher plus complétement l'existence de l'empire ottoman à l'équilibre européen, et de mettre fin à la prépondérance de la Russie dans la mer Noire. Quant aux arrangements à prendre à cet égard, ils dépendent trop directement des événements de la guerre pour qu'on puisse dès a présent en arrêter les bases. Il suffit d'en indiquer le principe.

« 4° La Russie, en renonçant à la prétention de couvrir d'un protectorat officiel les sujets chrétiens du sultan du rite oriental, renonce également, par voie de conséquence naturelle, à faire revivre aucun des articles de ses traités antérieurs, et notamment du traité de Koutchouk-Kaïnardji, dont l'interprétation erronée a été la cause principale de la guerre actuelle. En se prêtant leur mutuel concours pour obtenir de l'initiative du gouvernement ottoman la consécration et l'observance des priviléges religieux des diverses communautés chrétiennes, sans distinction de cultes, et en mettant ensemble à profit, dans l'intérêt desdites communautés, les généreuses intentions manifestées à leur égard par Sa Majesté le sultan, elles attacheront le plus grand soin à préserver de toute atteinte la dignité de Sa Hautesse et l'indépendance de sa couronne. »

Grâce à cette interprétation précise, on put bientôt se convaincre que la Russie, en feignant d'accepter les quatre garanties exigées, n'avait eu d'autre but que de gagner du temps et surtout de retenir l'Autriche qui paraissait alors résolue à faire entièrement cause commune avec les alliés. En effet, lorsque ce protocole fut communiqué au prince Gortchakoff, ministre plénipotentiaire de Russie, il prétendit que les interprétations qu'il contenait s'éloignaient beaucoup de celles données précédemment à ces mêmes points ; qu'il ne pouvait les recevoir qu'à titre de renseignements, et qu'il avait besoin d'un délai pour demander à sa cour de nouvelles instructions.

Évidemment, c'était là une échappatoire préméditée. Toutefois, un délai de quinze jours fut accordé à ce diplomate ; mais la France et l'Angleterre n'en continuèrent pas moins à pousser la guerre avec la plus grande vigueur. Le 12 décembre, en faisant l'ouverture de son Parlement, la reine Victoria avait fait entendre ces paroles empreintes d'une énergique résolution :

« Je vous ai convoqués, Milords et Messieurs, à cette époque insolite de l'année, afin de pouvoir, avec votre assistance, adopter des mesures qui me permissent de poursuivre, avec la plus grande vigueur et le plus grand effet, la grande guerre dans laquelle nous sommes engagés. Je sais que cette assistance sera donnée avec empressement, car je ne doute pas que vous ne partagiez ma conviction de la nécessité de n'épargner aucun effort pour augmenter mon armée actuellement engagée en Crimée. »

Le 26 du même mois, Napoléon III adressait le discours suivant aux sénateurs et aux députés réunis pour l'ouverture de la session :

« Messieurs les sénateurs, messieurs les députés,

« Depuis votre dernière réunion, de grands faits se sont accomplis. L'appel que j'ai adressé au pays pour couvrir les frais de la guerre a été si bien entendu, que le résultat a même dépassé mes espérances. Nos armes ont été victorieuses dans la Baltique comme dans la mer Noire. Deux grandes batailles ont illustré notre drapeau. Un éclatant témoignage est venu prouver l'intimité de nos rapports avec l'Angleterre. Le Parlement a voté des félicitations à nos généraux et à nos soldats. Un grand empire, rajeuni par les sentiments chevaleresques de son souverain, s'est détaché de la puissance qui depuis quarante ans menaçait l'indépendance de l'Europe. L'empereur d'Autriche a conclu un traité défensif aujourd'hui, offensif bientôt peut-être, qui unit sa cause à celle de la France et de l'Angleterre.

« Ainsi, Messieurs, plus la guerre se prolonge, plus le nombre de nos alliés augmente et plus se resserrent les liens déjà formés. Quels liens plus solides, en effet, que des noms de victoires appartenant aux deux armées et rappelant une gloire commune, que les mêmes inquiétudes et le même espoir agitant les deux pays, que les mêmes vues et les mêmes intentions animant les deux gouvernements sur tous les points du globe? Aussi, l'alliance avec l'Angleterre n'est-elle pas l'effet d'un intérêt passager et d'une politique de circonstance ; c'est l'union de deux puissantes nations assocées pour le triomphe d'une cause dans laquelle depuis plus d'un siècle se trouvent engagés leur grandeur et les intérêts de la civilisation, en même temps que la liberté de l'Europe. Joignez-vous donc à moi, en cette occasion solennelle, pour remercier ici, au nom de la France, le Parlement de sa démonstration cordiale et chaleureuse, l'armée anglaise et son digne chef de leur vaillante coopération.

« L'année prochaine, si la paix n'est pas encore rétablie, j'espère avoir les mêmes remercîments à adresser à l'Autriche et à cette Allemagne dont nous désirons l'union et la prospérité.

« Je suis heureux de payer un juste tribut d'éloges à l'armée et à la flotte, qui, par leur dévouement et leur discipline, ont, en France comme en Algérie, au Nord comme au Midi, dignement répondu à mon attente.

« L'armée d'Orient a, jusqu'à ce jour, tout souffert et tout surmonté : l'épidémie, l'incendie, la tempête, les privations, une place sans cesse ravitaillée, défendue par une artillerie formidable de terre et de mer, deux armées supérieures en nombre ; rien n'a pu affaiblir son courage ni arrêter son élan. Chacun a noblement fait son devoir, depuis le maréchal qui a semblé forcer la mort à attendre qu'il eût vaincu, jusqu'au soldat et au matelot, dont le dernier cri en expirant était un vœu pour la France, une acclamation pour l'Élu du pays. Déclarons-le donc ensemble, l'armée et la flotte ont bien mérité de la patrie.

« La guerre, il est vrai, entraîne de cruels sacrifices ; cependant, tout me commande de la pousser avec vigueur, et, dans ce but, je compte sur votre concours.

« L'armée de terre se compose aujourd'hui de cinq cent quatre-vingt-un mille soldats et de cent treize mille chevaux ; la marine a soixante-deux mille matelots embarqués. Maintenir cet effectif est indispensable. Or, pour remplir les vides occasionnés par les libérations annuelles et par la guerre, je vous demanderai, comme l'année dernière, une levée de cent quarante mille hommes. Il vous sera présenté une loi qui a pour but d'améliorer, sans augmenter les charges du trésor, la position des soldats qui se rengagent. Elle procurera l'immense avantage d'accroître dans l'armée le nombre des anciens soldats, et de permettre de dominer plus tard le poids de la conscription. Cette loi, je l'espère, aura bientôt votre approbation.

« Je vous demanderai l'autorisation de conclure un nouvel emprunt national. Sans doute, cette mesure accroîtra la dette publique ; n'oublions pas néanmoins que, par la conversion de la rente, l'intérêt de cette dette a été réduit de vingt-un millions et demi. Mes efforts ont eu pour but de mettre les dépenses au niveau des recettes, et le budget ordinaire vous sera présenté en équilibre ; les ressources de l'emprunt seules feront face aux besoins de la guerre.

« Vous verrez avec plaisir que nos revenus n'ont pas diminué. L'activité industrielle se soutient, tous les grands travaux d'utilité publique se continuent, et la Providence a bien voulu nous donner une récolte qui satisfait à nos besoins. Le gouvernement, néanmoins, ne ferme par les yeux sur le malaise occasionné par la cherté des subsistances ; il a pris toutes les mesures en son pouvoir pour prévenir ce malaise et pour le soulager ; il a créé, dans beaucoup de localités, de nouveaux éléments de travail.

« La lutte qui se poursuit, circonscrite par la modération et la justice, tout en faisant palpiter les cœurs, effraie si peu les intérêts, que bientôt, des diverses parties du globe, se réuniront ici tous les produits de la paix. Les étrangers ne pourront manquer d'être frappés du saisissant spectacle d'un pays qui, comptant sur la Providence divine, soutient avec énergie une guerre à six cents lieues de ses frontières, et qui développe avec la même ardeur ses richesses intérieures ; un pays où la guerre n'empêche pas l'agriculture et l'industrie de prospérer, les arts de fleurir, et où le génie de la nation se révèle dans tout ce qui peut faire la gloire de la France. »

Ce langage si franc, si noble, si digne de l'Élu d'une grande nation, obtint l'approbation générale, et les publicistes les plus distingués de l'Europe s'accordèrent à en faire l'éloge.

« Le langage du discours de l'empereur à l'ouverture du Corps législatif, — écrivait un de ces hommes de haute capacité, — a un caractère tout particulier de fermeté, d'énergie et de clarté. Il est impossible de s'exprimer avec plus de vigueur sur la nécessité de poursuivre la guerre, ou de parler avec plus de noblesse et de cordialité de l'alliance de la France avec l'Angleterre. Aux remercîments qu'a naguère votés le Parlement britannique à l'armée française, il a été promptement répondu par le souverain au nom duquel ces vaillantes troupes combattent maintenant côte à côte avec celles de Sa Majesté, et les puissances alliées ont dignement reconnu les exploits des deux armées. Car chacune ne montre pas moins d'empressement à rendre justice à la vaillance de l'autre qu'à la bravoure de ses propres troupes.

« Quels que soient les périls et les éventualités d'une semblable lutte, à la merci, comme l'ont été les armées alliées, de l'épidémie, du feu, des tempêtes, des rigueurs de la saison et d'un puissant ennemi, il est très certain que l'alliance politique qui a été la base et l'origine de cette grande entreprise continue de se fortifier par les obstacles qu'il lui faut combattre et surmonter, et que, selon les paroles mêmes de l'empereur, *l'alliance avec l'Angleterre n'est pas l'effet d'un intérêt passager et d'une politique de circonstance ;* c'est l'union de deux puissantes nations associées pour le triomphe des intérêts de la civilisation et de l'indépendance de l'Europe. Il en est résulté que les principes de cette alliance gagnent partout du terrain, et qu'en des termes qui autorisent à compter très fortement sur la coopération complète de l'Autriche, l'empereur annonce que cette puissance embrasse progressivement la même cause. La Prusse est passée sous silence ; mais il est fait une allusion adroite et pleine de courtoisie (1).

Un autre organe de l'opinion publique européenne s'exprimait ainsi :

« Sans doute, ce discours est belliqueux ; il fait prévoir la continuation vigoureuse de la guerre, il ne laisse pas entrevoir l'espérance d'une prochaine conclusion de la paix. Mais, cependant, son ton général nous paraît beaucoup moins prononcé dans ce sens que celui du discours de la reine d'Angleterre à l'ouverture du Parlement. Tout le monde avait remarqué l'absence du mot *paix* dans ce dernier discours ; dans celui de l'empereur des Français, on trouve ce mot, et si ce souverain évite de faire concevoir des espérances de paix, il en admet du moins la possibilité. Après avoir remercié la Grande-Bretagne de sa coopération, il ajoute : « L'an-
« née prochaine, *si la paix n'est pas encore rétablie*, j'espère
« avoir les mêmes remerciements à adresser à l'Autriche
« et à l'Allemagne. »

« La phrase que nous avons soulignée nous paraît être celle qui différentie jusqu'à un certain point le langage de l'empereur Napoléon de celui de la reine Victoria, qui avait même évité de prononcer le mot *paix* dans son discours.

« L'allocution impériale est, du reste, calme et digne. Elle dit bien ce qu'elle veut dire.

(1) Le *Times*.

« Ce discours a pourtant provoqué un très fort mouvement de baisse à la Bourse ; mais ce mouvement doit être à peu près exclusivement attribué à l'annonce officielle de l'emprunt. Seulement, c'était là un fait tellement prévu qu'on pourrait s'étonner qu'il ait exercé hier une influence si prononcée sur les cours. On disait que le projet de loi relatif à cette importante opération financière serait probablement présenté dès demain, 28, au Corps législatif.

« Quant au traité du 2 décembre, l'empereur se borne à peu près à le mentionner, en le qualifiant de traité *défensif*, pouvant devenir bientôt peut-être *offensif*. Le discours s'explique du reste avec une certaine réserve sur le concours actif de l'Autriche, réserve dont on ne peut méconnaître, dans tous les cas, la parfaite convenance (1). »

De son côté, le czar Nicolas envoyait sans cesse de nouveaux renforts en Crimée, et, sans se préoccuper autrement des négociations qu'il avait provoquées, il lançait dans le monde politique ce belliqueux manifeste :

« Par la grâce de Dieu, nous, Nicolas Ier, empereur et autocrate de toutes les Russies, etc., etc., savoir faisons :

« Les causes de la guerre qui dure encore, sont pleinement connues de notre bien-aimée Russie. Elle sait que ni vues ambitieuses, ni désir d'obtenir de nouveaux avantages auxquels nous n'avions pas droit, ne nous ont servi de mobile dans les actes et circonstances qui ont eu pour résultat inattendu la lutte actuelle. Nous avons uniquement eu en vue de sauvegarder les immunités solennellement reconnues de l'Église orthodoxe et de nos coreligionnaires d'Orient; mais quelques gouvernements, nous attribuant des intentions intéressées et secrètes qui étaient loin de notre pensée, ont entravé la solution de cette question et ont fini par former

(1) L'*Indépendance belge*.

une alliance hostile à la Russie. Après avoir proclamé qu'ils avaient pour but le salut de l'empire ottoman, ils agissent contre nous à main armée, non en Turquie, mais dans les limites de nos propres États, dirigeant leurs coups sur les points qui leur sont plus ou moins accessibles : dans la Baltique, dans la mer Blanche, dans la mer Noire, en Tauride, et jusque sur les côtes les plus lointaines de l'Océan Pacifique. Grâce au Très-Haut, ils rencontrent partout, et dans nos troupes et dans les habitants de toutes les classes, des adversaires intrépides, animés par leur amour pour nous et pour la patrie, et, à notre consolation dans ces circonstances orageuses, au milieu des calamités inséparables de la guerre, nous voyons se produire sans cesse des exemples éclatants et des preuves de ce sentiment aussi bien que du courage qu'il inspire. Telles sont les défaites plus d'une fois infligées, malgré une grande disparité de forces, aux troupes ennemies au delà du Caucase ; telle est la lutte inégale soutenue avec succès par les défenseurs des côtes de la Finlande, du couvent de Solovetzky et du port de Pétropavlosk, au Kamtchatka ; telle est surtout l'héroïque défense de Sébastopol, signalée par tant d'exploits d'un courage invincible, d'une infatigable activité, que nos ennemis eux-mêmes admirent, et auxquels ils rendent justice. Envisageant avec une humble gratitude envers Dieu les travaux, l'intrépidité, l'abnégation de nos troupes de terre et de mer, ainsi que l'élan général du dévouement qui anime toutes les classes de l'empire, nous osons y reconnaître le gage et l'augure d'un avenir plus heureux. Pénétré de notre devoir de chrétien, nous ne pouvons désirer une plus longue effusion de sang, et, certes, nous ne repousserons pas des offres et des conditions de paix, si elles sont compatibles avec la dignité de notre empire et les intérêts de nos sujets bien-aimés. Mais un autre devoir non moins sacré nous commande dans cette lutte opiniâtre de nous tenir prêt à des efforts et à des sacrifices proportionnés aux moyens d'action dirigés contre nous. Russes, nos fidèles enfants, vous êtes accoutumés, quand la Providence vous appelle à une œuvre grande et sainte, à ne rien épargner, ni votre fortune acquise par de longues années de travail, ni votre vie, ni votre sang, ni celui de vos enfants. La noble ardeur qui a enflammé vos cœurs dès l'origine de la guerre ne saurait s'éteindre dans aucune situation, et vos sentiments sont aussi ceux de votre souverain. Nous tous, monarque et sujets, nous saurons, s'il le faut, répétant les paroles de l'empereur Alexandre dans une année d'épreuves semblable à celle d'aujourd'hui, *le fer à la main, la croix dans le cœur*, faire face aux rangs de nos ennemis pour défendre les biens les plus précieux au monde : la sécurité et l'honneur de la patrie.

« Donné à Gatchina le 14e (28e) jour du mois de décembre de l'an de grâce 1854 et de notre règne le 30e.

« Signé NICOLAS. »

Malgré les cruelles épreuves qu'elle subissait en ce moment, notre brave armée semblait chaque jour animée d'une nouvelle ardeur, et son héroïsme, qui grandissait avec les souffrances et le danger, faisait l'admiration de tous partout, admiration qui se manifestait par les actes de la plus vive sympathie. Des quatre coins du globe les souscriptions affluaient en faveur de ces intrépides défenseurs de la civilisation ; tous les cœurs et toutes les mains s'ouvraient à la fois.

« Le soldat, écrivait le général Canrobert, supportera noblement l'épreuve de la mauvaise saison, se voyant l'objet de soins si nouveaux. »

Quelques jours plus tard, 22 décembre, le général en chef écrivait encore au ministre de la guerre :

« Monsieur le maréchal,

« Le mauvais temps a continué avec de rares et courtes

intermittences d'amélioration : nous n'en continuons pas moins, et autant que possible, à enlacer la place avec nos tranchées, et tous les travaux du siége se perfectionnent et se consolident, malgré la saison pluvieuse qui rend les transports très difficiles.

« Les deux armées s'aident réciproquement. Je dois à l'armée anglaise le transport de presque toute la cavalerie dont je dispose en Crimée, et, de mon côté, j'ai mis à la disposition de lord Raglan mes cacolets pour porter ses malades à Balaclava, et des attelages pour le transport de ses munitions. Ces échanges contribuent à entretenir d'excellentes relations et une cordialité parfaite entre les deux armées.

« Il ne se passe guère de nuit sans que plusieurs points de développement de nos attaques reçoivent l'effort d'une sortie, qui coûte généralement cher aux assaillants.

« Hier, à deux heures du matin, les Russes, après avoir fait une sortie sur la troisième parallèle des Anglais, qui les ont vigoureusement repoussés, ont également fait une démonstration sur le centre et la gauche de nos ouvrages. Accueillis par un feu très-vif et bien dirigé, ils se sont retirés devant nos soldats qui les poursuivaient à la baïonnette. L'ennemi a laissé bon nombre de morts sur le terrain.

« Afin de rendre plus efficace la garde des tranchées, j'ai créé un corps de volontaires qui ont la mission d'éclairer la nuit les abords de nos travaux. J'attends de bons résultats de cette institution, qui complète celle des francs-tireurs, organisés dès le commencement du siége, et qui fonctionnent pendant le jour, dans nos tranchées mêmes. Ils ont déjà fait beaucoup de mal à l'ennemi.

« Ainsi que je vous l'ai annoncé, nos travaux s'étendent actuellement jusqu'au fond de la baie de la Quarantaine. L'ennemi se montre préoccupé des efforts que nous faisons de ce côté, et son artillerie nous dispute vivement le terrain, où nous sommes, comme presque partout, obligés de creuser dans le roc; mais nos progrès n'en sont pas moins réels, et nous restons occupants.

« Je vous ai informé que l'ennemi avait refusé sa gauche et évacué les parties de la vallée de Balaclava où nous l'apercevions précédemment en grandes masses. J'ai voulu m'assurer de la situation qu'il avait prise dans cette direction, et j'ai poussé avant-hier jusque vers le village de Tchorgoun une reconnaissance composée d'une brigade de cavalerie sous les ordres du général d'Allonville. Elle a rencontré en arrière du village de Kamara quelques centaines de tirailleurs, qu'elle a rejetés dans les ravins. Des groupes de cavalerie, accompagnés de leur artillerie, et quelques bataillons d'infanterie, ont paru sur les flancs de la reconnaissance, mais n'ont point cherché à entraver son opération, qui s'est très heureusement accomplie.

« En même temps un millier de fantassins écossais et zouaves sortaient de Balaclava par la droite de nos positions, et exploraient les hauteurs qui s'étendent vers la vallée de Baïdar. Ils n'y ont rencontré qu'un poste de Cosaques.

« En somme, je pense qu'il n'y a sur la rive gauche de la Tchernaïa que des postes ennemis observant de loin nos positions. Il s'est évidemment produit dans l'armée russe un mouvement dont la cause probable est le débarquement des troupes turques qui se continue à Eupatoria. Je saurai bientôt à quoi m'en tenir à cet égard.

« Bien que le nombre des malades ait un peu augmenté par suite de l'humidité perpétuelle au milieu de laquelle nous vivons, l'état sanitaire est satisfaisant, et le moral de l'armée est parfait.

« Si les troupes ont été fortement incommodées par les pluies, il n'a pas encore fait froid; la neige, qui couvre depuis longtemps la cime des montagnes de l'intérieur, n'a pas paru sur le plateau que nous occupons, et le thermomètre n'est pas descendu une seule fois au-dessous de zéro. Ces conditions générales sont rendues meilleures par les soins qu'on prend de nos soldats, et, grâce à la sage prévoyance de l'empereur et de son gouvernement, l'armée jouit d'un bien-être relatif qui lui fait supporter gaiement les fatigues qui lui sont imposées.

« Le chiffre des malades dans nos hôpitaux militaires de Constantinople est de trois mille sept cent quatre-vingt-quatorze, dont mille trois cent quatre-vingt-sept blessés. Dans ce nombre figurent deux cent soixante-six Russes. J'ai établi en Crimée, près de la baie de Kazatch, un dépôt de convalescents, où se rétabliront les hommes sortant des ambulances de l'armée qui n'ont besoin que d'un peu de repos pour reprendre leur service. Cette mesure diminuera nos évacuations sur Constantinople.

« Le prince Napoléon, encore retenu à Constantinople par la maladie qui l'a forcé de quitter la Crimée, voulait venir nous rejoindre. J'ai dû m'opposer à ce retour, qui compromettait la santé du prince. « Agréez, etc. »

Le second semestre de 1854 avait été funeste à la Russie sur plus d'un coin du globe; presque partout dans les vastes possessions de cet envahissant empire étaient apparus les pavillons de France et d'Angleterre; ainsi, dans la mer d'Ochotsk, les alliés avaient capturé le navire russe le *Sitka*, armé de dix canons, chargé de munitions pour Pétropaulowsk, et dont la cargaison était estimée à plus d'un million. Une expédition de Laponie, dirigée par le capitaine anglais Lyons, fils de l'amiral de ce nom, fut plus heureuse encore; elle détruisit la ville de Kola, capitale de la Laponie russe; enfin, en Asie, après quelques revers dus à l'impéritie des généraux moscovites, les Turcs avaient pris une éclatante revanche à la bataille d'Indjé-Déré où les Russes avaient laissé plus de dix mille hommes sur le champ de bataille.

Malheureusement les souffrances des Anglais sous Sébastopol s'aggravaient chaque jour. Le tableau qu'en traçaient les journaux anglais était vraiment navrant, ainsi qu'on en peut juger par les extraits suivants :

« Me voilà enfin devant la cité condamnée. Je suis arrivé au camp lundi dernier (le 4), mais ce n'a pas été sans peine. Il m'a fallu corrompre, à Balaclava, quelques hommes de l'ambulance pour faire porter mon bagage. Les grosses pluies et le mouvement presque continuel des allants et venants ont fait de la route un bourbier où l'on enfonce jusqu'aux genoux. Sur les côtés, on rencontre à chaque pas de pauvres mules mortes à la peine et à demi dévorées par les chiens et les oiseaux de proie. Nous attendons le véritable hiver, la gelée et la neige, et nous les bénirons, n'eussions-nous encore pour nous en défendre qu'un toit et des murs de toile. Rien ne me ferait plus de plaisir que d'entrer à la suite de nos troupes victorieuses dans les murs de Sébastopol ; mais, s'il faut attendre le printemps, je crains bien de ne pas voir ce jour-là ! Il est impossible de se faire une idée, même affaiblie, de ce que nous avons à souffrir. Je ne veux entrer dans aucuns détails. Vous verrez B... dans quelques jours, pauvre garçon ! S... est changé ; je l'ai trouvé maigre, hagard, couvert de vermine. J'ai vu V... l'autre jour ; je le reconnais à peine ; je viens d'apprendre que, lui aussi, il est très-souffrant. Je suis arrivé juste à temps pour consoler et préparer à la mort une multitude de pauvres soldats qui ont été pris du choléra. L'excès de fatigue, l'humidité des nuits et les demi-rations les ont tués. La semaine dernière, j'ai passé plus d'une fois la journée entière au lit des mourants. On les enterre dans de grandes fosses et avec leurs uniformes, comme on les a recueillis dans les tranchées. Hier dimanche j'ai lu les prières de l'office en plein champ. Il est pour le moment impossible d'offrir le saint sacrifice ; dans un jour ou deux j'espère obtenir une tente assez élevée pour qu'il soit possible d'y établir un autel : je pourrai alors dire la messe dans ma tente. (1) »

« Il est inutile de chercher à dissimuler ce que nos troupes ont eu à souffrir ces jours derniers. Nous avons eu des hommes qui sont littéralement morts de faim. Ainsi, pendant deux jours entiers, la brigade de soldats de marine n'a pas reçu de vivres, pas un morceau de pain ou de biscuit, et les jours précédents il n'avait été distribué qu'une demi-ration. Nos soldats ne sont plus que de véritables spectres, les ombres de ce qu'ils étaient en arrivant, et au défaut de nourriture, à l'excès de fatigue, viennent s'ajouter par une conséquence naturelle, les maladies qui se propagent d'une manière alarmante. Hier, la route qui mène de notre camp à Balaclava était entièrement couverte de mules que nous avaient prêtées les Français pour transporter ceux de nos soldats qui doivent être embarqués pour Scutari, Malte ou l'Angleterre. Mille deux cent six hommes ont été ainsi conduits à Balaclava. Sur ce nombre il en est la moitié que nous ne reverrons jamais, au moins ici, et les autres ne seront pas avant trois ou quatre mois en état de reprendre leur service. Je ne veux pas dire que nous ayons souvent à expédier de pareils convois ; à Dieu ne plaise ! S'il en était ainsi, l'armée anglaise de Crimée ne serait bientôt qu'une fiction. Ces mille deux cent six malades représentent à peu près le contingent de quatorze jours, non compris ceux que les ambulances transportent journellement en grand nombre à l'hôpital général de Balaclava, ni ceux qui sont traités dans les

---

(1) Correspondance du *Times* en date du 11 décembre 1854.

hôpitaux que possèdent au camp même les divers régiments. (1) »

De son côté, lord Raglan écrivait à la date du 26 décembre au duc de Newcastle :

« Devant Sébastopol, le 26 décembre.

« Milord duc,

« Je n'ai rien de nouveau à annoncer à Votre Grâce aujourd'hui. La pluie qui tombait samedi a été remplacée dimanche par de la neige, et ce jour est peut-être le plus mauvais que j'aie vu. Le soir il a gelé, et la gelée a continué depuis ; mais elle n'est pas bien forte et elle n'a pas encore desséché la terre, qui est en très-mauvais état.

« On fait tous les efforts possibles, autant que le permet l'état des routes, pour amener les munitions et le matériel de siége ; et le général Canrobert nous donne sous ce rapport toute l'assistance désirable. La garnison entretient un feu nourri contre nos tranchées, la nuit surtout, et Votre Grâce verra avec peine, par les états que je lui envoie, que nous perdons chaque jour du monde.

« J'ai l'honneur, etc. »

D'importantes mutations sur les flottes alliées eurent lieu à cette époque ; ainsi, en même temps que le vice-amiral anglais Dundas, dont le temps de service expirait, cédait le commandement de son escadre au contre-amiral sir Edmond Lyons, le vice-amiral Bruat était appelé au commandement de l'escadre française en remplacement du vice-amiral Hamelin élevé au grade suprême d'amiral.

Devant Sébastopol les hostilités étaient incessantes : c'était d'une part la guerre souterraine que se faisaient les mineurs ; puis les sorties de nuit que faisait la garnison ; puis encore

(1) Correspondance du *Morning-Herald*, en date du 12 décembre.

la guerre d'embuscades et les exploits des *francs-tireurs*, des *enfants perdus*, tous braves soldats, choisis parmi les plus braves et les plus adroits. Ces soldats d'élite, qu'on lançait à l'aventure et auxquels on laissait, comme dit le proverbe, *la bride sur le cou*, avaient une manière de combattre qui les rendait très-redoutables à l'ennemi : à la nuit close, ils sortaient des tranchées en silence, puis ils rampaient sur le ventre, poussant leur carabine devant eux jusqu'à ce que chacun fût arrivé à un endroit propice, un pli de terrain, un tertre, une pierre, un abri quelconque derrière lequel ils pussent s'effacer quelque peu ; et une fois qu'ils étaient là, malheur aux artilleurs russes qui, aux embrasures de leurs batteries, montraient une tête, un bras, une épaule ; les balles coniques des carabines Minié n'en manquaient pas un ! Quelquefois ces *francs-tireurs*, ces *enfants perdus* s'avançaient pendant la nuit ; armé d'une pioche, chacun creusait un trou assez profond pour que l'habitant de cette retraite fût quelque peu préservé des volées de mitraille que les Russes, dans ce cas, faisaient pleuvoir comme grêle.

Malgré les incroyables difficultés qui semblaient se multiplier à chaque pas, les travaux des assiégeants ne se ralentissaient point ; on avançait toujours, lentement il est vrai, mais enfin on avançait. Les Russes, de leur côté, ne restaient pas inactifs : afin de paralyser les efforts que faisaient nos travailleurs pour approcher de la tour Malakoff que l'on savait dès lors être la clé de la ville, ils établirent, dans la nuit du 21 au 22 février 1855, sur le versant du mont Sapone, une redoute qui prit le nom de Selinghinsk, du régiment ainsi appelé et qui devait l'occuper. Telle était l'importance de cette position, que le général Canrobert résolut de l'enlever. Laissons ici parler notre brave zouave qui eut le bonheur de sortir sain et sauf de cette terrible affaire où tant de ses camarades tombèrent à ses côtés pour ne plus se relever :

« Nous étions deux bataillons de zouaves qui devions attaquer la position, un par la droite, l'autre par la gauche; le centre était occupé par de l'infanterie de marine et d'ouvriers pourvus de tous les instruments nécessaires pour détruire l'ouvrage de l'ennemi. Vers deux heures du matin, nous nous mettons en marche sous le commandement du général Monet, un brave déterminé qui nous aurait conduits en enfer s'il en avait eu la fantaisie.

« On marche le plus silencieusement possible; nous approchons de la redoute et nous redoublons de précautions pour ne pas être entendus; mais, si les Russes ont parfois l'oreille dure, ils ont de bons yeux, et, malgré l'obscurité de la nuit, ils aperçoivent nos baïonnettes, alors que nous ne sommes plus qu'à quelques pas d'eux. Aussitôt un long éclair brille au milieu des ténèbres et une fusillade infernale renverse le tiers de nos hommes. Le général reçoit pour sa part trois balles qui lui mutilent les deux mains et le bras gauche; mais il n'est pas homme à s'arrêter pour si peu, et, sur son commandement, nos deux bataillons s'élancent à l'assaut sans tirer un coup de fusil; en un clin d'œil les épaulements sont franchis : alors nos baïonnettes commencent à prendre part à la fête, et pendant que nous renversons tout ce qui se trouve devant nous, nos travailleurs enclouent les canons, bouleversent et détruisent tout. *La salle de bal* nous avait coûté cher; mais enfin elle était à nous, et si l'infanterie de marine était arrivée en ce moment, tout était fini. Par malheur, ces braves camarades s'étaient égarés dans des chemins épouvantables, au milieu d'une nuit noire *comme la peau du diable.*

« Toutefois cette obscurité ne dura pas longtemps : des pots à feu et des fusées lancées de la place vinrent jeter sur le champ de bataille une subite et brillante lumière, ce qui permit aux vaisseaux russes embossés dans la rade de nous saluer de leurs bordées : bombes, obus, boulets, mitraille nous arrivaient comme un déluge de fer. En même temps les cloches de la ville se mettaient en branle, et nous entendions distinctement battre la générale dans les rues. L'infanterie de marine ne paraissant pas, le général fit sonner la retraite. On ramasse les blessés ; nous serrons les rangs ; nous voilà en marche. A mesure que nous nous éloignions, les fusées et les pots à feu de l'ennemi nous éclairaient moins ; bientôt leur lumière n'arriva plus jusqu'à nous. C'est alors que nous crûmes voir s'avancer dans les ténèbres une masse noire, en même temps qu'un bruit de pas se fit entendre. On se dit : « voilà l'infanterie de marine qui arrive ; tant pis pour elle : *le bal est fini ; les violons ne jouent plus.* »

« Sur ce point nous étions complétement dans l'erreur : le bal allait se continuer de plus belle. En effet, ce que nous prenions pour un bataillon français était tout simplement le régiment russe Selinghinsk au grand complet qui nous barrait le passage. Il n'y avait pas à choisir le chemin, il fallait percer cette muraille vivante et brusquer les choses sous peine d'être écrasés par la fusillade. L'ordre est donné ; on s'élance au pas gymnastique, et, à force de trouer des capotes grises, on fait brèche et l'on passe ; mais alors nos deux bataillons n'en faisaient plus qu'un. Nous avions peu de blessés ; presque tous ceux qui manquaient à l'appel s'étaient fait tuer, et leurs cadavres criblés de coups étaient méconnaissables (1). »

Les premiers jours de l'année 1855 avaient été marqués par un événement politique important : le 10 janvier, la Sardaigne avait adhéré au traité d'alliance conclu le 10 avril précédent entre la France, l'Angleterre et la Turquie, et bientôt quinze mille Sardes, sous le commandement du général Alphonse de La Marmora, se préparèrent à se rendre en Crimée (2).

(1) Manuscrit d'un zouave.
(2) En 1848, l'empereur Nicolas fit revenir en Russie le ministre qui le

Un autre grand événement devait bientôt se produire : la mort de l'empereur Nicolas. Nous ne ferons ici que l'histoire succincte de ses derniers jours (1).

Le czar avait été atteint de la grippe dans les derniers jours de janvier 1855. Le mal sévit presque sans relâche jusqu'au 9 février. Ce jour-là l'empereur, se trouvant un peu mieux, voulut passer la revue des troupes qui allaient entrer en campagne. Dès lors, la maladie fit des progrès rapides ; des symptômes de goutte parurent et le poumon droit fut entrepris.

A deux heures après minuit, le médecin que l'empereur honorait de sa confiance particulière, avait perdu tout espoir de prolonger la vie du malade.

Animé et terrifié en même temps par le sentiment du grand, de l'austère devoir qu'il avait à remplir et que venait de lui rappeler un billet tracé à la hâte par un des proches de l'empereur, il se résolut à déclarer la vérité à l'auguste mourant. Par quels mots engager l'entretien? comment prononcer la parole fatale? Il connaissait la fermeté de l'empereur, mais il savait aussi que l'empereur ne se croyait pas en danger, ne soupçonnait pas que la mort fût si proche, quoiqu'il y fût préparé comme chrétien. Le docteur désirait que l'idée de recevoir les derniers sacrements vînt à l'em-

---

représentait à Turin et congédia le ministre qui représentait le roi Charles-Albert à Saint-Pétersbourg; en 1849, il refusa de recevoir la lettre par laquelle le roi Victor-Emmanuel lui notifiait son avènement au trône : ce refus constituait une injure grave dont l'histoire diplomatique n'offre point un autre exemple, et qui, jusqu'à ce jour, est restée sans réparation.

Cette conduite inusitée autant qu'injurieuse avait été inspirée à l'empereur Nicolas par le désir de blâmer les institutions constitutionnelles données spontanément par le roi Charles-Albert à son peuple, et qui se fortifient et se développent tous les jours sous l'autorité du roi Victor-Emmanuel. *(Journal des Débats.)*

(1) Voir à la fin de cet ouvrage la partie biographique.

pereur de lui-même. Il commença à parler de sa rencontre avec l'aumônier de Sa Majesté, « une bonne et ancienne connaissance. »

— Oui, dit l'empereur, c'est un bien digne et bien brave homme ; quand l'avez-vous connu ?

— Dans des circonstances bien tristes, répondit le docteur, lors de la dernière maladie de madame la grande-duchesse Alexandra Nicolaïevna. Nous nous le rappelions hier, avec Sa Majesté l'impératrice ; combien elle désirerait que vous lui permissiez de venir prier avec lui, à votre chevet, afin que Dieu vous rende la santé au plus vite.

En ce moment l'empereur comprit tout. Il tourna vers le médecin un regard ferme et interrogateur, et de sa voix ordinaire :

— Dites-moi donc ? qu'y a-t-il ? Est-ce que je meurs ? demanda-t-il au docteur ; — et, à ces derniers mots, son accent s'éleva.

Longtemps le médecin fut incapable de répondre. Enfin, la mort dans l'âme, suffoquant des sanglots qu'il essayait de comprimer, il prononça le mot fatal.

La tranquillité resta empreinte sur le visage de l'empereur, son âme garda tout son calme. Le médecin lui tenait la main : pas un muscle ne tressaillit, le pouls n'eut pas une pulsation de plus qu'à l'ordinaire. Pour la première fois, depuis qu'il était malade, cette idée d'une mort prompte, inévitable, lui apparaissait, et dans son regard clair et limpide, on ne lisait que la résolution d'une âme qui s'affranchissait du fardeau des chagrins, des soucis, des vanités humaines. — Aucun effort, aucune lutte pour se rattacher à la vie. L'empereur, silencieux pendant quelques minutes, éleva son regard vers le ciel, puis, tranquillement et de sa voix ordinaire, il adressa encore quelques demandes au docteur.

— Qu'avez-vous observé en moi, avec votre stéthoscope (1)? des cavernes?

— Non, dit le médecin, mais un commencement de paralysie du poumon.

— Et vous avez eu le courage de prononcer ainsi ma sentence, mon arrêt de mort définitif?

— Sire, plus d'un motif m'a imposé cette résolution extrême : le premier et le principal est d'accomplir la promesse que j'ai faite à Votre Majesté il y a un an et demi. Vous m'avez dit : « J'exige que vous me disiez *toute la vérité, et à temps, quand le besoin s'en fera sentir.* » Malheureusement, ce besoin se manifeste en cet instant. De plus, sire, je remplis un devoir sacré envers un monarque et un père de famille. Vous avez quelques heures à vivre, vous êtes en pleine possession de vos facultés, vous savez qu'il n'y a plus d'espérance, et assurément, vous voudrez profiter de ce temps qui vous reste, pour avoir un dernier entretien avec l'héritier de votre trône. Enfin, je vous ai dit toute la vérité parce que *je vous connais* et parce que je vous aime. L'empereur écoutait avec une attention calme, et, voyant que le docteur ne pouvait retenir ses larmes, il lui dit :

— Je vous remercie. Quand me donnerez-vous ma retraite? Tout sera-t-il bientôt fini?

— Pas encore, répondit le docteur.

— Ne perdrai-je pas la connaissance?

— J'espère, sire, que tout se passera tranquillement.

L'empereur pensait toujours avec un sentiment pénible à la perte des facultés de l'intelligence.

Aux derniers embrassements, il disait encore à son successeur au trône :

---

(1) Le stéthoscope est une sorte de cornet acoustique qu'on applique sur la poitrine d'un malade pour en reconnaître l'état, les altérations.

(*Note de l'Éditeur.*)

— J'aurais désiré, en prenant pour moi tout ce qu'il y a de difficile et de pénible, te laisser un empire paisible, heureux et florissant. La Providence en a disposé autrement. Maintenant, je vais prier pour la Russie et pour vous, qui êtes, après elle, ce que j'ai aimé par dessus tout en ce monde.

Peu d'heures avant la mort du czar arriva un courrier de Crimée avec des nouvelles des grands-ducs Nicolas et Michel Nicolaïevitch.

— Sont-ils en bonne santé ? demanda l'Empereur ; le reste ne me regarde plus, j'appartiens tout entier à Dieu.

Ensuite il fit appeler l'aide de camp général comte Orloff et les ministres de la cour et de la guerre. Il les remercia pour leurs bons services et confia à son héritier le soin de remercier en son nom les autres ministres, la garde, l'armée, la flotte, et en particulier les héroïques défenseurs de Sébastopol.

Après quelques scènes de famille, l'Empereur Nicolas Ier rendit le dernier soupir le 18 février (2 mars) 1855, à midi vingt minutes, laissant pour successeur au trône de Russie son fils aîné, qui prit le nom d'Alexandre II (1).

L'empereur Nicolas avait depuis longtemps fait son testament, et il y avait ajouté successivement plusieurs chapitres. En voici les principales dispositions :

« Je remercie ma loyale et glorieuse garde, qui sauva la Russie en 1825, ainsi que mes braves et fidèles armées, mes braves et fidèles flottes. Je prie le Seigneur de leur inspirer toujours le même esprit de bravoure et de fidélité qui les distingue ; avec cela la tranquillité du pays est assurée et malheur à nos ennemis ! J'ai aimé mes soldats comme mes enfants ; je me suis toujours appliqué à améliorer leur sort ; si je n'ai pas pu y parvenir tout à fait, ce n'est pas la faute de

(1) Cette mort prématurée, que rien jusque-là n'avait pu faire prévoir, car le czar était doué d'une puissante organisation physique et d'une santé de fer, fut un coup de foudre pour les partisans de la Russie, et vint surprendre l'Europe et le monde entier.   (*Note de l'Éditeur.*)

ma volonté : c'est que je ne savais pas ou ne pouvais pas mieux faire.

« ...J'étais homme et sujet à toutes les faiblesses humaines ; je m'efforçais à me corriger en ce que j'avais reconnu de mauvais en moi. J'y ai réussi pour telle chose et non pour telle autre. Je les prie de tout mon cœur de me pardonner.

« Je meurs le cœur rempli de reconnaissance pour tout le bien qu'il a plu à Dieu de m'accorder dans cette vie passagère ;

« ..Je regrette de n'avoir pas accompli tout le bien que j'ai si ardemment désiré. Mon fils me remplacera. Je prierai le Seigneur qu'il lui donne sa bénédiction et le guide dans cette voie pénible, et qu'il l'aide à affermir la Russie sur le terrain solide de la crainte divine, en lui laissant achever sa formation intérieure et en la préservant de tout péril extérieur. *C'est en vous, Seigneur, que nous nous reposons afin de ne pas tourner en confusion* (1). »

Certes, il y avait de la noblesse et une grande élévation de sentiments dans le cœur de ce souverain ; on ne saurait nier qu'il se montra digne du trône et de l'immense place qu'il occupait dans le monde ; mais, ainsi qu'il l'a dit lui-même, *il était homme, sujet à toutes les passions des hommes*, et l'ambition est une de celles qu'il ne sut pas vaincre.

(1) La grande place que le czar Nicolas occupe dans l'histoire, comme provocateur de cette guerre que les puissances occidentales soutiennent avec tant de succès contre la Russie, nous a engagé à reproduire ici quelques passages les plus remarquables sur ses derniers moments, extraits d'une brochure publiée à Vienne sous la direction du prince de M........ Tous les détails contenus dans cet écrit sur la mort extraordinaire de l'empereur Nicolas, sont d'une parfaite exactitude.

(*Note de l'Editeur.*)

CHAPITRE XI.

Manifeste du czar Alexandre II. — Sortie du 22 mars. — Ordre du jour du général Canrobert. — Combats des 1ᵉʳ et 2 mai. — Démission du général Canrobert. — Le général Pélissier lui succède. — Combats des 22 au 24 mai. — Expédition de la Tchernaïa. — Rapport du général de La Marmora. — Expédition de la mer d'Azof. — Ordre du jour du général Pélissier. — Prise du mamelon Vert.

On crut d'abord, dans le monde politique, que la mort de l'empereur Nicolas pourrait aplanir beaucoup de difficultés. Son successeur, Alexandre II, était, disait-on, d'humeur peu belliqueuse, et il ne manquerait pas de faire entendre des paroles de paix et de faciliter un arrangement que désiraient ardemment toutes les puissances européennes. L'illusion fut de courte durée; le nouveau czar la fit cesser en publiant, le 3 mars :

« Par la grâce de Dieu, nous, Alexandre II, etc.

« Dans ses voies impénétrables, il a plu à Dieu de nous frapper tous d'un coup aussi terrible qu'inattendu. A la suite d'une courte mais grave maladie, qui dans les derniers jours s'était développée avec une rapidité inouïe, notre bien-aimé père l'empereur Nicolas Pawlovitsch est décédé aujourd'hui 18 février (2 mars). Nulle parole ne saurait exprimer notre douleur, qui sera aussi la douleur de tous nos fidèles sujets.

« Nous soumettant avec résignation aux vues impénétrables de la Providence divine, nous ne cherchons de consolations qu'en elle et n'attendons que d'elle seule les forces nécessaires pour soutenir le fardeau qu'il lui a plu de nous imposer. De même que le père bien-aimé que nous pleurons consacra tous ses efforts, tous les instants de sa vie aux travaux et aux soins réclamés par le bien de ses sujets, nous aussi, à cette heure douloureuse, mais si grave et si solennelle, en montant sur notre trône héréditaire de l'empire de Russie, ainsi que du royaume de Pologne et du grand-duché de Finlande, qui en sont inséparables, nous prenons à la face du Dieu invisible, toujours présent à nos côtés, l'engagement sacré de n'avoir jamais d'autre but que la prospérité de notre patrie. Fasse la Providence, qui nous a appelé à cette haute mission, que, guidé et protégé par elle, nous puissions affermir la Russie dans le plus haut degré de puissance et de gloire, que par nous s'accomplissent les vues et les désirs de nos illustres prédécesseurs Pierre, Catherine, Alexandre le Bien-Aimé et notre auguste père d'impérissable mémoire !

« Par leur zèle éprouvé, par leurs prières unies avec ardeur aux nôtres devant les autels du Très-Haut, nos chers sujets nous viendront en aide. Nous les invitons à le faire, leur ordonnant en même temps de nous prêter serment de fidélité, ainsi qu'à notre héritier, Son Altesse Impériale le césarévitch grand-duc Nicolas Alexandrevitsch.

« Donné à Saint-Pétersbourg, le dix-huitième jour du mois de février de l'an de grâce 1855, et de notre règne le premier.

« ALEXANDRE. »

Quatre jours plus tard, le nouveau czar, recevant le corps diplomatique, faisait entendre ces paroles significatives :

« Je suis persuadé, Messieurs, de la part sincère que

toutes vos cours ont prise au malheur qui vient de nous frapper. J'en ai déjà reçu des témoignages de tous les côtés, qui m'ont très-vivement touché, et j'ai dit hier aux ministres de Prusse et d'Autriche combien j'y étais sensible. Je déclare ici solennellement devant vous, Messieurs, que je reste fidèle à tous les sentiments de mon père, et que je persévérerai dans la ligne des principes politiques qui ont servi de règle à mon oncle l'empereur Alexandre et à mon père. »

Le saint-synode de l'Église orthodoxe russe, appelant le fanatisme à son aide, renchérit encore sur ces belliqueuses paroles en appelant aux armes toute la population :

« Russes orthodoxes ! — était-il dit dans cette mystique proclamation, — l'Église est menacée de sacrilége de la part de l'ennemi. Tant qu'il vous restera un souffle de vie, vous ne laisserez pas insulter la mère de vos âmes, garante de votre salut, gardienne de votre religion, cette religion qui seule peut sauver, et sans laquelle nul ne verra le royaume divin ! Vos ancêtres, commandés par le prince Dmitry Donskoï, de glorieuse mémoire, ont arrosé de leur sang la terre russe, arrachée au joug étranger ; sous les ordres de Mininn de Pojarski, ils ont sauvé notre sainte religion et notre trône légitime ; vos pères, conduits par Alexandre le Bien-Aimé, ont défendu la patrie contre des forces étrangères innombrables ! Aujourd'hui qu'un fait semblable se présente à vous, vous ne manquerez pas de vous montrer dignes de vos ancêtres et de vos frères.

« C'est en vous, hommes de la noblesse, c'est dans l'épanchement sublime de vos sentiments devant le monarque, c'est dans vos vœux solennels d'apporter en sacrifice à Dieu, au czar et à la patrie tous vos biens et votre vie même, que nous voyons avec joie la perpétuité de l'esprit de la vieille noblesse russe orthodoxe. Que la bénédiction du Très-Haut vous permette d'accomplir votre devoir, et que vos nouveaux exploits à la tête de la Russie armée témoignent à la face des peuples que l'esprit de Pojarski est votre qualité héréditaire!

C'est en vous, classe citoyenne, dévouée de temps immémorial à la religion et au czar, et toujours prête aux sacrifices pour le bien de la patrie, que réside l'esprit de Mininn, esprit de force et de zèle, selon la loi de nos pères dans la sainte cause de Dieu.

« Habitants des campagnes et des hameaux, qui vous armez pour la défense de l'Église, du trône et du sol natal, opposez aux légions impies votre puissante poitrine russe, dans laquelle bat un cœur dévoué à la foi de vos ancêtres et à l'autocrate orthodoxe.

« Mais, en vous préparant au combat, mettez avant tout votre confiance en Dieu, qui donne une force invincible à ceux qui exécutent sa volonté, et souvenez-vous que ce qui épouvante le plus nos ennemis, c'est votre sainte religion, c'est votre conscience pure, c'est votre obéissance à l'autorité suprême comme à Dieu lui-même, à vos maîtres et à vos chefs comme à vos pères. C'est dans l'obéissance, qui est agréable à Dieu, que réside toute la force de l'empire russe.

« Pères et mères, vous avez sous les yeux un exemple sublime dans l'auguste famille impériale. Les grands-ducs, bénis par leurs augustes parents, s'empressèrent de se rendre sur le champ de bataille pour votre défense personnelle, pour la défense de votre religion et de vos familles.

« Est-ce à vous, maintenant, à hésiter d'envoyer vos enfants sur la demande du czar? Menez-les-y vous-mêmes. Dites-leur : Enfants ! mettez-vous là pour la défense de notre mère commune, l'Eglise divine, et de notre mère nourricière, la terre russe; vos parents d'ici-bas vous bénissent, et l'Église priera pour vous. Notre Père céleste lui-même vous donnera une force surnaturelle pour accomplir votre sainte mission. »

Le 8 mars, la garnison de Sébastopol apprit la mort de l'empereur Nicolas; en même temps le général Menchikoff était remplacé dans son commandement en chef de l'armée de Crimée par le prince Gortchakoff II, qui, en prenant ce commandement, annonçait dans un ordre du jour *qu'un succès définitif couronnerait bientôt ses efforts.*

En attendant la réalisation de ces promesses, les travaux des assiégeants étaient poussés avec la plus grande activité et les alliés continuaient à battre les Russes dans toutes les rencontres. Un des plus remarquables de ces combats presque incessants qui se livraient presque toujours au milieu des ténèbres, fut celui de la nuit du 22 au 23 mars, rapporté ainsi par le général Canrobert au ministre de la guerre :

« Monsieur le maréchal,

« Nous avons eu cette nuit un combat très-vivement disputé et très-glorieux pour nos troupes à nos attaques de droite devant la tour Malakoff. L'ennemi a tenté de ce côté, vers onze heures du soir, une sortie générale à laquelle il ne paraît pas encore avoir fait concourir moins de quinze bataillons, lesquels, au dire des prisonniers russes, seraient au complet de mille hommes. Ces troupes, divisées en deux colonnes, ont attaqué en masse et avec des hurlements sauvages, la tête du cheminement que nous avons entrepris en avant de notre parallèle pour atteindre les embuscades précédemment occupées par l'ennemi, embuscades que notre intention est de relier solidement entre elles pour en faire une place d'armes.

« Trois fois repoussés et trois fois ramenés par les excitations de leurs officiers, les Russes ont dû renoncer à occuper ce point, défendu par des compagnies du 3e de zouaves, aux ordres du chef de bataillon Banon. Il y a eu là un combat opiniâtre qui nous a coûté cher, mais qui a causé à l'ennemi des pertes bien plus considérables et en rapport avec les masses qu'il présentait. Le colonel de tranchée Janin, du 1ᵉʳ de zouaves, dirigeait les efforts sur ce point et luttait personnellement avec une rare énergie. Il était couvert du sang de deux blessures reçues à la tête, mais qui sont heureusement sans gravité.

« Les efforts de l'ennemi, qui n'a pu que bouleverser la gabionnade encore vide que nous avions sur ce point, restés impuissants, se sont portés sur la gauche de notre parallèle, vers le ravin de Karabelnaïa, où il a été chaudement reçu par la fusillade et où il n'a pu pénétrer. Puis il s'est tout à coup jeté sur la droite de la parallèle anglaise, a pu franchir les ouvrages, et s'est trouvé en arrière de notre gauche, qui a été un instant en prise à un feu de revers meurtrier. Le général d'Autemarre, de tranchée, a pris les dispositions nécessaires avec sa vigueur et son calme accoutumés. Le 4ᵉ bataillon de chasseurs à pied, venant à l'appui, a été lancé dans le ravin et s'est vaillamment jeté sur l'ennemi, qui, lui-même à découvert, avait fait des pertes considérables et a été repoussé pour ne plus revenir.

« Plus à gauche, les Anglais, qui n'avaient pu réunir encore que des forces bien inférieures à celles des assaillants, ont abordé l'ennemi avec leur vaillance habituelle, et, après une lutte très-vive, l'ont forcé à la retraite. Plus à gauche encore, les Anglais avaient été attaqués par une sortie qui semblait une diversion et dont ils ont eu raison en peu de temps.

« En résumé, cette opération de l'assiégé différait complétement de toutes celles qu'il a tentées jusqu'à ce jour contre nos travaux. Pour la réaliser, et malgré le chiffre déjà grand de la garnison, il avait fait venir du dehors deux régiments (huit bataillons) de troupes reposées (régiments de Dniéper et d'Ouglitch). C'était une sorte d'assaut général contre nos cheminements, et la combinaison paraissait la mieux conçue

LE GÉNÉRAL OSTEN-SACKEN
Général en chef de l'armée russe en Crimée

LE PRINCE GORTCHAKOFF
Défenseur de Sébastopol au moment de l'entrée des alliés

LORD RAGLAN
Général en chef de l'armée anglaise en Crimée

SCHAMIL
Iman des Tchetchens
(Circassie)

Typ. J. Claye

pour obtenir un résultat considérable. Aussi, l'importance de cet insuccès de l'assiégé doit-elle être mesurée sur la grandeur du but qu'il avait en vue. Les prisonniers que nous avons faits disent que ses pertes ont été énormes, et nous pensons en effet que ce combat désordonné, comme tous les combats de nuit, et où le feu a duré plusieurs heures, a dû lui coûter, eu égard aux masses qu'il montrait, mille à douze cents hommes au moins hors de combat. Le terrain en avant de nos parallèles est semé de morts, et le général Osten-Sacken vient de nous demander une suspension d'armes, qui a été accordée et fixée à demain, pour que les derniers devoirs puissent leur être rendus.

« Nos pertes à nous-mêmes, sur lesquelles le général Bosquet n'a pu m'envoyer encore que des évaluations approximatives, sont fort sensibles et ne doivent pas être au-dessous de trois cents à trois cent vingt hommes tués ou blessés. Nous avons particulièrement à regretter la mort du chef de bataillon du génie Dumas, officier supérieur plein de mérite et d'avenir, et qui a glorieusement succombé. Il a été tué à coups de baïonnette après avoir été déjà blessé en tête des travaux d'attaque. Vous le connaissiez et l'estimiez, Monsieur le maréchal ; vos regrets égaleront les nôtres. Il en est de même du chef de bataillon Banon, du 3e de zouaves, qui a disparu et qu'on suppose avoir été tué. Je vous adresserai ultérieurement l'exposé détaillé de nos pertes.

« Agréez, etc., etc. »

Tandis que nos braves soldats marquaient ainsi presque chaque jour par quelque éclatant fait d'armes, d'autres événements non moins importants s'accomplissaient : ainsi les conférences diplomatiques de Vienne, provoquées par la Russie en vue de gagner du temps, avaient été rompues ; le contingent sarde, fort de quinze mille hommes, était arrivé en Crimée, où s'était également rendu Omer-Pacha à la tête d'un renfort de trente mille Ottomans, et une escadrille anglo-française était envoyée dans la mer d'Azof.

Toujours battus, les Russes ne se décourageaient pas, et ils paraissaient, malgré leurs revers, non moins infatigables que nos soldats. Ainsi, malgré le feu qui, de part et d'autre, ne cessait presque pas sous les murs de Sébastopol, ils étaient parvenus à établir entre le bastion Central et le bastion du Mât, un ouvrage de contre-approche, à l'abri duquel ils faisaient, sur nos travailleurs, un feu de mousqueterie très-meurtrier.

« Cet ouvrage, dit le général Canrobert, avait des proportions considérables. Il se composait de deux lignes brisées, séparées par un intervalle de quarante mètres, et dont les extrémités s'appuyaient à des obstacles naturels du terrain ; il était en communication avec la lunette du bastion Central par une tranchée profonde, et déjà il avait reçu un armement particulier de neuf mortiers à bras, dont le tir incommodait sérieusement nos travaux. Cette position avancée était pour l'ennemi d'une très-grande importance ; de là il aurait peut-être ruiné, par son artillerie, l'une de nos batteries récemment achevées, ainsi que les travaux qui l'entourent, et il aurait battu d'enfilade nos attaques sur le bastion du Mât.

« Nous devions donc empêcher les Russes de s'établir définitivement dans cette place d'armes, et l'attaque en fut résolue dès que les travaux eurent pris assez de relief pour nous couvrir des feux de la place, du moins en partie.

« D'après mes ordres, le général Pélissier prépara les dispositions générales de l'attaque, dont l'exécution fut confiée au général de division de Salles, secondé par les généraux Bazaine, de la Motterouge, Rivet, et le major de tranchée, lieutenant-colonel Raoult.

« Le 1er mai, à dix heures du soir, et au moment où la lune, éclairant très-vivement, permettait d'opérer avec ordre, les troupes, disposées en trois colonnes, quittaient nos parallèles. La colonne de gauche, composée de six compagnies de la légion étrangère (1ᵉʳ régiment, colonel Viénot), de huit compagnies du 43ᵉ, commandant Becquet de Sonnay, et de dix compagnies du 79ᵉ de ligne, colonel Grenier, avait mission de tourner par sa droite l'ouvrage, qui était défendu par plusieurs bataillons. Conduites avec beaucoup d'habileté et de vigueur par le général Bazaine, ces troupes abordèrent l'ennemi avec un irrésistible élan. Le colonel Viénot enleva la légion étrangère avec une remarquable énergie. Une balle a privé l'empereur de ce brave officier, qui a péri l'épée à la main en avant de ses soldats.

« La colonne du centre, aux ordres du général de la Motterouge, dont le nom a déjà figuré si honorablement dans les opérations du siége, se composait de deux bataillons du 46ᵉ de ligne, commandés par le colonel Gault. L'un de ces bataillons, dirigé par le colonel lui-même, se porta sans tirer un coup de fusil, sur l'ouvrage qu'il abordait de front, et se précipita résolument à la baïonnette sur l'ennemi. L'autre bataillon, le suivant de près, franchit immédiatement la première enceinte, et enfin le régiment tout entier se porta sur la seconde, qu'il enleva également avec une vaillance dont son colonel donnait le premier l'exemple.

« Le 98ᵉ de ligne, marchant à l'appui du 46ᵉ, se lança à son tour sur l'ennemi et fit de brillantes preuves sous les ordres du colonel de Brégeot.

« Enfin, la colonne de droite, formée d'une compagnie du 9ᵉ bataillon de chasseurs à pied, capitaine de Villermain, officier d'une grande bravoure, et de deux compagnies du 42ᵉ, capitaine Ragon, enleva l'ouvrage par sa gauche.

« L'ennemi, chassé de partout et poursuivi à la baïonnette, abandonna l'ouvrage et se retira en désordre dans la place, semant de cadavres le terrain qu'il parcourait et laissant entre nos mains des prisonniers et des armes. Ses pertes ont été considérables. Nous avons pris les neuf mortiers portatifs trouvés en batterie.

« Dès que l'ouvrage fut occupé, l'œuvre du génie commença pour retourner les parapets, dérober la position aux vues de la place, et enfin la relier par une communication avec la parallèle en arrière. Ces travaux furent exécutés ainsi qu'il avait été convenu d'avance, mais sous un feu d'artillerie comme aucune place n'en a certainement jamais fourni. Les officiers du génie, et surtout le lieutenant-colonel Guérin, qui les dirigeait, ont montré un calme, une énergie et une habileté qui ont été admirés de tous. Ils ont été secondés avec le plus grand dévouement par les sous-officiers, les sapeurs et les travailleurs de divers corps, parmi lesquels ceux du 14e régiment d'infanterie m'ont été signalés.

« A peine les Russes étaient-ils rentrés dans la place, qu'une violente canonnade partait, comme je vous l'ai dit, de tous les points de la fortification. Les travailleurs à l'œuvre, les troupes, les tranchées en arrière, furent couverts de projectiles de toute sorte ; mais notre artillerie, dirigée très-habilement par le général Lebeuf, ouvrit le feu de celles des batteries qui avaient des vues sur les attaques. Le travail put ainsi continuer jusqu'au jour, et la possession de l'ouvrage fut définitivement acquise.

« Le lendemain, 2 mai, à deux heures de l'après-midi, une colonne russe d'environ trois mille hommes fit brusquement une sortie sur l'ouvrage que nous venions de conquérir, et dont les défenses étaient encore imparfaites. Il était alors gardé par deux compagnies d'élite du 2e régiment de la légion étrangère, par une compagnie d'élite du 43e, par un faible bataillon du 46e et un bataillon plus faible encore du 98e ; ces deux bataillons, restés de service de jour, avaient fait des pertes sensibles pendant le combat de la nuit précédente. Les assaillants commencèrent un feu de mousqueterie très-vif, et les plus hardis, escaladant le parapet, se jetèrent dans l'ouvrage, où ils furent tués ou faits prisonniers.

« Pendant que la légion étrangère, le 98ᵉ et le 46ᵉ, énergiquement conduits par le lieutenant-colonel Martineau-Deschenetz, repoussaient l'ennemi, deux compagnies du 1ᵉʳ régiment de voltigeurs de la garde impériale, en réserve dans la deuxième parallèle, en franchirent résolument le parapet, entraînés par leur chef, le capitaine Genty, et se jetèrent à travers champ sur l'ennemi, menaçant son flanc droit.

« Une compagnie du 10ᵉ bataillon de chasseurs à pied et deux compagnies du 80ᵉ d'infanterie de ligne, aux ordres du chef de bataillon de Courson, se joignirent à ce mouvement plein d'initiative et qui a très-dignement marqué parmi nous le début de la garde impériale. Un bataillon du 43ᵉ de ligne, commandant Jeanningros, arrêta une autre colonne russe qui tentait de descendre du bastion du Mât.

« L'artillerie de la place ne cessa pas de protéger par un feu très-vif les efforts des assaillants; mais celui de nos batteries s'ouvrit à son tour, et, après une lutte persistante, domina le feu de l'ennemi. Enfin, après plusieurs tentatives d'assaut restées impuissantes, les Russes se décidèrent à la retraite, abandonnant sur le terrain un grand nombre de morts.

« Cette brillante affaire a consacré notre établissement dans l'ouvrage conquis. Nos pertes des vingt-quatre heures s'élèvent à onze officiers tués, parmi lesquels figurent le regrettable colonel Viénot et le commandant Jullien, du 46ᵉ, officier supérieur que sa bravoure avait fait distinguer dans l'armée. Nous avons eu en tout vingt-deux officiers blessés, cent cinquante-huit hommes de troupe tués et six cents blessés.

« Une courte suspension d'armes, dont les conditions

avaient été préalablement réglées entre le gouverneur de Sébastopol, général comte Osten-Sacken, et moi, a eu lieu hier, pour rendre les derniers devoirs aux morts.

« Ce double combat, dont je viens de vous rendre compte avec détails, caractérise de la manière la plus heureuse et la plus honorable en même temps les qualités d'élan et d'ardeur qui sont particulières à nos troupes. Jamais elles ne firent preuve, sur un théâtre restreint il est vrai, mais où le drame de la guerre se manifestait sous les formes les plus saisissantes, de plus de vaillance et d'impétuosité. Je dois des éloges tout particuliers aux officiers généraux et supérieurs chargés de leur direction, notamment au général de division de Salles, qui, sous les ordres du général Pélissier, a préparé pendant le jour, avec beaucoup d'habileté et de précision, l'opération qu'il a fait exécuter pendant la nuit.

« Ce succès nous a fait avancer d'un seul bond de cent cinquante mètres vers le bastion central, et a exercé une grande influence sur le moral des deux armées.

« Notre état sanitaire est excellent; l'armée est superbe; d'une énergie sans égale; son installation est parfaite; elle ne manque de rien.

« Agréez, etc. »

Quittant ici, pour quelques instants, les champs de bataille illustrés par tant de beaux faits d'armes, nous ferons quelques pas en arrière pour raconter la perte de la frégate *la Sémillante*, un des plus douloureux épisodes de l'histoire de cette armée d'Orient, luttant si glorieusement contre les hommes et contre les éléments.

Malgré l'hiver et les tortures que la rigueur du froid ou des pluies diluviennes faisaient endurer aux alliés, notre armée sous Sébastopol se grossissait incessamment des renforts qui lui étaient envoyés. C'était un de ces renforts, comptant environ quatre cents hommes, que portait en Crimée la frégate *la Sémillante.*

La mer était déjà mauvaise lorsque cette frégate partit de Toulon le 14 février 1855. Vers le soir de ce jour, la tempête se déclara. On suppose que le capitaine de ce bâtiment, M. Jugan, homme habile et expérimenté, ne jugeant pas prudent de lutter davantage contre ce gros temps, aura tenté de faire relâche dans quelque port de la Sardaigne ; ce qui est certain, c'est que la frégate fut vue des côtes de cette île dans la journée du 15. Vers le soir de ce jour, la tempête redoubla de fureur ; au milieu de la nuit, les habitants de la côte qui avaient aperçu la frégate crurent entendre le canon de détresse se mêler aux mugissements du vent ; mais cela dura peu, et lorsque, au point du jour, ils accoururent sur le bord de la mer, ils ne virent plus rien ; de l'épouvantable catastrophe qui s'était accomplie dans les ténèbres, il ne restait pas le moindre indice : *la Sémillante* avait été engloutie, et des six cent quatre-vingt-quatorze hommes qu'elle portait, pas un ne restait pour raconter l'affreuse agonie, la mort horrible des autres. Voici pourtant, sur ce qui s'est passé dans cette terrible nuit, des conjectures qui semblent approcher de la certitude :

« *La Sémillante*, récemment armée, était, sous tous les rapports, dans les meilleures conditions de bonne navigabilité. A son départ de Toulon, elle portait six cent quatre-vingt-quatorze matelots ou passagers (trois cent un hommes d'équipage et trois cent quatre-vingt-treize hommes de troupes) ; ce personnel n'avait évidemment rien d'exagéré à bord d'une frégate de premier rang. En effet, armée en guerre, elle aurait reçu cinq cent quinze hommes d'équipage, c'est-à-dire cent soixante dix-neuf hommes seulement de moins qu'elle n'avait à la dernière traversée, et l'espace rendu libre par le débarquement de près de soixante bouches à feu lui donnait amplement de quoi loger, et au delà, cette différence d'effectif. Ainsi, *la Vengeance* et *la Didon*, bâtiments de même rang, ont porté en Crimée, à plusieurs reprises, avec un matériel bien plus considérable, l'une huit cents, l'autre huit cent cinquante hommes, et *la Zénobie*, qui n'est que de deuxième rang, en a porté huit cents, en y comprenant l'équipage.

« Quant au matériel, le chargement de *la Sémillante* se bornait à quatre cents tonneaux ; c'est un poids insignifiant, si l'on considère que le chiffre total de l'armement et du chargement d'une frégate de soixante peut aller jusqu'à douze cents tonneaux.

« Les quatre cents tonneaux embarqués sur *la Sémillante* auraient donc certainement pu être portés à huit cents, s'il se fût agi d'une autre nature d'objets de chargement que des portes, croisées, baraques, refouloirs, matériel d'artillerie. Les seuls objets lourds (quelques canons et projectiles), étaient placés dans le fond de la cale et ne pouvaient qu'ajouter à la stabilité du bâtiment.

« Le capitaine, M. Jugan, était un officier dans la force de l'âge, naviguant depuis longues années dans la Méditerranée, comptant enfin dix ans de grade de capitaine de frégate et noté par les amiraux barons Hugon, de La Susse, de Gueydon, Hamelin et Dubordieu, comme un excellent manœuvrier.

« *La Sémillante*, n'a pu périr sur les roches des Bouches de Bonifacio qu'à la suite de l'épouvantable tempête qui a éclaté dans la nuit du 15 février. C'est là un événement douloureux, que ni les qualités nautiques de ce bâtiment, ni ses excellentes conditions de navigabilité, ni l'expérience consommée de son capitaine, ne pouvaient réussir à conjurer.

« Tout porte à croire, en effet, que cette frégate, partie de Toulon le 14 février avec une brise d'Ouest assez fraîche, a gouverné de manière à passer par le canal qui sépare la Sardaigne de la côte d'Afrique. Les navigateurs savent qu'en dépassant le parallèle des Baléares, il arrive souvent que les vents d'Ouest, qui dépendent du Nord avant d'atteindre cette limite, ont une tendance marquée à haler du Sud à partir de ce point.

« Dèslors, il est probable que lorsque *la Sémillante* est parvenue à cette hauteur, les vents lui ont refusé et l'ont rapprochée de la côte de Sardaigne.

« Dans cette conjoncture, le commandant Jugan, en homme du métier, et pour éviter, par gros temps et forte mer, de se laisser affaler sur la terre et d'être contraint de louvoyer, aura pris le parti de donner dans les Bouches de Bonifacio ; c'était, en effet, la seule manœuvre à faire.

« Qu'est-il arrivé ensuite ? La tempête était parvenue à un maximum de densité effrayant, au dire des rapports parvenus des côtes de la Corse ; peut-être le phare de l'île Razzoli était-il embrumé par l'effet du temps. Dans de semblables circonstances, la frégate, entraînée avec une vitesse impossible à maîtriser, par un vent d'Ouest d'autant plus terrible qu'il était resserré entre deux côtes formant entonnoir, aura donné avec une violence incalculable sur l'écueil Lavezzi.

« Ce qui porterait à croire que ce terrible choc a eu lieu, c'est que les débris recueillis formaient comme une montagne d'objets brisés en morceaux et en quelque sorte hachés. Si le bâtiment avait sombré, tout aurait disparu, ou les épaves venues à la côte auraient, pour ainsi dire, conservé leurs formes premières.

« C'est sur l'îlot Lavezzi que des pêcheurs ont recueilli d'abord un chapeau de marin, puis des débris de sabres d'artilleurs, de fusils, d'effets d'habillements militaires, etc. — Les recherches immédiatement entreprises par les soins de l'autorité maritime, de la douane, du commandement de la place de Bonifacio, des embarcations de l'aviso à vapeur de l'État *l'Averne*, ont bientôt fait retrouver d'autres épaves : des morceaux de carcasse de navire, de mâts, de vergues garnies de leurs voiles ferlées, des chapeaux de matelots, un reste de soutane, des képis, des shakos, le livre-journal de *la Sémillante*, etc.

« Cette frégate avait, en effet, nous l'avons indiqué plus haut, trois cent quatre-vingt-treize passagers militaires, savoir : 3ᵉ batterie du 3ᵉ régiment d'artillerie, M. Bolzinger, lieutenant, un sous-officier et seize hommes; détachement pour le 85ᵉ de ligne fourni par les 76ᵉ, 78ᵉ, 83ᵉ, 87ᵉ et 88ᵉ de ligne : soldats, trois cent soixante-cinq; conducteurs de détachements : 76ᵉ, M. Maisonneuve, lieutenant, un caporal et un tambour; 78ᵉ, M. Audrot, sous-lieutenant, et un caporal; 83ᵉ, 87ᵉ et 88ᵉ, un sergent et un caporal chacun.

« L'équipage comptait deux cent quatre-vingt-douze hommes, outre son état-major, dont voici la composition exacte : MM. Jugan, capitaine de frégate, commandant; Bernard (Jean-Joseph-Marie), lieutenant de vaisseau, second; Denans (Jean-Laurent), lieutenant de vaisseau; Lahalle (Ernest-Adolphe), enseigne de vaisseau; Lenoble, sous-commissaire, officier d'administration; Le Bes, chirurgien de 2ᵉ classe, major; Carrières, aumônier; Michel, aspirant auxiliaire de première classe.

« Il y a là, indépendamment du commandant, de braves et dignes officiers. Ils ont péri au champ d'honneur du marin, après avoir épuisé toutes leurs forces à lutter contre un élément terrible; ils ont succombé devant des circonstances de mer qui, presque à la même heure et dans des parages voisins, enlevaient à la marine de guerre britannique *l'Hécla*, une de ses plus belles corvettes à vapeur, perdue près de Gibraltar (1). »

(1) *Moniteur de la flotte.*

Le gouvernement se hâta d'envoyer un navire à la recherche des débris de cet épouvantable naufrage; deux cent cinquante cadavres furent retrouvés, parmi lesquels était celui du capitaine Jugan, vêtu de son paletot d'uniforme entièrement boutonné, ce qui prouvait qu'il n'avait pas songé à quitter sa frégate, et qu'il était mort intrépidement à son poste.

Quelque déplorable que soit ce malheureux événement, il ne pouvait avoir aucune influence sur les destinées de l'armée d'Orient, toujours infatigable et pleine d'ardeur. Ainsi, sous les murs de Sébastopol, au bruit du canon des Russes tonnant sans relâche, le général Canrobert, par ordre de l'empereur, formait le régiment des zouaves de la garde impériale, auquel, le 18 mai, il adressait ces paroles en lui remettant son drapeau :

« Zouaves de la garde impériale, l'empereur m'a confié le double honneur de vous organiser et de vous remettre votre aigle, que vous défendrez et que vous honorerez... Vous êtes l'élite de nos compagnons d'armes, et vous justifierez la haute réputation de votre nom; vos beaux antécédents sont, du reste, un sûr garant de l'avenir. Nous sommes ici pour défendre les intérêts de la France, soutenir l'indépendance de l'Europe et l'honneur de nos armes!... Vous supporterez encore, comme vous l'avez déjà fait, des fatigues et des privations, avec toute la discipline, le courage et le dévouement qui caractérisent l'homme de guerre, en un mot, l'armée française. Zouaves de la garde, au nom de l'empereur, je vous remets votre aigle; vous en répondrez devant lui et devant la nation. *Vive l'Empereur!* »

Malheureusement les forces humaines ont des bornes : la santé du général avait été gravement altérée par les fatigues de ce long siége et les rigueurs de l'hiver; le général souffrait particulièrement d'une ophthalmie contre laquelle les ressources de l'art semblaient impuissantes, et il songeait à résigner son commandement afin de ne pas compromettre les grands intérêts qui lui étaient confiés, et, dès le 16 mai, il écrivait ces lignes empreintes du plus pur patriotisme :

« Ma santé fatiguée ne me permettant plus de conserver le commandement en chef, mon devoir envers mon souverain et mon pays me force à vous demander de remettre ce commandement au général Pélissier, chef habile et d'une grande expérience.

« L'armée que je lui laisserai est intacte, aguerrie, ardente et confiante.

« Je supplie l'empereur de m'y laisser une place de combattant à la tête d'une simple division. »

A cette dépêche envoyée par le télégraphe sous-marin, il fut répondu :

« L'empereur accepte votre démission. Il regrette que votre santé soit altérée. Il vous félicite du sentiment qui vous fait demander de rester à l'armée. Vous y commanderez, non pas une division, mais le corps du général Pélissier. Remettez le commandement en chef à ce général. »

Un de nos écrivains les plus estimés, que plusieurs fois déjà nous avons eu occasion de citer dans cet ouvrage, s'exprime ainsi au sujet de cette démission :

« La détermination du général Canrobert n'avait pas seulement pour motif la faiblesse de sa santé. Depuis le 13 mai, de fréquents conseils de guerre s'étaient tenus entre les généraux en chef, les amiraux et quelques généraux de division.

« Le général Canrobert y avait proposé d'expédier un corps d'armée par mer sur le Belbeck.

« Le général Pélissier était d'avis qu'on devait se porter sur la Tchernaïa, et agir au nord de Sébastopol.

« Ce fut ce dernier plan que l'empereur approuva.

« Le général Canrobert craignit de ne pouvoir mener à bonne fin un projet qui n'était pas le sien, et il prit le parti de se retirer. Les officiers généraux furent réunis le 19 mai, et au milieu d'une émotion unanime, le démissionnaire remit ses pouvoirs à son successeur (1). »

Le 19 mai, le général Canrobert annonçait ce changement à l'armée par l'ordre du jour que voici :

« Soldats ! le général Pélissier, commandant le premier corps, prend, à dater de ce jour, le commandement en chef de l'armée d'Orient.

« L'empereur, en mettant à votre tête un général habitué aux grands commandements, vieilli dans la guerre et dans les camps, a voulu vous donner une nouvelle preuve de sa sollicitude, et préparer encore davantage les succès qui attendent sous peu, croyez-le bien, votre énergique persévérance.

« En descendant de la position élevée où les circonstances et la volonté du souverain m'avaient placé, et où vous m'avez soutenu au milieu des plus rudes épreuves par vos vertus guerrières et ce dévouement confiant dont vous n'avez cessé de m'honorer, je ne me sépare pas de vous. Le bonheur de partager de plus près vos glorieuses fatigues, vos nobles travaux, m'a été accordé ; et c'est encore ensemble que, sous l'habile et ferme direction du nouveau général en chef, nous continuerons à combattre pour la France et pour l'empereur.

« Au grand quartier général, devant Sébastopol, le 19 mai 1855.

« Le général en chef, CANROBERT. »

Le même jour, le général Pélissier répondait ainsi à ces nobles paroles :

« Soldats, notre ancien général en chef vous a fait connaître

(1) E. DE LA BÉDOLLIÈRE.

la volonté de l'empereur, qui, sur sa demande, m'a placé à la tête de l'armée d'Orient. En recevant de l'empereur le commandement de cette armée, exercé si longtemps par de si nobles mains, je suis certain d'être l'interprète de tous en proclamant que le général Canrobert emporte tous nos regrets et toute notre reconnaissance.

« Aux brillants souvenirs de l'Alma et d'Inkerman il a ajouté le mérite, plus grand encore peut-être, d'avoir conservé à notre souverain et à notre pays, dans une formidable campagne d'hiver, une des plus belles armées qu'ait eues la France. C'est à lui que vous devez d'être en mesure d'engager à fond la lutte et de triompher. Si, comme j'en suis certain, le succès couronne nos efforts, vous saurez mêler son nom à vos airs de victoire. Il a voulu rester dans nos rangs, et, bien qu'il pût prendre un commandement plus élevé, il n'a voulu qu'une chose, se mettre à la tête de sa vieille division. J'ai déféré aux instances, aux inflexibles désirs de celui qui était naguère notre chef et sera toujours mon ami.

« Soldats, ma confiance en vous est entière. Après tant d'épreuves, tant d'efforts généreux, rien ne saurait étonner votre courage. Vous savez tous ce qu'attendent de vous l'empereur et la patrie ; soyez ce que vous avez été jusqu'ici, et grâce à votre énergie, au concours de nos intrépides alliés, des braves marins de nos escadres, et avec l'aide de Dieu, nous vaincrons.

« Au grand quartier général, devant Sébastopol, le 19 mai 1855.

« Signé : Pélissier. »

C'était une rude tâche que celle acceptée par le général Pélissier avec cette confiance en soi-même si naturelle aux grands cœurs, et qui pourtant n'exclut pas la modestie. Les Russes se montraient de plus en plus infatigables. Les revers, loin de refroidir leur ardeur, semblaient l'accroître. Dans la nuit du 21 au 22 mai, après des travaux préliminaires silencieusement exécutés, ils étaient parvenus à établir, entre le fort de la Quarantaine et le bastion Central, une immense place d'armes. Il fallait à tout prix enlever cette position, d'où l'ennemi menaçait nos attaques de gauche. C'est ce que comprit et exécuta le général Pélissier, auquel nous empruntons le récit de ce brillant fait d'armes, faisant le sujet de son rapport au ministre de la guerre :

« Monsieur le maréchal, depuis l'enlèvement des contre-approches russes en avant du bastion Central, dans la nuit du 2 mai, et l'occupation par nos troupes de cet ouvrage si important, l'ennemi, pour arrêter nos progrès et prendre des vues de flanc sur nos attaques, avait songé à reporter ses efforts du côté de la Quarantaine et à y construire de nouvelles lignes de contre-approche. Il forma le projet de relier, par une gabionnade, les embuscades du fond de la baie, celles du grand côté du cimetière, et de rattacher ce travail, par un long boyau de communication, à la lunette de droite du bastion Central. Dans la nuit du 21 au 22, par un effort de travail énorme et habilement dissimulé, il ébaucha cette vaste place d'armes si menaçante pour nos attaques de gauche et si propre à lui ménager la possibilité de grands rassemblements et de sorties considérables.

« Le danger de ce travail des Russes était évident ; j'en pressentis sur-le-champ l'étendue et prescrivis au général de Salles, commandant le premier corps, d'enlever cette position et de retourner contre l'ennemi ses nouveaux ouvrages ; œuvre délicate et difficile, car il fallait s'attendre à une vive résistance et à un combat acharné, sous des feux de batteries formidables.

« Le général de division Paté fut chargé de cette opération. Deux attaques furent organisées, l'une sur les embuscades du fond de la baie, l'autre sur les embuscades du Cimetière, en débouchant par l'angle sud-est de cet enclos. Elles devaient être simultanées.

« Après avoir enlevé les nouvelles gabionnades de l'ennemi, il fallait se tenir en avant avec assez de solidité pour protéger le travail et transformer à notre usage l'ouvrage russe. Mais le développement de ces lignes était immense; il fallait s'attendre à deux phases successives dans l'action : celle de la bataille et celle des travaux. Le combat a eu lieu pendant la nuit du 22 au 23 mai; il s'engagea dès neuf heures du soir.

« Notre attaque de gauche fut conduite par le général de brigade Beuret, et exécutée par trois compagnies du 10e bataillon de chasseurs à pied, trois bataillons du 2e régiment de la légion étrangère et un bataillon du 98e de ligne.

« L'attaque de droite, confiée au général de la Motterouge, comptait les compagnies d'élite du 1er régiment de la légion étrangère, soutenues par deux bataillons du 28e de ligne, ayant en arrière un bataillon du 18e et deux bataillons des voltigeurs de la garde comme réserve. D'autres bataillons étaient prêts à marcher au cas où le général Paté aurait eu besoin de renfort.

« L'ennemi, soit qu'il eût formé le projet d'une attaque considérable, soit qu'il voulût, dans une seule nuit, achever ses lignes au prix d'un grand effort et en couvrant le travail par une démonstration vigoureuse et une protection efficace contre nos entreprises, était là très-nombreux, prêt à nous recevoir. Nous avons estimé à plus de vingt bataillons les forces que nos braves soldats eurent à combattre et à faire plier. Ce chiffre est élevé à vingt-six bataillons par le dire des prisonniers.

« L'action s'engagea, au signal du général Paté, avec une impétuosité indicible. Au bout de quelques minutes, toutes les embuscades de droite étaient entre nos mains. Les vieux soldats de la légion étrangère avaient tout enlevé, et, soutenus par le 28ᵉ de ligne, ils s'établissaient en avant des ouvrages russes et couvraient nos travailleurs. Mais des masses russes formidables ne tardèrent pas à déboucher du ravin de la Quarantaine, à entrer en action et à disputer le terrain avec un rare acharnement. Les deux bataillons du 28ᵉ, le bataillon du 18ᵉ, les voltigeurs de la garde furent successivement engagés, et cette lutte héroïque dura jusqu'au matin. Cinq fois les embuscades les plus éloignées furent prises et reprises par les Russes et par nos troupes. Ces mêlées à la baïonnette furent terribles. Deux autres bataillons des voltigeurs de la garde, le 9ᵉ chasseurs à pied et le 80ᵉ de ligne furent encore appelés sur le champ du combat, les uns pour y prendre part, les autres pour relever les morts et les blessés ; tous firent leur devoir.

« Au milieu de cette lutte sanglante et glorieuse, les travaux du génie ne pouvaient s'organiser. Nous dûmes détruire les ouvrages de l'ennemi de manière à ce qu'il ne pût s'y maintenir lui-même le lendemain, et force fut de remettre à la nuit suivante le second acte de notre entreprise. Aux premières lueurs du jour, les Russes avaient cessé de combattre, et nos bataillons rentrèrent dans la tranchée laissant le terrain couvert de cadavres ennemis.

« A l'attaque de gauche, les embuscades furent enlevées avec la même impétuosité. Là encore les Russes revinrent à la charge avec une ténacité extraordinaire. De nombreux assauts furent livrés, où l'on s'aborda à la baïonnette. Mais, au bout de deux heures, l'ennemi, découragé, opéra sa retraite, et notre génie installa solidement les travaux dans la gabionnade russe, qui devint définitivement notre conquête.

« La nuit suivante, il fallait achever ce qui avait été entamé avec tant de vigueur ; je prescrivis cet autre combat, attendant un plein succès de ce nouvel effort de notre valeureuse infanterie.

« Le général de division Levaillant fut chargé d'accomplir cette tâche avec dix bataillons, dont deux de voltigeurs de la garde comme réserve. Quatre de ces bataillons, aux ordres du général Couston, étaient chargés de couvrir notre conquête de la veille à l'extrême gauche. Les six autres, commandés par le général Duval, devaient, sur la droite, reprendre la gabionnade parallèle au grand mur du Cimetière, battre l'ennemi et permettre au génie d'assurer notre établissement définitif.

« L'action s'engagea à la même heure que la veille. L'élan de ces braves bataillons, appartenant au 46e, au 98e, au 14e, au 80e, fut irrésistible. Les embuscades furent tournées et enlevées ; l'ennemi, partout enfoncé, se retira en entretenant une fusillade qui s'apaisa cependant peu à peu et qui finit par s'éteindre. Le génie put aussitôt commencer les travaux et les pousser, malgré la mitraille et les projectiles de toute nature lancés par la place. Le colonel Guérin et le commandant Durand de Villiers ont conduit les travaux avec autant d'intelligence que de vigueur.

« Notre succès a donc été complet. L'ouvrage considérable sur lequel l'ennemi comptait pour arrêter nos attaques est entre nos mains; ses gabions nous couvrent, ses embuscades sont dirigées contre lui. Celles qui n'ont pu entrer dans notre système ont été rasées.

« Ces actions de vigueur n'ont pas été accomplies sans pertes sensibles, et nous avons payé notre victoire d'un sang généreux. J'attends, sur ce point, le rapport du général de Salles.

« Hier, à la demande itérative du général Osten-Sacken, le drapeau parlementaire a été arboré, et un armistice a été conclu pour enterrer les morts. Nous avons remis plus de douze cents cadavres entre les mains de l'ennemi. Ce champ de carnage rappelait à notre souvenir nos vieilles luttes contre les Russes, et, comme à ces époques mémorables, l'honneur des armes dans ces combats à la baïonnette est resté tout entier à notre infanterie.

« D'après le nombre des morts remis à l'ennemi et les résultats connus des affaires dernières, nous sommes assurés que les pertes des Russes sont au moins le quadruple des nôtres ; elles donnent à ces engagements les proportions d'une bataille. Ces évaluations restent d'ailleurs au-dessous de celles que présentent les prisonniers et les déserteurs.

« Notre artillerie, sous la direction du général Le Beuf, a fait preuve d'une vigueur et d'une habileté rares ; elle a balayé constamment par ses feux le ravin où l'ennemi rassemblait ses réserves. Nos projectiles n'ont cessé de tracer de sanglants sillons dans les masses russes, chaque fois qu'elles s'organisaient pour un nouvel assaut. Je ne saurais trop louer le coup d'œil et le sang-froid du général Le Beuf.

« Le service des ambulances a été admirablement fait, et de grands éloges sont dus à tous ceux qui ont concouru à cette rude affaire. J'aurai l'honneur de vous faire ultérieurement connaître les noms des braves qui se sont signalés entre les braves. Le pays peut, à bon droit, s'enorgueillir de posséder de telles troupes, et je compte récompenser prochainement les plus méritants.

« Veuillez agréer, etc.

« Le général en chef,
« PÉLISSIER. »

Le lendemain 25, le général Pélissier dirigeait une forte reconnaissance sur la Tchernaïa. En avant marchaient nos chasseurs à pied et les zouaves, auxquels se joignaient une partie de Piémontais, heureux de débuter sur le champ de bataille en si bonne compagnie ; tandis que l'autre partie de ces braves soldats, avec une division anglaise, s'avançaient de

Balaclava, et que Omer-Pacha, à la tête de dix mille Turcs, se massait au centre en s'avançant pour appuyer notre droite. En même temps les zouaves, les grenadiers et les chasseurs à pied de la garde se tenaient sur le plateau traversé par la route de Balaclava à Kamiesch.

Le mouvement avait commencé au point du jour ; à trois heures, les zouaves, après avoir surpris et culbuté les avant-postes russes, passaient la Tchernaïa. Quelques instants plus tard ils pénétraient dans la batterie russe placée sur la rive opposée, écrasaient les artilleurs et tournaient leurs canons contre les Russes eux-mêmes qui fuyaient en désordre.

Le début des Sardes montra ce qu'on pouvait attendre de ces braves soldats qui, tout d'abord, avaient voulu se faire les auxiliaires de nos terribles zouaves, et qui regrettaient sincèrement que la fuite des Russes ne leur eût pas permis de voir de près, pendant plus longtemps, ces héros tant vantés par les amis de la Russie.

Ce fut en termes pleins d'une noble modestie que le général La Marmora rendit compte à son gouvernement de cette affaire, la première à laquelle lui et ses troupes eussent pris part :

« Ma colonne, dit-il dans son rapport, renforcée de deux batteries anglaises, d'un régiment de lanciers et d'un de chasseurs, forts de six cents chevaux et mis à ma disposition, a pris la droite de la marche ; à l'aube du jour, nous sommes arrivés sur les positions élevées de Kamara. Le 5ᵉ bataillon de tirailleurs était avec l'infanterie anglaise sous les ordres du général sir Colin Campbell, marchant sur les hauteurs qui partent de l'extrême droite de la ligne qui couvre Balaclava.

« Mes troupes n'ont pas trouvé de résistance ; les avant-postes russes se sont repliés devant nous, et quelques-uns de leurs bataillons d'infanterie, qui étaient sur la rive droite de la Tchernaïa, se sont retirés à mesure que, après avoir passé le torrent, je m'avançais avec la cavalerie légère anglaise pour reconnaître les chemins conduisant aux plus fortes positions russes et à la vallée de Baïdar.

« Vers midi, j'ai repassé la Tchernaïa, et je me suis placé avec mes deux brigades dans les bonnes positions de Kamara, dominant le torrent et occupant une hauteur très-voisine des positions russes à ma droite, la position la plus avancée qui soit occupée aujourd'hui. Mes troupes sont à la portée de l'ennemi, quoique incomplètes. »

Ce qui faisait surtout la force des Russes dans Sébastopol, c'est que la place n'étant pas complétement investie, ils recevaient constamment de l'intérieur des renforts, des munitions et des vivres qui leur étaient principalement expédiés par la mer d'Azof où l'on n'avait pas trouvé prudent d'abord de faire pénétrer les escadres alliées, à cause du peu de profondeur de l'eau qui n'en permet la navigation aux gros bâtiments que dans quelques parages et à certaines époques de l'année. On avait pourtant résolu, dans le courant d'avril, d'envoyer une escadrille sur ce point; mais au moment où elle allait mettre à la voile, le 3 mai, cette expédition avait été contremandée. On y revint bientôt. Le 20 mai l'expédition fut définitivement arrêtée.

« Les bâtiments français désignés pour faire partie de cette expédition étaient *le Montebello*, capitaine Bassière, portant le pavillon du vice-amiral Bruat, et remorqué par *le Napoléon*, que montait le contre-amiral Charner (capitaine Ladébat): *le Charlemagne* (commandant Jannin);

« Les frégates à vapeur *le Cacique*, *le Descartes*, *le Mogador*, *le Caffarelli*, *l'Ulloa*, *l'Asmodée*;

« La frégate mixte *la Pomone*;

« Les corvettes à vapeur *le Phlégéton*, *le Primauguet*, *le Berthollet*, *le Véloce*, *le Roland*, *le Caton*, *le Laplace*;

« Les avisos à vapeur *le Brandon, le Lucifer, la Mégère, le Fulton, le Milan, le Dauphin;*

« La bombarde *le Vautour;*

« Le transport à vapeur *l'Egyptien;*

« *Le Positivo* et *le Lovisy*, navires de commerce chargés de vivres ;

« Le remorqueur *le Beïcos*, destiné à conduire jusqu'à terre les chalands de débarquement.

« La flotte anglaise avait fourni trente-deux voiles ou vapeurs sous le commandement de l'amiral Lyons, savoir :

« *Le Royal-Albert, l'Hannibal, l'Alger, l'Agamemnon, le Saint-Jean-d'Acre, la Princesse Royale, le Sidon, le Valorous, le Léopard, la Tribune, le Simoon, le Furious, le Highflyer, le Terrible, le Miranda, le Sphinx, le Spitfire, le Gladiator, le Vesuvius, le Curlew, le Swallow, le Caradoc, le Stromboli, l'Ardent, le Medina, le Wrangler, le Viper, le Lynx, le Recruit, l'Arrow, le Banshee, le Snake* et *le Beagle.*

« Sur ces vaisseaux se répartirent la première division du premier corps de siége, renforcée de trois batteries d'artillerie ; trois mille cinq cents Anglais avec une batterie, et cinq mille Turcs avec deux batteries montées.

« M. le général de division d'Autemarre avait le commandement supérieur des troupes françaises ; il avait sous ses ordres les généraux de brigade Niol et Breton. Les troupes anglaises étaient commandées par le général Brown, et les troupes ottomanes par des premiers lieutenants d'Omer-Pacha. »

Laissons parler ici l'amiral Bruat, dans ses dépêches des 25 mai et 1er juin 1855 :

« L'embarquement commença le 21 mai au soir ; l'expédition partit le 23 et débarqua le 24 à Kamis-Bournou. Le

25, nous avons occupé Iénikalé, après avoir traversé Kertch et pris possession des batteries situées dans les environs d'Ak-Bournou.

« Le même jour, l'amiral Lyons et moi, nous sommes entrés dans la mer d'Azof, d'où nous avons expédié une escadrille pour Berdiansk et Arabat. Elle est partie dans la nuit, et se compose de quatre bâtiments à vapeur français et dix anglais, dont plusieurs canonnières.

« La réussite si complète de cette expédition, où nos troupes, conduites avec une grande décision par le général d'Autemarre, ont montré leur ardeur habituelle, est due aussi à la rapidité avec laquelle elle a été menée. A ce sujet je dois faire connaître à Votre Excellence combien, en toutes circonstances, la coopération de l'amiral Lyons a été complète et cordiale.

« Dès le premier jour, et aussitôt le mouillage, le débarquement des troupes françaises a commencé avec ordre, sous la direction de M. le capitaine de vaisseau Jurien de la Gravière, mon chef d'état-major.

« Après m'être assuré de la promptitude avec laquelle s'effectuait la mise à terre du corps expéditionnaire, je m'avançai avec *le Laplace,* sur lequel j'avais mis mon pavillon, pour reconnaître les batteries du cap Ak-Bournou, dont les Russes avaient déjà fait sauter une poudrière. Se voyant sur le point d'être tourné, l'ennemi ne tarda pas à en faire sauter plusieurs autres et à évacuer ses positions.

« Très-peu de temps après, une canonnière anglaise d'un faible tirant d'eau se dirigeait sur Iénikalé pour couper la route à un bateau à vapeur russe qui, parti de Kertch, cherchait à gagner la mer d'Azof. Un engagement assez sérieux commença bientôt entre ces deux bâtiments, et les batteries de Iénikalé y prirent part. Je fis appuyer la canonnière par *le Fulton,* qui se rendit rapidement sur le théâtre de la lutte et eut à essuyer un feu très-vif; je donnai l'ordre à *la Mégère* de le rallier, et l'amiral Lyons, de son côté, fit soutenir la canonnière. Néanmoins, le bateau à vapeur ennemi, que nous avons su porter le trésor de Kertch, s'échappa, laissant entre nos mains deux chalands chargés d'objets précieux et d'une partie des archives civiles et militaires. Mais la confusion des Russes, pris à l'improviste par terre et par mer, devint telle, qu'ils renoncèrent bientôt à une plus longue résistance et ne prirent pas même le soin d'enlever les blessés provenant de Sébastopol qui se trouvaient dans l'hôpital de la citadelle.

« Dans le courant de la journée, ils avaient mis le feu à des magasins considérables qu'ils possédaient à Kertch. Enfin, avant d'évacuer Iénikalé, ils firent sauter un magasin qui contenait à peu près trente mille kilogrammes de poudre; la commotion fut telle, que plusieurs maisons ont été détruites et que les vaisseaux mouillés à dix milles au large la ressentirent vivement.

« En résumé, l'ennemi a perdu jusqu'à présent :

« Cent soixante mille sacs d'avoine,

« Trois cent soixante mille sacs de blé,

« Cent mille sacs de farine.

« Un atelier de montage et de fonderie a été brûlé. Trois bâtiments à vapeur, parmi lesquels il y en avait un de guerre, ont été coulés par les Russes eux-mêmes. Une trentaine de bâtiments de transport sont détruits ; au moins autant ont été pris. Cent mille kilogrammes de poudre environ ont sauté dans les diverses explosions. Un grand approvisionnement d'obus et de boulets n'existe plus.

« J'adresserai plus tard à Votre Excellence l'état des canons tombés entre notre pouvoir; leur nombre est de soixante à quatre-vingts environ. Ces pièces sont très-belles et de gros calibre.

« Je suis, etc.

« Le vice-amiral commandant en chef
l'escadre de la Méditerranée.

« BRUAT. »

Voici maintenant un extrait de la dépêche du 1ᵉʳ juin :

« Monsieur le ministre,

« J'ai déjà fait connaître à Votre Excellence les opérations qui venaient d'ouvrir aux marines alliées l'entrée de la mer d'Azof, et les premiers résultats obtenus par la flotte alliée, que les commandants Béral de Sedaignes, du *Lucifer*, et Lyons, de *la Miranda*, avaient reçu l'ordre de conduire jusqu'à Berdiansk. J'adresse aujourd'hui à Votre Excellence quelques détails plus circonstanciés.

« Il ne fallait point laisser à l'ennemi, dont les travaux avaient été forcément interrompus par l'hiver, le temps de compléter par de nouveaux ouvrages la défense de la presqu'île. L'assistance d'un corps de débarquement était indispensable, sinon pour forcer les passes de Kertch et d'Iénikalé, du moins pour donner la certitude qu'après les avoir franchies, nos croiseurs ne les verraient pas se fermer derrière eux. Aujourd'hui que nous avons pu étudier de plus près les obstacles accumulés par l'ennemi à l'entrée de la mer d'Azof et ceux qu'il se préparait à nous opposer encore, M. l'amiral Lyons et moi, nous nous félicitons doublement d'avoir assuré le succès de cette expédition en demandant qu'une division de l'armée fût appelée à y concourir. Le tort matériel déjà fait à l'ennemi, les embarras que ne tardera point à lui causer la destruction d'immenses approvisionnements destinés à son armée de Crimée, l'effet moral d'une nouvelle invasion prolongée jusqu'aux rives du Don et jusqu'aux bords de la mer Putride, tout démontre l'importance de cette entreprise.

« Malgré l'intérêt que les généraux en chef y attachaient eux-mêmes, ce ne fut que dans les premiers jours d'avril que l'on put songer sérieusement à mettre ce projet à exécution. Pendant ce temps, la question avait été complétement étudiée. L'amiral Lyons avait reçu de ses capitaines les rapports les plus précis, et le commandant du *Fulton*, M. le lieutenant de vaisseau Le Bris, en croisière devant Kertch depuis le mois de février, m'avait également donné, sur les travaux de défense du détroit, sur les facilités qu'offrait la côte pour un débarquement, et sur les forces que les Russes avaient rassemblées dans la presqu'île, des détails qui ne me laissaient aucun doute sur le succès de l'opération, pourvu qu'on pût la conduire avec promptitude et secret.

« Le 20 mai, il fut arrêté entre les généraux en chef et les amiraux qu'un corps expéditionnaire, composé de sept mille Français et de trois batteries sous les ordres du général d'Autemarre, de trois mille Anglais et d'une batterie sous les ordres du général Brown, de cinq mille Turcs et d'une batterie empruntée à l'armée d'Omer-Pacha, s'embarquerait sur les deux escadres, qui le transporteraient immédiatement devant Kertch. Le 22 au soir, les troupes, l'artillerie et le matériel étaient à bord des bâtiments qui avaient été désignés pour les recevoir.

« Vers deux heures de l'après-midi, j'ai arboré mon pavillon à bord de la corvette à vapeur *le Lapin*, commandée par le capitaine de frégate Caboureau, qui avait rallié l'escadre la veille au soir. Je me dirigeais sur le cap Saint-Paul pour en reconnaître de plus près les ouvrages, lorsqu'une violente explosion, bientôt suivie de détonations successives, m'apprit que les Russes faisaient sauter leurs poudrières et renonçaient à nous disputer cette première passe.

« L'abandon du cap Saint-Paul semblait annoncer que l'ennemi s'était réservé une ligne de défense plus avantageuse, derrière laquelle il se concentrerait pour attendre. Le vieux château d'Iénikalé offrait, en effet, à l'armée russe, un réduit dont la maçonnerie fort épaisse eût pu supporter assez longtemps le feu de l'artillerie de campagne ; une longue ligne d'embossage, composée de transports armés en guerre et de batteries flottantes, barrait cette seconde passe, dans laquelle la profondeur de l'eau n'est plus que de treize pieds, et qui n'est, par conséquent, accessible qu'à des avisos ou à des canonnières.

« Cette ligne d'embossage joignait ses feux aux feux croisés des batteries d'Iénikalé et de la batterie rasante nouvellement construite sur les bancs de Cheska. Nous n'avions sur cette partie du détroit que des renseignements incomplets, et nous devions présumer que nous n'emporterions point une position aussi forte sans une lutte des plus vives. Ces derniers obstacles devaient cependant s'évanouir avec la même facilité que les autres.

« J'ai déjà fait connaître à Votre Excellence, par ma dépêche du 26 mai, l'engagement qui avait eu lieu aussitôt après l'évacuation des batteries du cap Saint-Paul, entre les défenses d'Iénikalé et les canonnières anglaises, soutenues par *le Fulton* et par *la Mégère*. Cet engagement se prolongea jusqu'au coucher du soleil, et les bâtiments qui y avaient pris part mouillèrent dans le golfe de Kertch. Cette manœuvre précipita sans doute les résolutions de l'ennemi ; car, vers huit heures du soir, une forte explosion nous annonça qu'il évacuait Iénikalé, comme il avait évacué déjà sa première ligne de défense.

« Le lendemain, au point du jour, l'armée alliée se mettait en marche, et avant midi ses colonnes couronnaient les hauteurs d'Iénikalé, où elles entraient sans coup férir.

« Le soir même, *le Lucifer*, *la Mégère*, *le Brandon* et *le Fulton*, sous les ordres du commandant Béral de Sedaignes, se joignaient dans la mer d'Azof à dix navires anglais commandés par le capitaine Lyons et faisaient route pour Berdiansk.

« Pendant ce temps, les canonnières anglaises ont attaqué Yanitchi. Leurs embarcations se sont hardiment engagées dans le bras de mer qui met en communication la mer d'Azof et la mer Putride, et y ont incendié, outre soixante-dix navires, des magasins de blé très-considérables.

« *Le Lucifer*, *la Mégère*, *le Brandon* et *le Fulton* sont rentrés hier soir dans la mer d'Azof, accompagnés du *Dauphin*, de *la Mouette*, ainsi que des chaloupes et grands canots du *Montébello*, du *Napoléon*, du *Charlemagne* et de *la Pomone*. Nos bâtiments ont dû rallier la flottille anglaise devant Taganrog, et j'espère que j'aurai bientôt un nouveau succès à annoncer à Votre Excellence.

« Je suis, etc. »

Tous nos avantages sont parfaitement résumés dans l'ordre du jour suivant, du général Pélissier, qui faisait en outre présager d'autres résultats importants :

« De brillants faits d'armes viennent d'honorer nos aigles et de consacrer encore une fois la supériorité de l'infanterie française. Les combats de nuit des 22 et 23 mai, habilement conduits par le général de division de Salles, commandant le premier corps, ayant sous ses ordres les généraux de division Paté et Levaillant, compteront parmi les plus glorieux souvenirs de cette guerre. Ils nous ont mis en possession d'un ouvrage avancé d'un développement considérable, auquel l'ennemi avait consacré de longs efforts, et que la presque totalité de ses bataillons avait été appelée à défendre.

« Je cite avec orgueil les corps qui ont figuré ou ont été représentés dans cette lutte, où ils ont combattu un contre plusieurs avec une solidité et un élan que n'ont pu déconcerter ni les clameurs sauvages de l'ennemi, ni ses masses profondes, ni les feux redoublés de la mousqueterie, ni la mitraille.

« Ce sont les 1er et 2e régiments de voltigeurs de la garde impériale, les 14e, 18e, 28e, 43e, 46e, 79e, 80e et 98e régiments de ligne, 1er et 2e régiments de la légion étrangère, 6e, 9e et 10e bataillons de chasseurs à pied, le génie et l'artillerie de siége.

« L'effet matériel que nous avons obtenu a dépassé mes espérances. Des renseignements certains, et qui s'accordent avec le chiffre des morts que l'ennemi, sur sa demande, est venu recueillir sous nos yeux devant nos tranchées, m'apprennent que ses pertes ont été quadruples des nôtres, et ont donné pour lui, à ce double combat, les proportions d'une bataille perdue.

« Dès le lendemain 25, deux divisions françaises aux ordres du général Canrobert, la cavalerie des généraux Morris et d'Allonville, l'armée ottomane aux ordres de Son Altesse Omer-Pacha, et enfin l'armée piémontaise, sous le commandement du général de La Marmora, se sont établies sur la Tchernaïa, menaçant les lignes de l'armée russe, après avoir délogé ses postes de la rive droite et l'avant-garde de quatre bataillons qu'elle avait à Tchorgoun.

« Enfin une dépêche de l'amiral Bruat, en date du 25 mai, annonce que la colonne expéditionnaire partie pour Kertch et Iénikalé a successivement occupé ces deux villes, et que la flottille des alliés a pris possession de la mer d'Azof, résultat dont l'importance n'échappera à personne dans l'armée, et qui prive l'ennemi d'une de ses deux grandes lignes d'approvisionnement.

« Pour les empêcher de tomber en notre pouvoir, il a fait sauter ses batteries, incendié les magasins de Kertch, renfermant six cent mille sacs d'avoine, de grain et de farine, brûlé trois de ses navires à vapeur et un grand nombre de bâtiments de transport. Trente de ces derniers ont été pris.

« Tel est l'ensemble de notre situation; elle ne saurait être plus satisfaisante, plus solide, et j'exprime ici, sur le résultat de nos persévérants efforts, une confiance que l'armée tout entière partagera. Déjà l'ennemi est atteint dans les conditions les plus importantes de toute sa résistance. Le moment approche où nous le frapperons au cœur. »

En effet, un mouvement important se préparait; il s'agissait d'attaquer et d'enlever en même temps de vive force les redoutes de Selinghinsk et de Volhynie, et le mamelon Vert ou redoute Kamtchatka.

Le 7 juin, vers quatre heures après midi, cinq fusées parties de la redoute Victoria, donnèrent le signal de l'attaque. Aussitôt, la brigade de Lavarande, qui n'est qu'à deux cents mètres des ouvrages qu'elle doit emporter, s'élance au pas de course sous la mitraille qui éclaircit ses rangs sans ralentir sa marche; elle pénètre ainsi dans les retranchements de l'ennemi par les brèches et par les embrasures, et renverse tout ce qui tente de lui résister.

« Au même signal parti de la redoute Victoria, dit le général Pélissier dans son rapport, le général de Wimpffen sort, avec sa brigade, des tranchées qui, de notre côté, entourent la base du mamelon Vert, c'est-à-dire de la place d'armes de gauche et de la troisième parallèle Victoria.

« Trois colonnes s'élancent à la fois sur l'ouvrage ennemi, enlevant deux coupures avancées et de fortes embuscades intermédiaires. La mitraille de la redoute, les feux convergents du grand Redan et des batteries qui sont à la gauche de la tour Malakoff ne ralentissent pas leur marche.

« A droite le colonel Rose, à la tête des tirailleurs algériens, s'empare d'une batterie de quatre pièces, annexe de la redoute.

« Le colonel de Brancion, au centre, avec le 50e, et le colonel de Polhès, à la gauche, avec le 3e de zouaves, abordent résolument la redoute elle-même, se jettent dans le fossé, escaladent le parapet, et frappent les canonniers russes sur leurs pièces.

« Le colonel de Brancion, qui a eu l'honneur de planter le premier son aigle sur la redoute, est tombé dans cette attaque, sous la mitraille ennemie, glorieusement enseveli dans son triomphe.

« L'ordre formel avait été donné de ne pas dépasser la gorge de l'ouvrage, et de s'y créer aussitôt un logement contre les feux et les tentatives de la place.

« Mais, entraînés par leur ardeur, nos soldats poursuivent les Russes jusqu'au fossé de la batterie Malakoff, à cinq cents mètres environ de la redoute, et cherchent à pénétrer avec eux dans l'enceinte. Ainsi que cela devait être, ils sont forcés de se replier sous le feu violent et à bout portant des réserves ennemies garnissant les remparts. Les deux ailes de la ligne française se rejettent en arrière, pendant que l'assiégé fait sortir de la place une forte colonne de troupes fraîches qui marche droit sur notre centre.

« La redoute du mamelon Vert ne pouvait, en ce moment, offrir aucun abri. Le feu avait fait sauter, soit une fougasse préparée par l'ennemi, soit un magasin à poudre qui avait gravement brûlé le commandant Tixier du 3e de chasseurs à pied, et un certain nombre d'hommes. Des planches, des poutres, des cordages enflammés faisaient craindre de nouvelles explosions. L'intérieur de l'ouvrage n'était pas tenable : au lieu de s'appuyer sur la redoute, notre ligne dépasse le sommet et forme un demi-cercle autour du mamelon.

« Il n'y avait pas un instant à perdre. Le général Camou

donne l'ordre au général Vergé de sortir des tranchées ; le général Bosquet envoie à la cinquième division l'ordre de marcher. Le général Brunet la porte aussitôt en avant.

« Le mouvement de cette division se fit avec un ensemble imposant ; la première brigade, commandée par le colonel Duprat de la Roquette, du 100ᵉ de ligne, vint occuper les parallèles en arrière du mamelon, et la deuxième brigade, général Lafont de Villiers, se porta en arrière et à gauche, sous la protection d'un pli de terrain.

« La brigade Vergé se formait au même moment en colonne sous le feu de l'ennemi, et gravissait la pente en battant la charge et en ralliant les troupes de la brigade Wimpffen.

« La position était emportée, et l'ennemi refoulé une seconde fois dans la place : nous étions définitivement maîtres du mamelon Vert, que nos troupes occupaient triomphalement aux cris enthousiastes et mille fois répétés de *vive l'Empereur!*

« Il était sept heures et demie, le jour finissait ; ainsi que je l'avais préjugé, nous étions établis dans les positions conquises, au moment où l'obscurité allait permettre au génie de commencer les travaux qui devaient nous y consolider. »

Cette victoire fut annoncée à l'armée par l'ordre du jour suivant où se peint toute la satisfaction du général en chef et l'estime profonde qu'il professe pour la valeur de ses soldats :

« Soldats ! le combat du 7 juin est une brillante victoire par l'éclat qu'il jette sur nos armes et par la grandeur des résultats obtenus. Vous avez bien mérité de l'empereur.

« A force de courage et d'élan, vous avez arraché à l'ennemi les trois redoutes armées d'une puissante artillerie, qui formaient, à l'extérieur, la principale défense de la place ; soixante-deux bouches à feu sont restées entre nos mains ; quatre cents prisonniers, dont quatorze officiers, sont en notre pouvoir.

LE MARÉCHAL PÉLISSIER
DUC DE MALAKOF

« Un ordre du jour ultérieur fera connaître à l'armée et au pays les corps qui ont glorieusement figuré dans cette lutte, et les noms de ceux d'entre vous auxquels est dû le prix de la valeur.

« Je me borne à vous dire aujourd'hui que votre tâche s'est noblement accomplie. Nous venons de faire avec le concours de nos braves alliés, un pas décisif vers le but que poursuivent et qu'atteindront, soyez-en sûrs, nos persévérants efforts.

« Soldats! ma confiance en vous est sans bornes, et votre général en chef a l'orgueil de penser que la vôtre lui est acquise.

« Au grand quartier général devant Sébastopol, le 8 juin 1855.

« Le général en chef, PÉLISSIER. »

Cette victoire, toutefois, fut chèrement achetée ; les alliés n'eurent pas moins de deux mille cinq cents hommes hors de combat; au nombre de leurs morts étaient le général de Lavarande, le colonel Bagnet de Brancion, le colonel Hardy et le capitaine d'artillerie Decasse, tous grands et nobles cœurs que faisait battre l'amour de la patrie. Mais le succès avait fait faire aux assiégeants un pas de géant, et il était dès lors aisé de prévoir que l'orgueilleuse ville de Sébastopol, malgré ses milliers de canons, ses nombreux défenseurs et ses inépuisables munitions, ne tarderait pas à tomber au pouvoir de ces soldats de fer toujours prêts à vaincre ou à mourir.

Tandis que notre armée remportait de nombreuses victoires si loin du sol natal, aux cris de : *Vive la France! vive l'Empereur!* le peuple français voyait avec la plus profonde indignation qu'un lâche attentat venait d'être commis contre son auguste souverain. Mais, disons-le tout de suite pour l'honneur du pays, celui qui s'en était rendu coupable était un fanatique italien, repris de justice.

Tous les membres de la famille impériale, les ambassadeurs et les ministres des puissances étrangères, les corps constitués, etc., etc., s'empressèrent de venir manifester à Leurs Majestés leurs félicitations et leurs sentiments d'amour. *Le Moniteur* officiel et les journaux de toutes nuances, tant français qu'étrangers, furent unanimes pour flétrir une pareille tentative.

Qu'il nous suffise de rapporter, en terminant ce chapitre, les remarquables paroles de l'Empereur en réponse à l'adresse du Sénat du 28 avril 1855 :

« *Je remercie le Sénat des sentiments qu'il vient de m'exprimer. Je ne crains rien des tentatives des assassins : il est des existences qui sont des décrets de la Providence. Tant que je n'aurai pas accompli ma mission, je ne cours aucun danger* (1). »

(1) Il est évident que si un pareil attentat eût réussi, il n'aurait pu que servir aux intérêts du cabinet moscovite et de ses partisans, et eût été pour la France le signal des plus grands malheurs. C'est donc le cas de répéter ici : « *La Providence veille sur la gloire et la prospérité de notre belle patrie.* »   (*Note de l'Éditeur.*)

CHAPITRE XII.

Retour de l'expédition de Kertch et de Iénikalé. — Ordre du jour du général Pélissier. — Assaut infructueux de la tour Malakoff. — Opinion de la presse anglaise sur cette affaire. — Part que les flottes ont prise à cette bataille. — Expédition de la Baltique. — Mort des généraux Raglan et Alexandre de La Marmora. — Peinture d'un champ de bataille par un touriste anglais. — Les zouaves.

Maîtres de Kertch et de Iénikalé, les amiraux anglais et français jugèrent inutile de conserver la première de ces deux villes ; on en enleva donc tout ce qui pouvait être utile en vivres, munitions, machines, puis on détruisit les établissements du gouvernement et toutes les habitations particulières qui auraient pu lui être utile ; puis la place fut abandonnée. Quant à Iénikalé, dont la conservation parut nécessaire, on y laissa un régiment anglais, un régiment français et sept mille Turcs, garnison suffisante, qui s'occupa aussitôt de mettre la place en état de résister à toutes les tentatives qu'aurait pu faire l'ennemi pour la reprendre. Cela fait, l'escadre expéditionnaire reprit la route de Kamiesch, où elle arriva le 16 juin, au moment même où le général Pélissier se disposait à porter à l'ennemi un coup terrible et décisif.

Il s'agissait en effet de donner l'assaut à la tour Malakoff, l'un des ouvrages russes les plus formidables et la clé de Sébastopol, ainsi que cela devait être démontré un peu plus tard.

Cette attaque résolue, le général Pélissier ayant reconnu précédemment que la fougue et l'entraînement de nos soldats pouvait être une cause d'insuccès, voulut les prémunir contre cet excès d'audace, et, le 17 juin, il leur adressa l'ordre du jour suivant :

« Soldats !

« Dans une occasion récente, un entraînement toujours déplorable, puisqu'il aboutit à répandre inutilement un sang généreux, vous a emporté plus loin que vous n'eussiez dû le faire, et bon nombre en ont été cruellement punis.

« Il est de mon devoir aujourd'hui de vous renouveler les recommandations faites tant de fois déjà. Aussi répéterai-je aux officiers généraux, aux chefs de corps, aux commandants de compagnie, de faire bien sentir aux hommes qui leur sont confiés, la nécessité de leur réunion et de leur formation régulière après toute action de guerre, et surtout après un assaut.

« Non-seulement le succès de l'opération, mais encore l'honneur de l'armée et leur propre salut individuel dépendent de la rapidité avec laquelle ils se sont reformés et mis en mesure de repousser toute attaque de l'ennemi, de vaincre toute résistance qui serait encore à renverser, jusqu'à ce qu'il soit réduit à l'impuissance.

« J'attends de votre dévouement à l'empereur, de votre amour du devoir, la stricte exécution de cet ordre.

« Trouvez-y les paroles d'un père jaloux de votre conservation, et d'un chef qui a le droit de vous demander tout pour le succès de nos armes, l'honneur du souverain et la gloire de la France.

« Au grand quartier général, devant Sébastopol, le 17 juin 1855.

« *Le général en chef*, PÉLISSIER. »

Les dispositions furent faites dans un ordre parfait : en même temps que les Anglais devaient attaquer le grand Redan, quatre divisions françaises, dont une division de la garde impériale formant la réserve, devaient attaquer tous les autres points depuis le Carénage jusqu'en avant de la redoute Victoria.

Pendant toute la journée du 17 juin, les batteries anglaises et françaises firent un feu épouvantable contre les ouvrages de l'ennemi qu'on se proposait d'enlever le lendemain. Les Russes répondirent d'abord avec beaucoup de vivacité ; mais bientôt leur feu diminua, et il alla s'affaiblissant jusqu'à la fin du jour, où il cessa tout à fait.

Cela parut de bon augure aux généraux en chef qui attribuèrent ce silence à la destruction opérée par nos bombes et nos boulets. Les soldats des divisions choisies pour ce redoutable assaut étaient pleines d'enthousiasme, et ce fut avec un entrain admirable que les dernières dispositions se firent pendant la nuit.

L'action s'engagea le 18 juin, un peu avant le lever du soleil. Nous laisserons ici parler le général Pélissier, qui avait pris en personne le commandement des divisions désignées pour l'attaque. Voici le rapport par lui adressé au ministre de la guerre sur cette terrible affaire :

« Au quartier général, devant Sébastopol, le 22 juin 1855.

« Monsieur le maréchal, depuis la conquête des ouvrages extérieurs, le 7 juin, j'avais tout rapidement disposé pour en faire la base de notre attaque contre l'enceinte même de Karabelnaïa. Nous les avions armés d'une puissante artillerie ; les communications et les places d'armes russes avaient été transformées à notre usage ; le terrain et les dispositions de combat étudiés en détail, les armées alliées s'étaient partagé leur tâche. Les Anglais devaient forcer le grand Redan : et nous, nous devions emporter Malakoff, le redan du Carénage et les retranchements qui couvrent cette extrémité du faubourg. Il est surabondant, Monsieur le maréchal, de faire ressortir aux yeux de Votre Excellence les conséquences qu'aurait eu la réussite d'une pareille opération. Depuis nos derniers succès, l'attitude de l'ennemi et l'enthousiasme de nos troupes promettaient la victoire. Il n'y avait pas à différer.

« D'accord avec lord Raglan, le 17, nous accablâmes d'un feu écrasant la place de Sébastopol, et surtout les ouvrages que nous avions résolu d'enlever. L'ennemi cessa de bonne heure de répondre de Malakoff et du grand Redan. Il est probable qu'il chercha à ménager ses batteries et à réserver ses feux, et qu'il ne subit pas, autant que nous étions en droit de le supposer, les effets de notre artillerie.

« Quoi qu'il en soit, la supériorité de notre canon nous confirma dans notre projet d'attaquer le 18 juin ; et dans la nuit précédente nous fîmes toutes les dispositions nécessaires pour prononcer notre mouvement général au point du jour.

« Trois divisions devaient prendre part au combat : les divisions Mayran et Brunet, du deuxième corps ; la division d'Autemarre, du premier. La division de la garde impériale formait la réserve.

« La division Mayran avait la droite des attaques et devait emporter les retranchements qui s'étendent de la batterie de la pointe au redan du Carénage.

« La division Brunet devait tourner Malakoff par la droite.

« La division d'Autemarre devait manœuvrer par la gauche pour enlever cet ouvrage important.

« La mission du général Mayran était difficile. Sa première brigade, commandée par le colonel Saurin, du 3ᵉ de zouaves, devait sortir du ravin du Carénage, au point où se trouve l'aqueduc, longer la berge gauche du ravin en se défiant autant que possible des feux des lignes ennemies, et tourner par la gorge la batterie de la pointe.

« La deuxième brigade, aux ordres du général de Failly, devait faire effort sur la droite du redan du Carénage. Elle était pourvue de tous les moyens d'escalade.

« La réserve spéciale de cette division comptait deux bataillons du 1er régiment des voltigeurs de la garde. Toutes ces troupes étaient disposées de bonne heure à leur poste.

« La division Brunet avait une de ses brigades en avant et à droite de la redoute Brancion (mamelon Vert) ; l'autre, dans la parallèle en arrière et à droite de cette redoute.

« Une disposition analogue avait été prise pour la division d'Autemarre : la brigade Niol, en avant et à gauche de la redoute Brancion ; la brigade Breton, dans la parallèle en arrière.

« Deux batteries d'artillerie, pouvant se manœuvrer à la bricole, étaient placées en arrière de la redoute Brancion, pour être portées sur les positions de l'ennemi, si nous parvenions à nous en emparer.

« La division de la garde impériale, formant réserve générale des trois attaques, était massée en arrière de la redoute Victoria.

« J'avais choisi, pour poste, la batterie Lancastre ; et c'est de là que je devais donner le signal, par des fusées à étoiles, pour le mouvement général. Malgré de grandes difficultés de terrain, malgré les obstacles accumulés par l'ennemi, et quoique les Russes, certainement instruits de nos projets, fussent sur leurs gardes et prêts à repousser l'assaut, il est permis de croire que si l'attaque eût pu être générale et instantanée sur toute l'étendue de la ligne, s'il y avait eu de la soudaineté et de l'ensemble dans les efforts de nos braves troupes, le but eût été atteint. Malheureusement il n'en fut pas ainsi, et une fatalité inconcevable nous fit échouer.

« J'étais encore à plus de mille mètres du point d'où je devais donner le signal, quand une mousqueterie ardente, entrecoupée de coups de mitraille, m'avertit que l'affaire était violemment engagée vers la droite. En effet, un peu avant trois heures, le général Mayran avait cru voir mon feu de signal dans une bombe à trace fusante, lancée de la redoute Brancion. Vainement il fut averti de son erreur.

« Ce brave et malheureux général donna l'ordre de commencer l'attaque. Les colonnes Saurin et de Failly s'élancèrent aussitôt : le premier élan fut magnifique ; mais à peine ces têtes de colonnes furent-elles en marche, qu'une pluie de balles et de mitraille vint les assaillir. Cette mitraille accablante partait non-seulement des ouvrages que nous voulions enlever, mais aussi des steamers ennemis, qui accoururent à toute vapeur et manœuvrèrent avec autant de bonheur que d'adresse. Nous dûmes cependant leur faire éprouver quelques avaries. Ce feu prodigieux arrêta l'effort de nos troupes. Il devint impossible à nos soldats de marcher en avant, mais pas un ne recula d'un pas, c'est alors que le général Mayran, déjà atteint deux fois, fut abattu par un coup de mitraille et dut quitter le commandement de sa division.

« Tout cela avait été l'œuvre d'un moment, et le général Mayran était emporté du champ de bataille, lorsque du terreplein de la batterie Lancastre je donnai le signal. Les autres troupes s'engagent alors pour appuyer le mouvement prématuré de la division de droite. Cette vaillante division, un instant désunie par la perte de son général, se rallie promptement à la voix du général de Failly. Les troupes engagées, soutenues par le deuxième bataillon du 95ᵉ de ligne et un des bataillons des voltigeurs de la garde, aux ordres du brave colonel Boudville, tiennent ferme dans un pli de terrain où le général les établit, et s'y maintiennent avec intrépidité. Cependant, informé de cette situation qui pouvait devenir critique, je donnai l'ordre au général Regnault de Saint-Jean-d'Angély d'envoyer quatre bataillons des voltigeurs de la garde, pris à la réserve générale, au secours de cette division. Les généraux Mellinet et Uhrich marchèrent avec cette belle troupe, rallièrent ce qui était épars dans le ravin du Carénage, et vinrent donner un solide appui au général de Failly, en occupant le fond du ravin.

« Le général Mellinet se porta de sa personne à la droite du général de Failly avec un bataillon de grenadiers préposé depuis la veille à la garde du ravin, et lui fut fort utile en assurant sa droite.

« L'attaque du centre n'avait pas eu un meilleur résultat. Le général Brunet n'avait pu encore compléter toutes ses dispositions lorsque la gerbe de fusées qui devait servir de signal brilla dans les airs. Déjà, et depuis vingt à vingt-cinq minutes, toute la droite était prématurément engagée. Toutefois ses troupes marchèrent avec résolution ; mais leur valeur vint échouer contre le feu nourri des Russes et contre des obstacles imprévus. Dès le début, le général Brunet fut mortellement frappé d'une balle en pleine poitrine. Le drapeau du 91e fut brisé par un boulet, mais il est inutile d'ajouter que ces glorieux débris furent rapportés par ce brave régiment.

« Le général Lafont de Villers prit le commandement de la division et confia celui des troupes engagées au colonel Lorencez. Celles-ci tinrent ferme pendant que le reste de la division occupait les tranchées, pour parer aux éventualités du combat.

« A la gauche, le général d'Autemarre n'avait pu s'engager avant la division Brunet ; il ne pouvait d'ailleurs se rendre compte de la fusillade hâtive qu'il entendait dans la direction du Carénage. Mais, au signal convenu pour l'assaut, il lança avec impétuosité le 5e chasseurs à pied et le 1er bataillon du

19ᵉ de ligne, qui, en suivant la crête du ravin de Karabelnaïa, parvinrent jusqu'au retranchement qui la relie à la tour Malakoff, franchirent ce retranchement et entrèrent ainsi dans l'enceinte même. Déjà les sapeurs du génie disposaient les échelles pour le surplus du 19ᵉ et pour le 26ᵉ régiment, dont le général d'Autemarre précipitait le mouvement à la suite de sa valeureuse tête de colonne. Un instant nous pûmes croire au succès. Nos aigles avaient été arborées sur les ouvrages russes. Malheureusement cet espoir dut promptement disparaître. Nos alliés avaient rencontré de tels obstacles dans leur attaque du grand Redan et ils avaient essuyé de tels feux de mitraille que, malgré leur ténacité bien connue, ils avaient déjà été obligés de prononcer leur mouvement de retraite. Tel était l'élan de nos troupes que, nonobstant cette circonstance, elles eussent poussé en avant et continué à charger à fond l'ennemi ; mais le manque de simultanéité dans l'attaque de nos divisions laissa les Russes libres de nous accabler avec les réserves de l'artillerie du grand Redan, et l'ennemi ne perdit pas un instant pour diriger sur nos braves chasseurs à pied toutes les autres réserves de Karabelnaïa.

« Devant des forces aussi imposantes, le commandant Garnier, du 5ᵉ bataillon, déjà frappé de cinq coups de feu, chercha, mais en vain, à conserver le terrain conquis. Obligé de plier sous le nombre, il repassa le retranchement. Le général Niol rallia sa brigade, renforcée du 39ᵉ de ligne ; on voulut tenter un nouveau mouvement offensif pour assurer le succès de ce nouvel effort, et, sur l'avis du général d'Autemarre que sa réserve se réduisait au 74ᵉ de ligne, je lui envoyai le régiment des zouaves de la garde ; mais, à l'arrivée de ces vétérans de nos guerres d'Afrique, le mouvement n'ayant plus l'ensemble désirable pour un coup de cette vigueur, avec une seule division sans appui, soit sur la droite soit sur la gauche, et labourée par l'artillerie du Redan, sur lequel nos alliés suspendaient leur attaque, je ne tardai pas à reconnaître que toute chance favorable était épuisée. Un nouvel effort n'eut conduit qu'à une effusion de sang inutile. Il était huit heures et demie, je donnai l'ordre partout de rentrer dans les tranchées. Cette opération s'effectua fièrement, avec beaucoup d'ordre et de sang-froid, et sans nulle poursuite de l'ennemi sur aucun point. Une portion des tranchées russes est restée même occupée par une partie de nos gens, qui s'écoulèrent successivement, et sans que l'ennemi osât profiter contre eux d'aucun de ses avantages.

« Nos pertes ont été grandes ; nous avons eu soin, dès l'origine de l'action, d'emporter la plupart des hommes atteints par l'ennemi. Mais un certain nombre de ces morts glorieux restèrent couchés sur les glacis ou dans les fossés de la place. Les derniers devoirs leur ont été rendus le lendemain.

« Outre le général Brunet et le général Mayran (celui-ci a succombé cette nuit), nous avons à regretter un officier aimé et apprécié de toute l'armée, le jeune et brave lieutenant-colonel d'artillerie de Laboussinière, tué en montant sur le revers d'une tranchée obstruée de troupes, et en se rendant d'une de ses batteries à la redoute Brancion. C'est une grande perte : il y avait en lui beaucoup d'avenir. Nombre de braves officiers supérieurs ont été atteints en donnant le plus noble exemple. Officiers d'état-major, officiers de troupes, ont rempli dignement leurs devoirs, et partout le soldat a été admirable.

« Nous avons eu trente-sept officiers tués et dix-sept prisonniers, mille cinq cent quarante-quatre sous-officiers et seize cent quarante-quatre hommes entrés dans les ambulances le 18 au soir.

« Beaucoup de blessures jugées très-graves, sont loin d'être aussi dangereuses qu'on l'avait craint d'abord. Les porteurs de ces honorables cicatrices reparaîtront dans quelque temps sous les drapeaux.

« Ces pertes n'ont ébranlé ni l'ardeur, ni la confiance de ces braves divisions. Elles ne demandent qu'à faire payer cher à l'ennemi cette journée. L'espoir et la volonté de vaincre sont dans tous les cœurs, et tous comptent qu'à la prochaine lutte, la fortune ne fera pas défaut à la valeur.

« Agréez, etc. »

Ce revers inattendu fit une profonde sensation en France et en Angleterre, sensation dont nous ne pouvons donner une plus juste idée qu'en rapportant les réflexions et les appréciations d'un des organes les plus estimés de la presse de Londres :

« Cet événement, qui comprime les espérances si vives que nous avait donné un premier succès, et qui grossit les pertes des deux armées, est de nature à exciter dans la nation la plus profonde douleur. Il faut pourtant bien se pénétrer de l'idée que, dans le cours d'un siége long et difficile, il n'y a rien d'extraordinaire à ce que un ou plusieurs assauts soient repoussés.

« C'est, en effet, la première fois depuis le commencement de la guerre de Crimée, que nos armées ont subi quelque échec dans une grande opération combinée. Durant le siége, les Russes ont été repoussés une douzaine de fois dans leurs sorties et dans leurs attaques nocturnes contre les lignes françaises et anglaises, bien que nos ouvrages soient incomparablement plus faibles que la tour Malakoff et le Redan. A peine trouve-t-on dans les annales militaires, un siége de quelque importance, dans lequel la garnison n'ait pas une fois ou deux chassé les assiégeants de ses ouvrages. Les Russes n'ont pas livré moins de cinq assauts contre Silistrie, et ils ont été battus cinq fois. Dans leur première attaque contre le Mamelon, les Français ont échoué, et cependant ils en sont aujourd'hui les maîtres victorieux. A la douleur que nous cause ce revers, et surtout la perte de tant de braves, il ne se mêle aucun découragement, bien qu'il nous reste encore, à ce qu'il semble, à connaître toute l'étendue des ressources de la place et de l'ennemi à qui nous avons affaire.

« Avant d'être informé de ce déplorable résultat de l'attaque du 18 juin, nous nous sommes permis d'exprimer quelque surprise, quelque regret de ce qu'il n'avait pas été pris des mesures pour profiter d'une manière plus immédiate de la prise du Mamelon et des Carrières dans l'attaque du 7. Nous avons fait remarquer que, lorsque ces ouvrages furent emportés, on eût, avec un petit effort de plus, relativement complété le succès. Les Russes, disions-nous, ont été battus, leur feu s'était ralenti, leurs défenses étaient endommagées, et même leurs travailleurs avaient perdu leur énergie accoutumée pour réparer les ravages du bombardement. On aurait pensé qu'il était peut-être plus facile, en un pareil moment, de rapprocher l'assaut que de renvoyer à une autre occasion la seconde moitié de l'opération. Nous prenons la liberté de citer nos propres expressions, parce qu'elles renferment la parfaite prévision du danger dont nous avons aujourd'hui la si triste certitude. La seconde moitié de l'opération était ou est devenue la plus difficile, et l'intervalle qui s'est écoulé entre le 7 et le 18 a fourni aux Russes l'occasion de concentrer toutes leurs ressources contre l'attaque dont ils étaient menacés.

« Le 7, le nombre des hommes engagés, du moins de notre côté, était relativement très-inférieur; nous ne croyons pas qu'il s'élève à plus de mille, et c'est en défendant leur position, la nuit suivante, qu'ils ont principalement essuyé des pertes. Ce jour-là même ils étaient entrés dans le Redan et avaient réussi à y enlever quatre canons. Est-il raisonnable de supposer que, si des réserves plus fortes avaient appuyé ce détachement, le Redan eût pu être emporté sur-le-champ. D'un autre côté, différer l'attaque, c'était donner aux Russes le temps de recouvrer les avantages physiques et moraux qu'ils avaient déjà perdus. Voici ce qu'on peut répondre à cette observation : Comme le Redan est commandé par les ouvrages de Malakoff, notre succès dépendait de celui des Français dans cette dernière qui est plus élevée ; car le Redan ne saurait être conservé tant que le feu des batteries Malakoff pourrait être dirigé contre lui.

« Nous avons quelque raison de croire que c'est justement ce qui est arrivé le 18, et que les troupes anglaises avaient déjà emporté le Redan lorsqu'elles se sont trouvé exposées à un feu si terrible des canons de l'ennemi sur leur flanc et sur leurs derrières que, ainsi que l'a dit sir T. Graham dans sa relation de l'assaut de Saint-Sébastien, « nul homme n'a survécu à la tentation de regagner cette crête de montagne, » et qu'il leur a fallu conséquemment se retirer. On peut se faire quelque idée des énormes difficultés que les Français avaient à surmonter aux ouvrages qui environnent la tour Malakoff, d'après les obstacles qui ont fait échouer leur première attaque le 7.

« Le premier choc, comme l'ont rapporté ce jour-là nos correspondants, emporta tout devant eux. Non-seulement les Français chassèrent les Russes du Mamelon, mais encore ils les poursuivirent jusqu'aux ouvrages de terre qui se relient à la tour Malakoff. Là, ils se virent sur le bord d'un immense fossé formé par l'excavation des ouvrages de terre ; une forte palissade y était construite, et ils tentèrent de se frayer un chemin à travers cet abattis. Les troupes françaises étaient excessivement exposées, et il ne paraît pas certain qu'elles eussent à leur disposition les moyens ordinaires pour effectuer une descente dans le fossé ou pour faire sauter l'abattis.

Mais les tranchées étaient garnies de Russes. Il y eut alors un combat corps à corps dont le résultat fut que les Français furent repoussés non-seulement de la tour Malakoff, mais encore du Mamelon même; car l'ennemi les poursuivait, et, pour mettre le comble à leur danger, le feu fut mis dans le Mamelon à une mine sous leurs pieds.

« Néanmoins, après cette terrible lutte, les troupes françaises se formèrent de nouveau avec un indomptable courage, elles retournèrent à l'attaque, et enfin chassèrent complétement les Russes du Mamelon. Tels ont été les principaux épisodes du combat du 7, que nous prions nos lecteurs de ne pas confondre avec ceux du 18, parce que ces derniers ne nous sont encore qu'imparfaitement connus. Il y aura nécessairement toujours à se demander si, dans la précédente occasion l'on n'eût pas pu faire aboutir à des résultats plus décisifs celui qu'on avait obtenu. En outre, les avis sont partagés parmi les hommes de guerre, et même entre quelques-uns des plus éminents généraux de l'armée française, à l'égard de la question de savoir s'il y a plus d'avantage à procéder ou par voie d'assaut contre Sébastopol, en l'état actuel du siége, ou par des batailles rangées contre l'armée russe de secours.

« Nos lecteurs savent, autant que peut avoir d'importance l'opinion d'hommes non militaires qui sont éloignés du théâtre de la guerre, que nous nous sommes toujours fortement prononcés en faveur des opérations en pleine campagne. Il est depuis longtemps manifeste que, par la nature des ressources et des fortifications de Sébastopol, notre feu n'a pas réussi, soit à éteindre les canons de l'ennemi, soit à faire une brèche praticable. Comme il en était ainsi, un assaut était nécessairement une opération très-périlleuse et très-incertaine, et, fût-il même couronné de succès, il expose inévitablement les troupes à une résistance désespérée de la part de la garnison retranchée derrière sa seconde ligne de défense. Mais, supposé que les forces alliées marchent d'Eupatoria ou d'ailleurs, refoulent l'armée russe de l'intérieur de la Crimée, et que les approvisionnements ainsi que les renforts de Sébastopol fussent coupés, la réduction de la place n'est plus qu'une simple question de temps.

« Après le siége qu'elle a déjà soutenu, ses moyens de défense seront infailliblement épuisés avant peu ; le résultat de l'attaque du 18 démontre péremptoirement, si l'on doutait encore du fait, l'extrême difficulté d'emporter d'assaut des ouvrages tels que ceux qui défendent maintenant Sébastopol, même lorsque l'assaut est livré par des troupes animées d'un inébranlable courage et profondément convaincues qu'il n'est pas d'obstacles dont elles ne puissent triompher. Le feu des fronts attaqués ne paraît pas avoir été éteint, et les approches n'ont pas encore été portées jusqu'au pied des ouvrages de l'ennemi. En un tel état de choses, les assaillants étaient exposés à une perte immense, et le résultat a été en faveur de la défense de la place. Heureusement, les généraux alliés ont à leur disposition d'autres moyens qu'ils emploieront, nous en avons la confiance, pour réparer un échec qui, sans déshonorer nos armes après le courage extraordinaire qu'ont déployé les troupes, est l'événement le plus affligeant que nous ayons eu à signaler dans le cours de la guerre. (1) »

Il nous reste à rapporter sur cette terrible affaire du 18 juin, la part qu'y prirent les flottes combinées. Ici, comme ailleurs, nous laissons parler les amiraux, dont les rapports sont incontestablement les relations les plus authentiques et les seules qui fassent autorité.

Voici donc, sur cette sanglante affaire, le rapport de M. le vice-amiral Bruat :

(1) Traduit du journal anglais *le Times*.

VICTORIA
REINE D'ANGLETERR

« A bord du *Montebello*, 19 juin 1855.

« Monsieur le ministre,

« Au moment où les escadres alliées sont revenues de l'expédition de Kertch, les généraux en chef se préparaient à poursuivre les succès déjà obtenus et méditaient une attaque très-sérieuse contre la tour Malakoff et la batterie du Redan. Bien que le concours de la marine n'eût point été demandé pour cette opération, nous pensâmes, M. l'amiral Lyons et moi, que nous pourrions la favoriser. L'amiral Lyons pouvait employer dans ses attaques de nuit beaucoup plus de navires à vapeur que je n'étais en mesure de le faire, par suite de la nécessité où je m'étais trouvé d'expédier des frégates à Constantinople. A défaut de frégates, j'ai dû affecter à ce service des corvettes et même des avisos, et j'ai pu, lorsque les Anglais envoyaient quatre bâtiments et trois canonnières tirer sur la place, leur adjoindre trois des bâtiments de mon escadre, chaque navire se présentant isolément devant les forts à un intervalle d'une demi-heure environ. Nous avons été très-heureux de ces expéditions nocturnes. Depuis *le Mogador*, qui, avant notre départ pour Kertch, avait eu deux hommes tués, aucun bâtiment français n'a eu d'hommes mis hors de combat. Les Anglais avaient été aussi favorisés que nous jusqu'à l'avant-dernière nuit; mais cette fois ils ont fait des pertes sensibles. Une bombe, tombée à bord du *Terrible*, a tué deux hommes et en a blessé onze. D'autres navires ont été également atteints, et la perte totale des Anglais, en cette occasion, a été de sept hommes tués et trente blessés.

« La nuit dernière, deux navires seulement ont lancé des projectiles sur la place, et, bien qu'on leur ait répondu vigoureusement, ils n'ont point été atteints.

« La vivacité du feu des batteries russes indique assez l'irritation que causent à l'ennemi ces attaques incessantes. Dans la pénurie de canonniers à laquelle, suivant tous les rapports des déserteurs, l'a réduit ce long siége, ce n'est point un résultat insignifiant que de l'obliger à tenir ses batteries de mer constamment armées, de faire tomber des projectiles au milieu d'une ville remplie de troupes, de fatiguer la garnison, et surtout ces canonniers dont l'énergie explique seule la longue résistance de Sébastopol. On assure qu'au moment où le mamelon Vert et les ouvrages Blancs devaient être attaqués par nos troupes, les Russes furent obligés d'envoyer chercher des canonniers dans les forts de la Quarantaine pour pouvoir répondre au feu que nous dirigions sur les redoutes que nous voulions enlever. C'est principalement pour empêcher l'ennemi de recommencer cette manœuvre que l'amiral Lyons et moi, informés du projet des généraux en chef, nous nous décidâmes à appareiller avec les navires à vapeur des deux escadres et à venir défiler devant les ports à portée de canon, sauf à saisir l'occasion, si elle se présentait, d'exécuter une tentative plus sérieuse contre les batteries.

« A trois heures du matin les deux escadres étaient sous vapeur, et à trois heures et demie des fusées de signaux, lancées d'un de nos ouvrages, nous apprenaient que les troupes alliées marchaient sur le Redan et sur la tour Malakoff. Malgré la vigueur avec laquelle cette double attaque a été conduite, le succès a trompé le courage de nos troupes; elles n'ont pu se loger dans les ouvrages qu'elles devaient enlever; mais, contraintes à la retraite, elles n'ont pas perdu un pouce de terrain et se sont repliées en bon ordre dans leurs parallèles qu'elles occupent encore. Dès les premières lueurs du jour, tous nos regards avaient été dirigés du côté de la tour Malakoff. L'insuccès de notre attaque ne nous fut confirmé officiellement que plus tard; mais déjà diverses circonstances avaient suffi pour nous l'indiquer. L'amiral Lyons et moi avions arrêté à l'avance que nous n'engagerions nos forces que lorsque l'utilité de cette diversion nous serait démontrée.

« L'insuccès de l'affaire Malakoff ne doit point être uniquement attribué, s'il faut ajouter foi aux rapports des prisonniers, à la force de cet ouvrage. Nos troupes ont trouvé devant elles des masses considérables qui s'apprêtaient elles-mêmes à attaquer le mamelon Vert et les ouvrages Blancs. Si notre but n'a pas été atteint, celui de l'ennemi l'a donc été bien moins encore, et, quoique repoussés, nous n'avions point quitté le terrain de l'offensive. Personne ne doute que nous ne sachions nous y maintenir et que nous ne prenions prochainement notre revanche. Jamais les troupes n'ont montré plus d'ardeur.

« Après avoir passé la journée sous vapeur, les escadres sont venues jeter l'ancre devant Sébastopol à extrême portée des canons de la place.

« Je suis, etc.

« *Le vice-amiral, commandant en chef*, BRUAT. »

Cependant, dès que la fonte des glaces l'avait permis, une flotte française, sous les ordres de l'amiral Pénaud, et une flotte anglaise, commandée par l'amiral S. Dundas, avaient pénétré dans la Baltique. L'apparition de ces flottes dans le golfe de Finlande jeta la terreur dans Cronstadt et à Saint-Pétersbourg ; car déjà les Russes ne comptaient plus guère sur l'effet des machines infernales semées dans ces parages par ordre du czar, et que nos vaisseaux avaient retirées de l'eau, presque sans coup férir. On commença à s'apercevoir qu'il fallait d'autres obstacles que ceux-là pour nous empêcher de voir de près les côtes de la sainte Russie, et, en attendant mieux, Saint-Pétersbourg, Cronstadt et toute la province de Finlande furent mis en état de siége.

Ce qui défendait mieux les ports russes de nos attaques,

c'était le peu de profondeur de l'eau qui ne permettait qu'aux bâtiments légers d'approcher de terre, et l'absence de troupes de débarquement sans lesquelles il était impossible d'entreprendre une opération de quelque importance. Force fut donc aux flottes alliées de se borner à la capture des caboteurs russes assez osés pour se mettre en mer.

Tandis que nos puissantes flottes observaient ou bloquaient les ports russes dans la Baltique, l'armée des alliés en Crimée perdait deux de ses généraux justement renommés. Le choléra avait reparu avec les chaleurs, et l'une de ses premières victimes fut le général Alexandre de La Marmora, frère du général en chef de l'armée piémontaise; il était malade depuis quelques jours, lorsqu'une crise cholérique l'emporta le 25 juin. Quatre jours après, le 29, lord Raglan fut de même atteint par l'épidémie. Après avoir courageusement lutté contre le mal pendant quelques heures, l'honorable général se sentit mourir; il pria ses aides de camp de se retirer afin qu'il pût prendre quelque repos.

Vers quatre heures, les officiers qui se trouvaient dans un appartement voisin de son cabinet, où il était resté couché sur son sopha, entendirent un gémissement qui les attira près du général; ils le trouvèrent étendu sans connaissance. L'amiral Lyons, ainsi que plusieurs autres officiers généraux et supérieurs, accoururent au quartier général. Mais lorsqu'ils arrivèrent, tout espoir de sauver lord Raglan était déjà perdu. Il était tellement affaibli par les vomissements et les crampes, que jusqu'à l'heure de sa mort il ne put recouvrer sa connaissance. A neuf heures moins vingt minutes, il rendit le dernier soupir entre les bras de ses aides de camp.

L'amiral Lyons et les principaux officiers tinrent aussitôt un conseil de guerre, pendant que le télégraphe portait en Angleterre cette déplorable nouvelle, et il fut décidé que le chef d'état-major général Simpson prendrait provisoirement le commandement en chef.

Mais tel est l'esprit du soldat que les scènes les plus lugubres ne produisent sur lui qu'une impression passagère. Ainsi, alors que le choléra sévissait avec violence, les zouaves imaginèrent de lui opposer un antidote moins impuissant que les remèdes employés par les médecins, et ils établirent dans le camp un théâtre, construit en grande partie avec de la toile et des planches, il est vrai, mais où rien ne manquait, pas même les jeunes premières dont l'emploi est rempli par de jeunes soldats n'ayant encore qu'un léger duvet pour moustache, non plus que les grandes coquettes et les duègnes qu'acceptèrent des amateurs d'un mérite réel.

L'entreprise eut un succès prodigieux; officiers français et anglais affluaient aux représentations; les généraux eux-mêmes ne dédaignèrent pas de s'y montrer, si bien que, malgré la modicité du prix des places, il n'était guère de représentation qui ne produisît quatre ou cinq cents francs de recettes, lesquelles recettes, prélèvement fait des frais, étaient envoyées tout entières à ceux de nos soldats prisonniers à Sébastopol.

Il est vrai que les bombes, les boulets, la mitraille ou les balles russes obligeaient quelquefois de faire relâche; c'était un père noble qui, en sortant de la répétition, avait un bras emporté; une jeune première à laquelle un éclat d'obus avait brisé les côtes, etc.; et les *et cætera* étaient nombreux; alors on annonçait relâche pour cause d'indisposition subite; mais la représentation du lendemain n'y perdait rien, à moins qu'elle ne fût interrompue par une prise d'armes imprévue; dans ce cas il arrivait que la toile tombait tout à coup au milieu d'une scène, et les acteurs couraient au feu sans prendre le temps de changer de costume.... Nous cédons ici au désir d'emprunter la physiologie des zouaves à un écrivain que nous avons déjà cité plusieurs fois (1), et qui lui-même l'a traduite d'un ouvrage anglais (2).

« Le zouave est petit, ses traits sont caractérisés, mais un peu irréguliers dans leur ensemble ; il a une physionomie pleine de sang-froid et d'intrépidité qui font pressentir de suite qu'il est capable de tout acte d'audace. Il est fanfaron, mais bon et point envieux. Il croit tout ce qu'on lui raconte, quelque invraisemblable que soit le récit ; mais il veut, en retour, que l'on ajoute foi à ses histoires les plus inadmissibles.

« Son esprit est fin et inventif, mais le soupçon n'y a point place ; sous son apparence puérile, il n'a point son pareil pour trouver des ressources, et il s'arrange de façon à pouvoir toujours vivre là où l'Industrie en personne serait réduite à mourir de faim.

« Le zouave est brave jusqu'à la témérité, désintéressé jusqu'à la chevalerie, et toujours prêt à obliger autrui avec une grâce inexprimable (*to a degree that is inexpressibly graceful and wining.*) Mais il faut le gâter, car il croit à lui-même, et lorsqu'il s'irrite, il répète jusqu'à satiété cette phrase, qui pour lui veut tout dire : « *Le soldat français, voyez-vous ! c'est le* QUOS EGO *de Neptune.* »

« Mais un seul mot le calmera. Une seule marque de bienveillance le touche plus au cœur que vingt années d'injustices. Plus on l'étudie, plus on l'aime et plus on admire en lui ce type de l'insouciance, de la contradiction, de l'esprit, ce diable à quatre enfin qui fait tout à la fois le charme et le désespoir des officiers (*the good humoured despair*).

« C'est un gamin des rues vêtu des habits d'homme, tou-

---

(1) M. E. DE LA BÉDOLLIÈRE, rédacteur du journal *le Siècle*, auteur d'une *Histoire de la guerre d'Orient.*

(2) *The picture from the battle-field, by a roving englishman* (*Peinture d'un champ de bataille,* par un touriste anglais.)

jours prêt à compromettre sa dignité dans une partie de croix ou pile ou de saute-mouton. Le peu de soin qu'il a de sa personne physique ajoute quelque chose à l'effet même de son costume. Ses immenses moustaches se rouillent faute de soins : l'une s'en va la pointe en l'air, l'autre descend fort au-dessous de ses lèvres. Bon soldat, toujours dispos pour le combat, mais désespérant pour la parade. Son génie peut s'appliquer à tout, excepté à la théorie. Il sait trop bien ce que c'est qu'une vraie campagne pour attacher une grande importance à ce qu'on en peut apprendre dans le manuel. Il fera tout pour l'officier qui sait le commander, tout excepté l'exercice et mener une conduite exemplaire. C'est là ce qui le distingue du soldat et du matelot, toujours précis, nets et passés maîtres dans l'art de mettre les choses en ordre.

« Le zouave se sert de tout objet de la façon la plus fantaisiste, et sans se préoccuper du rapport que peut avoir ledit objet avec l'usage qu'il en fait et sa destination première. Il boira de l'eau-de-vie dans une poire à poudre, et conservera des munitions dans une casserole. Son aptitude est remarquable comme tailleur, savetier, blanchisseur, cuisinier, mais il applique ces talents divers au profit de n'importe qui, excepté au sien propre.

« Pour plaire à une vivandière ou à la femme d'un officier qui sait le prendre, il passera les nuits, soignera les enfants, se fera menuisier, serrurier, au besoin femme de chambre. Il risquerait sa vie sans nulle difficulté pour aller sous le feu de l'ennemi lui cueillir un bouquet ou pour lui rapporter du café d'une boutique de Sébastopol.

« Le zouave ainsi considéré fournirait aux frères Cogniard un héros tout fait de vaudeville.

« Quant aux droits sur la propriété, il n'a sur cette question que des idées très-incomplètes. Il volera sans sourciller des objets de consommation, mais en revanche il fera vingt milles à pied à travers les fondrières, par la neige ou le vent, s'il découvre que sa rapine provenait d'un propriétaire qui méritait ses sympathies. Il aime le maraudage plutôt par amour du danger et par bravade que pour les avantages matériels qu'il peut en espérer. Ainsi vous le rencontrerez les mains pleines d'objets conquis au prix des plus grands périls affrontés, il n'aura rien de plus pressé que de s'en décharger afin de se remettre en chasse. Il récompensera le moindre témoignage d'affection par les magnificences les plus prodigues ; en retour d'une pipe de tabac ou d'une goutte d'eau-de-vie, il donnera un coffret tout rempli de bijoux produit de quelque pillage au milieu d'une ville conquise. N'espérez pas pouvoir le remercier s'il vous a rendu un service ; pour se soustraire à la reconnaissance, il s'enfuit à toutes jambes. Mais jamais il ne maraude avec une persistance plus déterminée que lorsqu'il s'agit d'un Anglais malade :

« — *Car ces John Bull, voyez-vous, çà n'sait rien, çà n'sait pas s'arranger comme nous autres, çà ne sont que des zenfants, mais çà nous zaime. Cré non d'un chien ! comme ça nous zaime !* »

Et qui n'aimerait de si braves gens ! Le maréchal de Saint-Arnaud n'a-t-il pas dit *qu'ils sont les premiers soldats du monde ?* (1)

---

(1) Le prince Gortchakoff, commandant en chef de la garnison de Sébastopol, savait aussi apprécier la valeur de nos soldats, car il écrivait dans une lettre adressée à Varsovie au maréchal de P....... « *Quant aux Français, c'est un plaisir de se battre contre eux : ce sont de vrais lions.* »

(*Note de l'Éditeur.*)

CHAPITRE XIII.

Discours de l'Empereur à l'ouverture de la session extraordinaire de 1855. — Voyage de l'Empereur et de l'Impératrice à Londres. — La reine d'Angleterre à Paris. — Destruction de Sweaborg. — Bataille de la Tchernaia ou de Traklir. — Situation morale des troupes alliées avant la prise de Sébastopol. — Dépêche du général Niel. — Prise de Malakoff. — Chute de Sébastopol. — Aspect de la ville. — Te Deum. — Discours de l'archevêque. — Le général Pélissier est élevé à la dignité de maréchal de France. — Bataille de Gougbyl, défaite de la cavalerie russe. — Affaire d'Eupatoria. — Prise des trois forts de Kinburn.

Ainsi que nous l'avons dit plus haut, les négociations provoquées à Vienne par la Russie elle-même n'avaient été qu'un leurre imaginé par le cabinet de Saint-Pétersbourg, uniquement en vue de gagner du temps (1) ; elles furent donc rompues.

À la suite de cette rupture, l'empereur Napoléon III convoqua en session extraordinaire le Sénat et le Corps législatif, et il fit lui-même l'ouverture de cette session le 1er juillet 1855. Voici le discours qu'il prononça à cette occasion :

« Messieurs les sénateurs, messieurs les députés,

« Les négociations diplomatiques entamées pendant le

---

(1) Cela est si vrai que le prince Gortchakoff, plénipotentiaire du czar, ne prenait pas même la peine d'écouter ce qui se disait dans les conférences, dont il passait tout le temps à dessiner des caricatures.

(*Note de l'Éditeur.*)

cours de votre dernière session vous avaient fait pressentir que je serais obligé de vous rappeler lorsqu'elles seraient arrivées à leur terme. Malheureusement, les conférences de Vienne ont été impuissantes à amener la paix. Je viens donc de nouveau faire appel au patriotisme du pays et au vôtre.

« Avons-nous manqué de modération dans le règlement des conditions? Je ne crains pas d'examiner la question devant vous. Il y avait un an environ que la guerre avait commencé, et déjà la France et l'Angleterre avaient sauvé la Turquie, gagné deux batailles, forcé la Russie à évacuer les Principautés et à épuiser ses forces pour défendre la Crimée. Enfin, nous avions en notre faveur l'adhésion de l'Autriche et l'approbation morale du reste de l'Europe.

« Dans cette situation, le cabinet de Vienne nous demanda si nous consentirions à traiter sur des bases déjà vaguement formulées avant nos succès. Un refus de notre part devait sembler naturel. Ne devait-on pas croire, en effet, que les exigences de la France et de l'Angleterre se seraient accrues en proportion de la grandeur de la lutte et des sacrifices déjà faits? Eh! bien, la France et l'Angleterre ne se sont pas prévalues de leurs avantages ni même des droits que leur offraient les traités antérieurs, tant elles avaient à cœur de rendre la paix plus facile et de donner une irrécusable preuve de leur modération.

« Nous nous sommes bornés à demander, dans l'intérêt de l'Allemagne, la libre navigation du Danube et une digue contre le flot russe qui vient sans cesse obstruer l'embouchure de ce grand fleuve; dans l'intérêt de la Turquie et de l'Autriche, une meilleure constitution des Principautés, afin qu'elles servent de rempart contre les invasions sans cesse renaissantes du Nord; dans un intérêt d'humanité et de justice, les mêmes garanties pour les chrétiens de toutes les communions sous la protection exclusive du sultan; dans l'intérêt de la Porte comme dans celui de l'Europe, nous avons demandé que la Russie limitât à un chiffre raisonnable le nombre des vaisseaux qu'elle entretient à l'abri de toute attaque dans la mer Noire et qu'elle ne peut entretenir que dans un but d'agression.

« Eh bien ! toutes ces propositions, que j'appellerai magnanimes par leur désintéressement, et qui avaient été approuvées en principe par l'Autriche, par la Prusse et par la Russie elle-même, se sont évanouies dans les conférences. La Russie, qui avait consenti théoriquement à mettre fin à sa prépondérance dans la mer Noire, a refusé toute limitation de ses forces navales, et nous en sommes encore à attendre que l'Autriche exécute ses engagements qui consistaient à rendre notre traité d'alliance offensif et défensif si les négociations n'aboutissaient pas.

« L'Autriche, il est vrai, nous a proposé de garantir avec elle par un traité l'indépendance de la Turquie et de considérer à l'avenir comme *casus belli* le cas où le nombre des vaisseaux de la Russie aurait dépassé celui qui existait avant la guerre. Accepter une semblable proposition était impossible, car elle ne liait en rien la Russie, et au contraire nous paraissions sanctionner sa prépondérance dans la mer Noire par une convention. La guerre a dû suivre son cours.

« L'admirable dévouement de l'armée et de la flotte amèneront bientôt, je l'espère, un résultat heureux ; c'est à vous de me donner les moyens de continuer la lutte. Le pays a déjà montré quelles étaient ses ressources et sa confiance en moi. Il avait offert, il y a quelques mois, 1,780 millions de plus que je ne lui demandais ; une partie suffira pour soutenir son honneur militaire et ses droits comme grande nation. J'avais résolu d'aller me placer au milieu de cette vaillante armée où la présence du souverain n'eût pas été sans produire une influence heureuse, et témoin des héroïques efforts de nos soldats j'aurais été fier de pouvoir les diriger ; mais les graves questions agitées à l'étranger sont toujours demeurées en suspens et la nature des circonstances a exigé à l'intérieur de nouvelles et importantes mesures. C'est donc avec douleur que j'ai abandonné ce projet.

« Mon gouvernement vous proposera de voter la loi annuelle de recrutement. Il n'y aura point de levée extraordinaire, et l'on rentrera dans les voies accoutumées qui nécessitent, pour la régularité de l'administration, le vote de la levée une année à l'avance.

« En terminant, Messieurs, payons ici solennellement un juste tribut d'éloges à ceux qui combattent pour la patrie, associons-nous à ses regrets pour ceux dont elle déplore la perte. L'exemple de tant d'abnégation et de constance n'aura pas été en vain donné au monde. Que les sacrifices nécessaires ne nous découragent pas, car, vous le savez, une nation doit abdiquer tout rôle politique, ou, si elle a l'instinct et la volonté d'agir conformément à sa nature généreuse, à son histoire séculaire, à sa mission providentielle, elle doit par intervalles savoir supporter des épreuves qui seules peuvent la retremper et la porter au rang qui lui est dû.

« Confiance en Dieu, persévérance dans nos efforts, et nous arriverons à une paix digne de l'alliance de deux grands peuples. »

L'empereur avait eu raison de compter sur le patriotisme du peuple : l'emprunt fut ouvert, il était de 750,000,000. Aussitôt, petits et grands se pressent aux portes du Trésor; on fait queue, on passe les nuits sur le pavé pour attendre son tour dans l'espoir de faire accepter son argent, et, en définitive, au lieu des sept cent cinquante millions demandés, il se trouve que le peuple a apporté trois milliards. Il fallut rendre aux souscripteurs tout ce qu'ils avaient apporté de trop, et ce ne fut pas sans peine qu'on parvint à le leur faire reprendre. Qui donc, après cela, oserait dire que les finances de la France ne lui permettent pas de soutenir la guerre ?

Tandis qu'en Crimée les soldats anglais et français confondaient leurs rangs pour la défense de la civilisation européenne menacée par le czar, les cours de France et d'Angleterre resserraient les liens qui les unissaient. Au mois d'avril 1855, l'empereur et l'impératrice avaient fait visite, à Londres, à la reine Victoria. Au moment de partir, Napoléon III avait dit aux députés rassemblés aux Tuileries dans la salle des maréchaux :

« Messieurs, je vais à Londres ; j'ai voulu vous dire adieu avant de partir, et vous remercier du concours que vous m'avez apporté pour toutes les lois importantes que je vous ai présentées pendant cette session ; mon absence sera courte. Je pense que je serai votre interprète en assurant le gouvernement de Sa Majesté la reine de la Grande-Bretagne, que vous appréciez comme moi tous les avantages de l'alliance avec l'Angleterre. Nous voulons tous la paix ; mais à des conditions honorables, et seulement dans ce cas ; si nous devons continuer la guerre, je compterai sur votre loyal appui. »

Pendant les huit jours qu'il dura, ce voyage ne fut qu'une suite de magnifiques ovations ; jamais, dans la Grande-Bretagne, souverains étrangers n'avaient été reçus avec un tel enthousiasme. L'empereur reçut de la reine les insignes de l'ordre de la Jarretière, et partout où il se montra, il fit entendre des paroles sympathiques qui lui gagnèrent les cœurs les plus froids. L'alliance des deux grandes nations occidentales était dès-lors solidement cimentée ; on peut dire qu'elle devint indestructible lorsque la reine Victoria fit savoir à son peuple qu'elle avait résolu d'aller rendre à Paris, à l'empereur, la visite qu'elle avait reçue à Londres.

Le 18 août, la reine d'Angleterre, le prince Albert, son mari, le prince de Galles et la princesse royale arrivèrent à Paris. L'empereur avait été au-devant d'eux jusqu'à Boulogne. Tout Paris était sur pied pour les recevoir; le temps était superbe et jamais la capitale de la France n'avait présenté un plus magnifique coup d'œil ; partout c'étaient des trophées où se confondaient les couleurs de la France, de l'Angleterre, de la Turquie et de la Sardaigne ; les boulevarts, que devait parcourir le cortège, n'étaient plus qu'un océan de fleurs sur lequel s'élevaient de nombreux arcs de triomphe, et l'air retentissait des *Vivat* lancés par un million de voix ; à toutes les fenêtres s'agitaient les mouchoirs et un tonnerre de hourras partaient des toits des maisons littéralement couvertes de curieux intrépides.

La reine Victoria était rayonnante de bonheur, et ce fut au milieu de l'énivrement de cette scène qu'elle arriva à Saint-Cloud où l'impératrice la reçut au bas du grand escalier, accompagnée de la princesse Mathilde et entourée de ses dames d'honneur et des officiers de la maison de l'empereur.

Les augustes visiteurs passèrent dix jours à Paris ; ce fut dix jours de fête pour la capitale toute entière : la population épiait en quelque sorte les pas de la reine afin qu'elle retrouvât partout le luxe et la magnificence qui, lors de son arrivée, avaient frappé ses regards ; mais de toutes ces merveilles qui surgissaient sur tant de points divers, il n'y en eût pas de comparables à celles du bal de l'Hôtel-de-Ville, offert le 23 août par le préfet de la Seine aux illustres hôtes de la France. Aussi, dès le lendemain, 24, l'ambasssadeur d'Angleterre, lord Clarendon, adressait-il au premier magistrat de la municipalité de Paris cette flatteuse lettre :

« Saint-Cloud, 24 août 1855.

« Monsieur le préfet,

« La reine m'ordonne de vous exprimer, ainsi qu'au corps municipal, ses sincères remerciements pour la fête qui lui a été donnée hier. La magnificence des dispositions qui ont été prises, la splendeur de l'édifice et la courtoisie des nombreux invités ont fait une ineffaçable impression sur l'esprit de la reine, et seront toujours présents à sa mémoire comme l'un des plus agréables incidents de sa visite à Paris.

« En répondant à l'adresse que la reine a reçue avec tant de satisfaction du corps municipal, Sa Majesté vous a assuré, Monsieur le préfet, qu'elle ne pourrait jamais oublier l'accueil qui lui a été fait par la population parisienne. Elle désire encore renouveler ici l'assurance de sa profonde gratitude pour les sentiments pleins de prévenance avec lesquels elle a été partout accueillie sur son passage lorsqu'elle a visité, avec son illustre allié et ami, les nombreux édifices dans lesquels sont réunis, avec tant de profusion, les souvenirs des succès de la nation française dans les arts, dans les sciences et dans la guerre.

« Mais la satisfaction et la reconnaissance de la reine sont encore augmentées par la conviction que ses propres sujets partagent les manifestations bienveillantes dont elle a été l'objet. Elle y voit la ratification donnée par la France à l'alliance qui existe maintenant, non pas seulement entre les souverains, mais entre les peuples des deux pays. Elle est convaincue que les deux nations, qui ont appris à s'apprécier réciproquement dans une guerre entreprise pour une cause à la fois juste et équitable, et qui ne sont plus rivales aujourd'hui que pour atteindre le but commun qu'elles poursuivent, resteront toujours unies par les liens d'intérêts devenus désormais inséparables. Cette union a été le vœu ardent du cœur de la reine, et sa visite à la magnifique capitale de la France a inspiré à Sa Majesté un profond intérêt personnel pour le bonheur de cette grande nation.

« Je profite de cette occasion pour vous offrir, Monsieur le préfet, l'assurance de ma considération distinguée,

« CLARENDON. »

Le 24, la reine, le prince Albert, le prince de Galles et la princesse royale assistèrent à une revue de l'armée de Paris au Champ-de-Mars, et l'on peut dire que jamais plus magnifique spectacle militaire ne s'offrit à leurs regards ; puis il y eut fête à Saint-Germain, et à Versailles la plus magnifique fête de nuit qui ait jamais été donnée dans ce splendide palais, même aux beaux jours de Louis XIV et de Louis XV.

Le départ de ces hôtes royaux eut lieu le 27, avec tout l'éclat qui avait présidé à leur réception ; cent-un coups de canon annoncèrent leur sortie de la capitale ; quelques heures après, ils arrivaient à Boulogne, toujours accompagnés par l'Empereur, et le soir même, la reine, son entourage et sa suite s'embarquèrent pour retourner en Angleterre.

Cette cordiale réception faite à Napoléon III à Londres, et cet enthousiasme avec lequel la reine Victoria avait été accueillie à Paris, avaient une haute signification qui devait douloureusement retentir en Russie, accompagnées qu'étaient ces démonstrations du bruit de nos canons en Crimée et dans la Baltique. Les flottes alliées, dans cette mer, n'étaient pas restées inactives ; elles avaient presque entièrement détruit la marine marchande russe, et plusieurs forteresses du littoral avaient déjà eu à souffrir de leur feu, lorsque les amiraux résolurent de frapper un grand coup ; la ruine de Sweaborg fut résolue, et tous les préparatifs furent faits pour anéantir cette place forte qui ne comptait pas moins de dix mille hommes de garnison.

En conséquence, le 6 août, l'escadre anglaise se présenta devant Sweaborg; vers le soir du même jour, l'escadre française, commandée par l'amiral Pénaud, la rejoignit.

Le 8 du même mois, à sept heures et demie du matin, seize bombardes anglaises, portant chacune un mortier, cinq bombardes françaises, portant deux de ces pièces et une batterie de siége de quatre mortiers, établie sur l'îlot Abraham à deux mille deux cents mètres de la place, ouvrirent un feu formidable contre Sweaborg. Trois heures plus tard, les forteresses commencèrent déjà à se démanteler, et déjà aussi les incendies éclatèrent de toutes parts, éclairant l'espace d'une lueur sinistre, immense, victorieuse.

Le bombardement dura deux jours et deux nuits. L'œuvre de destruction accomplie, nous fîmes le relevé de nos pertes, qui se montaient, du côté des Anglais, à un matelot tué et à quelques légères blessures.

Là encore nous venions de remporter un succès considérable. Nos troupes, dont l'intrépidité ne laisse pas que d'être proverbiale, avaient agi avec les Anglais avec une entente, un entrain admirables.

L'amiral Penaud s'était écrié peu de temps avant l'action:

— Courage, mes enfants, et s'il plaît à Dieu, nous enverrons à Paris, pour le 15 août, à notre Empereur et à notre ministre, un bouquet digne d'eux. TIREZ BIEN, LONGTEMPS ET JUSTE.

Ainsi, là comme partout ailleurs, la pensée de Napoléon III présidait au combat en enfantant l'héroïsme !

A cette victoire, dont les résultats ne devaient pas être douteux, l'armée de Crimée répondit par une autre victoire remportée le 16 août sur les bords de la Tchernaïa.

L'ennemi, qui depuis quelque temps s'apprêtait pour une

décisive et vigoureuse sortie, étant descendu des hauteurs de Mackensie, s'avança, à la faveur de la nuit, sur la Tchernaïa. Reconnus des Sardes placés en éclaireurs jusque sur les hauteurs de Chouliou, les Russes ouvrirent néanmoins leur feu et la bataille s'engagea bientôt, ardente, fougeuse, acharnée, auprès du pont de Traktir.

Les généraux d'Allonville, Herbillon, Morris, la Marmora, Camou, Faucheux, Sefer-Pacha, firent là des prodiges de valeur.

On pressentait qu'il devait ressortir de cette bataille un évènement important, décisif pour l'armée occidentale. Il était facile aussi de reconnaître que les Russes voulaient à tout prix un combat sans appel, dont le gain pouvait les sauver et dont la perte devait les anéantir.

Victorieux à force d'énergie, d'audace, de bravoure et d'entente parfaite entre les troupes alliées, nous culbutâmes les Russes avec une vigueur et un élan extraordinaires. Quatre cents prisonniers tombèrent entre nos mains, plus de trois mille Russes, dont deux généraux, restèrent morts sur le sol; dans cette journée, en outre, Gortchakoff avait eu cinq mille blessés, dont une grande partie fut recueillie dans nos ambulances.

Nos pertes furent insignifiantes en comparaison de ces chiffres énormes.

On lisait dans *le Times* au sujet de cette mémorable affaire :

« On trouve rarement dans les annales de la guerre une plus extraordinaire disparité de forces numériques avec un plus glorieux résultat que ceux qui viennent de signaler la bataille de la Tchernaïa. Plus d'un cœur à Paris et à Turin battra d'aise et d'orgueil lorsque le récit de la bravoure française et sarde sera raconté dans l'Europe occidentale. C'est, en effet, un grand exploit, un noble fait d'armes : dix-sept mille hommes, surpris avant le jour, ont repoussé plus de soixante-dix mille hommes, que soutenait une artillerie supérieure en nombre, et les ont balayés, dans une confusion désespérée, leur faisant essuyer une perte effrayante. Les soldats russes qui ont combattu à la Tchernaïa étaient des troupes fraîches, non initiées encore aux horreurs de la guerre de Crimée, et ignorant la puissance redoutable à laquelle ils avaient affaire. Comme d'habitude, on avait prodigué l'eau-de-vie à l'infanterie, et ces hommes se sont rués en désespérés, s'avançant par colonnes vouées à la mort. Trois fois les Français et les Russes ont lutté pour la possession d'un pont et des hauteurs du côté français de la petite rivière, et trois fois, grâce à la valeur indomptable du soldat français, les colonnes compactes des Russes ont été repoussées ; chaque fois, une colonne nouvelle était lancée pour l'attaque, et les Français soutinrent ce triple choc sans renforts. Pendant cette lutte, l'artillerie sarde faisait d'effroyables ravages dans les rangs des Russes, et, par une marche en avant opportune, elle est parvenue à mettre les Russes en complète déroute. Voilà, en peu de mots, la bataille de la Tchernaïa. La bataille est gagnée, mais quelles inductions peut-on tirer de cet événement pour l'avenir ?

A première vue, il est désagréable de voir que les Russes, indépendamment de la garnison de Sébastopol, peuvent entretenir en Crimée assez de forces pour permettre la concentration de quatre-vingt mille hommes sur un point donné pour l'offensive. Il faut dire, d'autre part, qu'aucune induction réelle sur la véritable situation des affaires ne doit être tirée d'une attaque désespérée de cette nature. L'habitude des Russes est de concentrer sur le plus petit espace possible, en les faisant venir des points les plus reculés de l'empire, des masses qu'ils lancent au feu sans délai. Il en fut ainsi à Inkerman, ainsi à la Tchernaïa. On sait qu'une grande partie de l'armée engagée dans cette dernière affaire venait d'arriver de Pologne. Quant à la condition militaire de Crimée, sauf les envois immédiats de Sébastopol, nous sommes dans la plus complète ignorance. Il est possible que toutes les positions russes aient été dégarnies de la défense pour risquer l'affaire du 16. Le but de l'attaque est développé dans la lettre trouvée sur le corps du général russe qui a été tué, et, plus on y pense, plus la bataille de la Tchernaïa paraît être un de ces efforts désespérés qui, nous aimons à le croire, annoncent le commencement de la fin. »

Cette victoire des alliés fut, pour beaucoup de bons esprits, le présage de la chute de Sébastopol, et bientôt cette opinion fut corroborée par le redoublement du feu des assiégeants contre la place. Du 17 août au 22, le bombardement ne cessa pas un instant. Dans la nuit du 22 au 23, les Français enlevèrent une embuscade russe sur les glacis de Malakoff, et ils tuèrent trois cents hommes à une colonne ennemie qui tentait de reprendre cette position. Tout semblait annoncer un dénouement prochain : nos bombes avaient incendié plusieurs des vaisseaux réfugiés dans le port, et les mineurs étaient arrivés si près des fossés de Malakoff qu'il ne fallait qu'un coup de pioche pour leur livrer passage. L'armée alliée pleine d'ardeur ne demandait qu'à s'élancer sur l'ennemi.

Quelle était en effet la situation morale de nos soldats à cette époque.

Vivant dans les tranchées, une seule idée les préoccupait : l'assaut ; et ce n'est pas une des choses les moins remarquables de ce temps, que d'avoir vu l'armée française, dont l'impatience était proverbiale, donner elle-même l'exemple de la persévérance dans un siége dont la durée ne le cède en rien au plus long siége de l'antiquité.

Soumis aux plus durs travaux, loin de leur patrie, de leurs familles, ils n'en remplissaient pas moins leur devoir avec ce courage et cette conscience caractéristiques qui faisaient d'eux des troupes invincibles et prêtes à tout sacrifier pour le droit et la gloire de nos armes.

« Passerons-nous l'hiver ici? écrivait un correspondant
« de journal..... Nous tournons bien souvent nos regards
« vers la France, mais notre devoir avant tout est de regar-
« der l'ennemi. Cette chère France! nous en parlons sou-
« vent, comme on parle d'une grande fortune sans espoir d'y
« arriver bientôt. »

Et cependant aux battements précipités de leurs cœurs, nos braves soldats sentaient approcher l'heure tant désirée de l'assaut.....

Enfin ce moment arriva, et l'assaut donné le 8 septembre décida du sort de cette orgueilleuse cité réputée imprenable. Une première dépêche du général Pélissier portait :

« L'assaut a été donné à midi à Malakoff. Ses réduits et le redan du Carénage ont été enlevés par nos braves soldats avec un entrain admirable, aux cris de *Vive l'Empereur!*

« Nous nous sommes occupés de suite de nous y loger, et nous y avons réussi. Le redan du Carénage n'a pu être conservé devant la puissante artillerie qui frappait les premiers occupants de cet ouvrage, que notre solide installation à Malakoff ne tardera pas à faire tomber, ainsi que le Redan, dont nos braves alliés ont enlevé le saillant avec leur vigueur habituelle. Mais, comme au redan du Carénage, ils ont dû céder devant l'artillerie ennemie et de puissantes réserves.

« A la vue de nos aigles flottant sur Malakoff, le général de Salles a fait deux attaques sur le bastion Central. Elles n'ont pas réussi; nos troupes sont rentrées dans leurs tranchées.

« Nos pertes sont sérieuses, et je ne puis encore les préciser. Elles sont amplement compensées, car la prise de Malakoff est un succès dont les conséquences seront immenses. »

Dans une seconde dépêche le général Pélissier ajoutait :

Le général Pélissier au ministre de la guerre.

« Redoute Brancion, trois heures du matin, 9 septembre.
« Karabelnaïa et la partie sud de Sébastopol n'existent plus. L'ennemi, voyant notre solide occupation à Malakoff, s'est décidé à évacuer la place, après en avoir ruiné et fait sauter par la mine presque toutes les défenses.

« Passant la nuit au milieu de mes troupes, je puis vous assurer que tout a sauté dans Karabelnaïa, et, d'après ce que j'ai pu voir, il doit en être de même devant nos attaques de gauche. — Cet immense succès fait le plus grand honneur à nos troupes.

« Je vous donnerai le détail de nos pertes de la journée, qui, après tant de combats opiniâtres, ne peuvent être que sérieuses.

» Demain je pourrai préciser les résultats de cette grande journée, dont les généraux Bosquet et Mac-Mahon ont en grande partie les honneurs.

« Tout est paisible sur la Tchernaïa, et nous y veillons. »

L'amiral Bruat mandait, le 9, à dix heures quinze minutes du matin :

« L'assaut a été donné hier à midi à la tour Malakoff, et plus tard au grand Redan et au bastion Central. Un coup de vent du Nord a retenu les vaisseaux au mouillage. Les bombardes, pour pouvoir tirer, ont dû entrer dans la baie de Streleska ; elles ont lancé sur le bastion de la Quarantaine et le fort Alexandre six cents bombes. Les six bombardes anglaises, également mouillées dans la baie Streleska, ont tiré à peu près le même nombre de bombes. Cette nuit, de violentes explosions, de vastes incendies, nous ont fait supposer que les Russes évacuent la ville.

« Aujourd'hui, nous avons remarqué que les vaisseaux russes étaient coulés. Le pont était couvert de troupes qui se retiraient dans le Nord; à partir de huit heures il était coupé. Il ne reste plus dans le port, amarrés près du fort Catherine, que quelques navires à vapeur. Je me suis approché ce matin, sur le *Brandon*, des batteries de la Quarantaine, et je me suis assuré qu'elles étaient évacuées. En ce moment, elles viennent de sauter. Nos soldats sont sortis des tranchées et se répandent en groupes isolés sur les remparts de la ville qui paraissent complétement abandonnés. »

Le récit de ce grand événement était complété le 9 à huit heures du soir par le général Pélissier dont voici la dépêche :

« Aujourd'hui j'ai constaté que l'ennemi avait coulé les vapeurs; son œuvre de destruction a continué sous le feu de nos bombes.

« Des mines sautant successivement sur beaucoup de points m'ont fait un devoir de différer d'entrer dans la place, qui ne présente plus qu'un vaste foyer d'incendie.

« Toutefois, serré d'un peu près par notre feu, le prince Gortchakoff demande un armistice pour enlever le reste de ses blessés près du fort Saint-Paul, le pont, par prudence, ayant été rompu par ses ordres....... »

Enfin une autre dépêche du général Pélissier, en date du 11 septembre, onze heures du soir, porte ce qui suit :

« J'ai parcouru aujourd'hui Sébastopol et ses lignes de défense. La pensée ne peut se faire un tableau exact de notre victoire, dont l'inspection des lieux peut seule donner toute l'étendue.

« La multiplicité des travaux de défense et les moyens matériels qui y ont été appliqués dépassent beaucoup ce qui s'était vu dans l'histoire des guerres,

« La prise de Malakoff, qui a contraint l'ennemi à fuir devant nos aigles déjà trois fois victorieuses, a mis, entre les mains des alliés, un matériel et des établissements immenses dont il est impossible encore de préciser l'importance.

« Demain, les troupes alliées occuperont Karabelnaïa et la ville, et, sous leur protection, une commission anglo-française s'occupera de faire le recensement du matériel que l'ennemi nous a abandonné.

« La joie de nos soldats est bien grande, et c'est au cri de *vive l'Empereur!* que, dans leur camp, ils célèbrent leur victoire.

La récompense de ce beau fait d'armes ne se fit pas attendre ; le 13 septembre, on lisait dans le *Moniteur* :

« NAPOLÉON, etc.

« Considérant les éminents services rendus par le général de division Pélissier, notamment en Crimée, dans le commandement en chef de l'armée d'Orient ;

« Sur le rapport de notre ministre secrétaire d'Etat de la guerre.

« Art. 1er. Le général de division Pélissier (Amable-Jean-Jacques) est élevé à la dignité de maréchal de France. »

Le passage suivant d'une dépêche au général Niel est trop important pour que nous ne le transcrivions pas ici. Il donnera une juste idée des moyens de destruction employés de part et d'autre et par les assiégeants et par les assiégés :

« Ainsi s'est terminé ce siége mémorable, dans lequel les moyens de la défense et ceux de l'attaque ont atteint des proportions colossales. Les Russes avaient plus de huit cents bouches à feu en batterie et une garnison dont ils faisaient varier à volonté la force et la composition. Après l'immense quantité de projectiles qu'ils nous ont envoyés, on est surpris de voir qu'ils en étaient encore largement approvisionnés, et j'ai lieu de croire qu'ils ont laissé plus de quinze cents pièces dans la place.

PRISE DE LA TOUR MALAKOFF
(8 septembre 1855)

« L'armée assiégeante avait en batterie, dans les diverses attaques, environ sept cents bouches à feu qui ont tiré plus de seize cent mille coups. Nos cheminements, exécutés en grande partie dans le roc au moyen de la poudre, présentent un développement de quatre-vingts kilomètres (vingt lieues). On a employé quatre-vingt mille gabions, soixante mille fascines et près d'un million de sacs à terre. »

Lorsque les alliés entrèrent triomphalement dans la place, ils trouvèrent environ quatre mille bouches à feu, cinquante mille boulets, quelques projectiles creux, beaucoup de mitraille, beaucoup de poudre, malgré les explosions ; cinq cents ancres, dont la moitié excellentes, vingt-cinq mille kilogrammes de cuivre, deux machines à vapeur de trente chevaux et une quantité considérable de mâts sciés pour blindages.

L'aspect de Sébastopol était triste, navrant et désolé. Les rues barricadées, les maisons détruites, labourées de boulets ou tombant en ruine, le sol jonché de mitraille, d'obus, de bombes, de projectiles de tous genres et de tous calibres, les monuments conservés silencieux et déserts, offraient le spectacle frappant et terrible des scènes grandioses et des calamités immenses que la guerre entraîne inévitablement après elle.

C'est ainsi que Troie et Carthage devaient être au jour de leur destruction.

L'homme peut détruire en si peu de temps ce que son génie n'édifie qu'à force de travaux, de patience et d'années ! La Russie a reçu dans cet événement une importante leçon. Saura-t-elle en profiter ? C'est ce que l'avenir dira. Toujours est-il que depuis Zurich jusqu'à l'Alma, depuis Moscou jusqu'à Sébastopol, jamais elle n'avait été frappée d'un aussi formidable coup ?...

Et pourtant elle s'est grandement, héroïquement défendue ! Dans ses généraux et dans Gortchakoff particulièrement, elle a trouvé des têtes habiles, des bras vaillants et dévoués ; car il faut bien le dire ici, dans la retraite précipitée de Sébastopol, Gortchakoff et son armée ne sauraient être taxés de faiblesse.

Ecoutons plutôt ce que disait à cette occasion *le Constitutionnel* dans son numéro du 13 septembre dernier :

« Il n'en coûte rien au soldat vainqueur de rendre une éclatante justice à l'ennemi, et la gloire du premier se rehausse des éloges légitimes qu'on accorde au second. L'armée russe, tout le monde le reconnaîtra, s'est fait un grand honneur par sa fermeté, par sa patience, par son courage. Résister si long-temps, pied à pied, avec cette valeur et cette ténacité à des troupes comme les nôtres et comme celles de nos alliés, ce n'est point apparemment un médiocre titre à l'estime de tous les gens de cœur. Nous n'examinons pas ce qui serait advenu si les rôles eussent été intervertis, si les Russes eussent été à notre place et nous à la leur. Nous ne faisons pas même remarquer que le soldat russe, qui n'avait point été à la hauteur de lui-même dans une guerre d'envahissement, lors de la campagne du Danube, par exemple, se trouvait, derrière les murs de Sébastopol, dans les conditions les plus favorables au développement de ses qualités militaires. Nous voulons que nos louanges soient sans restrictions comme sans arrière-pensée. Nous avons assurément le droit de dire : Gloire aux victorieux ! Mais nous ajouterons avec nos soldats eux-mêmes : Honneur aux vaincus ! »

En France, chacun le sait, la nouvelle de la prise de Sébastopol fut reçue avec le plus grand enthousiasme ; Paris, les campagnes et les villes de province s'illuminèrent comme par enchantement : c'était partout une ivresse incroyable. Des *Te Deum* furent chantés dans toutes les églises au milieu des masses exaltées de notre magnifique triomphe, et heureuses d'unir leurs voix mâles à l'imposante voix de la religion.

A Notre-Dame, interprète de cette belle et consolante religion, Mgr l'archevêque de Paris adressa cette belle allocution à Sa Majesté l'Empereur :

« Sire,

« J'accours pour recevoir Votre Majesté sur le seuil de ce temple auguste qui tressaille aujourd'hui au bruit de la gloire de la France.

« Que nos solennelles actions de grâces montent vers Dieu, pour l'éclatant succès dont il vient de couronner nos armes.

« Tant d'héroïsme recevra bientôt sa récompense. Le grand but que Votre Majesté, d'accord avec ses alliés, poursuit avec tant de fermeté et de sagesse, ne tardera pas d'être atteint ; une paix glorieuse et solide sera conquise.

« Mais, Sire, ce qui ajoute à l'allégresse de la nation, dans les circonstances actuelles, c'est la pensée que le ciel, après tous ces triomphes, vous prépare encore, par surcroît, des joies intérieures, qui seront d'autant plus douces à votre cœur qu'elles seront aussi des bonheurs publics. »

Nous eussions voulu nous arrêter au grand fait d'armes de la prise de Sébastopol, mais pour compléter ce chapitre, nous croyons nécessaire d'y ajouter les lignes suivantes dans lesquelles nous allons passer rapidement en revue les principaux faits qui ont signalé nos armes ou notre diplomatie depuis la chute de cette place désormais anéantie.

Tout aussitôt après l'évacuation de Sébastopol, le maréchal Pélissier envoya le général d'Allonville à Eupatoria, avec huit régiments de sa division de cavalerie, afin de rejeter au loin les troupes que les Russes entretenaient autour d'Eupatoria, et notre cavalerie trouva enfin l'occasion de se mesurer avec celle des Russes, dont la réputation est considérable ; et le 29 septembre, à Koughil (cinq lieues nord-est d'Eupatoria, la cavalerie russe du général Korf fut complétement défaite par la nôtre. D'après ce qui avait été convenu entre Ahmet-Muchir-Pacha et le général d'Allonville, trois colonnes avaient quitté Eupatoria le 29, à trois heures du matin, pour marcher à l'ennemi.

Ces trois colonnes se réunirent, après avoir poussé quelques escadrons russes devant elles, à Chibou, sur Djolchat. Pendant que le général d'Allonville faisait rafraîchir ses chevaux, il observait les mouvements de l'ennemi qui, avec dix-huit escadrons, plusieurs sotnias de Cosaques et de l'artillerie, cherchait à tourner sa droite en s'avançant entre le lac et lui ; mais il fut bientôt arrêté dans son projet, ainsi qu'on va le voir dans l'extrait suivant du rapport daté du 1ᵉʳ octobre, adressé à M. le maréchal ministre de la guerre, par le maréchal Pélissier :

« Le général d'Allonville, lisons-nous dans ce rapport, que le muchir fit soutenir en arrière par deux régiments de cavalerie turque et les six bataillons égyptiens, se dirigea aussitôt sur la pointe du lac pour envelopper l'ennemi lui-même. La promptitude de ce mouvement permit au 4ᵉ de hussards, conduit en première ligne par le général Walsin-Esterhazy, d'aborder l'ennemi à l'arme blanche, pendant que le général de Champéron, avec les 6ᵉ et 7ᵉ de dragons en deuxième et troisième ligne, débordait les hulans russes et les forçait à une retraite précipitée durant laquelle ils furent harcelés pendant plus de deux lieues.

« L'ennemi ne tenant plus sur aucun point et s'enfuyant dans toutes les directions, le général d'Allonville arrêta ses escadrons et recueillit, avant de se retirer, tout ce qui restait sur le champ de bataille.

« Cette journée nous a valu six bouches à feu (dont trois canons et 3 obusiers), douze caissons et une forge de campagne, avec leurs attelages, cent soixante-neuf prisonniers, dont un officier, le lieutenant Procopwitch, du 18ᵉ hulans, et deux cent cinquante chevaux.

« L'ennemi a laissé sur le terrain une cinquantaine de tués, parmi lesquels a été reconnu le colonel Andreouski, du 18ᵉ hulans, de la division du général Korff, qui commandait devant nous ce jour-là, et qui passe, dans l'armée russe, pour un officier de cavalerie de grand mérite.

« Nos pertes sont, en comparaison, très-minimes. Nous avons eu six tués et vingt-neuf blessés. MM. Pujade, aide de camp du général Walsin, et de Sibert de Cornillon, officier d'ordonnance du même général, sont au nombre de ces derniers. »

M. le maréchal Pélissier, en terminant son rapport, dit avec raison que cette belle affaire a fait grand honneur aux régiments qui ont donné, ainsi qu'aux généraux Walsin et de Champéron, et au général d'Allonville, qui a eu beaucoup à se louer du concours d'Ahmet-Muchir-Pacha et du corps ottoman qu'il commande.

Et on a pu, par ce seul fait d'armes, juger de l'entrain de notre cavalerie, de sa vigueur et de sa bravoure; dans une campagne qui a eu pour objet principal un siége, notre cavalerie n'a pas pu être engagée gravement, et elle n'a pu agir que comme auxiliaire, pour éclairer les travaux, pousser des reconnaissances, observer l'ennemi; mais elle n'aurait pas moins fait que l'infanterie, si les Russes avaient cherché à nous livrer une grande bataille.

Et puisque nous nous occupons de notre cavalerie, nous ne croyons pas chose superflue de mentionner aussi un coup de main exécuté avec succès, dans la journée du 3 novembre, par le corps expéditionnaire d'Eupatoria. Voici comment ce coup de main est présenté dans le rapport du maréchal Pélissier :

« Le général d'Allonville, ayant été prévenu qu'il existait vers El-Toch, à huit heures au nord d'Eupatoria, de nombreux troupeaux destinés aux approvisionnements de l'armée russe, a tenté, pour s'en emparer, un coup de main qui a parfaitement réussi.

« A cet effet, il a dirigé sur El-Toch le général Ali-Pacha, commandant la cavalerie ottomane, avec les irréguliers et quelques escadrons turcs, ainsi que deux escadrons français et deux escadrons anglais. En même temps, il est sorti de la ville avec le reste des troupes françaises et anglaises pour appuyer l'opération.

« La brigade de cavalerie anglaise se porta à Djollach, la brigade de cavalerie française à Tioumen, la division de Failly, formant réserve, prit position entre Orta-Mamaï et Schiban.

« Pendant ce temps, le général Ali-Pacha s'avança vers El-Toch, ne rencontrant que quelques Cosaques, qui s'enfuirent à son approche, bien que soutenus par une force de plusieurs escadrons.

« A cinq heures du soir, Ali-Pacha fit prévenir le général d'Allonville que son opération avait réussi, et à neuf heures il rentrait à Eupatoria, ramenant avec lui deux cent soixante-dix bœufs, trois mille quatre cent cinquante moutons, cinquante chevaux, dix chameaux et vingt voitures enlevés aux Russes. »

Et en même temps qu'on avait poussé notre cavalerie vers Eupatoria, tout aussitôt après la prise de Sébastopol, une prompte expédition militaire et navale était résolue contre le fort de Kimburn, à l'entrée de la baie du Dnieper, position importante et dont la possession devait avoir pour résultat de diminuer, sinon d'anéantir les moyens de communication de l'armée russe de Crimée avec l'intérieur de l'empire. L'expédition arriva devant Kinburn dans la matinée du 14 octobre, sous le commandement de l'amiral Lyons pour les bâtiments anglais; l'escadre française était commandée par l'amiral Bruat.

Le 21 octobre, le maréchal Pélissier adressait au maréchal ministre de la guerre la dépêche suivante :

« Sébastopol, le 21 octobre, à cinq heures du soir.

« Je viens de recevoir le rapport du général Bazaine sur la prise de Kimburn.

« La division anglo-française a concouru dignement au succès des escadres alliées. Débarquée sur la presqu'île, à cinq kilomètres de la forteresse, elle s'est solidement établie, et, dans la nuit du 16 au 17, elle a ouvert la tranchée à huit cents mètres des fortifications. Lorsque la marine a ouvert, le 17, son feu puissant, deux compagnies de chasseurs, embusquées à quatre cents mètres des batteries ennemies, ont pu fusiller, à leurs pièces, les canonniers russes. L'artillerie de campagne a joué de son côté un rôle fort utile.

« Quatorze cents prisonniers, dont le général Koianowitch et quarante officiers, cent soixante-quatorze bouches à feu, des munitions de guerre et autres, l'occupation d'une importante position, tels sont, pour les alliés, les résultats de cette heureuse entreprise.

« Les Russes les ont complétés, en faisant sauter, le 18 octobre, les fortifications d'Otchakoff.

« Je vous enverrai le drapeau, aux armes de la Russie, qui flottait sur Kimburn. »

Un autre succès, bien significatif, malgré son peu d'importance, suivit bientôt celui d'Eupatoria. Reproduisons encore le document officiel qui y a trait :

« Sébastopol, le 8 décembre, à une heure du soir.

« Je reçois la dépêche suivante du général commandant la 1re division du 1er corps :

« Deux à trois mille fantassins et quatre à cinq cents ca-
« valiers ont attaqué Baga, Orkousta, Skvaka, ce matin au
« jour. L'ennemi a battu en retraite après une heure d'une
« vive fusillade. Il a été laissé entre nos mains une trentaine
« de prisonniers, deux officiers. Il y a, en outre, des morts
« et des blessés dont j'ignore le chiffre. Notre perte est in-
« signifiante. »

Tandis que nos armées continuaient leurs brillants exploits en Crimée, la France, fidèle aux principes de sa politique, amenait dans le magnifique giron de ses alliances celle, très-importante bien que passive, du royaume de Suède.

A l'illustre Canrobert avait été confiée la mission de traiter avec cette grande puissance du nord, qui reçut d'une manière admirable et la proposition de notre cabinet et son envoyé extraordinaire.

Tout le monde connaît assez aujourd'hui les bases de ce traité pour que nous nous dispensions d'en parler plus longuement ici. Constatons seulement un fait, c'est que la race scandinave, en penchant de notre côté, a augmenté encore le poids de notre puissance.

Concluons :

Cette guerre, si désastreuse pour la Russie qui l'a provoquée, n'a rien ôté ni à la France, ni à l'Angleterre, de leur prospérité, de leur splendeur ; alors que nos aigles triomphantes planaient sur Sébastopol en ruines, les merveilles de l'art et de l'industrie de tous les peuples du globe, s'étalaient dans l'immense palais élevé à Paris à la gloire du monde ; et l'empereur Napoléon III, en présidant à la clôture de cette Exposition universelle, faisait entendre ces mémorables paroles que nous nous abstiendrons de commenter, de crainte de les affaiblir :

« Messieurs, l'Exposition qui va finir offre au monde un grand spectacle. C'est pendant une guerre sérieuse que, de tous les points de l'univers, sont accourus à Paris, pour y exposer leurs travaux, les hommes les plus distingués de la science, des arts et de l'industrie.

« Ce concours, dans des circonstances semblables, est dû, j'aime à le croire, à cette conviction générale que la guerre entreprise ne menaçait que ceux qui l'avaient provoquée, qu'elle était poursuivie dans l'intérêt de tous et que l'Europe, loin d'y voir un danger pour l'avenir, y trouvait plutôt un gage d'indépendance et de sécurité.

« Néanmoins, à la vue de tant de merveilles étalées à nos yeux, la première impression est un désir de paix. La paix seule, en effet, peut développer encore ces remarquables produits de l'intelligence humaine.

« Vous devez donc tous souhaiter, comme moi, que cette paix soit prompte et durable. — Mais, pour être durable, elle doit résoudre nettement la question qui a fait entreprendre la guerre. Pour être prompte, il faut que l'Europe se prononce ; car, sans la pression de l'opinion générale, les luttes entre grandes puissances menacent de se prolonger ; tandis qu'au contraire, si l'Europe se décide à déclarer qui a tort ou qui a raison, ce sera un grand pas vers la solution.

« A l'époque de civilisation où nous sommes, les succès des armée, quelque brillants qu'ils soient, ne sont que passagers ; c'est, en définitive, l'opinion publique qui remporte toujours la dernière victoire.

« Vous tous donc qui pensez que les progrès de l'agriculture, de l'industrie, du commerce d'une nation contribuent au bien-être de toutes les autres, et que plus les rapports réciproques se multiplient, plus les préjugés nationaux tendent à s'effacer; dites à vos concitoyens, en retournant dans votre patrie, que la France n'a de haine contre aucun peuple, qu'elle a de la sympathie pour tous ceux qui veulent comme elle le triomphe du droit et de la justice.

« Dites-leur que, s'ils désirent la paix, il faut qu'ouvertement ils fassent au moins des vœux pour ou contre nous; car, au milieu d'un grave conflit européen, l'indifférence est un mauvais calcul et le silence une erreur.

« Quant à nous, peuples alliés pour le triomphe d'une grande cause, forgeons des armes sans ralentir nos usines, sans arrêter nos métiers; soyons grands par les arts de la paix comme par ceux de la guerre, soyons forts par la concorde, et mettons notre confiance en Dieu pour nous faire triompher des difficultés du jour et des chances de l'avenir. »

Telle est la situation des choses au moment où nous écrivons ces lignes: il semble que l'orgueil moscovite commence à s'assouplir sous la puissance de nos armes; renonçant à la domination universelle qu'il avait rêvée, il ne paraît pas éloigné de faire entendre des paroles de paix. La paix! tous les gens de bien la veulent; mais avec des garanties de durée...

L'ESCADRON SACRÉ.
(Retraite de Russie.)

CHAPITRE XIV.

Considérations sur la prise de Sébastopol. — Importance de cette prise. — La garde impériale. — Tradition renouée. — Vues de l'empereur Napoléon 1ᵉʳ sur la Turquie. — La Russie, sans notre intervention, s'emparait de Constantinople. — Résultats funestes de cette prise de possession. — Abaissement de notre commerce. — Difficultés du siège. — Nos avantages dans chaque combat sur les Russes. — La tour Malakoff prise par nos troupes. — Abandon de Sébastopol par les Russes. — Joie générale en France et en Angleterre.

La prise de Sébastopol est un événement trop grave, trop décisif, trop important pour que nous ne cherchions pas à en préciser le véritable caractère et à en tirer les inductions et les conséquences qui doivent nécessairement en ressortir. C'est là un fait d'armes éclatant, qui a donné à notre armée un nouveau lustre et qui a replacé la France aussi haut dans la considération des peuples qu'elle avait pu l'être après les grandes victoires de l'Empire. On a pu voir que les fils des héros de Wagram, d'Austerlitz, d'Iéna, de Friedland n'avaient pas dégénéré, et qu'ils sauraient, au besoin, faire respecter partout le drapeau français. C'est là un résultat moral immense, d'une portée décisive ; la France est maintenant au premier rang comme grande nation en Europe. Et si la prise de Sébastopol a produit dans le monde entier une aussi profonde impression, c'est que chacun a vu que la Russie venait de descendre de son piédestal, qu'elle était vulnérable là où elle se croyait à l'abri de toute atteinte, et que désormais sa puissance était bien usée. Le coup porté à la Russie par la prise de Sébastopol est incalculable : il lui faudra cinquante ans, quoi qu'il advienne, pour réparer ses murailles démantelées, pour refaire ses habiles fortifications aujourd'hui réduites en poussière.

Au moment où cette ville tombait, au moment où la tour Malakoff était bel et bien en notre pouvoir, l'anxiété et le doute entraient dans les esprits. On craignait quelque échec sanglant, quelque effort sublime sans résultat, et le bruit se propageait que Sébastopol était imprenable ; mais alors qu'il s'accréditait, l'armée française, elle, qui avait foi dans son intrépidité, décidait sa chute ; pour l'honneur de nos armes, Sébastopol devait être pris.

On ne pouvait pas lever le siége sans qu'un immense discrédit moral n'en rejaillît sur la France : ce n'aurait pas été un échec, sans doute, mais on l'aurait interprété ainsi. Le gouvernement le savait ; et les instructions les plus catégoriques et les plus précises ont toujours été envoyées à ce sujet au maréchal Pélissier. Aussi, au milieu même des festins splendides donnés à la reine d'Angleterre, la question de la prise de Sébastopol a dû se poser nettement ; et certes, la reine Victoria, dans l'intérêt de la cause commune, s'est montrée non moins décidée à tout oser que l'empereur lui-même, et c'est justice à rendre à ces grands souverains et à leurs gouvernements, que rien de ce qui pouvait assurer le succès n'a été négligé ni ménagé ; munitions, hommes, argent, tout a été mis à la disposition des chefs militaires chargés de l'armée de Crimée. Ainsi, la garde impériale a été expédiée en Crimée pour prendre part au siége mémorable de Sébastopol, et l'on a vu avec quelle intrépidité elle s'est conduite.

Plus calme que nos zouaves, que nos chasseurs d'Afrique,

elle n'a pas été pour cela moins brillante. C'est que dans ce siége, source de tant d'incidents remarquables et de tant de beaux faits d'armes, elle devait marquer sa place et elle l'a fait; elle est maintenant la tradition vivante de l'ancienne garde impériale, si belle par le choix des hommes, si respectable par son austère discipline, si simple dans ses mœurs et si redoutable sur les champs de bataille; mais il était bon que, nouvellement constituée, elle allât prendre sa part de dangers devant Sébastopol, il était bon qu'elle prouvât qu'elle a sa raison d'être, qu'elle n'est pas un beau joyau de la couronne, mais bien la réserve de l'armée, son modèle permanent. La garde est là, disaient nos jeunes régiments à Dresde, à Hagueneau et dans la campagne de France, et ils savaient bien que dans un moment décisif, critique, ils seraient soutenus, qu'un échec ne serait pas une déroute, qu'une retraite ne serait pas une désastreuse défaite. En pareil cas, on pourra encore dire : la garde est là. Une fois, pourtant, il en fut autrement; c'était le 18 juin 1815, jour de funeste mémoire pour la France. Ce jour-là, nous avions devant nous les Prussiens unis aux Anglais; leurs forces étaient plus considérables que les nôtres ; pourtant rien ne pouvait résister à l'élan de nos troupes, et la victoire était assurée! mais des traîtres s'étaient glissés dans les rangs de l'armée ; les ordres de l'empereur ne furent pas transmis ; nos plans livrés à l'ennemi, et le cri de *sauve qui peut!* qui, durant toutes nos grandes guerres de la Révolution, de l'Empire, n'avait jamais été poussé dans nos rangs, y retentit tout à coup ; *nous sommes trahis!* s'écrient alors nos soldats. Il était sept heures et demie du soir, et le crépuscule ne permettait plus de juger de l'ensemble de l'attaque et de la défense. On se débande, et bientôt l'armée ne présente plus qu'une masse confuse. Napoléon se jette au milieu des fuyards sans pouvoir les rallier; puis, avec trois bataillons de sa garde, il résiste. « *Retirez-vous*, lui dit alors un grenadier en le prenant par le bras, *vous voyez bien que la mort ne veut pas de vous.* » Ses généraux l'entraînent hors du carré, et Cambronne, à la tête de ses grenadiers, continue le combat et répond à un officier anglais qui le somme de se rendre, « *la garde meurt, et ne se rend pas!* et la garde ce jour-là mourut et ne se rendit pas. Cambronne fut laissé pour mort ; relevé sur le champ de bataille, il survécut à sa blessure.

La garde impériale, après le désastre de Waterloo, fut supprimée.

Elle ne pouvait se reconstituer que sous un gouvernement jaloux de notre gloire militaire et décidé à porter haut et ferme le drapeau de la France.

Le voilà qui flotte aujourd'hui sur Sébastopol en ruines, et nous avons de nouveau cette preuve vivante, qu'il n'y a point de lieu au monde où il ne puisse être porté. Car Sébastopol, c'était la ville de prédilection de la Russie ; là, depuis longues années, on s'épuisait en combinaisons stratégiques ; Sébastopol était pour elle ce qu'est Gibraltar pour l'Angleterre ; c'est à l'abri de ses fortifications qu'elle vous lait dominer la Turquie et braver, au besoin, les forces de terre et de mer des autres nations ; en un mot, elle se croyait sur ce point inexpugnable, et ce n'était pas de sa part pure illusion, car il était possible de ne pas admettre que jamais l'Angleterre et la France contractassent ensemble une union aussi étroite, ni qu'on fît un aussi grand effort que celui auquel on s'est décidé pour l'anéantir, et cette place formidable aurait toujours été une menace constante contre la civilisation européenne.

Dès 1835, un illustre publiciste anglais, qui prévoyait qu'un jour la France s'allierait à l'Angleterre pour repousser les envahissements de la Russie, signalait ainsi les projets

de l'empereur Nicolas et le soin qu'il apportait à fortifier Sébastopol : « Maintenant, disait-il, l'empereur Nicolas com« mence à porter toute son activité sur la nouvelle possession
« maritime que jusqu'ici, attendant l'occasion, il avait, pour
« ainsi dire, laissée en friche. On fortifie Sébastopol, les
« journaux annoncent de nouveaux contrats passés avec les
« maisons d'Odessa pour bois de construction ; et une mer autrefois européenne et asiatique, se change pour la Russie en
« un lac domestique, où l'empereur réunit et multiplie ses
« vaisseaux aussi tranquillement qu'un fermier peut nourrir
« des canards dans sa mare. Voilà l'orient ; puis il ajoutait :
« A Calish, l'empereur Nicolas, avec son adjudant le roi de
« Prusse, établit un camp, bâtit des baraques permanentes.
« Il s'y transporte, il y conduit son armée, l'âme et le corps
« de l'Empire. Cherchez sur votre carte la petite ville de
« Calish. — Pas en Russie, s'il vous plaît. Étendez hardiment
« votre index vers la France, là, à trois cents lieues des fron« tières actuelles de la Russie, presqu'en Allemagne. —
« Maintenant, fixez une des pointes de votre compas à Calish,
« l'autre à Pétersbourg : décrivez un cercle, Paris s'y trouve,
« Paris est plus près de Calish, que Pétersbourg ou Moscou :
« et les diplomates de la Prusse, les publicistes de la Prusse,
« les armées de la Prusse obéissent à l'autocrate. » On ne
pouvait pas, comme on voit, signaler d'une manière plus
nette et plus précise les écueils qui pouvaient surgir pour
la France du côté de la Russie : mais le gouvernement de
Louis-Philippe s'endormit au bruit des avis qui lui venaient
de toutes parts. Il opposa la torpeur politique aux inquiétudes qu'inspirait la Russie, et quand tout annonçait que la
face du monde pouvait changer d'un moment à l'autre, quand
on sentait qu'une secousse prochaine menaçait d'ébranler
l'Europe et la France sur leurs antiques fondements, les députés de la bourgeoisie et les pairs, tranquilles sur leurs

chaises curules ne croyaient bien mériter de la patrie qu'en causant économie, chemins de fer, hausse et baisse de la rente, tabac, opéra, *panem et circenses*. On se perdait dans ces creuses et futiles subtilités parlementaires, et voilà ce qui a ruiné la confiance dans le gouvernement constitutionnel : nous marchions vers les mœurs énervées du Bas-Empire, et pendant ce temps, la Russie marchait, grandissait, se produisait dans toute sa force en dehors. Elle pesait sur la Prusse comme une dominatrice, enchaînait l'Autriche dans ses machiavéliques combinaisons, et pétrifiait notre diplomatie en la menaçant; — enfin on oubliait que les projets de la Russie sur la Turquie ont toujours subsisté avec la même intensité depuis des siècles : on ne se rappelait plus les traditions de l'Empire, qu'il est bon d'invoquer aujourd'hui : — Dans un rapport servant de préliminaire aux décrets de Berlin, rapport adressé à l'empereur Napoléon et qui a eu sa complète approbation, nous trouvons ce qui suit :

« Le gouvernement de Russie, quand il devrait être oc-
« cupé uniquement du soin de vivifier ses immenses États,
« et d'expier par les bienfaits d'une sage législation et d'une
« administration paternelle, le crime qui fit un jour des-
« cendre du sang des nations indépendantes une nation an-
« cienne, nombreuse, illustre et digne d'un meilleur sort,
« convoite et menace d'engloutir encore *le vaste et superbe*
« *empire des ottomans*. Les mêmes manœuvres qu'il employa
« contre la Pologne, il les emploie aujourd'hui contre la Tur-
« quie. Avec de tels ennemis, Votre Majesté n'est pas libre
« de suivre le mouvement de sa générosité. Le penchant
« même qui la porte à désirer la paix, lui fait une loi de ne
« se dessaisir d'aucune de ses conquêtes, sans que l'indépen-
« dance entière et absolue de l'empire ottoman, indépen-
« dance qui est le premier intérêt de la France, ne soit
« reconnue et garantie. » — Voilà comment le prince de

Talleyrand, auteur de ce rapport, devinait jadis la pensée du souverain de la France. Or, l'empereur Napoléon ne faisait, en ayant la volonté d'assurer l'indépendance turque, que continuer le vieux système de la monarchie française : il savait parfaitement toute l'importance de Constantinople.

L'empereur Napoléon Ier voulait donc l'indépendance de la Turquie. Il n'a pas dépendu de lui qu'elle ne fût un fait accompli ; mais des événements désastreux, imprévus, ont déjoué ses projets et brisé la tradition politique de notre ancienne monarchie, dont il était devenu le dépositaire ; et chose à constater, c'est que plus le temps a marché, plus la Turquie s'est affaiblie, et plus la Russie s'est acharnée à sa proie, et on s'est complu dans certain monde, sous le règne de Louis-Philippe notamment, à nous présenter la Turquie comme un cadavre qu'on pouvait lui laisser à dévorer ; mais ce cadavre, comme on voit, peut encore se tenir debout, et pour reprendre force et vie, que lui faut-il ? L'alliance de la France et de l'Angleterre, et l'appui de leurs armées et de leurs flottes.

Dans la question d'Orient, ce qu'on ne doit jamais perdre de vue, c'est que la Russie qui, depuis les événements de 1815, avait pris en quelque sorte en main le protectorat de la Turquie, quand elle ne la dépouillait pas, était enfin arrivée à la période de la conquête. Sans notre intervention, elle allait lui faire subir le sort de la Pologne, car c'est elle surtout qui a rayé cette nation de la carte d'Europe : avant le partage, elle avait acquis en Pologne une autorité égale à celle de la possession. L'Autriche et la Prusse n'obtinrent le partage et une part des dépouilles, que par la menace de se liguer avec la Turquie.

La question turque est donc une question tout européenne, et c'est la première des questions des temps modernes : remarquons bien ceci, c'est que de tout temps ce fut un besoin pour la France de s'opposer à l'agrandissement de la Russie : car nos intérêts sont et ont été de tout temps unis à ceux de la Turquie, et quand l'Autriche et la Pologne serraient de près la Turquie, Louis XIV envoyait deux cent mille hommes en Allemagne pour rétablir l'équilibre : et toutes les fois que la Russie menaçait cet empire, nos officiers français instruisaient les Turcs, élevaient des batteries, et s'empressaient d'offrir tous les services que les Ottomans, intraitables alors, consentaient à accepter.

La Russie a été le centre de l'alliance qui, à deux reprises, s'est formée pour renverser l'empereur Napoléon Ier, et elle a dirigé le mouvement comme le vrai représentant des principes qui avaient présidé à cette alliance ; et ce qui la poussait à nous combattre, ce n'était certes pas tant les idées politiques qui avaient pris naissance en France depuis 1789, que ses vues d'agrandissement et de conquête en Orient. Elle sentait que sous la main puissante de Napoléon, la France ne souffrirait pas de nouveaux empiétements, et pour arriver à ses fins, il fallait le renverser. Admettez un moment la Russie maîtresse de la Turquie, et elle devient invulnérable. Quelques milliers d'hommes suffisent pour garder ses frontières de l'est et du midi ; elle peut tourner toute son attention vers l'occident. En peu d'années elle aura doublé et triplé ses revenus. Le commerce de l'Europe passe dans ses mains, et tout le matériel qui alimente les arsenaux français se trouve sous son contrôle. Elle lance une flotte formidable dans la Méditerranée, et dans trois ou quatre ans elle possède une marine égale, sinon supérieure à la nôtre. Dès lors, le commerce et l'influence française seraient complétement paralysés dans une mer qui, jusqu'ici, a toujours été libre pour nous, et la Russie pourrait à toute heure débarquer ses Cosaques sur les rivages de l'Italie et de l'Espagne, pour y appuyer les factions absolutistes et réagir contre nous. Toutes ces conséquences sont évidentes, palpables; on les touchait du doigt avant la guerre, on ne doit pas cesser de les avoir présentes à l'esprit, aujourd'hui que la guerre est engagée. Rappelons-nous qu'il était temps que la grande voix de la France retentît encore une fois sur les champs de bataille; qu'il était temps que les Russes ne rêvassent pas une troisième occupation de Paris, ce à quoi ils auraient songé bien plus encore, une fois maîtres de Constantinople. Les voilà maintenant, eux si fiers, si hautains, brisés dans leur orgueil; ils ont vu leurs vastes projets de domination crouler avec les murailles de Sébastopol et s'enfoncer dans le néant avec leur flotte ensevelie dans la mer Noire!

Le siége de Sébastopol a été semé de difficultés sérieuses, immenses même, il a demandé de grands sacrifices, et cela se conçoit; depuis vingt-cinq ans la Russie, sachant le rôle important que cette place pouvait jouer un jour, s'était occupée, ainsi que nous l'avons déjà dit, de la fortifier d'une manière formidable, et jusqu'au jour où le siége a commencé, on s'était trompé sur la force réelle de cette place; on croyait même pouvoir la prendre assez rapidement, et voici ce que nous lisons à ce sujet dans un ouvrage fort intéressant, intitulé *Guerre d'Orient ou Voyage à la suite des armées alliées en Turquie, en Valachie et en Crimée*, par M. Eugène Jouve; Lettre XLVe, tom. II, page 276 : « On commence à
« reconnaître, dit-il, l'erreur où l'on a été jusqu'au dernier
« moment sur la force réelle de Sébastopol du côté sud re-
« gardé comme le plus faible. Cette espèce de mur d'octroi
« est construit d'après un système nouveau de fortification
« inventé en Allemagne; son extrême simplicité cache, sous
« l'aspect de l'impuissance, de grandes difficultés pour un
« assaut, en ce que la suppression presque totale des bastions
« ôte à l'assaillant la faculté de se loger dans la brèche, et

« de là de dominer une partie des autres défenses. Depuis le
« commencement des hostilités (octobre 1854), les Russes
« travaillent activement à compléter ces fortifications par de
« nouveaux ouvrages avancés, très-habilement conçus; ce
« n'est pas tout, les remparts, improvisés comme par en-
« chantement, sont armés et gardés par l'artillerie et les
« canonniers de la flotte; la longue portée et le calibre
« énorme des pièces, dérangent beaucoup de calculs. »

Ces renseignements sur Sébastopol, fournis par l'auteur du *Voyage en Crimée*, étaient parfaitement exacts.

Sébastopol avait, quand le siége commença, près de huit cents bouches à feu réparties sur ses remparts : jamais aucune place n'eut un pareil armement; sa garnison était d'environ trente à quarante mille hommes, souvent renforcés par de nouvelles troupes qui n'ont jamais manqué pendant un seul jour de munitions et de subsistances; et, tandis que cette garnison puissante avait à défendre l'enceinte de Sébastopol, une armée de quatre-vingt mille hommes au moins gravitait sans cesse autour de nos troupes, ne cessant de les inquiéter, de les harceler et de leur livrer de rudes combats.

Pour pouvoir emporter une place aussi bien armée, aussi habilement fortifiée, il a fallu avoir recours à la stratégie la plus compliquée, mettre en œuvre des moyens proportionnés aux moyens de défense; ainsi, dès les premiers jours d'octobre, on s'est occupé de préparer des routes pour l'artillerie et les charrois de l'armée, et à reconnaître les abords de la place, et ces premiers travaux exécutés, on a pu se convaincre que les fortifications étaient immenses. Jusqu'à environ six cents mètres de la place on a trouvé un assez bon terrain de tranchée et de batterie, mais plus près, on a rencontré souvent le roc à fleur de terre, et les travaux sont devenus extrêmement difficiles; cet obstacle, qu'on n'avait pas prévu, a protégé la ville et retardé plus longtemps sa chute que la formidable artillerie dont elle était armée. Mais tous les travaux entrepris dès le commencement du siége et qui ont commencé à neuf cents mètres environ de la place, pour venir s'en rapprocher jusqu'à vingt-cinq mètres au plus, ont été exécutés sous le feu de l'artillerie et au milieu de fréquentes sorties tentées contre les travailleurs. Les troupes du génie, dans ce siége, ont montré une patience, un sang-froid inaltérables : jamais, malgré les pertes nombreuses qu'elles ont essuyées, elles n'ont paru ni découragées, ni inquiètes du succès. On doit dire qu'elles ont bien mérité de l'armée et de la France ! et ce qu'il faut reconnaître aussi, c'est que les Russes, de leur côté, ont déployé la plus grande intrépidité. A la tête de son armée d'observation et de défense, le général Menchikoff n'a jamais cessé de tenir la campagne et de rôder sans cesse sur les derrières de l'armée alliée! Aussi c'étaient des alertes continuelles ; d'autre part, les assiégés, dirigés par l'amiral Nachimoff, ne montraient ni moins d'activité, ni moins d'énergie dans la défense ; et ils prouvèrent, dès le début du siége, qu'on n'aurait pas facilement raison d'eux.

Les batteries détruites pendant le jour, se relevaient la nuit comme par enchantement, plus nombreuses et plus fortes qu'auparavant. A la place des créneaux démolis et des murs écrêtés, on voyait, le lendemain, des parapets en sacs de terre, abritant des canons monstrueux dont les servants se trouvaient garantis du feu de nos tirailleurs par des trappes mobiles fermant exactement toutes les embrasures. Ouvrait-on une brèche, d'avance elle était bouchée en arrière par une redoute improvisée sous une grêle de boulets. Un édifice était-il incendié, sur ses ruines fumantes s'élevait une nouvelle batterie.

Aussi a-t-on raison de dire qu'en fait l'attaque de Sébastopol était moins un siége qu'une longue et interminable bataille contre un ennemi retranché dans de formidables positions; ce n'était pas une garnison limitée par son chiffre, qui nous résistait, mais une garnison qu'on renouvelait au besoin, dont on comblait les vides, et dans laquelle figuraient toujours des corps d'élite dévoués à l'Empereur de toutes les Russies.

Sur quelques points, l'ennemi, par une sorte de bravade, semblait vouloir assiéger les assiégeants eux-mêmes, en poussant successivement ses ouvrages extérieurs au devant de leurs tranchées qu'il inondait de mitraille.

Il aurait fallu, pour pouvoir bloquer hermétiquement Sébastopol, une armée de deux cent mille hommes, et nos forces, accrues de celles des Anglais et des Sardes, n'ont jamais été portées aussi haut, assurément. Il en est résulté que les défenseurs de Sébastopol, outre l'avantage de recevoir des secours de toute espèce, avaient encore celui de pouvoir évacuer leurs blessés et leurs bouches inutiles.

Le siége de Sébastopol a été mêlé de phénomènes militaires qui ne se sont rencontrés jusqu'à ce jour dans aucun autre; aussi on a beau chercher dans l'histoire, on n'y trouve rien de comparable. Certes, des places ont été défendues avec courage, attaquées avec art; mais où trouvez-vous une ville aussi puissamment fortifiée que Sébastopol et attaquée par des forces venues d'aussi loin, ayant à traîner à leur suite un matériel de siége aussi considérable que celui qui a été nécessaire aux armées alliées?

Ainsi, pendant près d'une année qu'a duré le siége, il a fallu pourvoir et approvisionner une armée d'environ quatre-vingt mille hommes; car la Crimée, dévastée par les Russes, ne nous a présenté aucune ressource. Qu'on juge des efforts qu'il a fallu faire pour ces approvisionnements : que de transports de munitions, de vivres, de vêtements on a dû opérer! et tout cela s'est fait avec régularité, avec ordre. Nos troupes ont eu à souffrir du climat, de l'intempérie des saisons, mais du moins elles ont toujours été approvisionnées ; jamais la sollicitude du gouvernement ne leur a fait défaut, pas plus que les sympathies vraies et profondes de la France. Mais quelle armée a jamais mieux mérité du pays depuis le jour où la guerre a commencé? Elle n'a jamais éprouvé un seul échec, et nous n'avons que des victoires à constater.

Le 14 septembre 1854, notre armée débarque par une belle journée sur la plage du Vieux-Fort, le général Canrobert aborde le premier, puis viennent les zouaves et la première division, et, pendant cinq jours, l'armée met à terre son matériel, se préparant à prendre une vigoureuse offensive. Le 19, les alliés, bivouaqués sur le Boulgasnok, aperçoivent enfin les lignes russes : c'était toute une armée qui nous attendait, et qui se croyait tellement sûre de la victoire, que le général Menchikoff écrivait au czar : « Je tiendrai « les Français en échec pendant six semaines, et s'ils es- « saient d'une bataille, je les accule à la mer et les taille en « pièces. » Ses prévisions vont être déjouées, ses calculs trompés, car, le 20 septembre, nous attaquons ses troupes après avoir traversé la petite rivière de l'Alma, et nous les mettons en déroute.

La mort du maréchal Saint-Arnaud vient attrister cette première victoire mais n'arrête pas notre élan, tandis que les Russes étaient démoralisés, car la route de Sébastopol nous était ouverte. Nous arrivons sous les murs de Sébastopol, nous y prenons position et nous voyons bientôt qu'il ne fallait pas songer à l'emporter par un coup de main et qu'il fallait prendre une base sérieuse d'opérations, et, le 27, nous occupions avec nos alliés, Balaclava et le cap Chersonèse. Le 17 octobre, notre marine se couvrait de gloire dans l'attaque dirigée contre les forts Nicolas et Constantin, et deux heures de combat suffirent à nos braves marins pour éteindre complétement le feu de la Quarantaine.

La bataille d'Inkerman allait bientôt succéder à ce beau fait d'armes.

Pendant que nous bombardions et que nous investissions Sébastopol, les Russes conçurent le fol espoir de nous forcer à la retraite. Dans la nuit du 4 au 5 octobre, au nombre de quarante-cinq mille, favorisés par un brouillard épais que doublent les ténèbres, ils attaquent six mille Anglais campés sur les hauteurs d'Inkerman ; un instant nos alliés plient sous le nombre ; mais bientôt ils se rallient. Toutefois, ils auraient succombé malgré leur courageuse résistance, si, tout à coup, les Français, avertis par la fusillade, ne se fussent précipités à leur secours. Les Russes furent obligés de lâcher pied et de se retirer en désordre. Il en sera de même dans toutes leurs rencontres avec nous, toujours ils seront repoussés et forcés à la retraite.

Dans la guerre de Crimée, nos ennemis ont eu recours à des moyens que n'avouent ni la loyauté ni la civilisation : on les a vus employer des crocs emmanchés pour saisir et entraîner dans leur retraite de malheureux soldats ; la nuit, tendre des cordes pour faire choir des lignes entières ; on les a vus encore tirer à mitraille sur des Anglo-Français occupés à relever leurs blessés, à donner la sépulture à leurs propres morts. Quand le général Canrobert envoyait un parlementaire au général Menchikoff et, plus tard, au général Gortchakoff, on lui répondait que chacun avait le droit de se battre à sa manière.

Nous avons dans cette guerre déployé les ressources les plus vastes comme conceptions militaires, comme administration ; mais nous n'avons usé que des moyens usités et admis par le droit des gens, et nous n'avons pas dit comme les Russes, *que chacun avait le droit de se battre à sa manière.*

Les troupes alliées se sont montrées, en toute occasion, d'une grande bravoure ; mais il faut, néanmoins, bien reconnaître que c'est à nos troupes qu'on doit avant tout la prise de Sébastopol.

Dès le commencement du siége, on avait compris toute l'importance de la tour Malakoff : le général du génie Niel, qui avait été envoyé à l'armée de Crimée par l'Empereur, pour examiner les positions de l'ennemi, était arrivé à Kamiesh dès le 24 janvier. Au moment de son arrivée, les Russes travaillaient à relier la tour Malakoff à la ville ; et le général Niel, en étudiant le terrain, déclara immédiatement au général Canrobert, dans un conseil de guerre, que cette tour était la clef de Sébastopol, et que le jour où l'on s'en emparerait la ville serait prise. Ses prédictions se sont réalisées. La tour Malakoff prise, Sébastopol n'a plus été défendue.

« Devant Karabelnaïa, nous dit le maréchal Pélissier
« dans son rapport du 15 septembre, notre attaque devait se
« faire sur trois directions : à gauche sur Malakoff et son
« réduit ; à droite sur le petit redan du Carénage, et au
« centre sur la courtine qui unit ces deux ouvrages. Le sys-
« tème *de Malakoff était évidemment le point le plus impor-*
« *tant de l'enceinte.* » Disons aussi que c'était le point le plus périlleux, quoique le général Pélissier ne le mentionne pas.

Le 8 septembre, à midi, toutes les batteries cessent de tonner. Les troupes sortent de leurs tranchées, les tambours et les clairons battent et sonnent la charge, l'assaut commence aux cris de *vive l'Empereur !*

C'est la première brigade de la division Mac-Mahon qui est chargée de s'emparer de l'ouvrage Malakoff. Cette division est ainsi composée : 1re brigade, 1er zouaves, 7e de ligne ; 2ᵉ brigade : 1ᵉʳ bataillon de chasseurs à pied, 20ᵉ de ligne, 27ᵉ de ligne, et, pour réserve, 3ᵉ zouaves, 50ᵉ de ligne ; tirailleurs algériens et deux bataillons de zouaves de la garde.

Cette colonne intrépide, une fois le signal donné, se précipite comme une trombe vers la tour ; rien ne l'arrête, ni la largeur, ni la profondeur du fossé, ni la hauteur et l'escarpement du talus, les hommes se hissent sur le parapet comme par enchantement ; ne leur demandez pas comment ils y sont arrivés, car ils ne le savent guère. Ils se sont précipités les uns et les autres pour gravir ces obstacles, et sans échelles, ils se sont trouvés face à face avec les Russes, qui se sont fait tuer sur place.

La lutte, qui avait commencé par des coups de feu, se continue à la baïonnette, à coups de pierres et à coups de crosse ; partout les Russes sont pris, ou tués, ou chassés, et il n'y avait pas un quart d'heure que l'attaque avait eu lieu, que le drapeau tricolore flottait sur la redoute conquise. Les Russes firent d'incroyables efforts pour nous débusquer de ce point important et décisif ; mais le général Mac-Mahon, soutenu par des réserves, résiste à toutes les attaques, et tient partout tête aux Russes. Enfin, on les vit se former en colonnes profondes pour faire une dernière tentative ; ils assaillirent par trois fois la gorge de l'ouvrage, et trois fois ils furent obligés de se retirer avec des pertes énormes devant la solidité de nos troupes ; si elles eussent faibli un moment, c'en était fait du succès : Sébastopol nous échappait. Parmi les corps envoyés pour soutenir la division Mac-Mahon, on remarquait les voltigeurs de la garde qui montrèrent la plus grande bravoure.

Les Anglais, dans leur attaque du grand Redan, ne furent pas aussi heureux que nous dans l'attaque de la tour Malakoff, ils furent contraints de l'évacuer.

A l'attaque du bastion Central, nos troupes furent aussi forcées d'abandonner les ouvrages qu'elles avaient enlevés et de se retirer dans nos places d'armes avancées ; mais la tour Malakoff prise et conservée, ce n'étaient là que des faits d'importance secondaire, et qui ne pouvaient retarder la chute de la place : elle a été évacuée presqu'aussitôt après sans aucune résistance.

Cette évacuation, et par suite la prise de Sébastopol, ont donc été décidées par le succès de l'attaque dirigée par le général Mac-Mahon, et il n'y avait au monde que des troupes françaises qui pussent ainsi enlever un point aussi fortement défendu et s'y maintenir.

En vérité, on avait raison de le considérer comme imprenable. Aussi, quand la nouvelle de la prise de Sébastopol est arrivée en France, elle a été accueillie par des transports de joie ; et quand on a su tous les détails du grand combat du 8, ça été une admiration générale, toutes les opinions se sont réunies ce jour-là pour payer un juste tribut d'éloges à nos vaillants soldats, et tous les journaux ont à l'envi vanté leur courage intrépide.

« C'est à nos soldats, s'écrie avec raison *le Constitutionnel* du 13 septembre, à leur élan impétueux qu'est dû principalement le résultat immense qui vient d'être obtenu :

« Les tacticiens prouveront peut-être que les Russes pouvaient encore se défendre, après l'occupation de la tour Malakoff, alors que les attaques dirigées contre le bastion Central, le Redan et le Carénage n'avaient point réussi. L'ennemi lui-même croyait certainement prolonger sa résistance, puisqu'il avait élevé de nombreux ouvrages en arrière de la tour Malakoff, puisqu'il avait tout préparé pour une lutte dans les rues de Sébastopol. Mais il y a dans la guerre, et pour les sièges surtout, un moment où l'ascendant moral passe du côté de l'assaillant, où l'assiégé se décourage et faiblit.

Ce journal, après avoir rendu hommage à la fermeté de l'armée russe, ajoute :

« Avons-nous besoin de rappeler les circonstances principales qui ont marqué la journée décisive du 8 septembre? D'ordinaire, c'est à l'aube, à cette heure indécise où le cœur de l'homme est moins ferme, où l'assiégé est brisé par la fatigue de la nuit, que l'assaut est donné. Ici, c'est en plein jour, à midi, que le général Pélissier, fidèle à ses précédents de résolution et d'audace, lance ses colonnes d'attaque. Nos braves alliés, après avoir fait preuve de leur courage proverbial, sont contraints d'abandonner le Redan dont ils s'étaient bravement emparés. Nous-mêmes, nous n'avons pu, malgré nos efforts répétés, nous maintenir en face d'une artillerie formidable au Carénage et dans le bastion Central. Mais nous avions réussi à arracher à l'ennemi la tour Malakoff, la clef de Sébastopol, le petit Gibraltar de cet autre Toulon, la tour Malakoff, autour de laquelle les Russes avaient accumulé tous les moyens imaginables de défense, la tour Malakoff, dont le nom, devenu populaire en France, a retenti si souvent comme un nom de sinistre augure. Là, nos troupes, exaltées par le souvenir du 18 juin, et résolues à ne plus retourner en arrière, ont déployé cet élan irrésistible, cette *furia francesa* qui balaie comme un torrent, qui détruit comme un incendie, qui brise comme une trombe toute résistance et tout obstacle. En retrouvant devant eux, plus animés encore et plus ardents, les héros de l'Alma, d'Inkerman et de Traktir, l'ennemi a compris qu'une plus longue défense était inutile, et il a cherché son salut momentané dans une retraite rapide. »

CHAPITRE XV.

Retour de nos soldats de Crimée. — Journée mémorable du 29 décembre. — Discours de l'Empereur. — Joie et enthousiasme de la population. — Traité de paix. — 1814 et 1856. — Revue du 2 avril, 100,000 hommes au Champ-de-Mars. — Revue des flottes britanniques à Spithead. — Fraternité des Français avec les Russes. — Conclusion. — Appel aux proscrits.

Du discours prononcé par l'Empereur, au pied de la colonne de la Bastille, et qui n'est pas le fait le moins caractéristique de la belle journée du 29 décembre, nous ne ferons pas de commentaire; seulement nous dirons qu'il a dû faire réfléchir les puissances du Nord. En voici le texte :

« Soldats,

» Je viens au-devant de vous comme autrefois le Sénat
» romain allait aux portes de Rome au-devant de ses légions
» victorieuses. Je viens vous dire que vous avez bien mérité
» de la patrie.

» Mon émotion est grande, car au bonheur de vous revoir
» se mêlent de douloureux regrets pour ceux qui ne sont plus,
» et un profond chagrin de n'avoir pu moi-même vous con-
» duire au combat.

» Soldats de la garde comme soldats de la ligne, soyez les
» bienvenus!

» Vous représentez tous cette armée d'Orient dont le cou-

» rage et la persévérance ont de nouveau illustré nos aigles et
» reconquis à la France le rang qui lui est dû.

» La patrie, attentive à tout ce qui s'accomplit en Orient,
» vous accueille avec d'autant plus d'orgueil qu'elle mesure
» vos efforts à la résistance opiniâtre de l'ennemi.

» Je vous ai rappelés, quoique la guerre ne soit pas ter-
» minée, parce qu'il est juste de remplacer à leur tour les régi-
» ments qui ont le plus souffert. Chacun pourra ainsi aller
» prendre sa part de gloire, et le pays qui entretient six cent
» mille soldats, a intérêt à ce qu'il y ait maintenant en France
» une armée nombreuse et aguerrie, prête à se porter où le
» besoin l'exige.

» Gardez donc soigneusement les habitudes de la guerre,
» fortifiez-vous dans l'expérience acquise; tenez-vous toujours
» prêts à répondre, s'il le faut, à mon appel; mais aujourd'hui
» oubliez les épreuves de la vie du soldat, remerciez Dieu de
» vous avoir épargnés, et marchez fièrement au milieu de vos
» frères d'armes et de vos concitoyens, dont les acclamations
» vous attendent. »

La France salue d'un long cri de joie les promesses de paix que lui apporte la chûte de Sébastopol. La première pensée de l'Empereur est de rappeler vers la patrie les héros de ces glorieux combats. Les voilà! et l'Empereur est allé les recevoir aux portes de la capitale « *comme le Sénat romain allait autrefois au devant des légions victorieuses.* »

On sait quel accueil enthousiasme on a fait partout aux régiments de l'armée de Crimée qui ont été rappelés en France: zouaves, chasseurs à pied, voltigeurs et grenadiers de la garde, régiments de ligne, ont été également salués par les plus vives acclamations.

En recevant les soldats de Crimée, Paris tout entier a dit aussi: *Soyez les bienvenus!*

L'entrée de tous ces régiments dans la journée du 29 décembre a été aussi solennelle que glorieuse ; jamais les légions romaines, entrant triomphantes dans Rome, n'ont reçu plus chaleureux accueil. Le spectacle que présentaient les boulevards était plein de grandeur et d'émotion : les fenêtres, les balcons regorgeaient de spectateurs ; chaque corps qui défilait avait son ovation. Dans la foule innombrable qui regardait passer les soldats vainqueurs, il n'y avait pas un cœur qui ne fût rempli à la fois d'un sentiment de fierté nationale et d'un sentiment de tristesse.

Que de *vivats* pour les zouaves! que de cris de *vive la ligne!* pour notre belle infanterie, et de *vive la garde !* quand les grenadiers et les voltigeurs défilaient. Et les blessés! oh ! pour eux c'était de la frénésie..... Ils étaient presque embarrassés de tant d'acclamations, et semblaient, par leur contenance simple et modeste, dire à ces masses qui les saluaient : Assez! assez! nous n'avons fait que notre devoir !.....

Dans ce moment, l'armée d'Orient oubliait ses fatigues, ses pertes glorieuses, et les blessés étaient fiers d'avoir été mutilés ; la population, qui les fêtait ainsi, ne pensait pas non plus aux lourdes charges de la guerre.

Pour la première fois, la génération présente assistait à une de ces fêtes héroïques et sombres familières à nos pères, et qui pour nous paraissaient entrées dans l'histoire et dans l'épopée. Nous avons tous vu des revues ; mais quelle différence avec la scène d'aujourd'hui ! Les drapeaux troués, les figures bronzées, la tenue de campagne et les traits amaigris des soldats, et en tête de chaque bataillon la cohorte des mutilés et des blessés, révélaient en caractères de fer et de feu, de deuil et de gloire, la solennelle réalité de la guerre. Il ne pouvait y avoir et il n'y avait qu'un seul sentiment dans toutes les âmes, et c'était un de ces jours et un de ces moments dans la vie d'un peuple où il ne peut avoir qu'un seul cœur et une seule voix.

Le 30 mars 1814, les armées de la Sainte-Alliance entraient dans Paris; le 10 mars 1856, sur les propositions de l'Autriche, les plénipotentiaires russes, autrichiens et anglais, ont signé, après une guerre glorieuse pour l'Angleterre et pour la France, un traité qui va régénérer la face de l'Europe. Les temps sont bien changés, car, en 1814, la France subissait en frémissant le joug de l'étranger, et aujourd'hui, cette même puissance a été en quelque sorte l'arbitre des destinées du monde. Toutes les joies à la fois descendent sur le nouvel Empire. Hier les canons qui annoncèrent au monde la naissance du roi de Rome, annonçaient un nouvel héritier à la dynastie napoléonienne. Aujourd'hui la paix vient rasséréner l'horizon devant l'enfant de France, comme si Dieu, en faisant coïncider la fin de la guerre avec sa naissance, voulait attacher un présage éclatant à son berceau. L'Europe est en fête. Des salves universelles retentissent à Londres, à Vienne, à Turin, à Berlin. La part faite à la France est belle et large comme nous avions le droit de l'attendre. Le traité apporte une solution aux difficultés les plus graves qui puissent peser sur la sécurité de l'Europe. La question d'Orient ouverte depuis un demi-siècle se trouve résolue et vidée; on a dès ce jour pour la stabilité orientale trois garanties considérables, dont une seule suffirait pour jeter le plus vif éclat sur la guerre qui vient de finir. Ces trois garanties, nos lecteurs les connaissent déjà. La meilleure est sans contredit l'assurance formelle donnée au nom du czar, que la Russie renonce à tout jamais à la politique d'invasion intronisée par Pierre-le-Grand.

Il en est aussi une autre qui a son prix, c'est cette vaillante armée qui reste debout si pleine de vigueur, si complète, même après la moisson de la guerre. Le jour de la grande revue qui a suivi la conclusion de la paix, les plénipotentiaires des diverses puissances européennes ont pu compter au Champ-de-Mars cent mille soldats défilant sous les yeux de l'Empereur. Si l'on songe qu'à la même heure la Crimée retient encore cent mille hommes, que soixante mille occupent l'Algérie, que les camps du Nord regorgent de bataillons, que nos armées remplissent Rome et Athènes, on trouvera assurément que jointes aux promesses du comte Orloff, ces garanties-là réunissent toutes les conditions nécessaires pour assurer la paix de l'univers.

L'Angleterre, de son côté, a mis ses forces en ligne, et elles ont offert à la grande revue de Spithead, un spectacle que la Russie et même l'Amérique ont pu contempler avec un profond intérêt :

» La revue que S. M. la reine d'Angleterre a passée dans la rade de Portsmouth a offert le plus magnifique spectacle qu'on ait jamais vu en ce genre : 240 navires de guerre à vapeur, d'une force de 37,000 chevaux, armés de 3,000 canons et montés par 30,000 matelots, étaient là, splendidement pavoisés et rangés sur deux lignes qui s'étendaient à perte de vue. A côté de cette formidable flotte, 4 à 500 autres navires de toute dimension, chargés de curieux et portant les premières familles de l'Angleterre, sillonnaient le port et la rade : la plage était couverte au loin d'une multitude innombrable de spectateurs venus de tous les points du Royaume-Uni, ainsi que des pays voisins, et, pour que rien ne manquât à la beauté de ce spectacle, la mer, unie comme une glace, resplendissait aux rayons du soleil.

» A midi, l'arrivée de la reine a été saluée par tous les canons de la flotte et les acclamations d'un peuple immense ; l'Angleterre semblait heureuse et fière de pouvoir présenter à sa souveraine une pareille manifestation de sa puissance.

» La revue a commencé par la flotille des chaloupes canonnières, bombardes et batteries flottantes, qui se distinguaient par leur lourde masse et la puissance de leur artillerie; puis le yacht royal a passé entre les deux lignes de navires qui se prolongeaient sur une étendue de plusieurs lieues. A mesure que la Reine s'avançait, les matelots, groupés sur les vergues et sur les cordages, agitaient leurs chapeaux et faisaient retentir l'air de hourras enthousiastes.

» Quelques instants après, les chaloupes canonnières, les bombardes et les batteries flottantes se sont mises à exécuter le simulacre du bombardement des forts qui défendent l'entrée du port de la ville. Cette effroyable canonnade a donné aux spectateurs une idée de la puissance de destruction de telles machines de guerre. »

Sébastopol, 16 avril 1856.

Encore un peu de temps, et cette Crimée, qui depuis vingt mois fixe les regards du monde, va, momentanément du moins, se changer en un désert, car les alliés et les Russes ont hâte, chacun de son côté, de quitter cette terre homicide où vient de se jouer un des drames les plus sanglants et, sans nul doute, des plus étranges de l'histoire. L'unique division russe qui occupe le sud de la Crimée a commencé aujourd'hui son mouvement vers le nord, et, à la fin de ce mois, il n'en restera plus que la brigade désignée pour attendre que le dernier navire des puissances occidentales ait embarqué à Kamiesch leur dernier bataillon. Le mouvement a commencé chez nous le samedi 12, il a continué les 14 et 15 et, à cette dernière date, 12 à 15,000 hommes des classes de 1848 et 1849 étaient en mer. Les convois ne s'arrêtent pas dans le Bosphore et font, comme on sait, leur charbon à Milo, à Malte ou à Messine. Le 15 au matin, le canon de Kamiesch a annoncé à la presqu'île l'arrivée de l'amiral Thréhouart. Décidément, les vapeurs vont remorquer les voiliers.

Les armées qui s'accablaient naguère de projectiles, s'accablent aujourd'hui de politesses, d'invitations, de déjeûners, etc. Les chefs ont donné l'exemple. Son Exc. le maréchal Pélissier passait en revue, il y a quelques jours, l'armée du généralissime Luders, et hier, c'était le général russe, qui à son tour, passait sur le front de l'armée française. Moins trois divisions du 1er corps, elle était rangée en bataille depuis le pont de Traktir jusqu'au col de Balaclava. Un accident survenu à la voiture du général Luders, a retardé de deux heures son arrivée au pont. Il a regagné le temps perdu par la vitesse de ses allures devant les lignes déployées; mais il s'arrêtait néanmoins en passant près de chacun de nos généraux, et a trouvé pour tous des paroles gracieuses. Il n'y a pas eu de défilé. Un déjeûner splendide a suivi la revue, et pendant que, réunis chez le maréchal, les généraux de division entouraient le général Luders, le nombreux état-major qui avait traversé la Tchernaya était dispersé à toutes les tables qui s'étaient disputé ces aimables convives parlant presque tous un français des plus purs, et faisant honneur aux vins de France comme à de vieilles connaissances retrouvées. Les cantines aussi étaient combles et le zouave faisait, comme toujours, en première ligne, les honneurs du petit verre. Il fallait voir avec quelle curiosité singulière les capotes longues examinaient le commode et pittoresque uniforme de nos soldats africains. Quant à la conversation, on ne peut dire comment cela se faisait, mais il est certain que l'on s'entendait parfaitement de part et d'autre, et nos soldats, qui avaient tant de peine à se comprendre avec les Anglais, étaient émerveillés du succès de leur pantomime près de la race slave. On sait qu'à la bataille de l'Alma, à laquelle assistait une division ottomane, un zouave qui s'approchait d'un blessé russe pour le secourir, reçut dans les jambes le sabre de celui-ci; mais comprenant aussitôt qu'il y avait méprise, le zouave fit le signe de la croix, et put immédiatement donner suite à son acte de charité. C'était ce langage des signes qui avec le wisky, éclairait et animait la conversation des buvettes. Celle des tables était parfois d'un intérêt palpitant ; c'était avec réserve, mais pourtant sans trop de détours, qu'on parlait des opérations de guerre. Les jeunes officiers s'épanchaient assez librement.

Jeunes et vieux, aucun, par exemple, ne mettait en doute que la campagne de Crimée eût été terminée en 1854, si nous avions connu le véritable état des choses à Sébastopol après la bataille de l'Alma. Au reste, ce que tous ceux qui ont traversé la rade ont pu reconnaître, c'est que le fort du Nord que nous avons si laborieusement tourné n'a véritablement aucune consistance, et qu'il eût suffi du canon de campagne pour le réduire en quelques heures. Nous avons été bien heureux de vous le voir tourner, avons-nous entendu dire. Ainsi le mystère dont la puissance moscovite s'était entourée lui a plus servi encore que l'on ne se l'était imaginé jusqu'ici.

Un brillant carrousel au monastère Saint-Georges a terminé la journée du 15. La foule était nombreuse, brillante, remarquablement animée. Il est impossible d'imaginer une plus grande variété d'uniformes, car aux costumes déjà si variés des trois puissances alliées s'ajoutait tout ce que l'armée russe a de pittoresque et qu'elle avait pris plaisir à exhiber : Tcherkesses, au type si renommé, Grecs à jaquettes blanches, et toutes les variétés de Cosaques et de milices. Parmi ces dernières, on a surtout remarqué un uniforme qui avait quelque chose de religieux, de lévitique et qu'on ne saurait mieux comparer qu'à un long surplis de laine blanche. La coiffure, également blanche, portait une croix dorée, seul ornement, avec un ruban rouge au cou, de ce costume évidemment destiné à frapper l'imagination d'un peuple superstitieux. « Encore une sottise que ces milices ; » telle est la réflexion que faisait près de moi un jeune Russe de l'armée de ligne auquel on demandait à quel corps appartenait son camarade. Je ne parle pas de celui qui cherchait partout un exemplaire du dernier livre de M. Cabet. Il a été un peu déconcerté en apprenant que le célèbre républicain s'était naguère fait dictateur.

Nos chasseurs d'Afrique et nos hussards ont vraiment fait l'admiration des Russes, qui n'en revenaient pas sur la légèreté de leur allure. Cavaliers et chevaux ont voltigé comme au Cirque. La fête, que quelques jolies dames anglaises étaient venues embellir, s'est terminée par des libations de champagne offertes par M. le maréchal Pélissier à ses convives du matin et à quelques élégantes amazones.

Sébastopol, 17 avril au matin.

Une grande revue des armées française et anglaise a rempli toute la journée. A dix heures et demie, S. Exc. le maréchal Pélissier, accompagné de tout l'état-major général de l'armée est allée recevoir le général Luders au col de Balaclava. Le chef de l'armée russe était également suivi d'un état-major aussi nombreux que varié. Les généraux Codrington et de La Marmora se trouvaient aussi au rendez-vous avec une suite aussi compacte que brillante.

Toute cette immense ligne a été parcourue au pas, puis les quatre généraux en chef sont venus se placer sur le plus élevé des deux mamelons qui dominent le col de Balaclava, et le défilé a commencé. L'armée française comptait environ 60,000 hommes sous les armes. Inutile d'ajouter que sa tenue était parfaite. A part, en effet, la mutilation de ses drapeaux, on eût dit une armée sortant de ses garnisons et défilant devant l'Ecole militaire. Aussi les Russes étaient-ils dans une admiration difficile à exprimer.

Paris, 1er mai 1856.

Et maintenant, qu'il nous soit permis d'esquisser à grands

traits ce spectacle merveilleux auquel nous venons d'assister, et de montrer, pour pendant à l'héroïsme de nos armées, le progrès patriotique, social, civilisateur, que le génie impérial sut développer au sein même de la guerre...

A peine remise des ébranlements d'une révolution qui avait inopinément troublé et paralysé tous ses beaux instincts, brusquement humilié et désorganisé son armée, violemment arrêté son commerce, son industrie, sa production, brisé ou compromis tout ce qui rend active et féconde la vie d'une nation, voyez comme la France s'est rapidement relevée de ses désespoirs et de ses faiblesses, et s'est puissamment reconstituée! Voyez, dans tous les ordres d'idées et de faits, comme elle manifeste aux regards du monde, par des services et par des exemples, sa haute et noble personnalité! Dans ce siècle tant agité et si plein, voyez comme la France empreint d'un signe éclatant cette année 1855!

Au nom de la chrétienté, et contre l'anarchie, la France occupe Rome. Au nom de la civilisation et contre la barbarie, la France achève la conquête, la pacification, la mise en produit de l'Algérie! Au nom de l'équilibre et de l'ordre européen, et contre une ambition depuis trop longtemps menaçante, la France occupe Constantinople, et se bat en Crimée pour obtenir une paix qui rassure et satisfasse tous les gouvernements et les peuples. Au nom de tous les intérêts variés qui occupent aujourd'hui le monde, la France ouvre une Exposition universelle, où l'attention des hommes d'État, des économistes, des philosophes, trouve également à admirer les splendeurs du luxe, les grâces du goût et de l'élégance, les beautés des arts, et les progès bienheureux qui, soit en perfectionnant la qualité, soit en diminuant le prix des objets de première nécessité et d'usage général, augmentent le bien-être des classes laborieuses.

Mais cette guerre de Crimée, les esprits les plus forts et les plus confiants, tout en l'acceptant par nécessité d'honneur, pensaient avoir à se résigner à ses dures conséquences pour le pays, en songeant à ce qu'elle allait exiger d'efforts et de sacrifices. N'absorberait-elle pas toutes les ressources et toutes les forces vives de la France? Ne répandrait-elle pas des inquiétudes fâcheuses? Que deviendraient, dans cet état des choses et des esprits, le commerce, les chemins de fer en cours d'exécution, les grands travaux publics plus ou moins avancés, l'activité si heureusement rendue aux affaires par le rétablissement de l'ordre? Les revenus du trésor ne diminueraient-ils pas fatalement, à mesure que la guerre dévorerait plus d'argent et que les dépenses augmenteraient?

Le génie de la France a répondu! A l'extérieur, il fait la guerre glorieuse; à l'intérieur, il fait une prospérité inouïe.

La France porte aussi aisément que glorieusement le poids de cette guerre immense, et, comme pour remercier son Gouvernement de ce qu'il a voulu pour sa grandeur, le pays s'empresse de lui prouver qu'il est prêt encore à tous les sacrifices que la guerre demanderait; il le seconde avec ardeur dans une magnifique entreprise qui semblait ne pouvoir appartenir qu'aux temps de paix; il se fait une joie de lui montrer, constatés aux yeux du monde, les fruits brillants et féconds de son travail, l'inépuisable abondance de ses richesses et de ses ressources.

C'est ainsi, grâce à l'énergique initiative du Gouvernement, grâce à l'intelligente activité du peuple, qu'au sortir d'une effroyable crise révolutionnaire, qu'au lendemain des difficultés d'une mauvaise récolte et des souffrances du choléra, la France tout à la fois :

Soutient, à huit cents lieues de son territoire, une guerre déjà longue, opiniâtre, terrible, et d'immenses proportions;

Entretient une armée de 125,000 hommes en Crimée, pourvoit à tous les besoins de cette armée, vivres, équipement, campement, avec une régularité et une aisance admirables, sans négliger davantage ses armées de Rome et d'Algérie ;

Convie toutes les nations au concours de l'Exposition universelle, et y conserve, pour elle-même, par ses produits, la place éclatante qu'elle avait conquise à l'Exposition de Londres;

Complète son réseau de chemins de fer;

Poursuit, sans s'arrêter, l'exécution de ses grands travaux d'intérêt public, de ses utiles et brillants travaux pour l'assainissement et l'embellissement de Paris ;

Crée et dote de nouvelles institutions, pour améliorer le sort, pendant les années de travail et pendant les années de vieillesse, des classes laborieuses ;

Voit ses revenus s'augmenter par des impôts payés plus facilement et avec moins de frais de poursuites que jamais, son commerce s'étendre, ses industries se développer, son influence et son crédit sur le marché européen s'accroître incessamment ;

Occupée dans une guerre gigantesque, qui lui ferme un marché considérable, qui exige des sacrifices immenses, qui n'est pas sans répandre des anxiétés et des deuils nombreux, travaille, produit, consomme plus qu'en aucun autre temps ;

Enfin, emprunte avec des facilités inouïes, par le libre concours des populations, des sommes considérables.

On le sait, la guerre a des nécessités exceptionnelles. L'impôt n'y saurait suffire. Il lui faut des ressources extraordinaires. Un premier emprunt de deux cent cinquante millions les avait fournies au mois de mars 1854. Un second emprunt de cinq cents millions était devenu nécessaire au mois de janvier de l'année suivante. Un troisième emprunt de sept cent cinquante millions est ensuite demandé par le Gouvernement. C'est, au total, un milliard et demi réclamé déjà, en seize mois, par la guerre. Le pays trouve-t-il la situation trop chargée, et s'y refuse-t-il? il répond à l'appel du Gouvernement en lui offrant cinq fois la somme qui avait été demandée.

Cependant, chaque souscription devait être accompagnée du versement du dixième du capital souscrit, et les versements suivants commencent dès le 7 septembre. Voilà donc, pour le premier versement, près de quatre cents millions de francs en numéraire déposés au trésor dans l'espace de douze jours, et, pour les autres versements, six cent soixante et quinze millions engagés à des délais fixes et prochains. Soixante et quinze millions, montant des souscriptions acceptées, sont acquis au trésor. Les autres trois cents millions et plus, représentant le dixième versé des souscriptions non admises, se trouvent momentanément enlevés à la circulation.

Ces sommes engagées d'avance, ces masses de numéraire, brusquement déplacées, forcément inertes pendant quelque temps, soit jusqu'à la remise des titres, soit jusqu'au remboursement, font-elles sentir quelque gêne au commerce, à l'industrie, quelque embarras aux affaires; ont-elles diminué l'activité du travail et de la production, arrêté dans son élan l'esprit d'entreprise, pesé sur le cours de la rente? Aucunement. L'absence de ces masses d'argent n'a pas eu d'effet. Tandis que le trésor en est improductivement détenteur, la rente monte, et toutes les valeurs avec elle; le commerce, l'industrie, les affaires, tout continue, d'un pas rapide et sûr, son mouvement de progrès.

En face de la guerre, de ses dépenses, de ses emprunts, la Banque de France voit l'importance de ses affaires s'augmenter et élève ses dividendes; le Crédit foncier se reconstitue et popularise ses utiles services; les compagnies de chemins de fer sont en plein succès; les Compagnies industrielles s'établissent sur des bases larges et solides. Le Crédit mobilier, cette institution, si bien devinée, du Gouvernement actuel, prend une part considérable à tout ce mouvement, et s'enrichit de cette prospérité générale à laquelle il aide si énergiquement sur tous les points. Il avance de l'argent aux chemins de fer, pour achever leurs lignes. Il donne l'exemple et l'élan aux travaux de la rue de Rivoli, en en faisant exécuter une portion importante. Il saisit la partie flottante des valeurs industrielles, qui embarrasserait la place, et donne ainsi à ces valeurs le mérite d'un placement plus solide. Il décide et précipite le succès de l'emprunt, en souscrivant, le premier, pour deux cent cinquante millions de francs. Il opère avec d'immenses moyens : il a acquis une puissance incontestée ; toujours d'accord, dans le but de ses opérations, avec la pensée et l'intérêt du Gouvernement, il soutient fortement les cours, et pousse ainsi jusqu'au bout, en maintenant les prix de la rente, qui continuent, qui augmentent même la prime, le succès triomphant de l'emprunt. De telle sorte que le Gouvernement a, en autorisant le Crédit mobilier, créé un instrument utile pour lui-même et introduit un nouvel élément d'activité, de progrès et d'expansion pour la richesse publique.

Oui, toutes ces fécondes applications d'idées utiles, et tous ces succès, et toutes ces prospérités font la France heureuse, riche, admirable et glorieuse par les choses de la paix au milieu même des plus graves occupations de la guerre.

Que sera-ce donc maintenant qu'elle va pouvoir consacrer tout son génie aux œuvres seules de cette paix désirée, que ses armées ont su conquérir ?

Et qui pourrait ne reconnaître enfin les signes providentiels au front de ce glorieux souverain, qu'on écoute avec un solennel respect dans les conseils des rois ? Quelles leçons dans tous ces événements dont l'Europe est remplie, dans ces démentis éclatants donnés à tant d'aveuglements et de haines! Ce jeune Empereur devant lequel s'inclinent les plus vieilles couronnes, ce grand homme qui fait parler dans le monde entier de sa prudence, de sa sagesse, de son génie ; ce monarque, au dehors si imposant, au dedans si exemplaire par sa vie laborieuse et austère, si bienveillant pour le bien-être du peuple, si ardent pour la valeur de la France ; cet élu du 10 décembre, ce président, cet empereur, ce neveu de Napoléon Ier qu'environne tant de gloire, c'est le même que tant de perfides efforts et de misérables calomnies essayèrent de disputer à l'élection du peuple !

C'est notre devoir de faire bien haut ces réflexions, non comme une récrimination, à Dieu ne plaise! mais comme un avertissement, afin qu'elles portent leurs fruits, afin que les leçons n'en soient point perdues pour la conscience publique, afin qu'on y apprenne à détester, à l'avenir, les brutalités, les exagérations, les mensonges des partis. C'est notre devoir de faire ces remarques afin de rendre hommage à ce bon sens public, à cet instinct prophétique qui sut aller chercher le salut, non pas dans la haine, non pas dans la violence, mais dans le culte des traditions héroïques, dans la foi, dans la piété des souvenirs.

Et en écrivant ces mots, nous ne pouvons nous empêcher de songer douloureusement à ces hommes de l'exil, qui, pendant que nos soldats mouraient sur les champs de bataille, osèrent publiquement former des vœux impies contre le succès de nos armes. Ce n'est pas ainsi que s'éloignaient les antiques proscrits. Résignés noblement à leur défaite, ils ennoblissaient leur malheur par leur dignité, et en quittant le sol de la patrie, ils priaient encore pour elle les dieux immortels! Puissent les nôtres, revenus à des sentiments plus honnêtes et plus patriotiques, rendre à leur pays des travailleurs utiles, des artisans industrieux, des talents distingués, de bons citoyens ! Qu'ils sachent qu'il y a des abjurations honorables et que c'est un misérable préjugé, celui qui prétend faire à l'homme une vertu de la persévérance dans l'erreur. Est-ce donc en demeurant debout dans nos entêtements, dans nos égoïsmes, dans nos haines, comme le Stylite sur son pilier, que nous ramènerons la paix dans la société? Revenez parmi nous ; inclinez-vous devant ce pouvoir issu de la souveraineté populaire qui est le dogme fondamental de la démocratie; retournez vers vos foyers, vers vos enfants, vers vos mères. Laissez sur le sol étranger vos illusions et vos haines; ne renoncez pas à être Français, ne protestez pas contre votre patrie. Quelle rigueur du pouvoir pourrait y gêner votre liberté? Allez, on est toujours assez libre ici pour avoir le droit d'être honnête homme, de posséder des amis, de faire le bien, d'être bon, humain, bienveillant, fraternel pour tous, de cultiver en paix son héritage, d'être bon père, bon époux, bon fils, bon citoyen. Que si vous voulez faire de la propagande pour vos principes, sachez qu'il n'en est de telle que l'exemple d'une vie sage, modeste, laborieuse, fidèle à la probité et à l'honneur. Voilà une propagande qu'aucun pouvoir ne pourra empêcher jamais. Venez la faire en France; une telle vie au milieu de vos concitoyens sera bien plus utile aux autres et à vous-même. La patrie vous pardonnera de n'avoir pas su participer à sa gloire, si vous savez vous montrer dignes de participer à sa prospérité.

PLÉNIPOTENTIAIRES DU CONGRÈS DE PARIS

LE COMTE WALEWSKI
Président

LE COMTE DE BOURQUENEY
(France)

LORD CLARENDON
(Angleterre)

LORD COWLEY
(Angleterre)

AALI-PACHA
(Turquie)

MÉHÉMET-DJEMIL-BEY
(Turquie)

LE COMTE DE CAVOUR
(Piémont)

LE MARQUIS DE VILLAMARINA
(Piémont)

LE COMTE DE BUOL
(Autriche)

LE BARON DE HUBNER
(Autriche)

LE COMTE ORLOFF
(Russie)

LE BARON DE BRUNNOW
(Russie)

PIÈCES JUSTIFICATIVES.

Traité de paix et d'amitié conclu, le 30 Mars 1856, entre la France, l'Autriche, le Royaume-Uni de la Grande-Bretagne et d'Irlande, la Prusse, la Russie, la Sardaigne et la Turquie.

AU NOM DE DIEU TOUT-PUISSANT.

Leurs Majestés l'Empereur des Français, la Reine du Royaume-Uni de la Grande-Bretagne et d'Irlande, l'Empereur de toutes les Russies, le Roi de Sardaigne et l'Empereur des Ottomans, animés du désir de mettre un terme aux calamités de la guerre, et voulant prévenir le retour des complications qui l'ont fait naître, ont résolu de s'entendre avec Sa Majesté l'Empereur d'Autriche sur les bases à donner au rétablissement et à la consolidation de la paix, en assurant, par des garanties efficaces et réciproques, l'indépendance et l'intégrité de l'Empire Ottoman.

A cet effet, Leursdites Majestés ont nommé pour leurs Plénipotentiaires, savoir ;

Sa Majesté l'Empereur des Français :

Le sieur Alexandre, Comte Colonna Walewski, Sénateur de l'Empire, Grand Officier de l'Ordre Impérial de la Légion d'honneur, Chevalier Grand-Croix de l'Ordre équestre des Séraphins, Grand-Croix de l'Ordre des Saints Maurice et Lazare, décoré de l'Ordre Impérial du Medjidié de première classe, etc., etc., etc., son Ministre et Secrétaire d'Etat au département des Affaires étrangères,

Et le sieur François Adolphe, baron de Bourqueney, Grand-Croix de l'Ordre Impérial de la Légion d'honneur et de l'Ordre de Léopold d'Autriche, décoré du portrait du Sultan en diamants, etc., etc., etc., son Envoyé extraordinaire et Ministre Plénipotentiaire près sa Majesté Impériale et Royale Apostolique ;

Sa Majesté l'Empereur d'Autriche :

Le sieur Charles-Ferdinand, comte de Buol-Schauenstein, Grand-Croix de l'Ordre Impérial de Léopold d'Autriche, et Chevalier de l'Ordre de la Couronne de Fer de première classe, Grand-Croix de l'Ordre Impérial de la Légion d'honneur, Chevalier des Ordres de l'Aigle-Noir et de l'Aigle-Rouge de Prusse, Grand-Croix des Ordres Impériaux d'Alexandre Newski en brillants, et de l'Aigle-Blanc de Russie, Grand-Croix de l'Ordre de Saint-Jean-de-Jérusalem, décoré de l'Ordre Impérial du Medjidié de première classe, etc., etc., etc., son Chambellan et Conseiller intime actuel, son Ministre de la Maison et des Affaires étrangères, Président de la Conférence des Ministres,

Et le sieur Joseph-Alexandre, baron de Hübner, Grand-Croix de l'Ordre Impérial de la Couronne de Fer, Grand Officier de l'Ordre Impérial de la Légion d'honneur, son Conseiller intime actuel et son Envoyé extraordinaire et Ministre Plénipotentiaire à la Cour de France ;

Sa Majesté la Reine du Royaume-Uni de la Grande-Bretagne et d'Irlande :

Le très-honorable George-Guillaume-Frédéric, comte de Clarendon, Baron Hyde de Hindon, Pair du Royaume-Uni, Conseiller de Sa Majesté Britannique en son Conseil privé, Chevalier du très-noble Ordre de la Jarretière, Chevalier Grand-Croix du très-honorable Ordre du Bain, Principal Secrétaire d'Etat de sa Majesté pour les Affaires étrangères,

Et le très-honorable Henri-Richard-Charles, Baron Cowley, Pair du Royaume-Uni, Conseiller de Sa Majesté en son Conseil privé, Chevalier Grand-Croix du très-honorable ordre du Bain, et ambassadeur extraordinaire et plénipotentiaire de Sa Majesté près Sa Majesté l'Empereur des Français ;

Sa Majesté l'Empereur de toutes les Russies :

Le sieur Alexis, comte Orloff, son Aide de camp général et Général de cavalerie, commandant du Quartier général de Sa Majesté, Membre du Conseil de l'Empire et du Comité des Ministres, décoré de deux Portraits en diamants de Leurs Majestés feu l'Empereur

Nicolas et l'Empereur Alexandre II, Chevalier de l'Ordre de Saint-André en diamants et des Ordres de Russie, Grand-Croix de l'Ordre de Saint-Etienne d'Autriche de première classe, de l'Aigle-Noir de Prusse en diamants, de l'Annonciade de Sardaigne et de plusieurs autres Ordres étrangers,

Et le sieur Philippe, Baron de Brunnow, son Conseiller privé, son Envoyé extraordinaire et Ministre Plénipotentiaire près la Confédération Germanique et près Son Altesse Royale le Grand-Duc de Hesse, Chevalier de l'Ordre de Saint-Wladimir de première classe, de Saint-Alexandre Newski enrichi de diamants, de l'Aigle-Blanc, de Sainte-Anne de première classe, de Saint-Stanislas de première classe, Grand-Croix de l'Ordre de l'Aigle-Rouge de Prusse de première classe, Commandeur de l'Ordre de Saint-Etienne d'Autriche, et de plusieurs autres Ordres étrangers;

Sa Majesté le Roi de Sardaigne:

Le sieur Camille Benso, Comte de Cavour, Grand-Croix de l'Ordre des Saints Maurice et Lazare, Chevalier de l'Ordre du Mérite civil de Savoie, Grand-Croix de l'Ordre Impérial de la Légion d'honneur, décoré de l'Ordre Impérial du Medjidié de première classe, Grand-Croix de plusieurs autres Ordres étrangers, Président du Conseil des Ministres, et son Ministre et Secrétaire d'État pour les finances,

Et le sieur Salvator, Marquis de Villamarina, Grand-Croix de l'Ordre des Saints Maurice et Lazare, Grand Officier de l'Ordre Impérial de la Légion d'honneur, etc., etc., etc., son Envoyé extraordinaire et Ministre Plénipotentiaire à la Cour de France.

Et Sa Majesté l'Empereur des Ottomans:

Mouhammed-Emin-Aali-Pacha, Grand Vizir de l'Empire Ottoman, décoré des Ordres Impériaux du Medjidié et du Mérite de première classe, Grand-Croix de l'Ordre Impérial de la Légion d'honneur, de Saint-Etienne d'Autriche, de l'Aigle-Rouge de Prusse, de Sainte-Anne de Russie, des Saints Maurice et Lazare de Sardaigne, de l'Etoile Polaire de Suède, et de plusieurs autres Ordres étrangers,

Et Mehemmed-Djémil-Bey, décoré de l'Ordre Impérial du Medjidié de seconde classe, et Grand-Croix de l'Ordre des Saints Maurice et Lazare, son Ambassadeur extraordinaire et Plénipotentiaire près Sa

Majesté l'Empereur des Français, accrédité, en la même qualité, près Sa Majesté le Roi de Sardaigne;

Lesquels se sont réunis en Congrès à Paris.

L'entente ayant été heureusement établie entre eux, Leurs Majestés l'Empereur des Français, l'Empereur d'Autriche, la Reine du Royaume-Uni de la Grande-Bretagne et d'Irlande, l'Empereur de toutes les Russies, le Roi de Sardaigne et l'Empereur des Ottomans, considérant que, dans un intérêt européen, Sa Majesté le Roi de Prusse, signataire de la Convention du treize juillet mil huit cent quarante et un, devait être appelée à participer aux nouveaux arrangements à prendre, et appréciant la valeur qu'ajouterait une œuvre de pacification générale le concours de Sadite Majesté, l'ont invitée à envoyer des Plénipotentiaires au Congrès.

En conséquence, Sa Majesté le Roi de Prusse a nommé pour ses Plénipotentiaires, savoir :

Le sieur Othon-Théodore, Baron de Manteuffel, Président de son Conseil et son Ministre des Affaires étrangères, Chevalier de l'Ordre de l'Aigle-Rouge de Prusse, première classe, avec feuilles de chêne, couronne et sceptre; Grand Commandeur de l'Ordre de Hohenzollern, Chevalier de l'Ordre de Saint-Jean de Prusse, Grand-Croix de l'Ordre de Saint-Etienne de Hongrie, Chevalier de l'Ordre de Saint-Alexandre Newski, Grand-Croix de l'Ordre des Saints Maurice et Lazare, et de l'Ordre du Nichan-Iftihar de Turquie, etc., etc., etc.,

Et le sieur Maximilien-Frédéric-Charles-François, Comte de Hatzfeldt-Vildinburg-Schœnstein, son Conseiller privé actuel, son envoyé extraordinaire et Ministre Plénipotentiaire à la Cour de France, Chevalier de l'Ordre de l'Aigle-Rouge de Pruse, de seconde classe, avec feuilles de chêne et plaque; Chevalier de la Croix d'Honneur de Hohenzollern, première classe, etc., etc., etc.

Les Plénipotentiaires, après avoir échangé leurs pleins pouvoirs, trouvés en bonne et due forme, sont convenus des articles suivants :

ARTICLE PREMIER. — Il y aura, à dater du jour de l'échange des ratifications du présent Traité, paix et amitié entre Sa Majesté l'Empereur des Français, Sa Majesté la Reine du Royaume-Uni de la Grande-Bretagne et d'Irlande, Sa Majesté le Roi de Sardaigne, Sa Majesté Impériale le Sultan, d'une part, et Sa Majesté l'Empereur de toutes les Russies, de l'autre, ainsi qu'entre leurs héritiers et successeurs, leurs États et sujets respectifs, à perpétuité.

Art. 2. — La paix étant heureusement rétablie entre Leursdites Majestés, les territoires conquis ou occupés par leurs armées, pendant la guerre, seront réciproquement évacués.

Des arrangements spéciaux régleront le mode de l'évacuation, qui devra être aussi prompte que faire se pourra.

Art. 3. — Sa Majesté l'Empereur de toutes les Russies s'engage à restituer à Sa Majesté le Sultan la ville et citadelle de Kars, aussi bien que les autres parties du territoire ottoman dont les troupes russes se trouvent en possession.

Art. 4. — Leurs Majestés l'Empereur des Français, la Reine du Royaume-Uni de la Grande-Bretagne et d'Irlande, le Roi de Sardaigne et le Sultan s'engagent à restituer à Sa Majesté l'Empereur de toutes les Russies les villes et ports de Sébastopol, Balaclava, Kamiesch, Eupatoria, Kertch, Iéni-Calch, Kinburn, ainsi que tous autres territoires occupés par les troupes alliées.

Art. 5. — Leurs Majestés l'Empereur des Français, la Reine du Royaume-Uni de la Grande-Bretagne et d'Irlande, l'Empereur de toutes les Russies, le Roi de Sardaigne et le Sultan accordent une amnistie pleine et entière à ceux de leurs sujets qui auraient été compromis par une participation quelconque aux événements de la guerre, en faveur de la cause ennemie.

Il est expressément entendu que cette amnistie s'étendra aux sujets de chacune des parties belligérantes qui auraient continué, pendant la guerre, à être employés dans le service de l'un des autres belligérants.

Art. 6. — Les prisonniers de guerre seront immédiatement rendus de part et d'autre.

Art. 7. — Sa Majesté l'Empereur des Français, Sa Majesté l'Empereur d'Autriche, Sa Majesté la Reine du Royaume-Uni de la Grande-Bretagne et d'Irlande, Sa Majesté le Roi de Prusse, Sa Majesté l'Empereur de toutes les Russies et Sa Majesté le Roi de Sardaigne déclarent la Sublime Porte admise à participer aux avantages du droit public et du concert européen. Leurs Majestés s'engagent, chacune de son côté, à respecter l'indépendance et l'intégrité territoriale de l'Empire Ottoman, garantissent en commun la stricte observation de cet engagement, et considéreront, en conséquence, tout acte de nature à y porter atteinte comme une question d'intérêt général.

Art. 8. — S'il survenait, entre la Sublime Porte et l'une ou plusieurs des autres Puissances signataires, un dissentiment qui menaçât le maintien de leurs relations, la Sublime Porte et chacune de ces puissances, avant de recourir à l'emploi de la force, mettront les autres parties contractantes en mesure de prévenir cette extrémité par leur action médiatrice.

Art. 9. — Sa Majesté Impériale le Sultan, dans sa constante sollicitude pour le bien-être de ses sujets, ayant octroyé un Firman qui, en améliorant leur sort, sans distinction de religion ni de race, consacre ses généreuses intentions envers les populations chrétiennes de son Empire, et voulant donner un nouveau témoignage de ses sentiments à cet égard, a résolu de communiquer aux Puissances contractantes ledit Firman, spontanément émané de sa volonté souveraine.

Les Puissances contractantes constatent la haute valeur de cette communication. Il est bien entendu qu'elle ne saurait, en aucun cas, donner le droit auxdites Puissances de s'immiscer soit collectivement, soit séparément, dans les rapports de Sa Majesté le Sultan avec ses sujets, ni dans l'administration intérieure de son Empire.

Art. 10. La convention du treize juillet mil huit cent quarante-un, qui maintient l'antique règle de l'Empire Ottoman relative à la clôture des détroits du Bosphore et des Dardanelles, a été revisée d'un commun accord.

L'acte, conclu à cet effet et conformément à ce principe, entre les Hautes Parties contractantes, est et demeure annexé au présent Traité, et aura même force et valeur que s'il en faisait partie intégrante.

Art. 11. La mer Noire est neutralisée : ouverts à la marine marchande de toutes les nations, ses eaux et ses ports sont, formellement et à perpétuité, interdits au pavillon de guerre soit des Puissances riveraines, soit de toute autre Puissance, sauf les exceptions mentionnées aux articles 14 et 19 du Présent Traité.

Art. 12. Libre de toute entrave, le commerce, dans les ports et dans les eaux de la mer Noire, ne sera assujetti qu'à des règlements de santé, de douane, de police, conçus dans un esprit favorable au développement des transactions commerciales.

Pour donner aux intérêts commerciaux et maritimes de toutes les nations la sécurité désirable, la Russie et la Sublime Porte admettront des Consuls dans leurs ports situés sur le littoral de la mer Noire, conformément aux principes du droit international.

Art. 13. La mer Noire étant neutralisée, aux termes de l'article 11, le maintien ou l'établissement sur son littoral d'arsenaux militaires-maritimes devient sans nécessité, comme sans objet. En conséquence, Sa Majesté l'Empereur de toutes les Russies et Sa Majesté Impériale le Sultan s'engagent à n'élever et à ne conserver, sur ce littoral, aucun arsenal militaire-maritime.

Art. 14. Leurs Majestés l'Empereur de toutes les Russies et le Sultan, ayant conclu une convention à l'effet de déterminer la force et le nombre des bâtiments légers, nécessaires au service de leurs côtes, qu'elles se réservent d'entretenir dans la mer Noire, cette convention est annexée au présent Traité, et aura même force et valeur que si elle en faisait partie intégrante. Elle ne pourra être ni annulée ni modifiée, sans l'assentiment des Puissances signataires du présent Traité.

Art. 15. L'acte du Congrès de Vienne ayant établi les principes destinés à régler la navigation des fleuves qui séparent ou traversent plusieurs États, les Puissances contractantes stipulent entre elles, qu'à l'avenir ces principes seront également appliqués au Danube et à ses embouchures. Elles déclarent que cette disposition fait désormais partie du droit public de l'Europe, et la prennent sous leur garantie.

La navigation du Danube ne pourra être assujettie à aucune entrave ni redevance qui ne serait pas expressément prévue par les stipulations contenues dans les articles suivants. En conséquence, il ne sera perçu aucun péage basé uniquement sur le fait de la navigation du fleuve, ni aucun droit sur les marchandises qui se trouvent à bord des navires. Les règlements de police et de quarantaine à établir, pour la sûreté des États séparés ou traversés par ce fleuve, seront conçus de manière à favoriser, autant que faire se pourra, la circulation des navires. Sauf ces règlements, il ne sera apporté aucun obstacle, quel qu'il soit, à la libre navigation.

Art. 16. Dans le but de réaliser les dispositions de l'article précédent, une Commission dans laquelle la France, l'Autriche, la Grande-Bretagne, la Prusse, la Russie, la Sardaigne et la Turquie seront, chacune, représentées par un délégué, sera chargée de désigner et de faire exécuter les travaux nécessaires, depuis Isatcha, pour dégager les embouchures du Danube, ainsi que les parties de la mer y avoisinantes, des sables et autres obstacles qui les obstruent, afin de mettre cette partie du fleuve et lesdites parties de la mer dans les meilleures conditions possibles de navigabilité.

Pour couvrir les frais de ces travaux, ainsi que des établissements ayant pour objet d'assurer et de faciliter la navigation aux bouches du Danube, des droits fixes, d'un taux convenable, arrêtés par la Commission à la majorité des voix, pourront être prélevés, à la condition expresse que, sous ce rapport comme sous tous les autres, les pavillons de toutes les nations seront traités sur le pied d'une parfaite égalité.

Art. 17. Une Commission sera établie et se composera des délégués de l'Autriche, de la Bavière, de la Sublime Porte et du Wurtemberg (un pour chacune de ces Puissances), auxquels se réuniront les Commissaires des trois Principautés Danubiennes, dont la nomination aura été approuvée par la Porte. Cette Commission, qui sera permanente, 1° élaborera les règlements de navigation et de police fluviale; 2° fera disparaître les entraves, de quelque nature qu'elles puissent être, qui s'opposent encore à l'application au Danube des dispositions du Traité de Vienne; 3° ordonnera et fera exécuter les travaux nécessaires sur tout le parcours du fleuve; et 4° veillera, après la dissolution de la Commission Européenne, au maintien de la navigabilité des embouchures du Danube et des parties de la mer y avoisinantes.

Art. 18. Il est entendu que la Commission Européenne aura rempli sa tâche, et que la Commission riveraine aura terminé les travaux désignés dans l'article précédent sous les n°s 1 et 2, dans l'espace de deux ans. Les Puissances signataires réunies en conférence, informées de ce fait, prononceront, après en avoir pris acte, la dissolution de la Commission Européenne, et, dès lors, la Commission riveraine permanente jouira des mêmes pouvoirs que ceux dont la Commission Européenne aura été investie jusqu'alors.

Art. 19. Afin d'assurer l'exécution des règlements qui auront été arrêtés d'un commun accord, d'après les principes ci-dessus énoncés, chacune des Puissances contractantes aura le droit de faire stationner en tout temps deux bâtiments légers aux embouchures du Danube.

Art. 20. En échange des villes, ports et territoires énumérés dans l'article du présent Traité, et pour mieux assurer la liberté de la navigation du Danube, Sa Majesté l'Empereur de toutes les Russies consent à la rectification de sa frontière en Bessarabie.

La nouvelle frontière partira de la mer Noire, à un kilomètre à l'est du lac Bourna-Sola, rejoindra perpendiculairement la route d'Akerman, suivra cette route jusqu'au val de Trajan, passera au sud de Bolgrad, remontera le long de la rivière de Yalpuck jusqu'à la hauteur de Saratsika, et ira aboutir à Katamori sur le Pruth. En amont de ce point, l'ancienne frontière, entre les deux Empires, ne subira aucune modification.

Des délégués des Puissances contractantes fixeront, dans ses détails, le tracé de la nouvelle frontière.

Art. 21. Le territoire cédé par la Russie sera annexé à la Principauté de Moldavie, sous la suzeraineté de la Sublime Porte.

Les habitants de ce territoire jouiront des droits et priviléges assurés aux Principautés, et, pendant l'espace de trois années, il leur sera permis de transporter ailleurs leur domicile, en disposant librement de leurs propriétés.

Art. 22. Les Principautés de Valachie et de Moldavie continueront à jouir, sous la suzeraineté de la Porte et sous la garantie des Puissances contractantes, des priviléges et des immunités dont elles sont en possession. Aucune protection exclusive ne sera exercée sur elles par une des Puissances garantes. Il n'y aura aucun droit particulier d'ingérence dans leurs affaires intérieures.

Art. 23. La Sublime Porte s'engage à conserver auxdites Principautés une administration indépendante et nationale, ainsi que la pleine liberté de culte, de législation, de commerce et de navigation.

Les lois et statuts aujourd'hui en vigueur seront revisés. Pour établir un complet accord sur cette révision, une Commission spéciale, sur la composition de laquelle les Hautes Parties contractantes s'entendront, se réunira sans délai, à Bucharest, avec un Commissaire de la Sublime Porte.

Cette Commission aura pour tâche de s'enquérir de l'état actuel des Principautés, et de proposer les bases de leur future organisation.

Art. 24. Sa Majesté le Sultan promet de convoquer immédiatement, dans chacune des deux provinces, un Divan *ad hoc*, composé de manière à constituer la représentation la plus exacte des intérêts de toutes les classes de la société. Ces Divans seront appelés à exprimer les vœux des populations relativement à l'organisation définitive des Principautés.

Une instruction du Congrès réglera les rapports de la Commission avec ces Divans.

Art. 25. Prenant en considération l'opinion émise par les deux Divans, la Commission transmettra, sans retard, au siége actuel des Conférences, le résultat de son propre travail.

L'entente finale avec la puissance suzeraine sera consacrée par une Convention conclue à Paris entre les Hautes Parties contractantes; et un Hatti-Chériff, conforme aux stipulations de la Convention, constituera définitivement l'organisation de ces provinces, placées désormais sous la garantie collective de toutes les Puissances signataires.

Art. 26. Il est convenu qu'il y aura, dans les Principautés, une force armée nationale organisée dans le but de maintenir la sûreté de l'intérieur et d'assurer celle des frontières. Aucune entrave ne pourra être apportée aux mesures extraordinaires de défense que, d'accord avec la Sublime Porte, elles seraient appelées à prendre pour repousser toute agression étrangère.

Art. 27. Si le repos intérieur des Principautés se trouvait menacé ou compromis, la Sublime Porte s'entendra avec les autres Puissances contractantes sur les mesures à prendre pour maintenir ou rétablir l'ordre légal. Une intervention armée ne pourra avoir lieu sans un accord préalable entre ces Puissances.

Art. 28. La Principauté de Servie continuera à relever de la Sublime Porte, conformément aux Hats impériaux qui fixent et déterminent ses droits et immunités, placés désormais sous la garantie collective des Puissances contractantes.

En conséquence, ladite Principauté conservera son administration indépendante et nationale, ainsi que la pleine liberté de culte, de législation, de commerce et de navigation.

Art. 29. Le droit de garnison de la Sublime-Porte, tel qu'il se trouve stipulé par les règlements antérieurs, est maintenu. Aucune intervention armée ne pourra avoir lieu en Servie sans un accord préalable entre les Hautes Puissances contractanctes.

Art. 30. Sa Majesté l'Empereur de toutes les Russies et Sa Majesté le Sultan maintiennent, dans son intégrité, l'état de leurs possessions en Asie, tel qu'il existait légalement avant la rupture.

Pour prévenir toute contestation locale, le tracé de la frontière sera vérifié, et, s'il y a lieu, rectifié, sans qu'il puisse en résulter un préjudice territorial pour l'une ou l'autre des deux parties.

A cet effet, une commission mixte, composée de deux Commissaires Russes, de deux Commissaires Ottomans, d'un Commissaire Français et d'un Commissaire Anglais, sera envoyée sur les lieux, immédiatement après le rétablissement des relations diplomatiques entre la Cour de Russie et la Sublime Porte. Son travail devra être terminé dans l'espace de huit mois, à dater de l'échange des ratifications du présent Traité.

Art. 51. Les territoires occupés pendant la guerre par les troupes de Leurs Majestés l'Empereur des Français, l'Empereur d'Autriche, la Reine du Royaume-Uni de la Grande-Bretagne et d'Irlande, et le Roi de Sardaigne, aux termes des conventions signées à Constantinople, le douze mars mil huit cent cinquante-quatre, entre la France, la Grande-Bretagne et la Sublime Porte; le quatorze juin de la même année, entre l'Autriche et la Sublime Porte, et le quinze mars mil huit cent cinquante-cinq, entre la Sardaigne et la Sublime Porte, seront évacués après l'échange des ratifications du présent Traité, aussitôt que faire se pourra. Les délais et les moyens d'exécution feront l'objet d'un arrangement entre la Sublime Porte et les Puissances dont les troupes ont occupé son territoire.

Art. 32. Jusqu'à ce que les Traités ou Conventions qui existaient avant la guerre entre les Puissances belligérantes, aient été ou renouvelés ou remplacés par des actes nouveaux, le commerce d'importation ou d'exportation aura lieu réciproquement sur le pied des règlements en vigueur avant la guerre; et leurs sujets, en toute autre matière, seront respectivement traités sur le pied de la nation la plus favorisée.

Art. 33. La Convention conclue, en ce jour, entre Leurs Majestés l'Empereur des Français, la Reine du Royaume-Uni de la Grande-Bretagne et d'Irlande, d'une part, et Sa Majesté l'Empereur de toutes les Russies, de l'autre part, relativement aux Iles d'Aland, est et demeure annexée au présent Traité et aura même force et valeur que si elle en faisait partie.

Art. 54. Le présent Traité sera ratifié, et les ratifications en seront échangées à Paris, dans l'espace de quatre semaines, ou plutôt, si faire se peut.

En foi de quoi, les Plénipotentiaires respectifs l'ont signé et y ont apposé le sceau de leurs armes.

Fait à Paris, le trentième jour du mois de Mars de l'an mil huit cent cinquante-six.

(L. S.) *Signé* S. WALESWKI.   (L. S.) *Signé* HATZFELDT.
(L. S.) *Signé* BOURQUENEY.   (L. S.) *Signé* ORLOFF.
(L. S.) *Signé* BUOL-SCHAUENSTEIN. (L. S.) *Signé* BRUNNOW.
(L. S.) *Signé* HUBNER.   (L. S.) *Signé* CAVOUR.
(L. S.) *Signé* CLARENDON.   (L. S.) *Signé* DE VILLAMARINA.
(L. S.) *Signé* COWLEY.   (L. S.) *Signé* AALI.
(L. S.) *Signé* MANTEUFFEL.   (L. S.) *Signé* MEHEMMED-DJÉMIL.

ARTICLE ADDITIONNEL ET TRANSITOIRE.

Les stipulations de la Convention des détroits signée en ce jour ne seront pas applicables aux bâtiments de guerre employés par les Puissances belligérantes pour l'évacuation par mer des territoires occupés par leurs armées; mais lesdites stipulations reprendront leur entier effet, aussitôt que l'évacuation sera terminée.

Fait à Paris, le trentième jour du mois de Mars de l'an mil huit cent cinquante-six.   (*Suivent les signatures.*)

PREMIÈRE ANNEXE.

AU NOM DE DIEU TOUT-PUISSANT.

Leurs Majestés l'Empereur des Français, l'Empereur d'Autriche, la Reine du Royaume-Uni de la Grande-Bretagne et d'Irlande, le Roi de Prusse, l'Empereur de toutes les Russies, signataires de la Convention du treize juillet mil huit cent quarante et un, et Sa Majesté le Roi de Sardaigne, voulant constater en commun leur détermination unanime de se conformer à l'ancienne règle de l'Empire Ottoman, d'après laquelle les détroits des Dardanelles et du Bosphore sont fermés aux bâtiments de guerre étrangers tant que la Porte se trouve en paix.

Lesdites Majestés, d'une part, et Sa Majesté le Sultan, de l'autre, ont résolu de renouveler la Convention conclue à Londres le treize juillet mil huit cent quarante et un, sauf quelques modifications de détail qui ne portent aucune atteinte au principe sur lequel elle repose.

En conséquence, Leursdites Majestés ont nommé, à cet effet, pour leurs Plénipotentiaires, savoir :

(Suivent les noms des Plénipotentiaires.)

ART. 1er. Sa Majesté le Sultan, d'une part, déclare qu'il a la ferme résolution de maintenir, à l'avenir, le principe invariablement établi comme ancienne règle de son Empire, et en vertu duquel il a été de tout temps défendu aux bâtiments de guerre des puissances étrangères d'entrer dans les détroits des Dardanelles et du Bosphore, et que tant que la Porte se trouve en paix, Sa Majesté n'admettra aucun bâtiment de guerre étranger dans lesdits détroits.

Et Leurs Majestés l'Empereur des Français, l'Empereur d'Autriche, la Reine du Royaume-Uni de la Grande-Bretagne et d'Irlande, le Roi de Prusse, l'Empereur de toutes les Russies et le Roi de Sardaigne, de l'autre part, s'engagent à respecter cette détermination du Sultan et à se conformer au principe ci-dessus énoncé.

ART. 2. Le Sultan se réserve, comme par le passé, de délivrer des Firmans de passage aux bâtiments légers sous pavillon de guerre, lesquels seront employés, comme il est d'usage, au service des légations des Puissances amies.

ART. 5. La même exception s'applique aux bâtiments légers sous pavillon de guerre que chacune des Puissances contractantes est autorisée à faire stationner aux embouchures du Danube, pour assurer l'exécution des réglements relatifs à la liberté du fleuve, et dont le nombre ne devra pas excéder deux pour chaque Puissance.

ART. 4. La présente convention, annexée au Traité général, signé à Paris en ce jour, sera ratifiée, et les ratifications en seront échangées dans l'espace de quatre semaines, ou plus tôt, si faire se peut.

En foi de quoi, les Plénipotentiaires respectifs l'ont signée et y ont apposé le sceau de leurs armes.

Fait à Paris, le trentième jour du mois de Mars de l'an mil huit cent cinquante-six.   *(Suivent les signatures.)*

DEUXIÈME ANNEXE.

AU NOM DE DIEU TOUT-PUISSANT.

Sa Majesté l'Empereur de toutes les Russies et Sa Majesté Impériale le Sultan, prenant en considération le principe de la neutralisation de la mer Noire établi par les préliminaires consignés au protocole n° 1, signé à Paris le vingt-cinq février de la présente année, et voulant, en conséquence, régler d'un commun accord le nombre et la force des bâtiments légers qu'elles se sont réservé d'entretenir dans la mer Noire pour le service de leurs côtes, ont résolu de signer, dans ce but, une Convention spéciale, et ont nommé à cet effet :

Sa Majesté l'Empereur de toutes les Russies :

Le Comte Orloff, etc., etc.

Et le Baron de Brunnow, etc., etc.

Et Sa Majesté Impériale le Sultan :

Mouhammed-Émin-Aali-Pacha, Grand Visir de l'Empire Ottoman, etc., etc.

Et Méhemmed-Djémil-Bey, etc, etc.

Lesquels, après avoir échangé leurs pleins pouvoirs, trouvés en bonne et due forme, sont convenus des articles suivants :

ART. 1er. Les Hautes parties contractantes s'engagent mutuellement à n'avoir dans la mer Noire d'autres bâtiments de guerre que ceux dont le nombre, la force et les dimensions sont stipulés ci-après.

ART. 2. Les Hautes Parties contractantes se réservent d'entretenir chacune, dans cette mer, six bâtiments à vapeur de cinquante mètres de longueur à la flottaison, d'un tonnage de huit cents tonneaux au maximum, et quatre bâtiments légers à vapeur ou à voile, d'un tonnage qui ne dépassera pas deux cents tonneaux chacun.

ART. 3. La présente Convention, annexée au Traité général signé à Paris en ce jour, sera ratifiée, et les ratifications en seront échangées dans l'espace de quatre semaines, ou plus tôt, si faire se peut.

En foi de quoi, les Plénipotentiaires respectifs l'ont signée et y ont apposé le sceau de leurs armes.

Fait à Paris, le trentième jour du mois de Mars de l'an mil huit cent cinquante-six.

(L. S.) *Signé* Orloff.
(L. S.) *Signé* Brunnow.
(L. S.) *Signé* Aali.
(L. S.) *Signé* Mehemmed-Djémil.

TROISIÈME ANNEXE.

AU NOM DE DIEU TOUT-PUISSANT.

Sa Majesté l'Empereur des Français, Sa Majesté la Reine du Royaume-Uni de la Grande-Bretagne et d'Irlande et Sa Majesté l'Empereur de toutes les Russies, voulant étendre à la mer Baltique l'accord si heureusement rétabli entre Elles en Orient, et consolider par là les bienfaits de la paix générale, ont résolu de conclure une Convention, et nommé à cet effet :

Sa Majesté l'Empereur des Français :

Le Comte Colonna Valewski, etc., etc.,

Et le baron de Bourqueney, etc., etc.

Sa Majesté la Reine du Royaume-Uni de la Grande-Bretagne et d'Irlande :

Le très-honorable Comte de Clarendon, etc., etc.,

Et le très-honorable Baron Cowley, etc., etc.

Et Sa Majesté l'Empereur de toutes les Russies :

Le Comte Orloff, etc., etc.,

Et le Baron de Brunnow, etc., etc.

Lesquels, après avoir échangé leurs pleins pouvoirs, trouvés en bonne et due forme, sont convenus des articles suivants :

Art. 1ᵉʳ. Sa Majesté l'Empereur de toutes les Russies, pour répondre au désir qui lui a été exprimé par leurs Majestés l'Empereur des Français et la Reine du Royaume-Uni de la Grande-Bretagne et d'Irlande, déclare que les Iles d'Aland ne seront pas fortifiées et qu'il n'y sera maintenu ni créé aucun établissement militaire ou naval.

Art. 2. La présente Convention, annexée au Traité général signé à Paris en ce jour, sera ratifiée, et les ratifications en seront échangées dans l'espace de quatre semaines, ou plus tôt, si faire se peut.

En foi de quoi, les Plénipotentiaires respectifs l'ont signée et y ont apposé le sceau de leurs armes.

Fait à Paris, le trentième jour du mois de Mars de l'an mil huit cent cinquante-six.

(L. S.) *Signé* A. WALEWSKI,
(L. S.) *Signé* BOURQUENEY.
(L. S.) *Signé* CLARENDON.
(L. S.) *Signé* COWLEY.
(L. S.) *Signé* ORLOFF.
(L. S.) *Signé* BRUNNOW.

NOTICES BIOGRAPHIQUES

DES

PRINCIPAUX PERSONNAGES

DE LA GUERRE D'ORIENT.

L'histoire consacre par une seule appellation les époques qui doivent vivre éternellement dans la postérité : on dit le siècle de Périclès, le siècle d'Auguste, celui de Louis XIV, celui de Napoléon Ier; le règne de Napoléon III tiendra la plus glorieuse place dans les annales du monde, car il a su influer non-seulement sur nos destinées, mais encore sur les destinées de toutes les nations.

D'autres diront sans doute les bienfaits, la splendeur et la majesté de ce règne à jamais glorieux ; pour nous, historiens de la guerre d'Orient, restons dans les limites de notre tâche, et, après avoir raconté les faits immortels de cette gigantesque expédition, jetons un coup-d'œil rapide sur les principaux personnages qui y ont pris une part plus ou moins active et directe.

FRANCE.

L'Empereur Napoléon III. — Le prince Napoléon Bonaparte.— Maréchal Vaillant. —Maréchal Saint-Arnaud. — Général Canrobert.— Maréchal Pélissier. — Général Bosquet.— Amiral Hamelin. — Drouin de Luys et le comte Walewsky.

Un front large où s'agitent les plus nobles inspirations, les plus vastes conceptions, les plus magnifiques pensées ; des yeux où perce le génie comme un rayon de soleil, une bouche dont les lignes sévères annoncent une nature loyale et franche ; un caractère hardi, entreprenant, dévoué ; une physionomie enfin qui exprime d'une manière parfaite la grandeur d'âme des héros, la splendeur et la majesté des races providentielles : tel est l'Empereur Napoléon III.

Son nom, qui est pour la France comme un emblême de magnanimité, d'amour et de gloire, sait inspirer aux plus revêches le respect et l'admiration. Symbole de paix et d'énergie pour l'Europe qui le redoute et l'admire en même temps, ce nom si universel est à toutes les nations civilisées une étoile indicatrice des belles et nobles choses du progrès et de l'avenir.

Restaurateur de nos vraies libertés, des principes religieux, sans lesquelles on courrait à l'abîme, l'Empereur Napoléon III a certainement bien mérité du monde. Nouveau César, nouvel Auguste, il sait dignement remplir la magnifique mission que la Providence lui a confiée d'une façon si visible et si imprévue.

Aussi, quelle plume assez bien taillée pourrait retracer convenablement ce portrait imposant et splendide dont l'âme éclaire le monde de ses plus vigoureux et de ses plus mâles reflets?

Du 20 avril 1808, date de sa naissance, jusqu'au 2 décembre 1851, époque de son fameux coup d'État qui devait sauver la France de la ruine et du malheur, Napoléon s'est formé d'une manière admirable au contact de toutes les vertus, de toutes les grandeurs, de toutes les sciences de notre siècle, se préparant ainsi à tenir le sceptre impérial que le ciel lui réservait dans l'avenir.

Fils de Louis-Napoléon, roi de Hollande, et de Hortense-Eugénie de Beauharnais, Napoléon III se trouvait ainsi être tout à la fois le petit-fils et le neveu du grand homme, qui remplissait l'univers de ses exploits. Élevé sous les yeux de sa noble et tendre mère, il apprit de bonne heure à connaître les souffrances et les amertumes de l'exil, de cet exil où les grandes âmes savent si bien se développer pour revenir un jour pardonner et ramener au bonheur les États qui les avaient chassées.

Nous passerons sous silence, vu le cadre resserré de cet article, les nombreux titres de gloire qui signalèrent l'existence de Napoléon III jusqu'à son avènement au trône. La Suisse, la Romagne, ont connu successivement sa science et sa valeur; l'Angleterre a pris plus d'une leçon sur son exquise urbanité, et l'Europe connaît et apprécie depuis longtemps, à leur juste valeur, ses magnifiques travaux littéraires.

Nommé député, puis président de la République après 1848, il fut reçu en France avec des ovations indéfinissables.

Partout l'enthousiasme, l'amour et le respect accueillirent ses pas et fêtèrent sa bienvenue. Le peuple, dont l'esprit naturel, à défaut de savoir et de connaissances politiques approfondies, juge si bien les hommes et les choses, avait compris que dans le représentant, puis dans le chef du pouvoir exécutif, il y avait non-seulement un grand nom, mais encore un cœur intelligent, une tête audacieuse et fière qui saurait lui ramener un jour la gloire du passé et les promesses de l'avenir.

Son suffrage, dès ce jour, était acquis à l'avance pour toutes les occasions où l'héritier de César pourrait le réclamer dans le but d'accomplir sa destinée et de marcher résolûment vers les plus hautes sphères du pouvoir du haut desquelles seulement on peut sûrement exécuter les plans tranformateurs et rénovateurs.

On a vu comment, depuis la résurrection de l'Empire, Napoléon III a rempli le rôle que Dieu lui avait confié. L'histoire lui tiendra compte, assurément, de ses travaux immenses, de ses projets si magnifiquement réalisés.

Forcé, pour le bien et la gloire de la France, de prendre la première part dans une guerre formidable, il a répondu noblement à ses devoirs de souverain, et mérité, sans aucun doute, notre reconnaissance, ainsi que celle des peuples de l'Orient. L'éloge de Sa Majesté se trouve déjà dans cette reconnaissance spontanée des Turcs et des Français ; mais il se trouve bien plus encore dans le choix si bien fait des ministres et des officiers généraux qui devaient le seconder au dedans pour la paix, au dehors pour la guerre.

Nous voudrions pouvoir esquisser à grands traits la biographie de tous ces officiers et ministres, mais la place nous manque ; et après avoir cité MM. de Morny, de Persigny, Billault, Ducos, Magne, etc., nous nous verrons contraints de ne parler que des personnages qui suivent.

Le prince Napoléon Bonaparte. — Second fils du roi Jérôme et de la princesse Catherine, fille du roi de Wurtemberg, le prince Napoléon Bonaparte est né dans l'exil, à Trieste, en 1822.

Il passa son enfance à Rome, auprès de Mme Lœtitia, mère de l'Empereur, cette grande et imposante figure si simple et si résignée dans l'adversité.

En 1835, il fut placé dans un collége, à Genève ; puis, en 1837, à l'école militaire de Luisbourg, dans le Wurtemberg. Au sortir de ses études, il employa cinq ans à visiter l'Allemagne, l'Angleterre et l'Espagne. Mais c'était la France qu'appelaient ses vœux. Un instant, il toucha ce sol chéri. C'était en 1843, à Marseille. Il était allé au théâtre : tous les regards se tournaient vers lui, qui plongeait avidement ses regards dans le parterre. Tout-à-coup, se retournant vers ceux qui l'accompagnaient, il s'écria :— « Que je voudrais serrer les mains de tous ces braves gens... Ils sont Français ! » Chez le prince, en effet, le sentiment national est poussé jusqu'au fanatisme.

L'ex-roi Jérôme et son fils avaient obtenu en 1847 du gouvernement la permission d'habiter la France. Lorsque la révolution éclata, le jeune prince se mit à la disposition de ses concitoyens. La Corse l'envoya comme député à l'Assemblée constituante.

Après le rétablissement de l'Empire, un décret organique, en date du 18 décembre 1852, régla l'ordre de succession et y appela, à défaut d'héritier direct, légitime ou adoptif, le prince Jérôme Napoléon et sa descendance directe, naturelle et légitime.

Bien que placé par ce décret sur les marches du trône, le prince Napoléon Bonaparte s'est abstenu de prendre part aux actes du gouvernement. Il n'a voulu revendiquer qu'un périlleux honneur, celui de faire partie de l'armée qui allait être envoyée en Orient. Le 25 février 1854, il adressait la lettre suivante à l'Empereur :

« Sire,

« Au moment où la guerre va éclater, je viens prier Votre Majesté de me permettre de faire partie de l'expédition qui se prépare.

« Je ne demande ni commandement important, ni titre qui me distingue ; le poste qui me semblera le plus honorable sera celui qui me rapprochera le plus de l'ennemi. L'uniforme que je suis si fier de porter, m'impose des devoirs que je serai heureux de remplir, et je veux gagner le haut grade que votre affection et ma position m'ont donné.

« Quand la nation prend les armes, Votre Majesté trouvera, j'espère, que ma place est au milieu des soldats, et je la prie de me permettre d'aller me ranger parmi eux pour soutenir le droit et l'honneur de la France.

« Recevez, Sire, l'expression de tous les sentiments de respectueux attachement de votre tout dévoué cousin,

« NAPOLÉON. »

Palais-Royal, ce 25 février 1854.

La réponse à cette lettre fut le commandement de la troisième division, confié par l'Empereur à son cousin. Le prince Napoléon a partagé toutes les fatigues et toutes les souffrances de l'armée. Il a noblement recueilli le fruit d'une longue et périlleuse attente à cette bataille d'Alma, où sa division s'est trouvée fortement engagée. Une lettre particulière donne sur sa conduite ce beau témoignage :

« Nous avons rencontré le prince Napoléon dans un chemin creux, au passage de la rivière, sous une réelle pluie d'obus qui nous enlevait des files entières. Le maréchal de Saint-Arnaud et lui étaient là comme chez eux et donnaient leurs ordres comme à la parade. »

Le soir, après la lutte, un zouave résumait ainsi l'opinion générale sur le prince : « C'est un troupier *fini*. »

L'Empereur, voulant récompenser la belle conduite du prince Napoléon à la bataille d'Alma, a autorisé S. A. I. à porter la médaille militaire.

Rentré en France sur le vœu de son auguste père le roi Jérôme, pour y rétablir sa santé gravement compromise pendant son séjour à l'armée d'Orient, il quitta à regret cette terre de Crimée, témoin des victoires auxquelles il avait déjà pris une si large part. On sait, depuis son retour, quels services il a rendus dans les luttes toutes pacifiques de l'Exposition universelle de 1855 comme président de la Commission.

LE MARÉCHAL COMTE VAILLANT. — Jean-Baptiste-Philibert, comte Vaillant, ministre secrétaire-d'État au département de la guerre et maréchal de France, est né le 6 décembre 1790, à Dijon, cette patrie de tant de grands hommes. — Après avoir fait ses études préliminaires à l'école polytechnique, il fut nommé sous-lieutenant du génie à l'école de Metz, le 1er octobre 1809. Créé lieutenant en premier en 1811, au bataillon de sapeurs détaché à Dantzick, on le reçut un an plus tard (21 août 1812) capitaine, pour être envoyé en Russie, où il fit ses premières armes avec beaucoup de distinction. Fait prisonnier de guerre dans cette mémorable campagne (31 août 1813), il eut le bonheur de rentrer en France en 1814. Depuis un an déjà la croix de la Légion-d'Honneur, cette étoile glorieuse des braves, brillait sur sa noble et vaillante poitrine. 1815 étant arrivé, on employa alors les talents remarquables de M. le comte Vaillant aux défenses de Paris ; puis son œuvre accomplie, il rejoignit en toute hâte le corps d'armée de Napoléon pour assister tour à tour au combat de Gilly et aux batailles de Ligny et de Waterloo.

C'est sous la Restauration, le 31 décembre 1826, que cet illustre officier parvint au grade de chef de bataillon. Envoyé en Afrique, il prit part à toutes les opérations de cette fameuse expédition, pendant laquelle, au siége du fort de l'Empereur, il eut une jambe labourée par un biscaïen.

Lieutenant-colonel en 1831, M. le comte Vaillant fit à cette époque la campagne de Belgique, et assista en acteur éminent à l'attaque d'Anvers. La récompense de ses exploits fut le grade de colonel qui lui fut accordé le 7 janvier 1833, avec le commandement du service du génie à Alger.

Nommé en 1839 commandant de l'école polytechnique, il fut chargé d'exécuter les plans et de diriger les travaux des fortifications de Paris, immense entreprise dont l'exécution eut quelque chose de merveilleux.

Lieutenant-général le 20 octobre 1845, président du comité des fortifications en 1848, directeur des opérations du siège de Rome en 1849, maréchal de France le 11 décembre 1855, sénateur le 14 janvier 1852, grand maréchal du Palais le 31 décembre 1852, puis enfin ministre de la guerre après le départ de l'immortel Saint-Arnaud, M. le comte Vaillant a, certes, bien mérité tous ces honneurs; car il fut toujours à la hauteur des missions importantes qui lui furent confiées successivement.

Par son activité, son énergie, son génie administratif et militaire, sa fidélité au trône et son dévouement à la patrie, Son Excellence le maréchal ministre de la guerre a acquis plus d'un droit à la reconnaissance et à l'admiration de notre héroïque et généreuse France.

Le maréchal Saint-Arnaud. — Leroy de Saint-Arnaud, l'un des héros de ce siècle dont le nom est gravé sur le fronton du temple de la gloire, est né à Paris en 1801. Sa longue carrière est sillonnée de faits pleins de bravoure, de traits dignes des anciens : elle s'est résumée en 1851 d'une manière admirable. Après avoir fait ses preuves sous la Restauration, sous Louis-Philippe, pendant la République, en Afrique, fidèle aux aspirations de son cœur, il mit son épée à la disposition de l'Empereur aussi bien pour le coup d'État que pour la guerre d'Orient, où il devait trouver une mort si glorieuse.

La lettre suivante, que Sa Majesté l'Empereur adressa à Mme de

Saint-Arnaud encore à Constantinople lors de cette mort, est la meilleure biographie qu'on puisse faire de l'illustre maréchal :

« Saint-Cloud, 16 octobre 1854.

« Madame la maréchale, personne plus que moi, vous le savez, ne partage la douleur qui vous oppresse. Le maréchal s'était associé à ma cause, du jour où, quittant l'Afrique pour prendre le portefeuille de la guerre, il concourait à rétablir l'ordre et l'autorité dans ce pays. Il a associé son nom aux gloires militaires de la France, le jour où, se décidant à mettre le pied en Crimée malgré de timides avis, il gagnait avec lord Raglan la bataille de l'Alma et frayait à notre armée le chemin de Sébastopol. J'ai donc perdu en lui un ami dévoué dans les heures difficiles, comme la France a perdu en lui un soldat toujours prêt à la servir au moment du danger.

« Sans doute, tant de titres à la reconnaissance publique et à la mienne sont impuissants à adoucir une douleur comme la vôtre, et je me borne à vous assurer que je reporte sur vous et sur la famille du maréchal les sentiments qu'il m'avait inspirés.

« Recevez-en, Madame la maréchale, l'expression sincère.

« NAPOLÉON. »

Une pension de 20,000 francs a été accordée à Mme la maréchale de Saint-Arnaud, par ordre de l'Empereur, à titre de récompense nationale.

CERTAIN DE CANROBERT. — Parmi nos généraux, il en est peu d'aussi jeunes que M. de Canrobert et il y a ce fait caractéristique dans sa naissance, qu'elle eut lieu (en 1809) à peu de distance du village qui s'honore d'avoir donné le jour à Murat. C'est dire que le brave commandant de l'armée d'Orient appartient au département du Lot.

De l'école de Saint-Cyr, où il fut admis en 1826, et d'où il sortit dans l'un des premiers rangs, il entra comme sous-lieutenant au 47e de ligne. Lieutenant en 1832, il s'embarqua trois ans après pour l'Afrique, et prit part à l'expédition de Mascara. Les brillantes qualités qu'il montra en suivant, avec son régiment, les mouvements qui eurent lieu dans la province d'Oran lui valurent en 1837 le grade de capitaine. Il était à côté du colonel Combes à l'assaut de Constantine ; et tandis que le vieux soldat de l'île d'Elbe était blessé mortellement sur la brèche, le jeune capitaine, attaché comme officier d'ordonnance au colonel Combes, recevait lui-même un coup de feu à la jambe.

Rentré en France en 1839, il fut chargé de former pour la légion étrangère un bataillon avec les débris de la vaillante armée carliste qui avaient été forcés de chercher un refuge sur le territoire français. Il s'acquitta promptement et avec succès de cette tâche. L'Algérie ne tarda pas à lui fournir de nouvelles occasions de se distinguer.

La conquête de l'Algérie n'avait pas été seulement une victoire éclatante et décisive remportée sur l'ancienne piraterie qui avait traversé le moyen-âge pour s'exercer encore avec audace de nos jours dans le Méditerranée : ce fut aussi l'occasion continuelle pour notre jeune armée de s'aguerrir dans des luttes qui ne se terminaient sur un point que pour recommencer sur un autre. A cette école du courage et de l'habileté se formèrent ces généraux qu'on a surnommés *africains*, Saint-Arnaud, Duvivier, Bedeau, Négrier, Bosquet ; beaux noms auxquels vient se joindre celui du général Certain de Canrobert.

Il y a quelques années encore, en 1846, M. de Canrobert était lieutenant-colonel du 64e de ligne lorsqu'il fut chargé de refouler les bandes de Bou-Maza. Il obtint des succès décisifs sur les tribus du Bas-Dhara, notamment à Sidi-Kalifa.

L'année suivante, il fut nommé colonel du 3e léger. Au mois de mai 1848, nous le retrouvons à la tête de l'expédition dirigée contre Ahmed-Sghir, qui avait soulevé les Bouaoun. Le colonel Canrobert arriva, à travers mille difficultés, jusqu'au défilé de Djerma, il dispersa les révoltés, arrêta deux scheiks coupables et ramena ses troupes à Bathna.

En 1850, il passa aux zouaves avec son grade. Le 2 février, il envoyait au gouvernement un excellent rapport sur la prise de Narah. Aucune circonstance dramatique n'avait manqué à l'expédition qui s'était accomplie contre des villages presque inexpugnables, situés à cinq cents mètres au-dessus de l'Oued-Abdi, sur des pentes en gradins auxquelles menaient d'étroits escaliers taillés dans le roc vif. Les trois colonnes lancées par le colonel de Canrobert franchirent tous les obstacles, en s'appuyant et se prêtant le secours mutuel de leurs feux, et au bout de sept heures, elles avaient détruit le repaire des rebelles de l'Aurès.

Trois ans après ces beaux faits d'armes, M. de Canrobert, devenu général de division et aide-de-camp de l'Empereur, avait le commandement supérieur du camp d'Elfaut, où dix mille hommes étaient réunis.

En se séparant de ses vaillantes troupes qu'il avait admirablement préparées aux fatigues de la guerre, le général Canrobert leur adressa un ordre du jour plein de simplicité et de modestie :

« Conservez, disait-il, quelque souvenir de votre général, et croyez qu'il met au nombre de ses plus précieux titres de gloire celui de vous avoir commandés. Quand on a l'honneur de commander à des soldats tels que vous, le souhait le plus ardent que l'on puisse faire et d'être appelé à les conduire à l'ennemi.

Le jour que M. de Canrobert appelait de ses vœux ne devait pas se faire attendre. Déjà, à cette date, la France se trouvait mêlée d'une manière digne d'elle aux événements d'Orient. A la déclaration de guerre succédèrent les grands préparatifs de la lutte ; l'envoi d'une armée à Gallipoli fut résolu. Immédiatement après le maréchal de Saint-Arnaud marcha le général Canrobert, et l'on sait maintenant qu'une lettre de l'Empereur lui confiait d'avance le commandement de l'armée dans le cas où la santé, déjà si chancelante du maréchal, ne permettrait pas à ce dernier de conserver le poste que son dévoûment à la France avait ambitionné.

Après avoir pris part à tous les préparatifs accomplis à Varna, après avoir contribué vaillamment au gain de la bataille d'Alma, où il a même été atteint à la poitrine, le général Canrobert a pris des mains de son illustre devancier le commandement de ces troupes valeureuses, qui n'aspiraient qu'à être conduites à de nouveaux combats et à retrouver un ennemi devenu insaisissable.

La France a et peut avoir confiance entière dans un général plein d'activité, de ressources, de présence d'esprit, et qui allie la prudence du vieux capitaine au courage du jeune soldat. Aussi sage et aussi prudent que Fabius, la France lui sera éternellement reconnaissante de lui avoir organisé et conservé, au milieu d'immenses périls, sous les remparts d'une des plus puissantes places de guerre du monde, et pendant un hiver long et rigoureux, une des plus belles armées qu'elle ait jamais envoyé combattre à plus de huit cents lieues de ses frontières.

Le maréchal Pélissier. — Aimé de l'armée qu'il commande avec un talent incontestable, le maréchal Pélissier a porté à Sébastopol l'un des plus grands coups qu'il ait été possible de porter à la Russie. Le grade de maréchal a été la récompense de ses services ; nous nous dispenserons de faire une longue biographie du vainqueur de Sébastopol. Son nom appartient encore aux événements du jour ; pour redire sa carrière, il faudrait en connaître la fin, et nul ne sait encore jusqu'où ira cette gloire si puissante et si vraie. Quoi qu'il en soit, voici le résumé de ses états de service :

Aimable-Jean-Jacques Pélissier est né à Maromme, (Seine-Inférieure), le 6 novembre 1794. Entré au service à sa sortie du lycée de Bruxelles, il fut successivement admis aux écoles militaires de La Flèche et de Saint-Cyr, d'où il sortit comme sous-lieutenant en 1815 pour entrer dans l'artillerie de la maison du roi : il entra ensuite au 57e de ligne.

Après de brillants examens il reçut le grade d'aide-major dans le corps d'Etat-major formé en 1819.

Il se fit remarquer comme lieutenant d'état-major, aide-de-camp du général Grundler, pendant la campagne d'Espagne en 1823, et reçut les croix de la Légion-d'Honneur et de Saint-Ferdinand. De 1824 à 1826, il fut aide-de-camp des généraux Bourke, Vallin et Léon des Essarts.

Capitaine au corps d'état-major le 3 juin 1828.

Après avoir fait la campagne de Grèce, il reçut les croix de Saint-Louis et de l'ordre grec du Sauveur.

Sa brillante conduite pendant l'expédition de l'Algérie en 1830 lui valut les grades d'officier de la Légion-d'Honneur et de chef de bataillon au corps d'état-major.

Lieutenant-colonel et chef d'état-major de la troisième division des troupes placées sous le commandement du général Schramm en 1839 à Alger, il fut nommé colonel et sous-chef d'état-major de l'armée d'Afrique, le 8 juillet 1843 ; puis commandeur de la Légion-d'Honneur le 6 août 1843.

L'affaire des Euled-Riah lui valut, en 1845, le grade de général de brigade.

Après avoir fait toutes nos glorieuses campagnes d'Afrique, après avoir constamment déployé les plus grands talents militaires et administratifs, il reçut, le 15 avril 1850, le grade de général de division. Nommé grand officier de la Légion-d'Honneur le 10 décembre 1851, décoré de la médaille militaire le 15 août 1852 et grand'croix le 24 décembre 1853, le général Pélissier commandait la division d'Oran, quand il fut appelé le 10 janvier 1855 au commandement du premier corps de l'armée d'Orient, attaché aux travaux de siége de Sébastopol et composé des divisions Forey, Levaillant, Paté et de Salles.

Bientôt le général Canrobert, souffrant d'une ophthalmie cruelle, dut résigner le commandement en chef qui passa entre les mains du général Pélissier.

Ses succès en Crimée ont retenti dans toute l'Europe et la chute de Sébastopol, en couronnant une longue suite de glorieux services rendus à son pays, lui ont valu le grade de maréchal de France. Le sultan, la reine d'Angleterre et la reine d'Espagne lui ont conféré les ordres du plus haut mérite.

En quelques mots, on peut résumer le génie de ces trois hommes de guerre que nous venons de faire passer devant les yeux du lecteur.

Saint-Arnaud a personnifié *le génie de l'audace et de l'entreprise*;
Canrobert, celui *de la patience et de la prudence*;
Pélissier, celui *de l'exécution et de l'énergie*.

Ces trois généraux, on ne saurait le contester, se sont complétés mutuellement, tout en représentant chacun une individualité pleine de gloire et de puissance.

Le général Bosquet. — Bosquet (Marie-Joseph) naquit, en 1810, à Pau (Basses-Pyrénées). De brillantes études lui ouvrirent les portes de l'École polytechnique, d'où, en 1831, il passa à celle de Metz; deux ans après il était nommé sous-lieutenant d'artillerie, et s'embarqua plus tard pour l'Afrique, cette brillante pépinière qui devait nous fournir tant de brillants officiers.

Son aptitude aux recherches méthodiques de la science militaire lui avait déjà mérité le grade de lieutenant, et une occasion de montrer ses capacités lui fut bientôt offerte.

La colonne expéditionnaire dont il faisait partie se trouva, pendant sa marche dans un pays accidenté, enveloppée par des flots d'Arabes.

Le danger était imminent: les chefs se rassemblèrent et adoptèrent un plan pour sortir de ce mauvais pas; le lieutenant Bosquet chargé du commandement de l'artillerie, reçoit l'ordre de donner une direction indiquée aux pièces sous ses ordres; mais le jeune officier qui, d'un coup d'œil, s'est rendu compte des résultats de cette manœuvre, court trouver le conseil, combat la résolution arrêtée, offre un nouveau plan destiné à tromper l'ennemi, le forcer à fuir en éprouvant des pertes considérables.

On l'approuve, et il est chargé du mouvement. Bientôt, sous le commandement du jeune lieutenant, les pièces vomissent la mitraille sur les flots pressés des Arabes, et cette combinaison improvisée et hardie avait décidé le gain de la journée : tandis que la colonne triomphante reprenait sa marche, les Arabes fuyaient en désordre, en laissant le terrain couvert de leurs morts et de leurs blessés.

Ce rapport lui valut d'être proposé pour la croix de la Légion-d'Honneur, mais une main jalouse raya, dans l'ombre, de la liste des promotions le nom du lieutenant Bosquet. Cet acte ne pouvait être qu'une injustice ou une erreur et méritait une réparation : tous les chefs de corps se rendirent près du gouverneur de l'Algérie et sollicitèrent de lui la réparation d'une déloyauté et la récompense d'une belle action. Le gouverneur s'empressa d'accéder à leur demande, et Bosquet fut décoré par une décision spéciale.

Nommé capitaine au 4ᵉ d'artillerie au mois d'août 1839, il commanda pendant deux ans une compagnie de pontonniers.

En 1841, rentré dans l'artillerie, il fut blessé au combat de Sidi-Lachkar, commandant, le 5 juin 1842, du bataillon des tirailleurs indigènes d'Oran, il assista à tous les combats qui furent livrés dans cette province.

Il fut successivement, en 1845, lieutenant-colonel du 15ᵉ léger ; en 1847, colonel du 53ᵉ et du 16ᵉ de ligne. Au mois d'août 1848, promu au grade de général de brigade, il fut mis à la disposition du gouverneur général de l'Algérie.

« Parvenu par la seule force de son génie, a dit un de ses bio-
« graphes, le général Bosquet, d'une intégrité remarquable, aussi
« modeste qu'il est brave, ne voulut jamais rien solliciter ; son mé-
« rite s'est toujours tenu caché, il ne se montrait qu'au feu de la ba-
« taille, au milieu des projectiles sifflant à ses côtés.

« Le danger passé, l'action finie, le lion pendant le combat, rede-
« venait un homme paisible, que la gloire seule tirait de son obscu-
« rité. Les instants qu'il ne donnait pas à combattre l'ennemi ou à
« veiller avec sollicitude aux besoins de ses soldats, il les consacrait
« à l'étude des mœurs, de la langue et de l'histoire d'un peuple,
« auquel il apportait par la parole et par l'épée sa part de civilisa-

« tion. Il est incontestablement un des hommes qui connaissent, et
« d'une façon exacte, cette vieille terre de bravoure antique et de
« résistance opiniâtre. Il n'est, pour ainsi dire, aucun combat qui,
« pendant nos premières années de luttes africaines, ne l'ait vu
« grossir le nombre de ses champions; terrible pendant la bataille,
« autant il faisait redouter la force de son épée, autant, dans son
« commandement, il savait allier à l'énergie la justice et la modé-
« ration. Il n'est pas de tribu qui, après l'avoir craint comme un
« vainqueur, ne l'ait vénéré comme un père ou comme un ami. »

En 1851, il commandait la première brigade de la colonne destinée à faire l'expédition de la grande Kabylie : le 11 avril, par un mouvement d'audace, il force le col de Menagel et reçoit un coup de feu qui lui fit une grave blessure ; mais cette brillante action décida le sort de la campagne, et le général Bosquet fut nommé commandeur de la Légion-d'Honneur et créé général de division dans le mois d'août 1853. L'année suivante, un champ plus vaste allait s'ouvrir devant lui.

Le 20 septembre 1854, le canon tonne avec fureur, c'est le canon de l'Alma : les Russes, commandés par le prince Menchikoff, retranchés dans une position des plus avantageuses, battent bientôt en retraite devant nos troupes héroïques, et le maréchal Saint-Arnaud peut dire dans son rapport : « Le général Bosquet a manœuvré avec « autant d'intelligence que de bravoure ; ce mouvement a décidé du « sort de la journée. »

Le 5 novembre suivant, quarante-cinq mille Russes attaquent à Inkerman l'armée anglaise qui se défend avec la rage du désespoir ; le général Bosquet averti de ce qui se passe, s'élance à la tête des zouaves, tirailleurs algériens et chasseurs à pied sur les lignes ennemies, les culbute et vient donner la main à l'armée anglaise, tandis que l'armée russe prend la fuite devant le nouvel adversaire qui se présente.

Il faudrait un volume entier pour raconter en détail chacune des preuves de bravoure et de dévouement qu'il a données depuis le commencement du siége de Sébastopol : notre cadre est trop restreint pour cela, nous citerons seulement le combat du 8 juin 1855 (prise du mamelon Vert) ; la bataille de la Tchernaïa gagnée sur soixante mille Russes le 16 août. Puis, pour terminer cette courte notice, nous rappellerons que le 8 septembre l'assaut est donné à Malakoff, nos soldats s'en emparent au cri de vive l'Empereur! tandis que les Russes, comprenant que la clef de Sébastopol est désormais entre nos mains, profitent de la nuit pour passer sur le côté nord de la place, en nous abandonnant un matériel immense; mais ce succès avait été chèrement payé, et là, comme partout ailleurs, le général Bosquet s'était montré sublime d'énergie, de bravoure et même de témérité. Aussi, dans les dépêches annonçant ce fait immense, le général Pélissier a pu dire que les généraux Bosquet et Mac-Mahon en ont eu en grande partie les honneurs.

Frappé d'un biscaïen à la tour Malakoff, il fut rappelé en France pour rétablir sa santé. En récompense de ses éminents services et de ses talents militaires, il a été, depuis son retour, l'objet des plus hautes distinctions : nommé grand officier de la Légion-d'Honneur après la prise de Sébastopol, reçu membre de l'Ordre du Bain par la reine d'Angleterre, fait grand d'Espagne de première classe par la reine Isabelle, l'empereur Napoléon III, par un décret du 9 février 1856, l'a élevé à la dignité de sénateur.

La ville de Pau, dans son légitime orgueil, a voulu payer aussi son tribut d'éloges et d'admiration à la gloire du jeune et vaillant général qu'elle a vu naître dans ses murs, en rendant un hommage éclatant à Mme Bosquet, sa digne mère. Voici les paroles que M. le maire, organe des sentiments de tous, lui a adressées :

« Madame,

« La population de la ville de Pau s'associe tout entière à notre démarche ; elle est fière et heureuse des lauriers du héros de l'Alma, d'Inkerman et de l'assaut du 8 septembre.

« Le nom du jeune héros ira d'âge en âge ; on dira combien ce jeune général, prudent et savant dans les mouvements stratégiques qui précèdent les batailles, indomptable dans le combat, bon et humain après la victoire, fut toujours fils soumis et respectueux.

« Heureuse mère recevez les félicitations de la ville de Pau ! Que Dieu vous accorde de longs jours pour voir grandir encore cette gloire si grande.

« Dites à ce fils chéri toute notre admiration. Dites-lui nos vœux pour son bonheur.

« Recevez, Madame, l'expression du respect remplissant tous les cœurs, en présence de la mère de celui qui est une de nos gloires, une illustration de la ville de Pau. »

Mme Bosquet, en proie à une vive émotion, a répondu par quelques mots qui montraient combien elle était sensible à cet hommage, le plus doux que pût recevoir le cœur d'une mère.

L'amiral Hamelin. — Ferdinand-Alphonse Hamelin, neveu du baron Hamelin, commandant de *la Vénus*, a débuté dans la marine, en 1806, comme mousse sur le vaisseau commandé par son oncle.

Né en 1796 d'une honorable famille, qui comptait déjà plus d'un marin distingué, le jeune Hamelin, après avoir passé par tous les grades qu'il acquit successivement à force de talents et de travail, fut élevé au grade de capitaine de vaisseau en 1836; il exerça différents commandements jusqu'en 1842.

Il obtint alors le grade de vice-amiral, Il avait eu le malheur de perdre son oncle depuis trois années.

Le baron Hamelin était mort avec la certitude de voir l'avenir de son neveu entièrement assuré. Les rêves d'avancement qu'il avait toujours faits pour lui se trouvaient en grande partie réalisés.

L'année même où le vice-amiral Hamelin obtint sa nomination, il fut désigné pour aller remplir à Toulon les fonctions de major général de la marine, que son oncle avait déjà remplies avant lui.

En 1844, il était mis à la tête de la station française envoyée dans l'Océanie pour assurer l'exécution du traité conclu entre la France et le roi des îles Sandwich.

A son retour, il fut choisi pour faire partie du conseil de perfectionnement de l'École polytechnique, hautes et intéressantes fonctions qui exigent un excellent jugement joint à des connaissances pratiques et théoriques approfondies.

On le désigna en même temps comme inspecteur général à Toulon et à Rochefort.

En 1849, il fut nommé membre du conseil d'amirauté, membre de la commission des places et préfet maritime de Toulon. Enfin en 1854 la confiance de l'empereur l'appelait au commandement en chef de la flotte française dans la mer Noire, où il concourut si puissamment au succès de nos armes en Crimée.

Rappelé en France avec le grade d'amiral, il fut nommé ministre de la marine après la mort de l'éminent M. Ducos, et eut pour successeur dans son commandement en chef des flottes d'Orient, le brave amiral Bruat, dont la fin déplorable et glorieuse a rompu une carrière si noble et si digne de son illustre prédécesseur.

Drouhin de Luys et Walewsky. — Il est un fait qu'on a remarqué en France avec une sorte d'orgueilleux plaisir, c'est que les événements d'Orient ont fait paraître dans tout l'ensemble de leur génie les hommes éminents de notre époque. La preuve de ce que nous avançons peut se trouver particulièrement dans M. Drouhin de Luys, ce ministre prudent et consciencieusement habile de Napoléon III. Appartenant à une famille des plus opulentes, M. le comte Drouhin de Luys se distingua toujours, depuis sa sortie du collège où il savait remporter tous les premiers prix. Il est né en 1804. Sa sagacité, son énergie, sa gracieuse façon de discuter, ont percé d'une manière admirable dans ses diverses notes diplomatiques et ont démontré ce que la France pouvait attendre d'un tel ministre. Son successeur aux affaires étrangères, M. le comte Colonna Walewsky, ancien ambassadeur à Londres, dont la science est si profonde et si universelle, a magnifiquement conduit son œuvre, complexe, ardue et difficile. Tous les deux, dans leurs rapports avec les ambassadeurs français et avec les puissances étrangères, ont acquis une admiration et un respect mérités. M. Colonna Walewski a été choisi, avec M. de Bourqueney, notre illustre ambassadeur à la cour de Vienne, pour prendre part aux conférences du congrès : inutile de dire que les intérêts du pays ne sauraient être confiés à des mains plus expérimentées.

Citons ici en terminant les noms des ambassadeurs qui ont si dignement représenté la France à Constantinople avant et depuis le commencement de le guerre : le général Aupick, M. de La Valette, le général Baraguay-d'Hilliers et enfin M. Thouvenel qui fut reçu par le sultan d'une manière si splendide et si magnifique à son arrivée à Constantinople, et qui par son talent et son énergie a si bien contrebalancé l'influence de lord Radcliffe. Ces quatre ambassadeurs ont, certes, bien mérité de l'Europe civilisée.

ANGLETERRE.

Victoria. — Le prince Albert. — Palmerston. — Radcliffe. — Cambridge. — Raglan.

Bien d'autres noms britanniques que ceux qui figurent en tête de ce chapitre pourraient prendre place, et une magnifique place, dans le cours de cet article; mais, nous le répétons, l'espace nous manque, et nous devons forcément nous restreindre dans nos études biographiques.

En Angleterre, la Reine règne et ne gouverne pas, mais elle exerce toutefois une influence immédiate et réelle sur toutes les décisions de l'Etat. Sa couronne est entourée d'un prestige immense que rien ne saurait détruire: quand la Reine passe, on se courbe avec respect devant Sa Majesté, quand elle parle, on l'écoute avec adoration s'il est permis de s'exprimer ainsi, quand elle paraît dans les grandes cérémonies, on chante l'hymne national *God save the queen*.

C'est dire que la Reine est plus reine qu'on ne le pense généralement.

Le 20 juin 1837, un roi mourait dans la demeure royale de Windsor et ce roi, c'était Guillaume IV, d'illustre mémoire. Nièce de ce monarque, dont le sceptre dominait une partie des mers, dont la main toute-puissante dictait ses volontés en cent lieux de l'univers, et fille du duc de Kent, frère de Guillaume, Alexandrina-Victoria, alors âgée de dix-huit ans, montait le même jour sur le trône du Royaume-Uni de Grande-Bretagne et d'Irlande.

Le couronnement de Sa Majesté eut lieu avec la plus grande pompe qu'on ait jamais vue, l'enthousiasme des masses était à son comble; ce fut une fête splendide que cette fête de Westminster.

La Reine était belle de cette beauté anglaise à laquelle on ne peut rien comparer; de plus elle était jeune, aimable, imposante. Toutes ces qualités, unies à son titre royal, lui donnèrent un pouvoir incroyable qu'elle exerce encore et qu'elle conservera toute sa vie avec la même égalité.

Mariée le 10 février 1840 dans la chapelle royale de Saint-James avec tout le cérémonial usité en pareille circonstance, avec le prince Albert de Saxe-Cobourg-Gotha, son cousin, Sa Majesté Britannique trouva dans son époux le cœur le plus noble, la tête la plus belle qu'une femme puisse rêver, le caractère le plus franc, la nature la plus douce et la plus respectueuse qu'une reine puisse désirer.

Jamais union ne fut mieux assortie et jamais nation ne fut plus heureuse que la nation anglaise, de ce mariage royal.

On n'a pas encore oublié la visite que Sa Majesté Britannique rendit à Louis-Philippe, en septembre 1843, au château d'Eu. C'est alors que la France put apprécier la distinction et la générosité de cette jeune reine qui partout laissa sur son passage des traces de sa bienfaisance et de sa grâce native et toute royale.

Mais le fait le plus important que l'histoire pourra rappeler dans les fastes de son règne, c'est cette alliance réputée jusqu'alors impossible des peuples anglais et français, combattant la Russie pour la même cause, la cause de la civilisation contre la barbarie. C'est aussi cette estime franche et sincère entre les deux souverains de France et d'Angleterre, entre Victoria et Napoléon III ; c'est encore ces visites respectives accomplies l'un chez l'autre par les deux monarques, au milieu de l'admiration et de l'enthousiasme universels.

Le prince Albert a pris une bonne part à l'accomplissement de ces vœux réalisés : grâces lui en soient rendues ! Tant que la France et l'Angleterre resteront unies, et tout porte à croire qu'elles le seront encore longtemps, nulle puissance au monde ne pourra rivaliser avec elles de force et de richesses.

Lord Palmerston. — Henri-John Temple, vicomte Palmerston, pair irlandais, est né en 1784 ; il descend d'une famille aussi ancienne qu'illustre. Elle compte, entr'autres célébrités, sir William Temple, homme d'État renommé sous Charles II, auteur de la triple alliance entre l'Angleterre, la Hollande et la Suède, qui mit un frein aux projets de Louis XIV au plus fort de ses conquêtes. Ce nom était inscrit d'avance avec honneur dans les annales de l'Angleterre.

« Lord Palmerston, dit M. de La Guéronnière, fit ses études universitaires à Cambridge, où son intelligence et ses succès présageaient la distinction qui lui était réservée dans une plus haute sphère. Ses talents, sa complète connaissance de l'Europe, l'étendue de ses vues, la résolution de son caractère, tout le désigne pour de hautes fonctions publiques, et se réunit pour lui assigner la permanence d'un grand rôle. »

Lord Palmerston possède encore une activité politique et une vigueur d'esprit extraordinaires, qui ont fait de lui l'un des plus fermes soutiens de l'Angleterre. Aussi profond diplomate que Pitt, ce terrible et impitoyable ennemi de Napoléon Ier, Palmerston, en aidant puissamment à resserrer chaque jour les liens qui unissent la Grande-Bretagne et la France, pour préserver l'Europe civilisée des débordements du Nord, a évidemment fait preuve d'un cœur d'élite et d'une fermeté féconde en heureux résultats.

Lord Clarendon. — Georges Villiers fut d'abord ambassadeur en Espagne. La mort de son oncle lui valut plus tard un siége à la chambre haute avec le titre de comte de Clarendon.

Lorsque, dans la séance du 25 juillet 1854, à la Chambre des communes, la discussion fut abordée sur le crédit demandé par le gouvernement pour subvenir aux frais de la guerre, lord Clarendon, alors ministre des affaires étrangères et qui, par ses notes à sir Hamilton Seymour, a été si intimement uni à l'affaire d'Orient, fit entendre dans la chambre haute un langage plein de fermeté; quelques-unes de ses paroles sont dignes d'être rapportées :

« Si le Parlement et le peuple anglais, a-t-il dit, continuent à nous honorer de leur confiance, je puis vous assurer que nous n'entrerons dans aucune espèce d'arrangement qui n'aura pas pour base une paix honorable et juste, digne de la noble cause dans laquelle nous sommes engagés ; une paix, enfin, digne des alliés avec lesquels nous avons pris en main cette cause, et qui, je l'espère, ne sera pas au-dessous des sacrifices immenses et désintéressés qu'a si noblement faits ce pays. »

Aussi l'Angleterre tout entière a-t-elle répondu par un vote de confiance, en accordant au gouvernement ce qu'il demandait pour soutenir la grande lutte dans laquelle la Grande-Bretagne était engagée.

Personne n'ignore les sympathies de ce ministre pour la France, où il accompagnait récemment la reine d'Angleterre, et où il doit revenir bientôt pour le Congrès de Paris, dont l'humanité attend les résultats pacifiques avec tant d'impatience. Le choix que l'Angleterre a fait de lord Clarendon pour la représenter au Congrès est le plus bel éloge qu'on puisse faire de cet homme d'État.

Le comte de Radcliffe. — Lord Stradford Canning, comte de Radcliffe, ambassadeur d'Angleterre à Constantinople, appartient à la famille illustre qui donna à la Grande-Bretagne un grand ministre. Les Canning sont marchands d'origine : le premier de ce nom, Georges Canning, fonda, sous Jacques Ier, une compagnie de négociants de Londres.

Né sur la fin du dix-huitième siècle, il entra au collége d'Eton en 1796, où il reçut une instruction profonde et variée qui présagea ses destinées diplomatiques. Fils encore de la vieille Angleterre, il n'a rien abdiqué de la politique de ses ancêtres, politique tout à la fois brusque et séduisante, et il n'est qu'une chose qui puisse lui faire pardonner ses hardiesses et son omnipotence un peu tracassière, c'est son amour des arts, sa grande générosité et les nobles sentiments de son âme essentiellement aristocratique.

Le duc de Cambridge. — S. A. R. Georges-Frédéric-Guillaume-Charles, duc de Cambridge, est le petit-fils du roi Georges III et le cousin germain de la reine d'Angleterre, dont il a toute l'estime et la confiance ; il est né le 26 mai 1819.

Envoyé en Orient à la tête d'une division, il s'y est distingué par sa bravoure et sa persévérance et a acquis de la sorte une juste popularité dans la Grande-Bretagne.

Son nom, dans les fastes de la guerre d'Orient, doit être mis à côté de celui de S. A. I. le prince Napoléon, cousin de l'Empereur des Français, car tous deux ont noblement défendu sur la terre étrangère le drapeau du bon droit et de la civilisation.

Notons ici que c'est à S. A. R. le duc de Cambridge que la reine Victoria a confié dernièrement l'honorable mission de la distribution des médailles anglaises à notre vaillante armée.

Lord Raglan. — James-Henri-Fitzroy Sommerset est le premier nom de lord Raglan, le nom avec lequel il commença sa carrière militaire. L'année 1786 le vit naître. Entré au service en 1804 dans le 3me dragons, il prit successivement ses grades avec honneur et bravoure. Devenu secrétaire de Arthur Wellesley, depuis Wellington, il assista à toutes les batailles qui furent livrées aux Français, soit en Espagne, soit en Portugal, etc.

Lieutenant-colonel au jour de la néfaste bataille de Waterloo, il se battit avec un courage héroïque, et quoique blessé grièvement pendant cette lutte horrible, il resta jusqu'au soir au poste qui lui avait été confié.

C'est alors qu'il subit l'amputation de son bras blessé.

Désormais le noble lord était manchot.

Rentré en Angleterre, il fut reçu à la Chambre des Lords sous le titre de baron de Raglan qu'il a conservé jusqu'à sa mort.

Cependant la guerre d'Orient éclate, l'armée anglaise est mise sur pied et confiée au commandement de « cet homme d'une valeur antique, » comme l'a qualifié Saint-Arnaud. Débarqué avec nous en Crimée, il se montra avec une énergie et un sang-froid imperturbable devant les Russes qui décimaient son armée. Mais, aidé des Français, il reprit la partie et après la bataille, heureux du service que nous lui avions rendu, il s'écriait :

— Les Français m'ont pris un bras à Waterloo, il me le rendent aujourd'hui. »

La persévérance et le calme héroïque qu'il a montrés en Crimée à la tête de ses troupes jusqu'à sa mort qui arriva par excès de fatigues, ont mis assez en relief ses talents militaires pour que nous nous dispensions de les rendre ici.

(1) A la bataille de l'Alma, voyant une de nos divisions de droite escalader les murailles gigantesques de la falaise qui encaisse la rivière, il s'écriait plein d'admiration : « Oh ! ce ne sont pas des hommes, ce sont de vrais lions. »

(*Note de l'Éditeur.*)

TURQUIE.

Le sultan Abdul-Medjid. — Omer-Pacha. — Schamyl.

Rien de bien saillant ne signale l'histoire du sultan actuel de Constantinople, si ce n'est une douceur et une bonté toute paternelles, une habileté et une grande conscience administrative, une haute probité politique.

Abdul-Medjid est né le 28 avril 1823 ; il monta sur le trône à l'âge de seize ans et deux mois, succédant au célèbre Mahmoud. Il est le trente-unième souverain de la descendance d'Osman, et le vingt-huitième depuis la prise de Constantinople.

Le sultan est instruit et porté personnellement à voir se réaliser les vœux de l'Europe, c'est-à-dire la civilisation de la Turquie, autant que l'esprit des masses mahométanes pourra le permettre.

Déjà, malgré les murmures du vieux parti, plus d'une réforme gouvernementale s'est introduite en Turquie. La guerre d'Orient, ce brasier terrible, dont l'étincelle a jailli du czar au sultan, et du sultan aux premiers monarques de l'Occident, la guerre d'Orient, disons-nous, aura cela d'heureux, qu'elle hâtera inévitablement la transformation si difficile du peuple turc. Ce sera la plus belle auréole de gloire qui couronnera le front d'Abdul-Medjid, et lui vaudra sans aucun doute les bénédictions des générations futures.

Omer-Pacha. — Les derniers événements qui se sont accomplis en Asie ont jeté quelques doutes en Europe sur la moralité et le caractère d'Omer-Pacha ; il ne faut pas trop se hâter de porter un jugement durable et fatal pour ce chef entraînant des troupes musulmanes.

Omer-Pacha est né dans le district d'Olugini, qui borne les possessions autrichiennes. Sa famille était pauvre, et la carrière brillante qu'il s'est tracée malgré tout donne à sa physionomie un caractère tout particulier. Chrétien, il se fit musulman, et musulman il conquit à force de travail et de persévérance la haute position qu'il occupe aujourd'hui. Si quelque chose pouvait lui faire pardonner son abjuration, ce serait le malheur dans lequel il vécut longtemps et la soif de parvenir qui le pressa sans cesse.

Quoi qu'il en soit, sa science, sa tactique militaire, son coup d'œil vigilant, son activité, ont fait de lui un général consommé. Sachons reconnaître et apprécier les services éminents qu'il a rendus à sa patrie d'adoption comme organisateur et commandant en chef de l'armée du Danube, et attendons de la suite de son histoire les faits concluants qui pourront faire porter sur lui une appréciation juste et impartiale.

Schamyl. — Une poignée de montagnards, soutenus par un grand amour de la patrie, par un fanatisme religieux plein d'ardeur et de puissance, ont tenu longtemps et tiennent encore en échec plus de deux cent mille soldats russes dans les montagnes du Caucase qui longent la mer Noire, depuis Anapa jusqu'à Soukoum-Kaleh.

Une partie de ces montagnards, connus sous le nom de Tchetchens, a pour chef et pour iman un héros redoutable, dont l'histoire a quelque chose de merveilleux et pourrait paraître impossible.

Nous voulons parler de Schamyl.

Né en 1797, l'iman des Tchetchens, par son adresse, son courage, ses discours inspirés et sa piété extraordinaire, exerce sur ses compatriotes un prestige tout puissant qui l'a fait comparer, non sans raison, à l'émir Abd-el-Kader, et qui lui a permis d'être d'une importance considérable pour les alliés dans la campagne de Crimée. Effroi des Russes, Schamyl est cependant d'une simplicité extrême ; grande est sa frugalité ; il ne boit que de l'eau, quelques heures de sommeil lui suffisent, et il passe un grand nombre de nuits en prières, sans manifester le moindre symptôme de fatigue. Il a trois femmes, et deux fois par an il reste trois semaines dans le jeûne, la prière et la lecture du Koran.

« Depuis le commencement des hostilités en Orient, dit un auteur, Schamyl n'a pas cessé d'opérer une heureuse diversion en faveur de la Turquie. L'iman a voulu, en outre, se mettre en rapport avec le commandant en chef de l'armée française. Vers la fin de juillet 1854, Mehemet-Emin, naïb de Schamyl sur le versant occidental du Caucase, accompagné de quelques autres chefs, se rendit auprès du maréchal de Saint-Arnaud, au camp de Varna. Le 10 août, il arrivait à Constantinople. Depuis, Schamyl a redoublé d'énergie dans ses attaques contre les Russes (1). »

RESCHID-PACHA. — Reschid-Pacha, ex-ambassadeur de Turquie à Paris et à Londres, est né en 1802.

Depuis 1847, ce savant diplomate, dont l'éducation et la politique sont toutes progressives et européennes, n'a pas cessé de remplir à Constantinople les fonctions les plus éminentes, d'abord comme grand-vizir, puis comme ministre des affaires étrangères. C'est ce dernier poste qu'il occupait, en remplacement de Rifaat-Pacha, lorsque l'altier Mentchikoff apporta son ultimatum qui, présenté le 5 mai, était rejeté le 13 du même mois. La connaissance spéciale de la langue et de la littérature françaises lui valurent autant d'amis qu'il connut de personnes à Paris, pendant son ambassade.

La Turquie est représentée, au congrès de Paris, par Aali-Pacha et Mehemet-Djemil-Bey.

Aali-Pacha a occupé les plus hauts emplois de son pays. Ministre d'État, grand-vizir, ambassadeur en Angleterre, ministre des affaires étrangères (rhadidjile-inzari), il partage les vues réformistes de Reschid.

Mehemet-Djémil-Bey, actuellement ambassadeur à Paris, jeune encore, d'une figure remarquablement belle, parle parfaitement le français.

(1) Cependant Schamyl, depuis cette époque, paraît ne pas avoir montré toute l'énergie dont il avait donné tant de preuves avant l'expédition de Crimée. Du reste, depuis le commencement de la guerre d'Orient, il s'est élevé en Europe un doute sur l'existence de ce chef fameux, dont l'histoire mystérieuse semble plutôt un conte des mille et une nuits qu'une réalité.
(Note de l'éditeur.)

VICTOR-EMMANUEL
ROI E SARDAIGNE ET DE PIÉMONT

PIÉMONT.

Le roi Victor-Emmanuel. — Le général Alphonse de la Marmora. — Le comte de Cavour. — De Villamarina

VICTOR-EMMANUEL II, Marie-Albert-Eugène-Ferdinand-Thomas, est né le 14 mars 1820, du roi Charles-Albert-Amédée, mort le 28 juillet 1849, à Oporto (Portugal), après avoir abdiqué de vive voix en faveur de son fils, à Novare, abdication confirmée par écrit à Tolosa, en Espagne, le 3 avril 1849.

Héritier d'un souverain qui possédait au plus haut degré les vertus chevaleresques, militaires et patriotiques, le roi de Sardaigne actuel est le digne fils de son père, et a prouvé par son alliance avec la France et l'Angleterre que le Piémont était toujours à la hauteur de ses principes qui veulent aussi anéantir le despotisme et la barbarie, et faire marcher les peuples dans la sainte voie du progrès et de la civilisation.

LA MARMORA. — De tous les généraux de la Sardaigne, — généraux dont les talents militaires sont en général incontestables, — le général Alphonse de La Marmora est celui qui pouvait le mieux remplir les vues du roi relativement au commandement en chef des troupes sardes de l'expédition d'Orient.

Ce général est né le 17 novembre 1804, d'une famille qui occupe le premier rang dans l'ancienneté des maisons nobles du Piémont. En 1816, Alphonse de La Marmora fut reçu à l'Académie militaire de Sardaigne, et y resta jusqu'en 1823, où il fut nommé lieutenant d'artillerie. Monté successivement en grade, il fit les campagnes de 1848 contre l'Autriche sous Charles-Albert, dont la soif d'indépendance débordait sur les champs de bataille avec une valeur et un héroïsme dignes d'un meilleur sort.

Elevé à la dignité de général le 27 octobre 1848, il obtint le portefeuille de la guerre à Turin, le 2 novembre 1849, et rendit là d'éminents services à la Sardaigne, dont l'organisation militaire ne le cède en rien aux autres puissances d'Europe.

Au mois de mai 1855, le commandement en chef de l'armée d'Orient lui ayant été confié, il se rendit d'une grande utilité aux alliés.

Le général de La Marmora a épousé, en novembre 1849, Mlle Jeanne Basti, anglaise catholique.

Voici le portrait qu'on a fait de lui et que nous reproduisons avec plaisir :

« Il est d'une taille élevée, maigre, mais d'un tempérament très-
« robuste; il vit frugalement; il n'aime pas les cérémonies, il est
« franc, loyal, généreux, et très-sensible ; ni ambitieux, ni vénal,
« mais très-arrêté dans sa volonté et doué d'un grand amour-propre. »

L'amour-propre sied bien au talent.

De Cavour. — Le comte Camille Benso de Cavour, député, commandeur de Saint-Maurice, grand-croix de la Légion-d'Honneur, ancien ministre de la marine, de l'intérieur, des affaires étrangères, actuellement ministre des finances et président du conseil, qui vient aujourd'hui prendre part aux conférences de la paix, réunit assurément toutes les qualités nécessaires pour remplir avec succès une mission aussi délicate et aussi ardue. Non seulement le Piémont, mais encore l'Italie entière aura les yeux sur lui. Elle attend de cet éminent homme d'Etat (le Richelieu de la Sardaigne), la défense de ses droits et de la cause de son indépendance. La Sardaigne est le seul état italien qui prenne part au congrès de Paris. C'est donc la politique italienne, plus encore que la politique piémontaise qu'il appartiendra au comte de Cavour de défendre dans ces débats solennels. Tous les avantages qui pourront être obtenus pour le Piémont seront aussi des avantages pour l'Italie. Nous sommes convaincu que le plénipotentiaire du roi Victor-Emmanuel sera à la hauteur de la grande mission qui lui a été confiée.

De Villamarina. — M. le marquis Salvatore Pès de Villamarina, colonel de cavalerie, commandeur de Saint-Maurice, avant d'occuper l'ambassade de Paris, a été ministre à Florence, Parme et Modène.

Le marquis de Villamarina est le deuxième ministre choisi pour représenter le Piémont au congrès de Paris.

AUTRICHE.

L'empereur François-Joseph I*er*. — Comte Buol. — Baron de Hübner.

Notre intention n'est pas de faire ici une histoire complète et minutieuse du souverain actuel d'Autriche qui, réunissant tout à la fois les titres magnifiques d'empereur, de roi, d'archiduc, de duc, de margrave, de grand waivode, etc, d'un grand nombre de pays germaniques, règne sur l'un des plus puissants empires du monde. Nous ne voulons seulement qu'esquisser rapidement le portrait de ce jeune et déjà expérimenté monarque, dont l'intervention dans le grand conflit d'Orient n'a pas peu contribué à faire accepter à la Russie les propositions des puissances occidentales, propositions qui doivent certainement nous rendre les bienfaits de la paix au congrès de Paris.

François-Joseph I*er* (Charles) est né le 18 août 1830, quelques jours après cette révolution de juillet qui ébranla si fortement l'Europe. Fils de l'archiduc, François-Charles-Joseph, il ceignit la couronne impériale le 2 décembre 1848, date remarquable et qui pourrait donner lieu à plus d'un rapprochement curieux. Malgré son jeune âge, le nouvel empereur montra une grande énergie et fit preuve de beaucoup de prudence et d'habileté lors de cette fatale révolution de 1848, dont l'esprit pernicieux débordait jusqu'aux extrémités les plus éloignées de notre continent. On lui doit d'avoir maintenu l'Allemagne dans les strictes bornes de la civilisation et du véritable progrès, secondé de ministres influents parmi lesquels il faut citer notamment MM. de Buol et d'Estherazy. Le premier désigné pour représenter l'Autriche au congrès de Paris, et le second qui a eu la gloire de s'être si bien acquitté de la noble mission qui lui a été confiée relativement à la paix. Il a déployé dans les événements de la guerre d'Orient les brillantes qualités d'une haute intelligence et d'un profond jugement.

Comte Buol. — Charles-Ferdinand comte Buol Schauenstein, ministre des affaires étrangères, chambellan et conseiller intime de l'empereur d'Autriche, est né à Vienne le 17 mai 1797.

Bien que l'alliance de l'Autriche avec les puissances occidentales soit avant tout l'œuvre de François-Joseph, dont le comte Buol n'avait qu'à seconder les vues larges et les sentiments élevés, il n'en faut pas moins reporter à cet éminent homme d'état le mérite d'avoir réalisé cette alliance qui a pesé de tout son poids dans le conseil du tzar au moment décisif. Les antécédents du digne successeur du prince de Schwarzenberg (1) le placent à la hauteur de la mission que l'empereur d'Autriche lui a confiée au congrès de Paris.

Baron de Hubner. — Joseph-Alexandre, baron de Hübner, naquit à Vienne le 26 novembre 1811. Il entra à la chancellerie impériale d'État en 1833. Chargé en 1835 et 1837 de deux missions sans importance en France, il se rendit en 1838 au couronnement de l'Empereur à Milan et fut l'historien, *par ordre*, de ces cérémonies. Nommé en 1841 secrétaire de légation à Lisbonne, en 1844, consul général à Leipsig (en réalité, sa mission consistait à étudier les puissances secondaires de la confédération germanique), en 1846 envoyé à Paris pour atténuer le mauvais effet produit par la nouvelle de l'annexion de Cracovie, il fut définitivement chargé d'affaires en France en septembre 1849. Le 11 janvier 1853, ce titre fut changé en celui — plus élevé — de ministre plénipotentiaire, et M. de Hübner fut en même temps nommé conseiller privé en service ordinaire. Le baron de Hübner siège aujourd'hui au congrès de Paris à côté de M. de Buol.

(1) Le prince Félix de Schwarzenberg, ministre des affaires étrangères, dans toute la force de l'âge viril, fut frappé, le 11 avril 1852, d'une apoplexie foudroyante. Le nouvel empereur d'Autriche perdait en lui le conseiller ferme et fidèle, dont les vues profondes et libérales venaient d'asseoir la régénération de l'Autriche.

Le prince avait comme un secret pressentiment de sa fin prochaine, et dans les conversations intimes qu'il avait fréquemment avec le jeune empereur, il désignait toujours le comte Buol comme un successeur qui pourrait dignement continuer son œuvre. *(Note de l'Editeur.)*

RUSSIE.

Nicolas Ier. — Alexandre II. — Le prince Mentchikoff. — Gortchakoff. — Nesselrode. — Orloff. — Le baron Brunnow. — De Kisseleff.

Nicolas Ier, Paulowitch, succéda à son frère Alexandre le 1er décembre 1825.

Comme tous ses prédécesseurs, l'empereur Nicolas, depuis son avènement au trône, n'a pas cessé d'avoir en vue la conquête et l'abaissement de la Turquie. La guerre actuelle a été le résultat de ses rêves ambitieux et irréalisables. Il a troublé par de vains prétextes l'Europe qui renaissait à la paix, à la gloire et à la prospérité; il l'a frappée des menaces de la guerre et la guerre d'Orient a eu lieu.

Mais cette guerre, qui n'a été pour sa vaste puissance qu'une suite non interrompue d'échecs et de revers, a été au contraire pour les alliés le triomphe le plus éclatant du génie et de la civilisation. La providence lui a épargné le chagrin de voir le triste résultat de ses projets, la gloire des puissances occidentales et l'abaissement de son empire. Il a laissé à son fils Alexandre II une lutte impossible à soutenir et un héritage de désastres et de sang.

Il serait superflu d'entrer dans de longs détails sur la biographie de ce prince à qui nous devons, pour être vrai, reconnaître une grande fermeté de caractère, une vigueur d'esprit peu commune et une grande urbanité jointe à des qualités de cœur qui le faisaient aimer de tous ceux qui l'approchaient. Il n'a pas peu contribué à détruire les abus et les vices innombrables de l'administration de son aste empire.

Bornons-nous donc à consigner ici des dates chronologigues :

Le tzar Nicolas Ier est né le 6 juillet (25 juin) 1796; il est mort le 2 mars (18 février) 1855.

Alexandre II est né le 29 avril (17 avril) 1818. On se plaît à reconnaître que le nouveau tzar de toutes les Russies était digne d'une meilleure situation que celle que lui a faite son père. Ame délicate et noble, nature pleine de douceur et d'humanité, il ne peut aujourd'hui envisager la guerre d'Orient que comme une calamité dont il a hâte de sortir. Il n'ignore pas que les bienfaits de la paix lui permettront de continuer de sages réformes, le développement de l'industrie et la prospérité du commerce dont le peuple russe a tant besoin. L'avenir prouvera jusqu'à quel point les vœux d'Alexandre II pourront se réaliser. Son caractère, plutôt calme que timide, fait contraste avec celui du grand-duc Constantin, qui, chef du vieux parti moscovite, a conservé les allures de ces peuples encore un peu sauvages des régions du Nord.

Le prince Mentchikoff. — Le prince Mentchikoff descend d'un garçon pâtissier. Alexandre Sergius naquit en 1789; il n'avait que seize ans lorsqu'il fit son entrée à l'armée : peu de temps après, il fut attaché à l'ambassade russe, à Vienne; aide-de-camp de l'empereur Alexandre de 1812 à 1816. Il fit en cette qualité les diverses campagnes de l'époque et y gagna le grade de général. Général de division en 1828, il prit Anapa sur les Turcs le 23 juin de la même année. Gouverneur de la Finlande en 1831, amiral en 1834, ministre de la marine en 1836, il retourna bientôt en Finlande pour organiser la flotte de la Baltique.

Sa vie est une suite non interrompue de positions plus ou moins importantes, honorifiques, et plus ou moins bien remplies. Envoyé à Constantinople en 1853 comme ambassadeur extraordinaire pour imposer au sultan Abdul-Medjid la volonté de son maître, il s'acquitta de cette mission avec une hauteur pleine de menaces, tout-à-fait digne de celui qui le dépêchait.

Le résultat de son ambassade fut la guerre avec l'Occident. De retour en Russie, il reçut le commandement des troupes de Crimée, fut battu à l'Alma, et le gouverneur de Sébastopol fut démis de ce poste après la mort de l'empereur Nicolas, ce qui ne l'empêche pas de jouir aujourd'hui d'une immense fortune et d'une grande considération.

Le prince Gortchakoff. — Le prince Gortchakoff, qui a su si longtemps, aidé du célèbre ingénieur Todleben, résister aux efforts des armées alliées, est un homme d'environ soixante-cinq ans.

Le prince appartient au vieux parti russe. Sa carrière a été celle de tout officier, et son nom n'a commencé à acquérir d'importance historique que dans la guerre de 1828 à 1829 contre la Turquie. Commandant en chef de l'artillerie russe pendant la campagne de Pologne, ses canons décidèrent du succès de la bataille d'Ostrolenka, de la victoire de Grochow et de la prise de Varsovie.

La récompense de Gortchakoff fut le grade de lieutenant-général. Gouverneur militaire de Varsovie en 1846, il quitta ce poste en 1849 pour courir à la guerre de Hongrie, où il se signala à Porozolo. Envoyé à Londres en 1852 pour représenter l'armée russe aux funérailles de Wellington, il acquit ainsi une certaine célébrité qui le précéda jusqu'à la campagne de Crimée, où il a évidemment montré quelque habileté et de puissants moyens. Le prince Gortchakoff vient d'être appelé au gouvernement de Pologne laissé vacant par la mort récente du maréchal Paskewitch, prince de Varsovie.

Le commandement en chef de l'armée de Crimée est aujourd'hui confié à l'habile général Luders.

M. DE NESSELRODE (1). — Depuis la mort de Talleyrand et la retraite de M. de Metternich (2), M. de Nesselrode est devenu le Nestor de la diplomatie. Son rôle date de la fin du dernier siècle. A partir de la convention de Reichenbach, conclue le 15 juin 1813 avec le plénipotentiaire Cathcart, et dans laquelle étaient stipulés les subsides en argent et secours divers que l'Angleterre et la Russie devaient se fournir mutuellement pour faire la guerre à la France, à partir de cette convention, disons-nous, M. de Nesselrode a été lié à presque toutes les négociations importantes qui ont eu lieu en Europe; la guerre d'Orient a mis encore son talent en évidence.

M. de Nesselrode fut, en 1815, du congrès de Vienne, *qui décida du sort de la France*, et si son grand âge lui eût permis de supporter les fatigues d'un si long voyage, il est presque certain qu'il eût fait partie du congrès de Paris, *où vont se décider aujourd'hui les destinées de la Russie*.

LE COMTE ALEXIS ORLOFF. — Aide-de-camp général, général de l'Empire, commandant de la maison militaire de l'empereur et membre du conseil de l'empire, le comte Orloff, né en 1787, appartient à une des familles les plus illustres de la Russie.

---

(1) Le comte François Nesselrode, père de l'archichancelier de Russie, était Français ; avant d'entrer au service de la Russie, il commandait le régiment de Schomberg.   (*Note de l'Éditeur.*)

(2) M. Alfred des Essarts.

Il entra fort jeune au service militaire, et prit part à presque toutes les guerres qui ont signalé le commencement de notre siècle.

Blessé à Austerlitz et sur le champ de bataille de Borodino, il fut fait aide-de-camp de l'empereur Alexandre Ier. En 1825, il était général et commandait en cette qualité le régiment de la garde à cheval qui, le 26 décembre, accourut le premier pour comprimer l'émeute qui tenta de renverser le czar Nicolas Ier quelques jours après son avènement au trône. Le comte Orloff fit preuve dans cette journée d'un courage et d'un dévouement qui lui valurent l'amitié et la confiance sans bornes de l'empereur. Dans la guerre de 1828 contre les Turcs, il commanda la division des chasseurs à cheval. En 1829, il est nommé plénipotentiaire et signe le traité d'Andrinople. Après la paix, il reste quelque temps à Constantinople en qualité d'ambassadeur.

On le vit ensuite en mission en Hollande et à Londres, où furent réglées les affaires de la Belgique. L'année 1833 le trouva à la tête de l'expédition qui sauva Constantinople de l'armée victorieuse d'Ibrahim-Pacha, et il signa le traité d'Unkiar-Skelessi. Depuis 1845, il remplace le comte de Benderkorff, décédé, comme chef de la chancellerie particulière de l'empereur, poste qui donne au comte Orloff un libre accès à toutes les heures de la journée auprès de l'empereur, et le droit de lui parler de tout et de tous.

L'empereur Alexandre II, continuant au comte Orloff la confiance de feu son père, l'a choisi pour défendre les intérêts de la Russie au congrès de Paris.

Le baron de Brunnow. — Le baron Philippe de Brunnow est né à Dresde en 1797. Son éducation fut germanique comme sa naissance. de 1815 à 1818, il fit ses études universitaires à Leipsick. Entré au service de la Russie, il débuta dans la diplomatie au congrès d'Aix-la-Chapelle. Il prit part ensuite aux négociations d'Andrinople où il se trouva avec le comte Orloff qu'il accompagna depuis à Constantinople comme conseiller d'ambassade, puis en Hollande et en Angleterre.

De retour de la Turquie en 1830, le baron de Brunnow fut attaché au ministère des affaires étrangères comme principal rédacteur. Il accompagna ensuite le comte de Nesselrode à plusieurs congrès et conférences diplomatiques.

Ministre à Stuttgard et envoyé ensuite en mission extraordinaire à Londres, il signa les traités de 1840 et 1841. Il y resta en qualité d'envoyé extraordinaire et de ministre plénipotentiaire jusqu'à la rupture des relations diplomatiques entre l'Augleterre et la Russie. Il demanda ses passeports à lord Clarendon le 2 février 1854, et le 3 il quittait Londres avec ses secrétaires. Vers la même époque, M. de Kisseleff quittait Paris et le général de Castelbajac était rappelé de Saint-Pétersbourg. Depuis, M. de Brunnow avait été envoyé auprès de la Confédération germanique en qualité de ministre plénipotentiaire.

Aujourd'hui M. de Brunnow vient s'asseoir au congrès de Paris pour y débattre les conditions de la paix entre la Russie et les puissances alliées.

De Kisseleff. — Quoique bien jeune encore, M. de Kisseleff n'en est pas moins vétéran parmi les ambassadeurs russes. Il vint pour la première fois à Paris en 1829, quelques jours après la formation du ministère Polignac. M. de Kisseleff était alors secrétaire d'ambassade dont le chef était Pozzo di Borgo.

Depuis 1829 jusqu'en 1854, époque de la rupture de la France et de la Russie, M. de Kisseleff n'a presque pas quitté Paris, sauf trois années passées en Angleterre.

Témoin de la terrible bataille de juillet, il vit de nouveau, en février 1848, la grande ville bouleversée par une convulsion politique, et une seconde famille royale s'acheminant vers l'exil. Les jugements qu'il a dû porter sur l'état de la France ont bien pu inspirer au tzar une fausse opinion de l'esprit public et des ressources de notre pays, qui, après tant de secousses et de luttes, n'aspirait qu'à posséder enfin un gouvernement énergique sans violence, progressif sans témérité.

Peut-être M. de Kisseleff a-t-il cru que la France en était encore à ce point de débilité de laisser régler les affaires d'Orient sans elle et presque contre elle.

L'événement lui aurait donné tort.

Quoiqu'il en soit, M. de Kisseleff a été rappelé le 6 février de la même année.

En 1849, il avait été nommé ministre plénipotentiaire ; en 1852, ambassadeur extraordinaire.

PRUSSE.

Le 7 juin 1840, un descendant de Frédéric-le-Grand montait sur le trône de Prusse ; il était couronné le 10 septembre à Kœnigsberg, et le 15 septembre de la même année dans la ville capitale de Berlin. Il se nommait Frédéric-Guillaume IV et était né le 15 octobre 1785.

A son lit de mort, le père du nouveau souverain, Frédéric-Guillaume III, s'adressant directement à son fils dans son testament, lui disait :

« Garde-toi, mon cher Frédéric, de cette manie d'innovations qui
« est devenue si générale ; garde-toi de ces nombreuses théories ac-
« tuellement existantes et qu'on ne peut mettre en pratique ; mais
« garde-toi aussi de tomber dans un autre excès qui pourrait être
« aussi funeste, je veux dire une prédilection exclusive pour les
« institutions antiques. Ce n'est qu'en évitant ces deux écueils que
« tu pourras faire des améliorations vraiment utiles... Sois, autant
« qu'il dépendra de toi, en bonne intelligence avec les puissances
« européennes ; puissent surtout la Prusse, la Russie, l'Autriche ne
« jamais se séparer : leur union est la sauve-garde de la paix euro-
« péenne. »

Frédéric-Guillaume IV, fidèle aux recommandations de son auguste père, a suivi exactement les principes contenus dans ces mémorables paroles ; peut-être les a-t-il prises trop à la lettre, mais enfin il faut reconnaître que c'est à son gouvernement que la Prusse doit l'égalité politique et la liberté de conscience et d'enseignement.

Beau-frère du tzar Nicolas 1er, le roi de Prusse n'a pu oublier dans les conflagrations de la guerre d'Orient sa qualité d'allié des empereurs de Russie et sa timidité native lui a fait jouer alors un rôle quelque peu étrange. Quoi qu'il en soit, il n'appartient qu'à l'avenir, à l'histoire, de juger sûrement et dignement des faits et gestes de ce souverain dont le caractère vacillant, indécis, ne saurait prendre une décision suprême dans une situation impérieuse.

FIN DES NOTICES BIOGRAPHIQUES.

Appendice aux fastes de la guerre d'Orient.

RAPPORT
PRÉSENTÉ A L'EMPEREUR

SUR L'ORGANISATION DE

L'ARMÉE D'ORIENT

PAR

S. E. LE MARÉCHAL VAILLANT

Ministre de la Guerre.

Ce rapport que nous fournit la sollicitude éclairée de S. E. M. le maréchal Vaillant appartenait de droit à nos fastes de la guerre d'Orient, déjà si riches de documents précieux et authentiques.

Aussi notre livre, déjà parvenu à sa cinquième édition, et de plus en plus apprécié du peuple français et de l'armée, doit-il rester dans les archives des familles, comme un monument impérissable élevé à la gloire de la grande armée du second empire. Ce rapport remarquable du maréchal ministre de la guerre, dont S. M. l'Empereur apprécie chaque jour les services éminents, doit être considéré comme le complément de cette grande et mémorable expédition.

Le rapport de Son Excellence produira la plus vive impression en France et en Europe, et nous nous faisons un devoir de le reproduire ici dans son entier.

Qui ne sera frappé de l'éloquence de tant de faits authentiques?

Nos lecteurs seront heureux, je pense, d'embrasser dans son ensemble ce tableau saisissant de la puissance militaire de la France; ils y verront de quelles prodigieuses ressources notre patrie dispose en approvisionnements comme en soldats, avec quel ordre et quelle admirable régularité son pouvoir militaire fonctionne, enfin de combien de prévoyance et de soins maternels la France accompagne ses enfants jusque sur les champs de bataille les plus lointains.

RAPPORT DU MARÉCHAL MINISTRE DE LA GUERRE.

Paris, le 8 septembre 1856.

Sire,

La guerre qui vient de se terminer d'une manière si glorieuse pour les armes de Votre Majesté et de ses augustes alliés s'est accomplie dans des conditions tout exceptionnelles. Pour porter en Orient et y maintenir au complet des armées qui, sous les drapeaux de la France, de l'Angleterre et de la Sardaigne, ont compté plus de 200 000 combattants, pour les approvisionner de tout ce qui leur était nécessaire, il a fallu créer ou développer d'immenses moyens.

J'ai pensé que Votre Majesté lirait avec intérêt un rapport exposant l'ensemble de ces moyens, en ce qui concerne l'armée française, dont l'effectif s'est élevé à 150 000 hommes dans le cours de l'année 1855, et que, peut-être, elle daignerait reconnaître que l'administration de la guerre, obéissant à la puissante impulsion de l'Empereur, a fait preuve de zèle dans l'accomplissement d'une tâche laborieuse.

Ce rapport comprend trois parties distinctes :

Le premier traite du *Personnel même de l'armée;* elle donne le chiffre des troupes embarquées pour l'Orient; le chiffre de celles qui sont revenues, soit en France, soit en Algérie; elle indique les mesures de précautions prises au départ, au retour, etc....

La deuxième partie, sous le titre de *Matériel*, montre quels ont été les moyens de l'artillerie aux différentes époques de la guerre; l'importance et l'étendue des envois de munitions de toute espèce dirigés sur la Crimée; des envois faits par le génie; les approvisionnements que l'administration militaire proprement dite a expédiés pour la subsistance des troupes, pour le chauffage, pour les fourrages, l'habillement, le campement, le harnachement; les ressources et approvisionnements concernant le service hospitalier, tant pour les hôpitaux mobiles que pour les ambulances légères. Cette partie indique aussi quelle a été l'organisation du service religieux dans nos hôpitaux et à l'armée même. Elle présente le tableau des moyens mis à la disposition des équipages militaires, et traite de quelques services que je n'ose appeler accessoires, bien qu'ils ne figurent qu'*en seconde ligne*, à savoir : de la trésorerie, des postes, de l'imprimerie et de la télégraphie qui apparaît pour la première fois comme service régulièrement attaché à une armée.

La troisième partie présente l'ensemble des *moyens maritimes* employés pour transporter des ports de France et d'Algérie, à Gallipoli, à Constantinople, à Varna, à Eupatoria, et enfin, au port providentiel de Kamiesch, l'armée d'Orient et ses immenses approvisionnements, ainsi que pour en assurer le retour. Quelque grand et empressé qu'ait été le concours de la marine impériale, il a fallu cependant noliser un nombre considérable de navires du commerce, et l'administration de la guerre a transporté, par ses propres ressources, une notable partie du personnel de l'armée, ainsi que la presque totalité des chevaux et du matériel.

Les chiffres portés aux tableaux qui suivent n'ont pas besoin de commentaires; ils témoignent suffisamment de la grandeur de l'entreprise et des efforts qui ont été faits en vue de réaliser les projets de Votre Majesté, et de pourvoir, conformément à ses ordres, non pas seulement aux besoins, mais encore au bien-être de ses soldats de l'armée d'Orient.

PREMIÈRE PARTIE. — PERSONNEL.

MOUVEMENT DES TROUPES.

DÉPART.

	Hommes.	Chevaux.
Nombre des hommes et des chevaux embarqués en France.	257 324	35 777
Nombre des hommes et des chevaux embarqués en Algérie.	47 983	5 967
Nombre des hommes et des chevaux embarqués en Corse.	1 998	»
Nombre des hommes et des chevaux embarqués en Italie (division d'occupation).	1 963	230
Total des envois de troupes.	309 268	41 974

PERTES ÉPROUVÉES PAR L'ARMÉE.

Le chiffre des décès, à la date du 30 mars 1856, s'élevait à.		62 492
Depuis cette époque jusqu'à la fin de l'évacuation (période du typhus et du choléra), il est mort 4 564 hommes, ci.		4 564
Total des décès constatés.		67 056
Les hommes disparus et les prisonniers de guerre formaient, sur les états de situation de l'armée, une seule catégorie qui, pour la durée du siège, donne un chiffre de.		2 573
Les échanges de prisonniers sont aujourd'hui à peu près terminés, et la Russie a rendu à la France 792 militaires de tous grades, ci.		792
Le nombre des hommes disparus qu'il y a lieu de porter au nombre des pertes de l'armée est donc de.	1 781	1 781
Militaires qui ont péri dans le naufrage de *la Sémillante*.		392
Total des pertes de l'armée.		69 229

RETOUR.

Militaires rentrés isolément en convalescence ou en congé.			65 069
Corps rappelés de l'armée avant la signature de la paix. { Régiment de tirailleurs algériens.	1 824		
Régiment de gendarmerie de la garde.	1 166		
Division de la garde impériale.	12 000		20 390
20ᵉ, 39ᵉ, 50ᵉ, 97ᵉ régiments de ligne et 3ᵉ bataillon de chasseurs à pied.	5 400		
L'effectif de l'armée d'Orient, au 30 mars 1856, était de 146,240 hommes, savoir :			
En Crimée.	120 476		
En Turquie : Sous les armes. 15 316 Aux hôpitaux. 10 448	25 764	146 240	
Le chiffre des décès survenus pendant l'évacuation est, ainsi qu'on l'a vu plus haut, de.		4 564	
Il est donc revenu d'Orient, depuis la signature de la paix.		141 676	141 676
Total des hommes revenus de l'armée.			227 135

RÉSUMÉ.

On a transporté en Orient.	309 268	hommes.
Les pertes de l'armée sont de.	69 229	—
	240 039	—

RAPPORT A L'EMPEREUR.

Report. . . . . 240 039 hommes.
Il est revenu d'Orient en France
et en Algérie. . . . . 227 135   —

Différence. . . . . . . 12 904   —

Dans ce dernier chiffre sont compris, d'une part, tous les individus qui, sans être liés au drapeau, sont partis avec l'armée ou à sa suite, et, d'autre part, les officiers et soldats qui ont été embarqués plusieurs fois pour l'Orient. Ce sont des militaires rentrés en France en convalescence et en congé et qui sont retournés à l'armée après le rétablissement ou l'expiration de leur congé : ils figurent au moins deux fois dans le chiffre total des hommes embarqués.

La majeure partie des chevaux a été transportée de Crimée en Turquie et cédée au gouvernement ottoman. Il en a été ramené environ 9 000 en France et en Algérie.

Observations.

Pour suffire tant aux besoins de la guerre en Orient qu'aux réunions de troupes à opérer sur divers points de l'intérieur de l'Empire (Paris, Lyon, Metz, Lunéville, camp de Boulogne, de Saint-Omer et du Midi), ainsi que pour maintenir l'effectif de l'armée d'Afrique, on a créé plusieurs corps et réalisé des accroissements de cadres.

9 mars 1854. Création, pour l'armée d'Orient, d'un régiment de tirailleurs algériens.

20 avril 1854. Création d'un 6ᵉ escadron dans 53 régiments de cavalerie.

1ᵉʳ mai 1854. Rétablissement de la garde impériale. Cette garde est ainsi composée :

1 régiment de gendarmerie à 2 bataillons, formé avec 2 bataillons de gendarmerie d'élite.

2 régiments de grenadiers à 3 bataillons (création nouvelle).

2 régiments de voltigeurs à 3 bataillons (création nouvelle).

1 bataillon de chasseurs à pied à 10 compagnies (création nouvelle).

1 régiment de cuirassiers à 6 escadrons (création nouvelle).

1 régiment de guides à 6 escadrons, formé avec le régiment des guides déjà existant.

1 régiment d'artillerie à cheval de 5 batteries et un cadre de dépôt (création nouvelle).

1 compagnie du génie (création nouvelle).

26 mai 1854. Augmentation du cadre du personnel de l'habillement et du campement.

11 juin 1854. Augmentation du cadre du personnel des officiers d'administration des bureaux de l'intendance militaire.
24 juin 1854. Création, pour le service de l'armée d'Orient, d'un corps de cavalerie légère sous le nom de *spahis d'Orient*.
21 juillet 1854. Augmentation du cadre des médecins et pharmaciens. (Par décret du 4 août 1855, le cadre des médecins militaires est augmenté de 460 sous-aides.)
12 août 1854. Création d'un escadron de gendarmerie de la garde (formé avec les brigades affectées au service de surveillance des forêts de la couronne et des routes fréquentées par l'Empereur).
14 août 1854. Augmentation du cadre du personnel des subsistances militaires. (Ce cadre est augmenté de nouveau par décret du 30 juin 1855.)
21 sept. 1854. Augmentation du cadre des officiers d'administration des hôpitaux militaires.
15 nov. 1854. Reconstitution des 6es compagnies des 3es bataillons dans les 100 régiments d'infanterie de ligne.
23 déc. 1854. Création d'un régiment de zouaves de la garde impériale à 2 bataillons.
9 janv. 1855. Création d'un second bataillon de tirailleurs indigènes dans chacune des trois provinces de l'Algérie.
17 janv. 1855. Création d'une 2e légion étrangère, composée de deux régiments à deux bataillons et d'un bataillon de tirailleurs à dix compagnies.
17 févr. 1855. Création dans la garde impériale de :
Un 3e bataillon dans le régiment de gendarmerie.
Un 4e bataillon dans chacun des régiments de grenadiers et de voltigeurs.
Une 6e batterie dans le régiment d'artillerie à cheval.
1 deuxième compagnie du génie.
1 escadron du train des équipages.
17 févr. 1855. Création d'un régiment d'artillerie à pied dans la garde impériale (6 batteries à pied, 6 batteries de parc, 1 cadre de dépôt).
7 mars 1855. Augmentation de l'état-major général et du corps impérial d'état-major.
16 mars 1855. Augmentation du corps de l'intendance militaire.
24 mars 1855. Création d'un 4e bataillon dans les 100 régiments d'infanterie. (Cette mesure a été appliquée aux 2 régiments de la 1re légion étrangère.)
2 avril 1855. Création de 2 régiments d'infanterie à 4 bataillons, qui prennent les nos 101 et 102.
27 juin 1855. Création d'un 7e et d'un 8e escadron dans chacun des 4 régiments de chasseurs d'Afrique.

RAPPORT A L'EMPEREUR.

14 août 1855. Création de 2 bataillons de chasseurs à pied, qui prennent les nos 21 et 22.

7 nov. 1855. Licenciement du régiment de tirailleurs algériens, des 6 bataillons provinciaux de tirailleurs indigènes, et création de 3 régiments de tirailleurs algériens à 3 bataillons (1 régiment par province).

20 déc. 1855. Réorganisation de la garde impériale et création des corps ci-après désignés :

Infanterie. . . { 3e régiment de grenadiers à 4 bataillons.
3e régiment de voltigeurs à 4 bataillons.
4e régiment de voltigeurs à 4 bataillons.

Cavalerie.. . . { 2e régiment de cuirassiers à 6 escadrons.
Régiment de dragons à 6 escadrons.
Régiment de lanciers à 6 escadrons.
Régiment de chasseurs à 6 escadrons.

En même temps, les mesures suivantes étaient adoptées pour le recrutement de l'armée :

5 janvier, 22 janvier et 22 février 1854. Décrets qui appellent à l'activité les jeunes gens encore disponibles sur les contingents des classes de 1852, 1851, 1850 et 1849.

10 avril 1844. Loi qui élève de 80 à 140 000 hommes le contingent à appeler en 1854 sur la classe de 1853.

1er mai 1854. Décret qui appelle à l'activité 80 000 hommes sur le contingent de la classe de 1853.

14 sept. 1854. Décret qui appelle à l'activité les 60 000 hommes encore disponibles sur le contingent de 1853.

9 nov. 1854. Décision impériale qui maintient sous les drapeaux les hommes de la classe de 1847.

24 janvier 1855. Loi qui fixe à 140 000 hommes le contingent à appeler en 1855 sur la classe de 1854.

5 mars 1855. Décret qui appelle à l'activité les 140 000 hommes de la classe de 1854. (Ils sont mis en route du 25 au 30 mars.)

11 juillet 1855. Loi qui maintient à 140 000 hommes le contingent à appeler en 1856 sur la classe de 1855.

19 nov. 1855. Décision impériale qui maintient sous les drapeaux les hommes de la classe de 1848.

C'est dans la 9e division militaire, à Toulon et à Marseille, que se sont effectués presque tous les envois de troupes et de matériel. Le général de Rostolan, commandant la division, était chargé de la direction des opérations. Il s'est acquitté de cette tâche avec un zèle et une habileté auxquels on ne saurait donner trop d'éloges.

Le télégraphe transmettait constamment de Paris à Marseille les ordres de l'Empereur et les instructions du ministre de la guerre, dont l'exécution, quant aux transports, était accélérée par les chemins de fer et les bateaux à vapeur. Grâce à ces moyens, grâce surtout à un dévouement de tous les instants de la part des fonctionnaires militaires, l'armée française, bien qu'à 800 lieues de la mère-patrie, a constamment reçu ses renforts en temps opportun, et n'a jamais attendu ni ses vivres ni ses vêtements.

Les troupes dirigées sur l'armée de tous les points de l'Empire, soit par étapes, soit par les chemins de fer, n'arrivaient à Marseille et à Toulon qu'au fur et à mesure de la réunion des moyens de transport maritime. Jusque-là, elles étaient échelonnées dans les 8e et 9e divisions militaires, et, autant que possible, sur les lignes de chemins de fer qui les emmenaient au port d'embarquement pour le moment précis du départ.

Une commission, présidée par un officier général, et composée d'officiers de toutes armes, veillait à ce que l'installation des troupes à bord fût aussi bonne que possible, et fixait le nombre des hommes et des chevaux à placer sur chaque navire, de manière à mettre la santé des passagers à l'abri des dangers qu'amène toujours l'encombrement. Tout en respectant à cet égard les limites indiquées par l'expérience, on put cependant combiner les départs de telle sorte que les détachements d'un même corps ne fussent pas fractionnés sur des bâtiments différents, avantage précieux pour la discipline, puisqu'on laissait ainsi les hommes de troupe sous les ordres de leurs chefs directs.

Les corps ou détachements de corps recevaient avant le départ une instruction relative aux mesures hygiéniques à observer pendant la traversée, et aux dispositions à prendre pour assurer leur première installation en Orient.

Les navires du commerce étaient tenus d'avoir, comme ceux de l'Etat, des médecins et des médicaments. L'intendant militaire de la 9e division a souvent placé à bord de ces bâtiments des médecins militaires et des médecins civils requis.

Dès le commencement de l'hiver 1854, les militaires convalescents ou envoyés en congé d'Orient en France arrivèrent en assez grand nombre à Marseille ; ils furent réunis dans un dépôt dit de *débarquement*, où ils recevaient, pendant quelques jours, les soins que réclamait leur état de santé. Ils étaient dirigés ensuite, soit sur le dépôt de leurs corps, soit sur la résidence où ils devaient jouir de leur congé.

En prévision des maladies que les fatigues de la guerre ne pouvaient manquer de développer dans une armée aussi nombreuse, les ressources hospitalières des divisions militaires riveraines de la Méditerranée avaient été augmentées dans une notable proportion[1]. Les malades évacués sur ces hôpitaux provisoires ont pu y être traités avec tous les soins convenables, malgré les difficultés occasionnées dans le service médical de nos villes du Midi par les deux épidémies cholériques de 1854 et 1855. A mesure que les malades étaient reconnus en état de supporter un nouveau transport, ils étaient dirigés sur les hôpitaux militaires de l'intérieur.

Au moment où la marche des négociations rendit probable la prochaine rentrée des troupes en France, le typhus sévissait en Crimée et à Constantinople. L'Empereur, préoccupé de cette situation, prescrivit les dispositions à prendre pour soustraire le pays à l'invasion de cette nouvelle épidémie. Par ses ordres, le ministre de la guerre, le ministre de l'agriculture, du commerce et des travaux publics, sur l'avis du Conseil de santé des armées et du Comité d'hygiène, adoptèrent un ensemble de mesures qui furent immédiatement mises à exécution.

Indépendamment des précautions prescrites à l'armée qui était encore en Crimée, telles que l'isolement complet des détachements pendant quelques jours avant leur embarquement, il fut arrêté que les troupes seraient soumises à une quarantaine d'observation sur un point isolé du littoral.

A cet effet, trois grands campements furent établis, savoir :

A l'île de Porquerolles, pour 12 000 hommes ;

---

1. Un hôpital temporaire avait été créé à Avignon ; on avait transformé en hôpitaux la caserne de la Corderie, à Marseille ; celle du Jeu de Peaume, à Toulon ; la citadelle de Montpellier ; et enfin le château d'O, propriété de Mgr l'évêque de Montpellier, que ce prélat avait généreusement offerte. De plus, l'hôpital militaire de Cette, les hangars du lazaret du Frioul, à Marseille, avaient été disposés pour recevoir ensemble 1 000 lits (en tout 3 000 lits).

A l'île Ste-Marguerite, pour 6 000 hommes;

Et sur la plage de Cavalaire, près de St-Tropez, pour 12 000 hommes et un assez grand nombre de chevaux. Ce dernier point était spécialement affecté aux troupes à cheval, afin d'éviter, à l'expiration de la quarantaine, un rembarquement des chevaux, opération toujours difficile.

En peu de jours, des puits furent creusés, des abreuvoirs construits, le matériel de campement transporté sur les lieux ; et, au moment où les premières troupes rentraient en France, après la signature de la paix, les trois camps d'observation pouvaient recevoir à la fois 30 000 hommes et 2 000 chevaux.

Trois officiers supérieurs expérimentés avaient été investis, à leur retour d'Orient, du commandement de ces camps.

En même temps, on construisait des baraquements susceptibles de recevoir dans les meilleures conditions 500 malades à Ste-Marguerite, autant à Porquerolles et 250 à Cavalaire.

M. Maillot, médecin inspecteur militaire, fut envoyé de Paris pour installer le personnel médical ; et M. Mélier, inspecteur général de la santé publique, fut chargé par le ministre de l'agriculture, du commerce et des travaux publics, de la direction à donner à l'observation des règlements sanitaires. M. le docteur Blache, directeur du service de la santé à Marseille, facilitait la tâche du commandement.

Des dispositions analogues étaient adoptées dans les ports de l'Algérie où devaient débarquer les corps attachés d'une manière permanente à l'armée d'Afrique.

Les premiers arrivages (avril 1856) se firent dans les conditions qui viennent d'être indiquées, et toutes les troupes de la division de Failly séjournèrent quelques jours au camp de Porquerolles, de même que les congédiés de la classe de 1849.

Mais bientôt la cessation de l'épidémie de Crimée et l'excellent état sanitaire des troupes débarquées permirent de se montrer moins sévère pour l'admission en libre pratique des navires chargés de troupes. Jusqu'à la fin de l'évacuation cependant, ils furent astreints à aller arraisonner à Porquerolles, où l'on s'assurait de l'état sanitaire des troupes, qui étaient ensuite débarquées à Marseille. Après l'arrivée de la division de Failly, deux navires seulement furent retenus : l'un, chargé de troupes à pied, les débarqua à Porquerolles ; l'autre, chargé de troupes à cheval, les porta à Cavalaire.

Bien que les embarquements en Crimée fussent successifs, les événements de mer devaient nécessairement amener des arrivages simultanés; et comme les troupes ne quittaient Marseille qu'en nombre limité, afin de ne pas encombrer les routes, que les inondations vinrent d'ailleurs rendre impraticables, on aurait été forcé, dans le cas de ces arrivages multiples, de recourir au logement chez l'habitant. Mais des craintes exagérées sur l'état sanitaire des troupes revenant de Crimée avaient été conçues; il fallait les dissiper et rassurer les populations. A cet effet, le général de Rostolan fit établir en peu de jours, aux abords de Marseille, six camps susceptibles de loger 12 000 hommes et 2 000 chevaux. La sagesse de ces prévisions ne tarda pas à être démontrée, et, à plusieurs reprises, 10 000 hommes et 1 200 chevaux se sont trouvés à la fois dans ces camps. C'est ainsi que plus de 100 000 hommes et 5 000 chevaux ont, dans l'espace de trois mois, traversé Marseille sans qu'un seul homme ni un seul cheval aient été logés chez l'habitant. Au surplus, l'état sanitaire des troupes réunies dans les camps a été constamment satisfaisant.

Le rapatriement de l'armée s'est terminé par l'évacuation des hôpitaux de Constantinople; les frégates-hôpitaux de la marine impériale ont fait les premiers transports de malades et les ont déposés aux îles Ste-Marguerite et Porquerolles, l'hôpital maritime de Saint-Mandrier a reçu les derniers.

Les camps et hôpitaux temporaires sont évacués depuis quelque temps déjà. Les malades restant à St-Mandrier quittent chaque jour cet hôpital, qui sera très-prochainement remis à l'entière disposition du ministre de la marine.

Un délai de six mois, à compter du 27 avril, date de l'échange des ratifications du traité de paix, avait été fixé pour l'évacuation complète des territoires occupés par les alliés. Cette opération a commencé le 11 avril, et moins de trois mois après, le 5 juillet, malgré tous les embarras et les retards causés par la maladie qui sévissait alors sur notre armée, le maréchal Pélissier, qui avait voulu présider lui-même au rembarquement de tous ses soldats, quittait le dernier la Crimée. Constantinople voyait partir, le 18 août, nos dernières troupes avec le général Pariset, commandant militaire.

DEUXIÈME PARTIE. — MATÉRIEL.

MATÉRIEL DE D'ARTILLERIE.

PARC DE SIÉGE.

			Quantités.
Bouches à feu	Canons	de 24	72
		de 16	44
		de 12 de campagne	20
	Canons-obusiers	de 12	24
		de 12 légers	12
	Obusiers	de 22 de place	20
		de 22 de siège	55
		de 16 de campagne	20
		de 12 de montagne	12
	Mortiers	de 32	102
		de 32 de côte	18
		de 27	118
		de 22	103
		de 15	24
		Total des bouches à feu	644

Matériel mis à la disposition du parc de siége par la marine.

Bouches à feu avec affûts et approvisionnements	Canons	de 50	8
		de 30 n° 1	338
		de 30 n° 2	18
		de 30 rayés	6
	Canons-obusiers de 30		9
	Obusiers	de 80 n° 1	71
		de 80 n° 2	17
	De divers calibres mis hors de service dans le tir		138
		Total des bouches à feu	605
Bouches à feu turques de tous calibres, avec affûts			140

RAPPORT A L'EMPEREUR.

Affûts...	de siège pour canons..	de 24	170
		de 16	64
	de place pour obusier de 22 en fonte.		25
	de campagne	de 12	54
		légers de 12.	36
	de montagne pour obusier de 12.		16
	de mortier	de 32	129
		de 32 de côte.	18
		de 27	147
		de 22	131
		de 15	31
	Total des affûts.		821

Voitures diverses..	Chariots porte-corps	141
	Triqueballes	18
	Chariots de parcs.	250
	Chariots de siège.	220
	Caissons à munitions	80
	Chariots de batterie	25
	Forges de campagne	45
	Total des voitures.	779

Projectiles.	Boulets..	de 24	195 600
		de 16	87 920
	Obus....	de 22	166 000
		de 15	78 000
		de 12	41 000
	Bombes..	de 32	154 350
		de 32 de côte	13 850
		de 27	202 000
		de 22	142 500
	Grenades à main		75 000
	Boîtes à balles.	de 24	1 600
		de 16	1 500
	Total des projectiles.		1 159 320

Poudres et munitions confectionnées.	Cartouches à boulet pour canon de 12.	20 240
	Coups à obus et à balles pour obusier de 16.	20 240
	Cartouches à obus et à balles pour canon-obusier.	10 000
	Cartouches à obus pour obusier de montagne.	4 000
	Étoupilles fulminantes.	2 019 000
	Poudre à canon en barils (kilogr.)	2 474 000

ARTILLERIE DE CAMPAGNE.

Bouches à feu.	Canons-obusiers de 12.		174
	Canons-obusiers de 12 légers.		66
	Obusiers de montagne.		6
	Total des bouches à feu.		246

Affûts et voitures	Affûts légers de 12		320
	Affûts de montagne		7
	Caissons à munitions. { de bouches à feu.		480
	{ d'infanterie		196
	Chariots de batterie.		80
	Forges de campagne		80
	Total des affûts et voitures. . . .		1 163

Munitions	Coups pour { canon-obusier.		45 760
	{ obusier de montagne		336
	Cartouches d'infanterie. { à balle sphérique . . .		2 527 900
	{ à balle oblongue. . . .		1 503 360

PARC DE CAMPAGNE.

Bouches à feu.	Canons-obusiers de 12.		6
	Canons-obusiers de 12 légers.		24
	Obusier de 12 de montagne.		11
	Total des bouches à feu		41

Affûts et voitures	Affûts légers de 12		173
	Affûts pour obusiers de montagne.		27
	Caissons à mu- { pour canon-obusier de 12. . . .		618
	nitions. { pour cartouches d'infanterie . .		340
	Chariots. { de parc.		61
	{ de batterie		62
	Forges.. { de campagne.		28
	{ de montagne.		16
	Total des affûts et voitures. . . .		1 325

Munitions[1]	Coups.... { pour canon-obusier.		219 996
	{ pour obusier de montagne.		3 264
	Cartouches { sphérique		
	d'infante- { oblongue		61 606 868
	rie à balle. { évidée pour la garde		
	{ Nessler.		

1. Ces munitions, réunies à celles portées par les caissons qui étaient en ligne,

RAPPORT A L'EMPEREUR. 395

En résumé, le matériel d'artillerie dont disposait l'armée d'Orient comprenait :

1 676 bouches à feu de tous calibres,
2 083 affûts,
2 740 voitures,
2 128 000 projectiles,
4 000 000 kilogr. de poudre.

Observations.

Aussitôt que l'expédition de Crimée fut résolue, on fit embarquer et 'on expédia en Orient un équipage de siége d'une soixantaine de bouches à feu, qui avait été réuni à Toulon en prévision des éventualités de la guerre. Ce fut avec cet équipage que l'on se présenta devant Sébastopol.

L'énergie de la défense, la quantité considérable de bouches à feu que la place mettait en batterie, le défaut d'investissement qui donnait à ce siége un caractère particulier, en permettant à l'ennemi de se ravitailler continuellement, firent bientôt reconnaître l'insuffisance des moyens d'attaque dont on disposait, et l'on dut donner à l'équipage de siége un accroissement en dehors de toutes les premières prévisions.

Il fallut réunir successivement à Marseille et à Toulon, et envoyer en Crimée trois équipages supplémentaires : le premier, de 58 bouches à feu ; le second, de 46, et le troisième, de 150. Toutes ces bouches à feu étaient approvisionnées de 1 500 à 2 000 coups par pièce.

L'école de pyrotechnie, qui s'occupait depuis plusieurs mois, par ordre de l'Empereur, d'établir des fusées de guerre de gros calibres ayant des portées de 5 à 7 000 mètres, avait déjà obtenu des résultats très-remarquables. Il lui fut prescrit d'activer encore ses fabrications, et elle parvint à confectionner et à expédier au parc de siége 7 à 8 000 de ces fusées de guerre.

De son côté, le commandant en chef de l'armée tira de l'arsenal de Constantinople 140 bouches à feu, des projectiles, et surtout de la poudre en quantité considérable. Il demanda en même temps à la flotte, pour l'armement des batteries, des bouches à feu d'un puissant calibre ; le nombre des pièces ainsi empruntées aux vaisseaux et mises ainsi à la disposition du parc de siége s'éleva bientôt au chiffre de 605, dont 238 étaient en batterie dans les derniers jours de siége.

Indépendamment de ces pièces, la marine fournit encore, pour les

donnent un approvisionnement de 1 107 coups par pièce de campagne et 600 coups par pièce de montagne. Quant aux munitions d'infanterie, l'approvisionnement était de 547 cartouches par homme, indépendamment de 60 cartouches emportées par les hommes au moment de l'embarquement.

besoins du siège, les approvisionnements et les poudres dont la flotte pouvait disposer sans compromettre son propre service.

Enfin, la défense se prolongeant, l'Empereur ordonna d'expédier de France un équipage de 400 mortiers, approvisionnés chacun à 1 000 coups, destinés à bombarder la place sans relâche et à protéger nos attaques en rendant les ouvrages russes inhabitables.

L'emploi d'un moyen aussi formidable promettait des résultats immédiats et décisifs. Qu'on se figure, en effet, ce qu'auraient produit 400 mortiers approvisionnés chacun à 1 000 coups ; pouvant lancer pendant vingt jours et vingt nuits plus de 830 bombes par heure, ou environ 14 bombes par minute.

Une partie seulement de ces mortiers fut mise en batterie, la place ayant été prise avant que tous fussent arrivés à destination.

L'organisation de ces divers équipages, leur réunion à Marseille et leur embarquement rencontrèrent de nombreuses difficultés : elles furent surmontées, grâce aux ressources accumulées dans les places de l'Empire et à l'activité déployée dans nos arsenaux. Des ateliers, où se confectionnaient les cartouches et les fusées de projectiles creux et où se préparaient les munitions des bouches à feu, furent organisés dans les places situées à proximité des voies ferrées et travaillèrent sans interruption.

Les consommations de poudre atteignant des proportions énormes, les poudreries donnèrent à leur fabrication une extension inusitée et livrèrent en 1854 jusqu'à 1 600 000 kilogrammes de poudre de guerre. En 1855, elles purent en livrer 3 250 000 kilogrammes, sans ralentir la fabrication des poudres de chasse et de mine.

Le transport de cet immense matériel, dont le poids a dépassé 50 millions de kilogrammes, eût été certainement impossible il y a peu d'années encore. Mais avec le réseau de chemins de fer qui relie Marseille aux principales villes de l'Empire, les impossibilités disparurent, et nul retard ne vint troubler la continuité des embarquements.

Tels furent, d'ailleurs, les soins qui présidèrent à ces opérations, que 3 millions de kilogrammes de poudre, 70 millions de cartouches d'infanterie, 270 000 cartouches montées pour bouches à feu de campagne, 7 à 8 000 fusées de guerre toutes chargées et une immense quantité d'artifices arrivèrent à destination, sans que l'on ait eu à déplorer le moindre accident.

L'artillerie, secondée par 6 compagnies du régiment d'artillerie de marine, par les marins de la flotte mis à terre et par les auxiliaires de l'infanterie, construisit, arma et servit, pendant le siège, 118 batteries établies sur un terrain hérissé d'obstacles et sous le feu incessant de la place, en même temps qu'elle assurait l'armement et l'approvisionnement des redoutes des camps et des lignes de Kamiesch. Ces batteries exigèrent l'emploi de 800 000 sacs à terre et de 50 000 gabions. Au jour de l'assaut, leur armement se composait de 620 bouches à feu. Elles avaient

RAPPORT A L'EMPEREUR.

tiré plus de 1 100 000 coups de canon, et consommé plus de 3 millions de kilogrammes de poudre.

Malgré le chiffre de ces consommations, dont l'histoire n'offre aucun autre exemple, le parc d'artillerie, au moment de la prise de Sébastopol, restait approvisionné à raison de 8 à 900 coups par pièce, sans compter tout le matériel que les ports de France expédiaient journellement. Une quarantaine de bouches à feu seulement étaient hors de service. Les ressources de l'artillerie lui permettaient donc de continuer la route pendant bien longtemps encore.

Le matériel ramené en France peut être évalué à 50 millions de kilogrammes, dont 38 millions de matériel français et 12 millions de matériel russe.

MATÉRIEL DU GÉNIE.

OUTILS ET APPROVISIONNEMENTS DIVERS.

	Quantités.	Poids. kil.
Outils de terrassiers.................	72 000	165 000
Outils de carriers....................	7 400	22 000
Outils de bûcherons..................	6 300	12 500
Outils de mineurs....................	1 800	15 200
Crocs, fourches et dragues pour les sapes......	200	600
Armures de sapeurs...................	12	230
Brouettes............................	800	18 200
Civières à bras.......................	1 700	20 000
Sacs à terre..........................	920 000	230 000
Palissades...........................	8 000	525 000
Chevaux de frise.....................	50	15 000
Manches d'outils.....................	80 000	35 000
Outils d'ouvriers d'art...............	16 900	16 300
		1 075 030

MACHINES ET ENGINS.

Norias...............................	8	3 000
Sonnette complète....................	1	1 670
Ventilateurs en bois..................	5	250
Machines à camouflet.................	3	900
Moulins à bras.......................	5	150
Mouton à bras........................	1	50
Cabestans............................	4	360
Cordages divers......................	»	7 250
Echelles diverses.....................	250	6 250
Pompes à incendie....................	10	2 000
		21 880
A reporter..........		1 096 910

Report d'autre part.........		1 096 910

MATÉRIEL ROULANT ET OBJETS DE RECHANGE.

Voitures diverses...........................	87	69 860
Caisses diverses............................	210	12 600
Roues, essieux et autres objets de rechange.....	325	4 450

MATÉRIAUX ET OBJETS DIVERS DE CONSOMMATION.

Bois divers pour travaux de siége et construction d'hôpitaux provisoires, baraques, chauffoirs, magasins pour les vivres et les munitions.......	16 980 m. cubes.	7 971 600
Fer......................................	»	10 870
Acier....................................	»	1 550
Tôle.....................................	»	1 830
Broches, clous et pointes...................	»	54 000
Goudron..................................	»	223 000
Bougies..................................	»	4 200
Charbon de terre..........................	»	76 000
Poudre de mine...........................	»	90 400
Toiles diverses pour fermetures et couvertures de baraques................................. (dont 4 100 mètres de toile goudronnée.)	21 600 m. carrés.	10 000
Instruments de lever........................	400	250

BARAQUEMENT.

Baraques pour officiers et soldats.............	2 900	4 047 000
Baraques pour écuries......................	210	400 000
Poêles en fonte............................	2 800	84 000
Total.............		14 159 520
Environ 14 000 tonneaux.		
Poids approximatif du matériel rapporté en France après la campagne..		2 400 000
Ou 2 400 tonneaux.		

Observations.

Le matériel roulant, les gros outils, les instruments de sape et de mine ont été fournis en très-grande partie par les arsenaux du génie de Metz et d'Alger, et le surplus par l'industrie privée. Ce matériel, au moins cinq fois plus considérable que celui qu'exige le siége d'une grande place dans des conditions ordinaires, a commencé à être embarqué dès le mois de mars 1854, et les derniers envois ont eu lieu en août 1855.

RAPPORT A L'EMPEREUR.

Les approvisionnements en planches, madriers, fer, cuivre, tôle, etc., ont été achetés dans le commerce à Lyon, Toulon, Marseille, Constantinople et Trieste. Ces matériaux ont été employés non-seulement dans les travaux du siége, mais ils ont servi aussi pour construire sur place des hôpitaux provisoires et des magasins pour les vivres et les munitions.

Sur les 920 000 sacs à terre expédiés en Crimée, 300 000 ont été tirés des magasins de l'État, et le surplus a été acheté au commerce à Paris, Lyon, Metz, Toulon, Marseille et Constantinople.

Dès qu'il fut reconnu que l'armée passerait l'hiver sous les murs de Sébastopol, l'Empereur ordonna que des abris fussent envoyés en Orient. Des baraques pour les hommes et des hangars pour les chevaux furent aussitôt commandés en France et en Angleterre.

1 050 baraques, pouvant abriter 30 000 hommes, ont été confectionnées à Toulon et à Marseille en janvier 1855, et l'embarquement commençait dès le mois suivant.

1 850 baraques, pouvant contenir 45 000 hommes, ont été commandées en Angleterre dans les premiers jours de décembre 1854 et sont parties de Southampton dans le courant du mois suivant.

Chaque baraque était pourvue d'un poêle.

Des abris-écuries, pour environ 10 000 chevaux, ont été commandés à Paris et embarqués à Marseille en janvier 1855.

En outre, un approvisionnement de 50 000 longerons en bois de sapin, de 20 000 madriers, 100 000 planches et 9 000 boulons a été acheté à Marseille et expédié dans le courant de 1855 pour l'établissement des baraques-chauffoirs.

Le service du génie, dans ce siége à jamais mémorable, a exécuté 80 kilomètres (20 lieues) de tranchée, employé 80 000 gabions, 60 000 fascines et près d'un million de sacs à terre. Il a fait construire sur les crêtes qui protégeaient la droite de nos attaques des ouvrages défensifs ayant ensemble plus de 8 000 mètres de développement, et sur la gauche un retranchement continu de 8 000 mètres aussi de longueur, presque en ligne droite, appelé *lignes de Kamiesch*, s'appuyant par ses deux extrémités à la mer, couvrant contre les éventualités de la guerre les baies de Kamiesch et de Kazatch et nous assurant la possession d'une vaste place de dépôt où se trouvaient abritées toutes les ressources de l'armée.

Ces lignes étaient formées d'un épais parapet précédé d'un fossé creusé dans le roc et flanqué par huit fortes redoutes armées de pièces de gros calibre.

Mais ce qui fait surtout qu'aucun autre siége ne peut être comparé à celui de Sébastopol, c'est l'immense difficulté des travaux de cheminement creusés presque en totalité dans le roc à l'aide de la poudre, et devant une place qui, pour garnison, avait une véritable armée, constamment renouvelée et librement ravitaillée.

Il a fallu aussi triompher des obstacles qu'opposait une défense souterraine habilement disposée et formée d'un immense réseau de plus de 6 000 mètres de galeries de mine établies dans le roc sur plusieurs étages de hauteur, dont les plus bas atteignaient 16 mètres de profondeur au-dessous du sol.

SUBSISTANCES MILITAIRES. — CHAUFFAGE. — FOURRAGE.

VIVRES.

	Quantités.	Conversion en tonneaux.
Biscuits	12 792 300 kil.	25 584 60
Farines	22 105 000	22 436 57
Légumes secs	193 000	196 86
Légumes comprimés	341 900	341 90
Riz	3 586 800	3 658 53
Sel	79 400	93 37
Sucre	2 763 100	5 058 28
Café	2 149 600	2 436 21
Lard salé	5 242 400	8 733 83
Bœuf salé	518 200	863 32
Conserves de bœuf	3 053 700	3 197 22
Saindoux	50 000	60 »
Viande sur pied	10 000 têtes.	35 000 »
Vin	116 567 hect.	12 838 »
Eau-de-vie et rhum	13 766 »	1 520 »

CHAUFFAGE.

Bois	1 944 900 kil.	9 722 »
Charbon de terre	15 772 300	15 772 30

FOURRAGES.

Foins	77 403 300	229 744 60
Orge ou avoine	83 700 000	119 571 43
		497 029 02
Objets mobiliers envoyés isolément (approximativement)		1 500 »
Total général pour le service des subsistances		498 529 02

Soit en chiffres ronds 500 000 tonneaux.

On évalue à 50 000 tonneaux les quantités de vivres non consommées et de matériel rapportées en France.

Observations.

Biscuits. — Les quantités expédiées ont été obtenues tant au moyen d'une fabrication réglementaire dans les manutentions militaires de Paris, Rouen, le Havre, Brest, Bordeaux, Bayonne, Marseille, Toulon, Montpellier, Perpignan, Alger et Oran, qu'au moyen d'achats faits en Angleterre et en France à la maison Packam. Deux cent soixante mille caisses ont été nécessaires pour les contenir.

Farines. — Les farines ont été expédiées des places de Marseille, Toulon, Montpellier, Perpignan, Bordeaux, Alger et Oran.

Légumes comprimés. — Fabriqués par la maison Chollet et expédiés en totalité de Paris.

Riz. — A été expédié en majeure partie décortiqué. Les achats ont été faits à Londres, à Bordeaux et surtout au Havre.

Café. — Mêmes lieux d'expédition que le riz.

Sucre. — A l'exception de quelques chargements faits à Bordeaux et à Marseille, la totalité a été expédiée du Havre en sucres blancs et en pains.

Salaisons. — Achetées en majeure partie en Angleterre; le complément a été cédé par le département de la marine.

Conserves de bœuf en boîtes. — A l'exception de faibles quantités fabriquées en France par M. de Lignac (viande comprimée), et par M. Appert (bœuf avec bouillon), presque tout le reste a été confectionné en Angleterre. Dans la quantité de 3 053 700 kilogrammes de conserves de bœuf, sont compris 404 000 kilogrammes de viande en poudre, représentant à peu près 600 000 rations.

Viande sur pied. — 4 000 bœufs tirés de Trieste; 1 500 de l'Algérie; 4 500 de la Caramanie (port du Macri).

Vins. — Les vins de malades ont été tirés de Bordeaux et Perpignan; les vins de troupes, du Var et de l'Hérault.

Eau-de-vie et rhum. — Vu la cherté de l'eau-de-vie et sa qualité douteuse, les approvisionnements ont été faits de préférence en rhum des meilleures provenances. L'achat en a été fait à Londres et à Marseille.

Charbon de terre. — Tiré d'Angleterre.

Bois. — Embarqué comme fardage, conséquemment sans frais.

Foin. — Les expéditions ont été faites de Nantes, Marseille, Montpellier, Perpignan, Alger, Mostaganem, Bône, Philippeville; et à l'étranger, d'Anvers, Gênes, Livourne, Naples, Messine et Trieste.

Orge et avoine. — Les versements ont été effectués du Havre, de Marseille et des ports de l'Algérie; à l'étranger, d'Angleterre, d'Espagne, du Maroc, d'Italie, d'Egypte et de Syrie.

Matériel. — *Sacherie.* — Un million de sacs expédiés, soit comme contenant des denrées susmentionnées, soit comme approvisionnements

Fours. — Cent cinquante fours, dont soixante portatifs en tôle.

Prélars. — 1 700 prélars représentant une superficie de 204 000 mètres carrés.

Presse à foin. — 137 de divers systèmes. Ces appareils ont été expédiés pour le pressage des foins achetés en Turquie, indépendamment des quantités portées au tableau ci-contre.

1800 voyages de navires à chargement complet ont été nécessaires pour transporter en Orient les denrées et matières portées ci-contre. Les chargements ont été effectués, savoir :

>460 en France,
>566 en Algérie,
>4 en Espagne,
>77 en Angleterre,
>5 en Belgique,
>600 en Italie,
>80 en Égypte et en Syrie.

Total égal... 180

HABILLEMENT. — CAMPEMENT. — HARNACHEMENT.

HABILLEMENT ET ÉQUIPEMENT.

	Nombre d'objets.
Ceintures de flanelle	654 882
Sacs tente-abri	347 319
Couvertures de campement	371 787
Chemises de coton	354 529
Guêtres en cuir noir (paires)	42 527
Guêtres en toile (paires)	163 449
Pantalons de toile grise	9 000
Souliers (paires)	328 209
Bottes éperonnées (paires)	32 396
Caleçons	132 326
Blouses de cuisine	200
Blouses d'écurie	25 010
Pantalons de cuisine	200
Casquettes de chasseurs d'Afrique	717
Couvre-casques	3000
Bretelles de fusil	525
Montants de tente-abri	183 265
Visières de bonnets ou shakos	2 000
Boutons de diverses armes	20 620
Cravates de coton	200 000

EFFETS SPÉCIAUX.

Sabots (paires)..	238 597
Chaussons de laine (paires)	189 162
Capotes à collet et à capuchon	251 399
Bas en laine (paires)	220 000
Gants en laine (paires)	215 000
Chachias	253 576
Guêtres-houzeaux en peau de mouton (paires)	90 000
Guêtres bulgares (paires)	163 739
Paletots en peau de mouton	15 000

EFFETS DE CAMPEMENT.

Cales	16 448
Fers de lance	60
Goujons	15 512
Montants de tente de conseil	68
Montants de tente d'officiers ou de troupe	30 952
Traverses de tente de conseil	21
Traverses de tente à 16 hommes	9 199
Traverses de tente d'officiers	1 500
Traverses de tente conique à 20 hommes	6 500
Tablettes avec porte-manteaux	71 209
Tablettes sans porte-manteaux	18
Piquets de tente, grands et petits	567 971
Pliants	3 428
Tables	24
Rideaux	4
Maillets	23 316
Bois de manteaux d'armes de compagnie	640
Bois de manteaux d'armes de piquet	30
Toiles de manteaux d'armes de compagnie	500
Toiles de manteaux d'armes de piquet	14
Grands bidons	40 973
Petits bidons en fer-blanc avec courroies	289 714
Gamelles	43 193
Marmites	46 981
Etuis de bidons	1 019
Etuis de gamelles	1 061
Etuis de marmites	1 019
Bretelles de bidons et de marmites	1 812
Bretelles de gamelles	692
Faucilles	16 400

Faux	1 499
Haches	17 236
Pelles	15 748
Pioches	16 721
Serpes	8 341
	Mètres.
Cordes à piquet de cavalerie	1 412

EFFETS DE HARNACHEMENT.

Clous à ferrer	6 193 400
Fers de cheval	817 216
Bissacs garnis de cuir	16 222
Entraves	7 567
Cordes d'entraves	310
Bridons avec mors	2 039
Selle de cavalerie légère, nouveau modèle	646
Selle de cavalerie légère, ancien modèle	1 004
Mors de bride	900
Licols de parade	779
Filets doubles	368

Observations.

Les événements de la guerre ont placé l'armée d'Orient dans un pays à peu près sans ressources et sous un climat exceptionnel ; il a fallu lui envoyer de France tout ce qui était nécessaire pour la vêtir et l'abriter, et jusqu'aux clous propres au ferrage de ses chevaux.

L'âpreté de la température sur les plateaux de la Chersonèse a obligé d'envoyer non-seulement tous les effets d'habillement et de campement d'un usage réglementaire, mais en outre, une série complète de vêtements d'hiver qui constituait pour chaque soldat un habillement supplémentaire composé des objets suivants :

Savoir : Capote à capuchon et à collet en drap ;
Guêtres bulgares en drap ;
Sabots avec chaussons en laine ;
Gants, bas et chachia en laine.

Tous les hommes de garde et ceux qui étaient employés à un service extraordinaire avaient en outre un paletot en peau de mouton et des guêtres-houzeaux en peau de mouton.

Ces effets envoyés en 1854 et au commencement de 1855, ont dû, comme les vêtements ordinaires, être renouvelés pour la plupart, afin de parer aux besoins de l'hiver de 1855 à 1856.

Les effets de campement existants dans les magasins de l'État à l'origine de la guerre, étaient suffisants pour les besoins d'une armée en campagne de 70 à 80 000 hommes seulement; il a donc fallu procéder en toute hâte à la confection d'autres effets de campement en quantités considérables, au moyen de marchés que l'industrie privée a réalisés en temps opportun. Tous ces objets sont parvenus sans avaries, bien qu'ils constituassent un matériel immense, presque toujours très-encombrant.

Le nombre de tentes avec leurs accessoires expédiés en Orient pouvait suffire au campement de 280 000 hommes, sans compter celles qui étaient affectées aux officiers.

Les premières tentes étaient à deux montants et en forme de toit; mais l'expérience du climat de la Crimée, et surtout l'ouragan du 14 novembre 1854, ont fait reconnaître que la tente de forme conique à un seul montant, usitée en Turquie, offrait plus de résistance aux intempéries des saisons, et l'on a adopté cette forme pour toutes les tentes envoyées en 1855. La toile de chanvre n'a pas été exclusivement employée pour la confection des tentes; on a fait usage aussi de la toile de coton, dont on s'est bien trouvé, et dont l'emploi a diminué la dépense et le poids.

L'envoi des faux et faucilles a permis de récolter le fourrage qu'on a trouvé dans la Dobrudscha d'abord, et ensuite dans la Chersonèse.

Une partie assez importante du matériel de campement et des effets spéciaux d'habillement n'a pas été mise en service et a été réexpédiée d'Orient sur les magasins de France et d'Algérie.

On peut évaluer à 12 000 tonneaux environ le volume du matériel porté ci-dessus. Les magasins particuliers dont les corps ne se séparent jamais en campagne ne sont point compris dans cette évaluation; leur poids total s'est élevé à 7 300 tonneaux.

L'ensemble des objets réexpédiés d'Orient sur la France et sur l'Algérie représente à peu près 8 000 tonneaux.

SERVICE HOSPITALIER.

MATÉRIEL DES HÔPITAUX MOBILES.

	Quantités.		
	Expédiées de France.	Achetées en Orient.	Total.
			lits.
Couchettes ou châlits en fer............	12 000	»	(A) 27 000
Couchettes ou châlits en bois...........	»	15 000	
Couvertures en laine..................	32 000	7 500	39 500
Couvertures en coton..................	»	3 500	3 500
		kilogr.	matelas.
Laine à matelas et à traversins.........	»	325 000	ou 30 000

Matériel complet pour hôpitaux de 500 malades chacun....................	23	7	(B) 30
Pharmacies complètes, ustensiles et médicaments pour hôpitaux de 500 malades chacun	30	»	30
Mobiliers de chapelle pour les hôpitaux militaires.......................	14	»	(C) 14

MATÉRIEL D'AMBULANCE.

Matériel d'ambulance légère (modèle d'Afrique) pour 12 000 hommes chacun.....................................	2	»	2
Chargement de caissons d'ambulance, à raison de 5 par division d'infanterie..	110	»	(D) 110
Cantines régimentaires d'ambulance....	150	»	150
Sacs et sacoches d'amb. (paires).......	35	»	35
Boîtes d'instruments de chirurgie de diverses natures......................	106	»	106
Caisses à amputation et à trépan, contenues dans les cantines d'ambulance..	150	»	150
Caisses à amputations contenues dans les caissons d'ambulance...............	220	»	220
Caisses d'instruments contenues dans les hôpitaux militaires..................	70	»	70

OBJETS DE PANSEMENT.

	kil.		kil.
Grand linge à pansement..............	57 000	»	57 000
Petit linge à pansement..............	76 000	»	76 000
Bandes roulées......................	32 000	»	32 000
Charpie.............................	49 000	»	49 000
Linge à pansement assorti, contenu dans les hôpitaux mobiles, les caissons et cantines....................	800 00	»	80 000
Bandages herniaires.................	5 000	»	5 000

DENRÉES ALIMENTAIRES.

	kil.		kil.
Lait concentré......................	8 000	»	(E) 8 000
Essence de bouillon concentré........	1 000	»	(E) 1 000
Bœuf bouilli........................	2 800	»	2 800
Gluten granulé......................	3 000	»	3 000

Conserves *Chollet* : pour soldats	51 000	»	(E)	51 000
julienne — pour officiers	1 600	»		1 600
Légumes divers conservés	25 000	»	(E)	25 000

Observations.

(A) L'ensemble de ces approvisionnements, complétés par des achats sur place, a constitué, dans la ville de Constantinople, un service aussi régulier que celui qui fonctionne dans les hôpitaux de l'intérieur de la France.

Les 27 000 lits réunis dans les premiers mois de la guerre présentent un matériel plus considérable que la fixation totale des lits existant dans les hôpitaux militaires permanents en France, où l'on ne compte que 19 000 lits ainsi répartis :

Malades.............. 16 500 lits.
Soldats infirmiers.... 2 500
Ensemble........ 19 000

L'administration a pourvu à la réunion de ce matériel d'abord par des prélèvements immédiats dans les magasins de réserve, ensuite par des commandes que l'industrie privée a exécutées avec une grande promptitude.

(B) La nomenclature détaillée des effets affectés à ces hôpitaux de 500 malades est indiquée dans le règlement du 1er avril 1831 ; elle comporte, par hôpital, un poids de 12 000 kilogr., non compris les lits en fer ou en bois, ce qui forme, pour les trente hôpitaux installés en Orient, un poids de 360 000 kilogr.

(c) D'après les ordres de l'Empereur, le service religieux avait été assuré, et les secours spirituels n'ont jamais manqué à nos soldats. Les aumôniers ont donné des preuves du plus grand dévouement, et, comme les admirables filles de Saint-Vincent-de-Paul, ils ont soutenu dans les ambulances et dans les hôpitaux le moral de nos malades et de nos blessés.

Le service religieux était dirigé à l'armée par des prêtres catholiques. Les consistoires centraux de l'Église réformée et du culte israélite avaient envoyé auprès de leurs coreligionnaires des ministres et des rabbins.

Le service catholique des quatorze hôpitaux de Constantinople était confié à la congrégation des Lazaristes, qui a un collège dans cette ville et dont l'influence se fait vivement sentir dans tout l'Orient. Cette mesure était d'ailleurs une conséquence de l'installation dans nos hôpitaux des sœurs de Saint-Vincent-de-Paul, dont les Lazaristes sont les supérieurs.

(D) Chaque caisson d'ambulance comprend 2 000 pansements. Les 110 caissons formaient donc un approvisionnement de bataille de 220 000 pansements, que l'on pouvait remplacer au fur et à mesure des consommations par des envois faits de Constantinople.

(E) L'expérience du lait concentré (procédé de Lignac), de l'essence de bouillon concentré, tiré d'Angleterre, des légumes conservés (procédé Chollet et Masson) a eu un succès complet. Ces produits sont désormais acquis aux approvisionnements hospitaliers.

L'ensemble des expéditions de matériel faites en Orient pour le service hospitalier représente un volume de 6 430 tonneaux. Le matériel ramené, tant en France qu'en Algérie, est environ du tiers des expéditions, soit de 2150 tonneaux.

ÉQUIPAGES MILITAIRES.

	Quantités.	Poids. kilogr.
Caissons de 1 200 rations..................	775	1 388 150 »
Caissons de 1 600 rations..................	143	122 551 »
Caissons d'ambulance......................	118	116 820 »
Chariots de parc sans exhaussement.........	259	212 121 »
Chariots de parc avec exhaussement.........	218	180 940 »
Forges ancien modèle......................	22	12 100 »
Forges nouveau modèle.....................	48	44 640 »
Harnais de trait (avec garniture de tête complète). — de devant porteur...	1 127	
— de devant sous verge......	1 148	148 676 »
— de derrière porteur.......	1 236	
— de derrière sous verge.....	1 285	
Selles complètes d'attelage...............	1 811	
Selles complètes de sous-officier et cavalier....	1 732	214 080 »
Selles complètes d'adjudant sous-officier.......	25	
Bâts de mulet.............................	2 971	89 130 »
Couvertures de cheval.....................	16 611	29 900 »
Forges portatives.........................	21	1 995 »
Paires de cacolets........................	2 760	27 600 »
Paires de litières........................	849	36 507 »
Rechanges de toute nature, telles que boîtes à graisse, caisses à outils, roues ferrées, timons ferrés et non ferrés, bridons, licols, cordes de charge, etc........................	»	1 500 000 »
Matières premières : bois, fers, etc............	»	1 200 000 »
Charrettes marseillaises avec harnais..........	300	
Charrettes maltaises avec harnais............	400	200 000 »
Charrettes dites *bouhoure* avec harnais........	100	
Total........... kilogr. [1].		5 525 210 »

1. Ce total représente, comme il est dit plus haut, 7 956 tonneaux de mer. Un tiers de ce matériel environ est devenu hors de service et a été vendu ; mais une

Observations.

Malgré son effectif élevé (11 000 hommes et 8 000 chevaux ou mulets), le train des équipages militaires affecté à l'armée d'Orient aurait été dans l'impossibilité d'assurer la complète exécution de tous les services administratifs, si on ne lui avait adjoint plusieurs compagnies provisoires auxiliaires composées, tant pour le personnel que pour le matériel, d'éléments étrangers au service du train proprement dit. Ces compagnies furent recrutées les unes en Orient même et les autres en France.

Le matériel auxiliaire a consisté principalement en :

400 voitures maltaises exécutées à Malte par l'entreprise du consul de France ;

300 charrettes marseillaises expédiées de France ;

100 voitures dites *bouhoure*, dont le modèle avait été approuvé par l'Empereur ;

1 600 voitures dites *arabas* et *tekis*, dont l'achat a été effectué en Turquie, ou qui ont été construites à Constantinople par les ouvriers militaires attachés au parc de réserve des équipages militaires.

Le nombre de ces compagnies auxiliaires, dont la création n'a d'ailleurs eu lieu que successivement et au fur et à mesure des besoins, était encore, à la fin de la campagne, de 19, présentant un effectif de 2 728 conducteurs indigènes, 11 346 animaux (chevaux, mulets, bœufs et buffles) et 2 425 voitures de toutes sortes. Ces ressources ont contribué de la manière la plus efficace à la bonne exécution du service des transports.

Le matériel et le harnachement du service des équipages militaires expédiés sur l'Orient, représentait 7 956 tonneaux d'encombrement.

Tous ces objets n'ont pas été employés à l'exécution des divers services de l'armée ; mais une sage prévoyance commandait d'établir, dans un lieu à proximité du théâtre de la guerre, une réserve considérable, de manière à pouvoir faire face instantanément aux besoins qui pourraient se manifester.

Tel a été le motif de la formation du parc de réserve des équipages militaires, à Constantinople, dès le début de la campagne. On peut se figurer quelle a pu être l'importance de cette réserve, puisqu'à la fin de la guerre elle consistait encore en :

296 caissons, 119 chariots de parc, 31 forges, 166 attelages à quatre chevaux, 714 selles, schabraques, etc., 398 bâts de mulets, 9 155 couvertures, 398 paires de cacolets, 578 paires de litières.

Cet établissement, dont la direction a été confiée d'abord à un capitaine,

grande partie des voitures et autres objets construits en Turquie a été portée en Algérie, en sorte que l'ensemble du matériel ayant fait retour, peut être évalué à 7 000 tonneaux.

puis à un chef d'escadron de l'état-major des parcs, n'a cessé de rendre les plus utiles services pendant toute la durée de la guerre. Non-seulement il a été chargé de l'exécution des grosses réparations à faire au matériel roulant, mais encore il a pu, par sa présence sur les lieux, contribuer à la prompte régularisation des comptabilités en deniers et en matières.

ÉTAT CIVIL. — JUSTICE. — ADMINISTRATION DU TERRITOIRE OCCUPÉ.

Un des premiers soins du commandement, lors de la formation de l'armée, avait été d'assurer, dans l'intérêt des familles, l'état civil des militaires, à leur corps, à l'hôpital, et jusque sur le champ de bataille.

En même temps, des prévôtés et des conseils de guerre étaient établis dans chaque division pour maintenir l'ordre et la discipline. Les statistiques de la justice militaire prouvent qu'à aucune époque l'autorité supérieure n'a eu à faire un plus rare emploi des moyens de répression que la loi met à sa disposition.

Des interprètes commissionnés par le ministre de la guerre assuraient les relations nécessaires entre les diverses nations engagées dans la lutte.

Enfin, dans les premiers jours de l'installation à Kamiesch, une administration générale avait été organisée, un conseil municipal, un conseil de prud'hommes avaient été institués. Bientôt un service de police et de salubrité fut créé, et les nombreux nationaux, ainsi que les étrangers attirés à la suite de l'armée, trouvèrent dans la cité improvisée une protection constante et efficace.

SERVICE DE LA TRÉSORERIE ET DES POSTES.

Le personnel de la trésorerie de l'armée était en même temps chargé des postes; ce double service était si complétement organisé que les militaires de tous grades ont reçu leur solde et les prestations en nature aussi régulièrement et aussi exactement que s'ils eussent été dans une garnison de France, et qu'ils ont pu entretenir avec leurs familles une correspondance pour ainsi dire journalière.

Ce personnel placé sous les ordres d'un payeur général et composé de 6 payeurs principaux, 8 payeurs particuliers et 75 payeurs adjoints et agents secondaires, a constamment satisfait à tous les besoins, tant pour le corps d'armée et les divisions près de Sébastopol que sur les points les plus éloignés occupés temporairement par nos troupes.

Le matériel fut tiré des équipages militaires, ainsi que le nombre de soldats nécessaires pour le conduire; il se composait de 12 caissons ou chariots, 104 chevaux de trait ou de selle, 20 mulets de bât, employés selon les besoins et les circonstances.

Le service de la trésorerie a été assuré, comme dans les campagnes antérieures, par les moyens suivants : 1° envois directs de fonds; 2° réalisation sur place, par émission de traites. Ce dernier moyen nous a donné des résultats importants, et la faveur dont les traites du Trésor ont joui en Orient a été telle, qu'il a fallu créer des coupures de 20 000 et de 10 000 fr. Les émissions se sont élevées jusqu'à 12 millions par mois.

Les payements effectués en Orient depuis le mois d'avril 1854, sur les crédits délégués par le ministère de la guerre, s'élevaient, au 1er juillet 1856, à 285 646 160 fr. 45 c. dont 275 457 340 fr. 46 c. sur mandats de l'intendance militaire, 1 914 265 fr. 16 c. sur mandats des chefs de service de l'artillerie, et 8 274 554 fr. 65 c. sur mandats des chefs de service du génie.

Les dépenses de la guerre ont toujours été vérifiées, liquidées, soldées et définitivement apurées par exercice, dans les délais réglementaires fixés pour les dépenses du pied de paix, solution avantageuse à tous les points de vue et d'autant plus remarquable que, dans aucune des guerres précédentes, semblable résultat n'avait pu être obtenu.

SERVICE TÉLÉGRAPHIQUE.

Dès le commencement de la campagne, on avait compris la nécessité d'établir entre le quartier général et les différents corps détachés, des communications qui assurassent la transmission rapide des ordres et l'ensemble des mouvements.

Dans ce but, un personnel de l'administration des lignes télégraphiques, composé de 2 inspecteurs, 5 directeurs, 4 stationnaires électriques, 47 stationnaires aériens, fut attaché à l'expédition.

Muni de 16 télégraphes aériens portatifs susceptibles de se monter et de se démonter facilement et en peu de temps, ce personnel fut réparti de manière à mettre le général en chef en rapport immédiat avec les différentes fractions de son armée.

Pendant le siége, le gouvernement anglais ayant eu la pensée de relier par un câble électrique sous-marin Balaklava à Varna, l'Empereur ordonna aussitôt de rattacher Varna au réseau télégraphique allemand.

En peu de temps, et malgré les difficultés de toute nature, la ligne de Bucharest à Varna, sur un parcours de 60 lieues, se trouva complétement établie et les communications furent ouvertes quelques jours avant l'achèvement du câble sous-marin.

3 inspecteurs, 4 directeurs et 30 stationnaires assurèrent dans les quatre postes de Bucharest, Roustouck, Schumla et Varna un service de transmissions qui plaçait l'armée à quelques heures de Paris.

IMPRIMERIE.

Une imprimerie lithographique installée au quartier général avait d'abord suffi aux besoins du service ; mais, dès le commencement du siége, le nombre toujours croissant des ordres à transmettre et la nécessité de les faire parvenir sans délais aux différents corps de l'armée, déterminèrent le général en chef à demander qu'un service typographique complet fût expédié en Crimée.

Cet envoi eut lieu par les soins du directeur de l'imprimerie impériale, et, jusqu'à l'évacuation de la Crimée, un prote et deux ouvriers typographes sont restés au quartier général.

TROISIÈME PARTIE. — TRANSPORTS MARITIMES.

La marine impériale, sans cesser de faire face aux nombreux services dont elle est restée chargée, a concouru ainsi qu'il suit aux transports militaires :

11 vaisseaux mixtes et à vapeur,
21 vaisseaux à voiles,
19 frégates à voiles,
24 transports mixtes et à voiles,
19 frégates à vapeur,
21 corvettes,
et 17 avisos.

En tout 132 bâtiments, qui ont fait 905 voyages, et ont transporté, pour l'armée de terre seulement, soit pour l'aller, soit pour le retour, 273 780 hommes, 4 266 chevaux et 116 661 tonneaux de matériel.

Le gouvernement anglais a mis à la disposition de l'Empereur 8 navires de la marine royale et 42 navires du commerce nolisés par l'amirauté, qui ont transporté ensemble en Orient 38 353 hommes, 1 972 chevaux et 6 624 tonneaux de matériel.

L'administration de la guerre a nolisé, en 1854 et 1855, 66 vapeurs et 1 198 navires à voiles de toutes dimensions. Les 66 vapeurs et 22 grands clippers formaient une espèce de flotte qui a fait jusqu'à la fin de la guerre un va-et-vient permanent entre l'Orient et les ports où étaient réunis les approvisionnements. Enfin les paquebots de la Compagnie des Messageries impériales, par suite de marchés conclus dès le commencement de la guerre, ont transporté des troupes à pied et du matériel, à raison de deux voyages par semaine.

Pour le retour de l'armée, l'administration a continué à employer 48 navires à vapeur et 253 navires à voiles, dont 14 grands clippers.

Au total, les transports effectués par les soins de l'administration de la guerre se sont élevés à 224 270 hommes, 44.736 chevaux ou mulets, et 604 251 tonneaux de matériel.

En dehors des moyens de transport indiqués ci-dessus, l'intendant général en Crimée et l'intendant militaire en mission à Constantinople, ont nolisé un grand nombre de navires pour le ravitaillement de l'armée. Ces bâtiments étaient exclusivement employés à porter en Crimée les vivres et les fourrages achetés sur le littoral de la mer Noire et dans toute la Turquie.

L'ensemble des transports maritimes peut se résumer ainsi :

	Nombres		
	d'hommes.	de chevaux.	de tonn.
Envoyés en Orient...................	309 268	41 974	597 686
Revenus d'Orient...................	227 135	9 000	126 850
Totaux pour l'aller et le retour...	536 403	50 974	724 536

Les totaux ci-dessous se décomposent de la manière suivante :

	Nombres		
	d'hommes.	de chevaux.	de tonn.
Transports faits par la marine impériale.	273 780	4 266	116 661
Transports faits par les bâtiments anglais.	38 353	1 972	6 624
Transports faits par l'administration de la guerre au moyen de la flotte commerciale et des paquebots des messageries	224 270	44 736	601 251
Totaux pareils.....	536 403	50 974	724 536

Le personnel et le matériel embarqués à Marseille y étaient arrivés, en très-grande partie, par le chemin de fer de Paris à la Méditerranée ; si cette voie ferrée n'avait pas existé, les opérations de la guerre auraient certainement perdu de leur ensemble et de leur rapidité.

Sa Majesté l'Empereur, en reportant sa pensée à quelques années en arrière, pourra se rappeler avec satisfaction que l'un des premiers actes de son énergique initiative a été de lever les obstacles opposés jusqu'alors à l'achèvement de cette grande ligne, qui devait si promptement contribuer aux éclatants succès de son armée.

Le maréchal de France ministre secrétaire d'État au département de la guerre.

VAILLANT.

A la suite de ce rapport, il est bon de mettre sous les yeux du lecteur la lettre que Sa Majesté l'Empereur a adressée à

LETTRE DE L'EMPEREUR.

M. le maréchal Vaillant. Cette lettre occupera un rang précieux parmi les titres de cette noble famille.

Oui, soyons l'écho des augustes paroles de ce digne souverain, qui en tout, partout et toujours, marque sa reconnaissance par des actes dignes, justes et grands.

Voici cette lettre :

A Son Exc. le maréchal Vaillant, ministre de la guerre.

« Compiègne, le 22 octobre 1856.

« Mon cher maréchal,

« Les services les plus utiles ne sont pas toujours les plus éclatants. Le ministre habile et infatigable qui, jour et nuit, s'occupe dans son cabinet d'organiser 600,000 hommes et d'assurer à une armée de 200 000 tout ce qui lui donnera le moyen de vivre, de combattre, de vaincre sur une terre sans ressources à 800 lieues de la France ; ce ministre, dis-je, a un mérite au moins égal à celui du général qui triomphe sur le champ de bataille. Aussi la patrie doit-elle confondre dans sa reconnaissance celui qui prépare la victoire par les éléments réunis à temps, et celui qui la remporte par des mesures bien prises sur les lieux mêmes.

« C'est pourquoi, mon cher maréchal, en ordonnant l'insertion au *Moniteur* du rapport remarquable que vous m'avez adressé, j'ai voulu rendre le public juge de services dont moi seul jusqu'ici je connaissais toute l'importance.

« Recevez, mon cher maréchal, l'assurance de ma sincère amitié,

« NAPOLÉON. »

VŒU DE LA FRANCE

MONUMENT

A ÉLEVER

A L'EMPEREUR ET A L'ARMÉE DE CRIMÉE

Dans ses deux séances des 9 mai et 6 juin 1856, le Sénat a, par l'organe de plusieurs de ses membres, formulé une proposition ayant pour objet d'élever un Monument en l'honneur de l'héroïque armée d'Orient.

Nous sommes convaincus que la noble initiative du Sénat répond au vœu légitime de la France entière, car un Monument élevé à la gloire de Napoléon III, son magnanime Empereur, et à la mémoire de l'armée de Crimée, attesterait aux générations futures la grandeur des périls et les heureux résultats de la lutte, ainsi que la gloire impérissable conquise par ces valeureux soldats, nobles et dignes fils des vainqueurs d'Arcole, de Lodi, des Pyramides, d'Austerlitz, de Friedland, de la Moskowa, etc., et que la nation a déjà surnommés à si juste titre la *nouvelle Grande Armée*.

L'érection de ce Monument consacrerait les hauts faits de

ces vaillants guerriers et de ces intrépides marins, qui ont si bravement déployé l'étendard glorieux de la France, tout à la fois sur la terre de Crimée, dans les champs africains, dans Rome, la ville éternelle, dans les eaux de Salamine, aux rives du Bosphore, dans l'antique Athènes, dans la Baltique, et ont arboré nos aigles victorieuses et tutélaires sur les formidables bastions de Malakoff, et fait camper nos bataillons au milieu des ruines de Sébastopol !

SÉNAT.

Séance du vendredi 9 mai 1856.

PROPOSITION AYANT POUR OBJET DE CONSACRER PAR UNE LOI L'ÉRECTION D'UN MONUMENT EN L'HONNEUR DE S. M. L'EMPEREUR ET DE L'ARMÉE.

EXPOSÉ DES MOTIFS.

Il est de grandes circonstances où le sentiment national éclate, et dont il importe de traduire constitutionnellement l'expression.

Le droit appartient au Sénat de formuler des propositions sur de grands intérêts publics.

Aux yeux de la France, plus que jamais chevaleresque et généreuse, s'il est un intérêt public de premier ordre, c'est celui de sa gloire; c'est l'expression de la reconnaissance nationale pour des victoires qui l'élèvent si haut parmi les nations dont s'honore le genre humain.

Il nous semble très-désirable que, sous la forme des propositions autorisées par la Constitution, le vœu du Sénat soit formulé pour l'érection d'un monument national, qu'une loi consacrerait.

Ce monument exprimerait à la fois l'admiration et la reconnaissance du Sénat et de la patrie pour les événements glorieux que vient de terminer une paix non moins immortelle que les victoires dont elle est le dernier triomphe. La France avait promis sur son épée de ne pas faire pour elle de conquête; elle n'a rien conquis que pour la liberté des mers, et pour étendre les droits de l'humanité.

Après la campagne d'Austerlitz, pareillement suivie d'une paix qui mettait le comble à la grandeur de l'Empire, on résolut d'ériger une colonne imitée de celles qui, dans la Ville immortelle, éternisent le souvenir des Antonins victorieux et pacificateurs : c'est le monument qui s'élève sur la place Vendôme, entre les rues de Rivoli et de la Paix.

Un monument du même ordre ne devrait-il pas maintenant être élevé, au nom de la France, pour rappeler les victoires de la nouvelle Grande Armée et le génie du nouveau Napoléon? Telle serait notre seconde colonne Trajane.

Pour ce monument à la fois de triomphe et de pacification, un emplacement admirable consacrerait en même temps le vœu du Sénat et les hauts faits de notre armée.

Par une de ces créations merveilleuses, qui donnent à Paris la régularité, la grandeur et la lumière dans les quartiers où précédemment tout était impasse, obscurité, insalubrité, le boulevard intérieur de Sébastopol, depuis le chemin de fer de Strasbourg jusqu'à la barrière d'Enfer, cette voie monumentale atteint son point culminant entre la basilique de Sainte-Geneviève et le palais du Sénat. En cet endroit, elle croise la nouvelle voie sacrée, qui conduit du temple des lois au temple de Dieu, à Sainte-Geneviève; qui signifie pour Paris les anciens conquérants du Nord rétrogradant vers l'Orient.

Au point où se rencontreront les deux voies monumentales de la guerre et de la paix s'élèverait, avec une parfaite convenance, la colonne triomphale dont nous voudrions qu'on réalisât l'érection. Elle dominerait la rive gauche de la Seine, comme l'arc de triomphe de l'Étoile domine la rive droite.

Du plus loin qu'arriverait le voyageur, il apercevrait en même temps les deux monuments qui rappelleraient la grandeur et la gloire de deux générations et de deux Empires.

Sur le piédestal du plus moderne ne verrait-on pas avec bonheur figurer du côté du nord, qui regarde la rive droite de la Seine, l'avant-garde de l'armée d'Orient, au retour de Sébastopol, défilant sur cette rive devant l'Empereur, aux acclamations de tout un peuple?

Du côté qui regarde Sainte-Geneviève et l'Italie, n'aimerait-on pas à voir figurer l'armée française aux pieds du Capitole, honorant ses drapeaux en saluant Sa Sainteté Pie IX replacé dans la chaire de saint Pierre par la victoire de la France?

Du côté du midi, l'on voudrait voir représenter le glorieux contingent de l'armée d'Afrique, de cette armée appareillant pour l'Orient, où quatre de ses généraux sont allés conquérir, par vingt mois de combats et quatre grandes victoires, le bâton qu'obtenaient les Condé, les Turenne au XVIIe siècle, les Masséna, les Soult au XIXe.

Du côté qui regarde le Sénat, une inscription très-simple, comme il en faut pour les grandes choses, pourrait ne contenir que ces mots :

A

NAPOLÉON III,

A

LA NOUVELLE GRANDE ARMÉE,

VŒU

DU SÉNAT ET DE LA FRANCE.

..... MAI 1856.

Enfin, sur la vaste spirale qui couvrirait le pourtour de la colonne, la sculpture, avec l'art de ses bas-reliefs, reproduirait les exploits si nombreux et si divers des Français en Orient, au Nord, au Midi ; en Asie, en Europe, en Afrique. Trois mers occupées triomphalement ; des débarquements merveilleux d'ordre et de grandeur ; des assauts d'armée contre armée ; les aigles françaises plantées sur les murs de Sébastopol, de Bomarsund, de Kertch et de Kinburn ; des batteries de vaisseaux portées à terre et servies par nos matelots ; d'autres batteries, à bord, et démolissant des forteresses de granit, depuis les mers de Finlande et de Bothnie jusqu'aux bouches du Borysthène ; comme prélude à ces hauts faits, le Sahara conquis dans la profondeur de ses déserts, et les deux Kabylies ouvertes à la civilisation par la victoire : voilà des sujets dignes d'inspirer le génie de nos plus illustres artistes.

La statue de l'Empereur aurait sa place naturelle au faîte de la colonne.

Paris, le 10 mai 1856.

Signé : Baron Charles Dupin, Mimerel de Roubaix, le comte Le Marois, Berger, le marquis de Pastoret, le vicomte de Suleau, général marquis de Grouchy, le président Daviel, Lefebvre-Duruflé, général de Bourjolly, vice-amiral baron Hugon, général Foucher, Dumas, général Aupick, comte Lemercier, général vicomte de La Hitte.

Séance du vendredi 6 juin 1856.

Extrait du rapport fait par M. le baron Dupin, au nom de la commission [1] *chargée d'examiner une proposition ayant pour objet de consacrer par une loi l'érection d'un monument en l'honneur de S. M. l'Empereur et de l'armée.*

Portons nos regards sur le monument qui s'élève entre les rues de la Paix et de Rivoli. Depuis cinquante ans qu'il existe, combien d'événements ont changé la face du monde et le sort de la France ! En peu de temps, tout a paru tourner contre son but. Le Souverain si grand dont la mémoire respire dans ce monument, a subi le premier les sévices de la fortune : il a perdu le trône, il a perdu la liberté ; on avait cru faire oublier jusqu'à ses restes, ensevelis sous un rocher, au milieu des mers lointaines. La colonne a servi de sanctuaire au culte des souvenirs. La piété populaire n'a pas eu besoin de recourir à la malheureuse hiéroglyphie d'une inscription latine, égarée sur un piédestal ; elle s'est bien trouvée de ne pas comprendre. Par degrés rapides, ce n'a plus été seulement un jour, une bataille, une armée que le peuple a vus dans la colonne triomphale, mais tous nos jours de victoires et toutes nos armées d'un quart de siècle. Elle est devenue pour son imagination, qui grandit tout ce qu'elle aime et le grandit jusqu'au sublime, elle est devenue le cénotaphe héroïque d'un million de soldats dont chacun, sans distinguer, sans raffiner sur le nom, sur la cause d'une guerre ou d'une autre, n'a connu qu'un honneur, qu'un devoir : combattre pour la France et mourir pour la France.... Depuis une dernière mort, arrivée le 5 mai 1821, à chaque anniversaire de celui qui personnifie le mieux la nation militaire, des mains dévouées et pieuses sont venues, tantôt la nuit, tantôt le jour, suivant les temps défavorables ou propices, déposer au bas du piédestal leurs couronnes funéraires. C'étaient les anciens combattants de nos vingt-quatre années de guerre, et surtout les mutilés ; c'étaient les orphelins, les veuves, les parents des guerriers morts en face de l'ennemi. Ils venaient honorer, redisons-le bien, non pas seulement les vain-

---

1. Cette commission était composée de MM. le marquis de Lavalette, le comte de Béarn, le général de Bourjolly, le comte Lemercier, le baron Dupin.

queurs d'une bataille, mais tous ceux qui, dans la lutte commencée depuis la première révolution, ont versé leur sang pour placer la patrie, par la gloire, à la tête des nations !

Etendons nos regards au dehors de la capitale : d'un bout à l'autre de la France, l'influence du monument s'est propagée par le modeste effet d'images lithographiques d'un prix à la portée des villages, et par des chants immortels, répétés dans les plus humbles chaumières. Comme le peuple abrége au dernier degré, dès qu'il ne veut pas oublier, deux syllabes ont suffi pour exprimer une longue association de sentiments, de souvenirs, de regrets, et longtemps après d'espérance ; tout s'est trouvé renfermé, resserré dans ce seul mot : LA COLONNE ! Elle n'a plus été seulement un chef-d'œuvre d'architecture et de sculpture, grandiose par excellence, et justement admirée de l'ami des beaux-arts. Par son action croissante sur les imaginations, puis sur les vœux, puis sur les volontés, puis sur les actions, elle est devenue, qu'on nous permette la hardiesse de la pensée en faveur de sa justesse, elle est devenue *une institution*, une institution nationale, au pied de laquelle a passé la poussière des révolutions impuissantes contre son effet. Elle a fini par porter sa part d'influence sur des millions de suffrages, inattendus, inexplicables aux yeux d'hommes d'Etat jusqu'alors si perspicaces ! C'est qu'ils cherchaient dans leurs théories préconçues et spéculatives, dans leurs désirs ou dans leurs dédains, la prévision d'un scrutin et l'inconnu d'un Empire, au lieu d'interroger le secret des cœurs et la force des souvenirs.

Quelqu'un à présent, messieurs les sénateurs, oserait-il prétendre que, dans une simple colonne érigée pour honorer une armée, une époque, il ne peut pas se trouver le sujet d'un grand, d'un immense intérêt national ? Certes, personne ici, personne au dehors n'oserait l'affirmer. Cela suffit pour placer la proposition qui nous occupe dans le cercle tracé par la constitution.

La question de compétence, disons plus, la question d'importance au plus haut degré, se trouvant l'une et l'autre résolues affirmativement, nous avons dû considérer les questions ensuite les plus graves : celles de convenance et d'opportunité.

A ce nouveau point de vue, voici l'objection la plus considérable, et nous ne l'affaiblirons pas : aujourd'hui que la paix universelle est de nouveau le bienfait répandu sur le monde, lorsque des Etats qui semblaient naguère irréconciliables sont devenus des alliés, des amis, des neutres du moins, est-il politique, est-il convenable d'élever des monuments qui ne peuvent pas rappeler nos victoires sans rappeler la défaite de nos adversaires? Ne risquerait-on pas ainsi de compromettre l'espoir si doux d'une paix à jamais durable ?

Voilà ce qu'on pourrait dire s'il s'agissait d'élever des monuments pareils à ceux que surmontaient les statues équestres des xvie et xviie siècles; pareils à ceux où l'on représentait, aux pieds d'un cheval de bataille, des nations enchaînées. Nous en convenons les premiers, ces trophées d'un orgueil superbe ne réveillaient qu'une idée d'opprobre pour les vaincus. Ils enflammaient chez ces derniers des haines inextinguibles; les souvenirs d'une guerre excitaient à d'autres guerres, et la postérité flétrissait justement un orgueil si funeste en ses conséquences.

Mais nos trophées du xixe siècle, mais la colonne, qu'aujourd'hui nous voudrions voir imitée, mais l'Arc de triomphe de l'Etoile, érigé sans acception d'aucun peuple, pour réunir en faisceau nos renommées militaires depuis 1792 jusqu'à 1815, ces monuments ont été si peu considérés par les étrangers comme un outrage, qu'ils les ont respectés quand eux-mêmes auraient pu les outrager sans châtiment probable de longtemps. Par cette conduite, aux yeux de l'histoire, ils ont égalé leur grandeur d'âme à notre gloire, et nos trophées sont debout.

Ramenons nos regards vers le temps où nous vivons. Nous avons vu depuis trois ans le plus étonnant spectacle. Deux grandes armées, toujours en présence, en combat presque journalier et corps à corps, ont créé par l'estime mutuelle, une sympathie de guerrier à guerrier. A la moindre trêve, fût-ce pour échanger les prisonniers, fût-ce pour enterrer les morts, c'étaient des rapprochements d'antagonistes généreux, qui finissaient par s'aimer à force de se bien apprécier. Nous avons, au milieu de nous, deux des combattants les plus illustrés par cette guerre incomparable; MM. les maréchaux Canrobert et Bosquet peuvent nous dire si les souvenirs que nous attestons, à l'éternel honneur des deux armées, sont reproduits avec fidélité. A présent nous ajoutons : comment pourrait-on concevoir que le simulacre de ces combats, immobilisé, refroidi sur le métal ou sur le marbre, excitât des haines à craindre, lorsque la vitalité, l'acharnement des combats mêmes a fait naître des sentiments opposés ? Ajoutons, pour être justes, qu'en chacune des batailles, en chacun des assauts, où nous avons été les plus heureux, j'emploie le mot le plus modeste, nous n'avons pu l'être que malgré des prodiges de défense : prodiges qui laissaient intact l'honneur des vaincus, en doublant celui du vainqueur.

A ces considérations il faut ajouter une remarque capitale.

Ici, messieurs les sénateurs, il n'est pas seulement question d'un monument qui glorifiera la guerre, mais d'un monument qui glorifiera la paix conquise par nos armes ; la paix qui fait avancer d'un grand pas le droit public des nations; la paix qui devient pour la France un hommage libre, spontané, de tous les peuples.

Depuis quarante et un ans, quel espace parcouru pour arriver à des voies complétement amies du genre humain.

Le 30 mars 1815, à Vienne, un dernier traité consommait le partage des nations secondaires, comme un partage de troupeaux, afin de parfaire des contingents proportionnés aux ambitions victorieuses : c'était l'esprit de l'époque.

Le 30 mars 1856, à Paris, un traité qui s'étend aux bornes de l'ancien monde ne fait pas disparaître la moindre nationalité, et place les faibles sous la garantie des forts.

Il y a déjà huit années, au dernier mois de 1848, les premiers fondements de ce grand succès ont été posés par un vote heureux et national. Quand au dehors, gouvernants et gouvernés ont reconnu dans la France, à travers ses passions et ses malheurs, une droiture si simple, si calme et si fière, le respect les a comme surpris ; et ce respect, les événements l'ont accru. On avait commencé par redouter l'Empire qui rappelait tant de combats, et l'on doutait qu'il fût *la paix.* Il a fallu que les combats vinssent le chercher, le prier au nom même de cette paix menacée, puis rompue à l'autre bout de l'Europe. Lorsque ensuite on a vu que l'enchaînement des victoires, qui produit tant de vertiges, n'en produisait pas aux rives de la Seine, la vénération s'est accrue avec la grandeur de la lutte.

Enfin, lorsque est arrivé le moment où vainqueurs et vaincus ont souhaité le terme d'une lutte qui répandait à si larges flots tant de sang précieux, pour une question en réalité résolue ; lorsque pour le bienfait commun l'on a redemandé la paix du monde, aussitôt ennemis, neutres, amis, tous ont tourné leurs regards d'un même côté ; tous ont demandé qu'on traitât le plus près possible des lieux où se reportait la plus intime confiance. « A Paris ! à Paris ! » s'écriaient les envahisseurs armés de 1813 et de 1814 ; « à Paris ! à Paris ! » se sont écriés les pacificateurs de 1855 et 1856. Là, quand les difficultés trop graves ont effrayé l'espérance, les regards se sont tournés pour les aplanir vers une intelligence, vers une volonté toujours modérée, calme, maîtresse d'elle-même, et qui n'a trompé nulle attente.

N'est-ce pas là, messieurs les sénateurs, le tableau simple et vrai de ce qui s'est passé sous nos yeux, dans la capitale, entre les représentants de grandes nations, organes intelligents de leurs patries respectives ?

Pour résumer en deux mots la double situation de notre pays, si nous n'avions pas été si grands dans les combats, nous n'aurions pas été si puissants pour rendre la paix bienfaisante. C'est à la France d'honorer, sans les séparer, deux situations si glorieuses pour elle et si dignes de mémoire : voilà la haute convenance, et voilà l'opportunité.

Puisque des souvenirs si doux et si glorieux sont des liens inséparables d'estime et d'amitié contractés par tous les peuples avec le peuple français, consacrons-les par une grande œuvre d'art qui parle aux yeux de nos concitoyens et qui dise à l'étranger : Voilà le symbole des conquêtes désintéressées que le vainqueur est fier d'avoir faites pour le bonheur des nations et pour l'honneur du genre humain.

Quant à la séduisante idée d'une paix qui deviendrait la souveraine universelle et perpétuelle ici-bas, nous la souhaitons avec tous les cœurs généreux ; mais notre étude du passé nous permet peu de l'espérer.

Même au lendemain des plus admirables traités, croyons-nous par leur texte avoir extirpé du cœur humain les passions qui naissent avec nous et ne nous quittent qu'à la tombe ? Croyons-nous qu'on ne verra plus de gouvernements, plus de peuples qui seraient charmés, au nom du progrès, de prendre le pays d'autrui? N'en verra-t-on plus qui le voudraient prendre en sacrifiant, s'il le fallait, le repos de l'univers? Croyons-nous donc qu'il n'existe plu dans les sociétés modernes d'agitations sourdes, cachées, profon des, secret espoir de l'anarchie? Croyons-nous, enfin, qu'il n'est plus d'esprits pervers qui rêvent de nouveau ces révolutions d'où la guerre éclaterait plus opiniâtre, plus vaste et plus sanglante que jamais? Regardez donc les deux mondes. Sans nous perdre dans un autre hémisphère, prêtez seulement l'oreille et sondez la terre d'Europe : elle tremble plus fort que jamais dans quelques-uns des pays qui nous entourent.

Il faut donc conserver comme un trésor précieux l'esprit héroïque de l'armée; il faut honorer son passé, garant de son avenir; il faut maintenir religieusement sa force et ses institutions, comme ses souvenirs; il faut montrer à ses regards la patrie reconnaissante, et s'exprimant par des trophées qui soient de l'histoire gravée sur le fer, sur l'airain, sur le marbre, et qu'admireront d'un même cœur les soldats et les citoyens.

Au besoin insensé de subversions, au désir, à l'espoir des combats pour un avenir possible en tout temps et le plus souvent imprévu, répondons en érigeant des monuments qui disent aux esprits égarés : Voilà par quelles luttes de géants la France avec ses soldats sait refréner ces grandes ambitions qui voudraient tout envahir, refouler et supprimer des usurpations et des subversions sanguinaires, rétablir l'équilibre du monde civilisé, et faire perdre tout espoir aux rêves de l'anarchie.

C'est la gloire immortelle de la France de se retrouver, après trois mille ans, la première au rang des nations militaires, et maintenant de se montrer entre toutes la plus amie de la paix, tant que l'honneur la laisse possible.

Mais, si nos mœurs sont adoucies et devenues de plus en plus généreuses, nous sommes toujours la même nation dont un grand historien, lieutenant de César, portait ce jugement mémorable : Quand Rome combat les autres peuples, il ne s'agit que de la gloire; quand elle combat les Gaulois (et les Gaulois c'étaient nos pères), pour elle il s'agit de l'existence et du salut. Quels autres peuples se croiraient plus rassurés que le peuple-roi, s'ils nous forçaient de les combattre? Il leur suffirait de consulter notre histoire et nos monuments.

Messieurs les sénateurs, nous croyons avoir épuisé les objections élevées contre la proposition qui, selon nous, doit paraître d'autant plus acceptable, qu'elle est plus approfondie dans son essence et dans sa portée.

Il faut, maintenant, considérer les dispositions précises de la proposition que nous avons mission d'examiner.

Le projet est précédé d'un court exposé des motifs où sont indiquées très-sommairement les pensées, les vues qu'il a fallu plus tard approfondir et justifier lorsqu'elles ont rencontré le doute et la contradiction. Ce devoir, nous avons essayé de le remplir dans l'examen que nous venons de soumettre à vos lumières, à votre sagesse, à votre patriotisme.

Afin d'attirer un juste intérêt sur le monument qu'ils voudraient voir ériger, les auteurs de la proposition devaient chercher quelle pourrait être dans Paris la position la plus avantageuse ; ils croient l'avoir assignée au sommet d'une voie vraiment triomphale, d'une voie qui, par sa grandeur et son nom, devient pour le second Empire ce qu'était pour le premier cette rue de Rivoli si magnifiquement ouverte et si dignement complétée.

Ils ont fait plus : ils ont rappelé les expéditions à jamais glorieuses et d'Afrique et d'Italie, celles des mers d'Orient et du Nord, de Sébastopol et de Bomarsund. Ils ont voulu que la nouvelle armée française, et de terre et de mer, fût honorée, sans exception, dans tous ses actes héroïques. Ils ont voulu prouver, et, selon nous, ils l'ont fait avec succès, qu'un monument, eût-il les plus grandes proportions connues, même quand on réunirait les quatre faces de son piédestal à la longue et large spirale de son pourtour circulaire, n'offrirait pas un plus vaste espace que n'en peuvent remplir nos faits d'armes accomplis en huit années et tous dignes de mémoire.

Les auteurs de la proposition souhaiteraient qu'un vœu du Sénat, qui reproduirait si bien le vœu de la France, fût inscrit sur le monument; mais quelques personnes ont pensé que ce n'était pas au Sénat à voter lui-même cette inscription.

D'autres ont pensé qu'il ne fallait pas, dans la proposition, indiquer le site où l'on devrait ériger le monument.

S'il y avait dans Paris une position plus convenable, plus élevée, plus dominante avec bonheur, et mieux en regard avec un autre monument bien situé par excellence, l'Arc de triomphe de l'Etoile ; si l'on pouvait trouver une partie de la ville plus dénuée de monuments triomphaux que la rive gauche de la Seine ; s'il existait un autre point où l'on pût se placer, sur une voie qui rappelât plus noblement le nouvel Empire, la moderne armée et le dernier mot de sa gloire, que le sommet du boulevard de *Sébastopol*, nous croyons pouvoir l'affirmer, les auteurs de la proposition seraient les premiers à faire abandon du site qu'ils ont indiqué.

Ils ont la noble confiance qu'il aura suffi de signaler, dans leur exposé des motifs, le site unique auquel a souri le meilleur juge des moyens qui peuvent donner à Paris la grandeur et la beauté.

A l'égard de l'inscription qu'ils voudraient et que nous voudrions aussi voir gravée sur la base du monument, inscription où tout repose dans ces mots : *Vœu du Sénat et de la France*, qu'elle soit ou ne soit pas insérée dans le texte de la proposition, elle existera tout entière dans votre pensée réduite à ses termes les plus abstraits. Nous ne craignons pas qu'elle soit oubliée.

Nous empruntons cette confiance à des souvenirs choisis parmi ceux qu'aime à conserver la postérité.

Les premières colonnes triomphales non monolythes, et les seules de l'antiquité qui portent sculptés sur leur pourtour complet les exploits des armées romaines, celles qu'honorent les noms à jamais vénérables des Antonins, ces colonnes furent érigées, écoutez bien, messieurs les sénateurs, d'après l'initiative du Sénat exprimant à la fois le vœu du peuple et le sien propre.

Voilà ce que montre encore aujourd'hui l'inscription gravée sur la colonne la mieux conservée, inscription qui commence par ces mots : *Senatus populusque Romanus* : le Sénat et le peuple Romain. Ce fut Trajan qui consacra la première inscription, que Tacite a votée ; ce fut Marc Aurèle qui consacra la seconde. L'un et l'autre de ces empereurs, dignes à jamais d'être offerts en exemple, jugèrent qu'une inscription si romaine ajoutait au patriotisme, à l'honneur du monument. Ce jugement, croyez-le bien, ne restera pas sans imitation pour la colonne française.

En définitive, des personnes très-favorables à la proposition nous ont témoigné le désir qu'elle fût réduite à son essence, en élaguant toute espèce de détails.

Leurs observations nous ont paru justes, nous y déférons.

Nous avons pensé que la proposition ne perdrait rien de son caractère et de son importance, en opérant les suppressions désirées.

Nous proposons, en conséquence, de conserver purement et simplement le premier paragraphe de la proposition, ainsi rédigé :

« Pour exprimer la gratitude universelle de la France, pour perpétuer le souvenir des victoires de l'armée, et celui de la paix conquise sous ses auspices et par le génie tutélaire de S. M. Napoléon III, le Sénat émet le vœu qu'une loi consacre l'érection d'une colonne monumentale. »

Au moment où nous élevons la voix pour attester les sentiments que le Sénat partage avec la France, un cri de bénédiction, de reconnaissance et d'enthousiasme se fait entendre chez les populations si promptement et si dignement visitées, secourues et consolées dans leur infortune par S. M. l'Empereur. Nous venons de le voir franchissant tous les obstacles et bravant les dangers du plus terrible de nos fleuves débordés, afin d'aller à travers les inondations chercher et sauver les nombreuses familles que la mort environnait de toutes parts.

N'est-ce pas un moment qu'il importe de saisir pour nous unir par un vote qui parte de nos cœurs, comme il partirait du cœur de tous les malheureux conservés à la patrie par cette humanité suprême.

Messieurs les sénateurs, une proposition de ce genre peut être écartée de prime abord ; elle peut être mise au néant : elle ne doit pas obtenir un demi-succès. Avons-nous, comme nous croyons l'avoir fait, démontré, nous dirions presque jusqu'au superflu, votre compétence constitutionnelle ? Avons-nous clairement fait apprécier la convenance parfaite de la proposition, sa vérité, son opportunité et sa portée politique, pour le bien, pour l'honneur de la patrie ? Les sentiments que nous avons exprimés sont-ils les vôtres ? sont-ils ceux du pays ? Enfin, avons-nous réduit le vœu que nous vous proposons de sanctionner, à la simple alternative d'un *oui* ou d'un *non*, pour attester à la fois le vœu du Sénat et de la France ? Si dans le fond de vos âmes, c'est *oui* que vous répondez, attestez-le sans hésiter. C'est ce que nous avons l'honneur de vous proposer en vous offrant, dans notre modeste cercle de commission, un premier exemple d'unanimité.

PROJET DE RAPPORT A SA MAJESTÉ L'EMPEREUR.

Sire,

Un admirable enchaînement de campagnes et de triomphes militaires est complété par la victoire des traités, si désintéressée de votre côté, si favorable à l'équilibre des nations, à la sécurité, à la liberté des mers, aux intérêts du genre humain.

La situation glorieuse et révérée où la France est parvenue, sous les auspices et par le Gouvernement de Votre Majesté, fait éprouver au Sénat, comme à tous les bons citoyens, le désir d'en conserver le souvenir par une colonne monumentale.

Les promoteurs du projet ont décrit, dans l'exposé de leur motif, la colonne triomphale qu'ils voudraient qu'on érigeât, et son emplacement au sommet de la voie, triomphale aussi, qui s'ouvre par vos ordres pour glorifier les hauts faits de Sébastopol.

Le rapport de la commission chargée d'examiner cette proposition a montré, par les souvenirs si grands du premier Empire, l'influence à la fois heureuse et puissante d'un monument de cet ordre sur la patrie et sur l'armée.

En rappelant ces travaux préparatoires comme documents utiles à consulter, le Sénat se borne à formuler son vœu dans les termes les plus généraux : laissant ainsi tout mode et toute pensée d'exécution à la suprême intelligence qui transforme Paris, avec une rapidité magique, par des travaux où la beauté, l'utilité le disputent à la grandeur.

Pour exprimer la gratitude universelle de la France, pour perpétuer le souvenir des victoires de l'armée, et celui de la paix conquise sous les auspices et par le génie tutélaire de S. M. Napoléon III, le Sénat émet le vœu qu'une loi consacre l'érection d'une colonne monumentale.

14 Mars 1857.

RÉCOMPENSE ACCORDÉE

AU MARÉCHAL PÉLISSIER

Commandant en chef de l'armée d'Orient

VAINQUEUR DE SÉBASTOPOL.

CONSEIL D'ÉTAT

Exposé des motifs du projet de loi, présenté par M. J. Baroche, président du Conseil, tendant à accorder une dotation de 100 000 fr. de rente au maréchal Pélissier, duc de Malakoff, et dont la teneur a été délibérée et adoptée par le Corps Législatif, dans sa séance du 5 mars 1857.

« Messieurs,

« L'Empereur, par un décret du 22 juillet dernier, a conféré au maréchal Pélissier le titre héréditaire de duc de Malakoff. Une note insérée dans la partie officielle du *Moniteur* a fait connaître à la France l'éminente distinction accordée au commandant en chef de l'armée d'Orient, et en même temps annoncé qu'une loi serait présentée au Corps Législatif pour affecter au titre du duc de Malakoff une dotation de 100 000 fr. de rente. Nous réalisons aujourd'hui cette promesse solennelle, accueillie avec faveur par tous ceux que la gloire militaire et les grands services rendus à la patrie ne laissent pas insensibles.

« Les services qui ont signalé la longue et brillante carrière du maréchal Pélissier sont devenus si populaires, que nous n'avons pas besoin de les rappeler, et pour ainsi dire de les peser un à un, afin d'apprécier leur valeur et la récompense qu'ils méritent. Ce n'est point ainsi, d'ailleurs, que procède une grande nation, au moment de donner un témoignage de reconnaissance à l'homme qui a honoré son drapeau et fait triompher ses armes.

« Le maréchal Pélissier a eu l'insigne honneur de commander en chef notre armée d'Orient, et de terminer glorieusement une grande guerre commencée et poursuivie avec tant d'éclat.

« L'histoire attachera son nom à la prise de Sébastopol, consacrant ainsi et le titre que l'Empereur lui a donné, et la récompense qui doit en soutenir l'illustration ; mais elle confondra dans son admiration l'intelligente énergie du général et le courage héroïque et patient de ses soldats. La France les réunit aussi dans sa reconnaissance : elle verra comme vous, dans le vote du projet de loi, un hommage rendu en même temps au maréchal Pélissier et à l'armée d'Orient.

« Le projet de loi déclare la dotation héréditaire comme le titre même de duc de Malakoff : vous reconnaîtrez, nous n'en doutons pas, que la transmissibilité de l'une est la conséquence nécessaire de la transmissibilité de l'autre.

« Lorsque l'Empereur Napoléon Ier donnait à ses maréchaux le nom des batailles qu'ils avaient gagnées, ou auxquelles ils avaient pris une part éclatante, il voulait à la fois transmettre à la postérité la mémoire de leurs grandes actions, et personnifier pour ainsi dire les victoires qui ont immortalisé son règne. Telle a été aussi la pensée de l'Empereur Napoléon III, quand il a donné au commandant en chef de l'expédition de Crimée un titre qui rappelle un grand fait militaire accompli par l'armée française. Un nom auquel est ainsi attachée une double illustration doit conserver son éclat dans l'avenir comme dans le présent. N'éprouverait-on pas un sentiment douloureux et ne serait-on pas offensé dans son patriotisme, en voyant s'affaiblir ou s'effacer le prestige d'un grand nom chez ceux qui doivent rester comme les souvenirs vivants d'une gloire nationale ?

« Une pareille récompense, décernée par la loi, ayant par cela même un caractère exceptionnel, accordée non-seulement à un homme, mais encore à ceux qui, de générations en générations, doivent porter son nom, est sans doute la plus grande qu'un citoyen puisse recevoir. Elle honore celui qui en est l'objet, et devient une cause d'émulation d'autant plus puissante qu'elle répond aux sentiments les plus vifs et les plus profonds du cœur de l'homme, quelque désintéressé qu'il soit par lui-même. Elle ne blesse pas, du reste, ces grands principes d'égalité qui forment la base de notre société, car la reconnaissance nationale est ouverte également à tous ceux qui rendront, comme le maréchal Pélissier, de glorieux services à la France. Ne nous est-il pas permis d'ajouter que le maréchal Pélissier, et les distinctions qu'il laissera après lui à ses descendants, sont une éclatante manifestation de ces principes? Sorti des rangs du peuple, il s'est élevé de grade en grade à la plus haute dignité militaire. Maréchal de France, sénateur, duc, il montre par un grand exemple que les dignités et les honneurs appartiennent, parmi nous, à ceux qui savent les mériter par leur dévouement, leur courage et leurs talents; et que, dans ces carrières où l'on ne rencontre guère la fortune, on peut compter, quand on les a parcourues avec gloire, sur la munificence de son pays.

« Nous espérons que le Corps Législatif, s'associant à la pensée généreuse qui a dicté les dispositions du projet de loi, n'hésitera pas à les adopter, et qu'il décernera, après la paix, au commandant en chef de l'armée d'Orient une récompense nationale avec la même unanimité qu'il a montrée toutes les fois que, pendant la guerre, le gouvernement de l'Empereur s'est adressé à son patriotisme. »

Le président du Conseil d'Etat,

Signé : J. BAROCHE.

L'exposé des motifs de ce projet de loi ne pouvait qu'être approuvé par le Corps-Législatif, qui avait déjà donné au gouvernement tant de preuves de son patriotisme pendant cette guerre toute nationale. Aussi fut-il adopté à l'unanimité dans la séance du 5 mars 1857.

En voici l'extrait :

Art. 1er. Une dotation annuelle de cent mille francs (100 000 fr.) est accordée au maréchal Pélissier, duc de Malakoff, en récompense des services éminents qu'il a rendus à la France, comme commandant en chef de l'armée d'Orient, pendant la glorieuse et mémorable campagne de Crimée.

Elle sera transmissible à sa descendance directe légitime, de mâle en mâle, par ordre de primogéniture, et fera retour à l'Etat en cas d'extinction.

Elle sera inaliénable et insaisissable.

Art. 2. Cette dotation sera inscrite au grand-livre de la dette publique, à une section spéciale, avec jouissance à partir du 8 septembre 1855.

Délibéré en séance publique, à Paris, le 5 mars 1857.

Le président : Schneider; *les secrétaires* : comte Joachim Murat, marquis de Chaumont-Quitry, Tesnière, Ed. Dalloz.

(Extrait du procès-verbal du Sénat.)

Le Sénat ne s'oppose pas à la promulgation de la loi tendant à accorder au maréchal Pélissier, duc de Malakoff, une dotation annuelle de cent mille francs (100 000 fr.)

Délibéré et voté à l'unanimité, en séance, au palais du Sénat, le 14 mars 1857.

Le président, Troplong ; *les secrétaires*, Arrighi, duc de Padoue, le comte Le Marois, baron T. de Lacrosse.

Vu et scellé du sceau du Sénat :

Baron T. DE LACROSSE.

BATAILLE DE WATERLOO.

LA GRANDE ARMÉE

1812-1857

A l'occasion de la nouvelle année (1857) S. A. I. le Prince Napoléon a réuni (*au Palais-Royal*), dans une fête toute nationale et toute française, les officiers généraux présents à Paris, qui ont pris part à la guerre d'Orient. On remarquait, outre ces jeunes braves [1], quelques vieux soldats du premier Empire, neuf officiers, presque tous enfants de Waterloo! Waterloo! sublime journée, que la trahison du destin n'a pu empêcher d'être à jamais grande et mémorable pour nous dans l'histoire, journée sacrée où le propre père de celui qui trace ces lignes fit son devoir comme ses frères d'armes.

Hélas! combien tant d'autres qui furent également portés pour la croix de l'honneur si noblement gagnée, et qui, grâce aux malheurs de Napoléon Ier, qui furent les nôtres, n'eurent à porter qu'une rude couronne d'épines!.....

Aussi ce fut un beau jour que celui où le Prince Napoléon réunit ces aînés des braves avec leurs dignes cadets.

---

1. On remarquait parmi eux LL. Excellences l'amiral Hamelin, le duc de Malakoff, le maréchal Canrobert, le maréchal Bosquet, les généraux Regnault de Saint-Jean-d'Angely, de Salles, Niel, de Mac-Mahon, Thiry, Daleames. Il y avait cinquante-deux convives.

Le prince Napoléon avait prié son auguste père de présider cette réunion militaire.

S. A. I. le prince Jérôme a porté le toast suivant :

« *A l'Empereur! à l'Impératrice et au prince Impérial!* auquel je souhaite, pour le bonheur de notre chère patrie, qu'il est appelé à gouverner, le courage, la sagesse et l'habileté de son auguste père !

« *A l'Empereur!* »

S. A. I. le prince Napoléon a pris ensuite la parole :

« Messieurs, je porte la santé des *commandants en chef de l'armée de Crimée*, de ces hommes de guerre qui ont eu la gloire d'ajouter de nouvelles victoires aux fastes de nos armées.

« *Au maréchal de Saint-Arnaud!* le chef audacieux, mort après l'Alma, ayant pour linceul le drapeau tricolore de la France régénérée.

« *Au maréchal Canrobert!* qui a su maintenir l'armée au milieu de circonstances si difficiles, et a remis à son successeur, ainsi qu'il l'a dit lui-même, une armée aguerrie et prête à tout entreprendre !

« *Au maréchal Pélissier, duc de Malakoff!* qui s'est immortalisé par la prise de Sébastopol, et a su, par sa rare et persévérante énergie, triompher des difficultés et des obstacles qui lui venaient de tous côtés !

« Permettez-moi, Messieurs, de vous rappeler avec une douloureuse émotion nos frères d'armes morts en dignes enfants de la France. Les amers regrets que nous éprouvons de ces pertes ne peuvent être diminués qu'en envisageant les résultats obtenus.

« Je ne veux pas faire de la politique dans cette réunion de camarades des champs de bataille ! Je ne veux que rappeler les résultats militaires de cette guerre. Ceux-ci sont grands, parce que l'armée actuelle s'est montrée digne de celle de nos pères ; les glorieuses traditions de la République et du premier Empire, vous les avez renouées, la postérité dira qu'à Moscou nos pères ont vaincu les Russes, mais qu'ils ont dû céder devant les éléments, tandis qu'à Sébastopol vous avez résisté aux éléments et vaincu les Russes. Dans l'histoire, 1854 répondra à 1812! L'immense avantage de cette guerre, je le constate avec orgueil, c'est que vous avez prouvé que la France a toujours sa Grande Armée. »

Le maréchal duc de Malakoff a répondu en ces termes :

« Monseigneur, c'est à moi qu'il appartient de répondre au toast que Votre Altesse Impériale vient de porter à l'armée de Crimée, et de la remercier de nous avoir réunis autour du frère de l'Empereur Napoléon Ier, du plus illustre des derniers représentants de son immortelle époque; sa présence ici nous rappelle que cette armée, dont Votre Altesse Impériale vient de détailler les hauts faits, a suivi noblement les grands exemples que lui ont légués ses devanciers.

« Les éloges que Votre Altesse Impériale a donnés à l'armée que j'ai eu l'honneur de commander lui seront d'autant plus précieux, qu'elle se rappelle avec bonheur que Votre Altesse Impériale a partagé ses travaux et vaillamment contribué à ses premiers succès.

« Votre Altesse Impériale a répondu à notre pensée à tous en rappelant, dans cette évocation de glorieux souvenirs, les compagnons d'armes que nous avons perdus, et je la remercie d'avoir honoré leur mémoire en s'associant si noblement à nos regrets.

« *A vous donc, Monseigneur, et à S. A. I. le prince Jérôme Napoléon!* »

S. A. I. le prince Jérôme Napoléon a remercié par ces paroles :

« Je remercie le maréchal Pélissier d'avoir associé mon nom au souvenir de la Grande Armée.

« Je suis heureux de pouvoir y répondre en portant un toast à nos braves armées de terre et de mer, et en particulier à notre glorieuse armée de Crimée, qui, avec la rapidité de l'aigle, a saisi la première occasion pour se placer dignement à côté des vieilles phalanges de Marengo, d'Austerlitz et d'Iéna.

« *A l'armée et à la flotte de Crimée!* »

Le dernier toast a été porté par M. le maréchal Canrobert, qui s'est exprimé de la manière suivante :

« Monseigneur, appelé par mon titre d'ancien général en chef de l'armée d'Orient à répondre au toast qu'a bien voulu porter Votre Altesse Impériale à cette armée, je la prie de me permettre de commencer par payer ici un juste tribut d'éloges et de regrets à mon illustre prédécesseur, le maréchal de Saint-Arnaud, qui, tombant enseveli pour ainsi dire dans son triomphe de l'Alma, fut assez heureux pour faire connaître au monde la part glorieuse que Votre Altesse Impériale avait prise à cet éclatant fait d'armes.

« Permettez-moi également, Monseigneur, de rappeler ici le noble concours que vous avez apporté à tous les rudes et périlleux travaux du commencement du siége de Sébastopol, et souffrez que celui qui eut l'honneur d'être votre deuxième général en chef se souvienne ici que, le 16 octobre, au moment où se préparaient les colonnes d'assaut qui, le lendemain, devaient s'élancer sur la ville, si le résultat attendu par le double feu de la terre et de la marine devait amener cette suprême action, Votre Altesse Impériale insista près de lui pour obtenir l'honneur de marcher à leur tête.

« Plus tard, Monseigneur, lorsqu'une cruelle maladie vous contraignit de vous éloigner de l'armée, Votre Altesse Impériale ne cessa de montrer qu'elle y tenait toujours par le cœur, et en se servant de son éminente position, elle parvint à soulager les victimes de la guerre, sur lesquelles sa sollicitude n'a cessé de s'étendre.

« Je vous remercie donc, Monseigneur, au nom de l'armée d'Orient, dont les généraux, mes glorieux et chers compagnons d'armes, réunis par Votre Altesse Impériale autour de son auguste père, se joindront avec empressement à moi pour porter, avec la santé de l'Empereur, celle de Votre Altesse Impériale. »

16 Février 1857.

PROGRAMME

DE LA

POLITIQUE IMPÉRIALE.

DISCOURS

Prononcé par Sa Majesté l'Empereur

A L'OUVERTURE DE LA SESSION LÉGISLATIVE

Nous ne voulons pas terminer cette édition sans donner à nos lecteurs le discours prononcé par l'empereur Napoléon III, en ouvrant en personne, aux Tuileries, la session législative, le 16 février 1857.

Nous dirons ensuite l'effet produit en France et en Europe par ce nouveau monument de l'éloquence impériale.

Voici le discours :

Messieurs les Sénateurs, messieurs les Députés,

L'année dernière, mon discours d'ouverture se terminait par une invocation à la protection divine : je lui demandais de guider nos efforts dans le sens le plus conforme aux intérêts de l'humanité et de la civilisation ; cette prière semble avoir été entendue.

La paix a été signée, et les difficultés de détail qu'entraînait l'exécution du traité de Paris ont fini par être heureusement surmontées.

Le conflit engagé entre le roi de Prusse et la Confédération helvétique a perdu tout caractère belliqueux, et il nous est permis d'espérer bientôt une solution favorable.

L'entente rétablie entre les trois puissances protectrices de la Grèce rend désormais inutile la prolongation du séjour des troupes anglaises et françaises au Pirée.

Si un désaccord regrettable s'est élevé au sujet des affaires de Naples, il faut encore l'imputer à ce désir qui anime également le gouvernement de la reine Victoria et le mien, d'agir partout en faveur de l'humanité et de la civilisation.

Aujourd'hui que la meilleure intelligence règne entre toutes les grandes puissances, nous devons travailler sérieusement à régler et à développer à l'intérieur les forces et les richesses de la nation. Nous devons lutter contre les maux dont n'est pas exempte une société qui progresse.

La civilisation, quoiqu'elle ait pour but l'amélioration morale et le bien-être matériel du plus grand nombre, marche, il faut le reconnaître, comme une armée. Ses victoires ne s'obtiennent pas sans sacrifices et sans victimes : ces voies rapides, qui facilitent les communications, ouvrent au commerce de nouvelles routes, déplacent les intérêts et rejettent en arrière les contrées qui en sont encore privées ; ces machines si utiles, qui multiplient le travail de l'homme, le remplacent d'abord et laissent momentanément bien des bras inoccupés ; ces mines qui répandent dans le monde une quantité de numéraire inconnue jusqu'ici, cet accroissement de la fortune publique qui décuple la consommation, tendent à faire varier et à élever la valeur de toutes choses ; cette source inépuisable de richesse qu'on nomme *crédit* enfante des merveilles, et cependant l'exagération de la spéculation entraîne bien des ruines individuelles. De là la nécessité, sans arrêter le progrès, de venir en aide à ceux qui ne peuvent suivre sa marche accélérée.

Il faut stimuler les uns, modérer les autres, alimenter l'activité de cette société haletante, inquiète, exigeante, qui, en France, attend tout du gouvernement, et à laquelle cependant il doit opposer les bornes du possible et les calculs de la raison.

Éclairer et diriger, voilà notre devoir. Le pays prospère, il faut en convenir, car, malgré la guerre et la disette, le mouvement du progrès ne s'est pas ralenti.

Le produit des impôts indirects, qui est le signe certain de la richesse publique, a dépassé, en 1856, de plus de 50 millions le chiffre déjà si exceptionnel de 1855. Depuis le rétablissement de l'Empire, ces revenus se sont accrus d'eux-mêmes de 210 millions, abstraction faite des impôts nouveaux. Néanmoins, il y a une grande souffrance dans une partie du peuple, et, tant que la Providence ne nous enverra pas une bonne récolte, les millions donnés par la charité privée et par le gouvernement ne seront que de faibles palliatifs.

Redoublons d'efforts pour porter remède à des maux au-dessus de la prévoyance humaine.

Plusieurs départements ont été atteints cette année par le fléau de l'inondation. Tout me fait espérer que la science parviendra à dompter la nature. Je tiens à honneur qu'en France les fleuves, comme la révolution, rentrent dans leur lit, et qu'ils n'en puissent plus sortir.

Une cause de malaise non moins grave réside dans les esprits. Lorsqu'une crise survient, il n'est sorte de faux bruits ou de fausses doctrines que l'ignorance ou la malveillance ne propagent. On est même parvenu dernièrement à inquiéter l'industrie nationale, comme si le gouvernement pouvait vouloir autre chose que son développement et sa prospérité.

Aussi le devoir des bons citoyens est de répandre partout les sages doctrines de l'économie politique, et principalement de fortifier ces cœurs vacillants qui, au premier souffle, je ne dirai pas de la mauvaise fortune, mais au moindre temps d'arrêt de la prospérité, sèment le découragement et augmentent le malaise par leurs alarmes imaginaires.

En présence des exigences diverses de la situation, j'ai résolu de réduire les dépenses sans suspendre les grands travaux, sans compromettre les existences acquises ; de diminuer certains impôts sans porter atteinte aux finances de l'État.

Le budget de 1858 vous sera présenté en équilibre ; toutes les dépenses prévues y ont été portées. Le produit des emprunts suffira pour solder les frais de la guerre.

Tous les services pourront être assurés sans que nous ayons besoin de recourir de nouveau au crédit public.

Les budgets de la guerre et de la marine ont été réduits dans de justes limites, de manière à conserver les cadres, à respecter les grades si glorieusement gagnés, et à maintenir une force militaire digne de la grandeur du pays. C'est dans cette pensée que le contingent annuel a été fixé à cent mille hommes; ce chiffre est de vingt mille au-dessus de celui des appels ordinaires en temps de paix; mais, d'après le système que j'ai adopté, et auquel j'attache une grande importance, les deux tiers environ de ces conscrits ne resteront que deux ans sous les drapeaux, et formeront ensuite une réserve qui fournira au pays, dès la première apparition du danger, une armée de plus de six cent mille hommes exercés.

La réduction dans l'effectif permettra d'améliorer la solde des grades inférieurs et de la troupe, mesure que la cherté des subsistances rend indispensable. Par la même raison, le budget alloue une somme de cinq millions pour commencer l'augmentation des plus faibles traitements d'une partie des petits employés civils, qui, au milieu des plus rudes privations, ont donné le bon exemple de la probité et du dévouement.

On n'a pas oublié non plus une allocation pour établir les paquebots transatlantiques, dont la création est demandée depuis si longtemps.

Malgré ces accroissements de dépenses, je vous proposerai de supprimer, à partir du 1er janvier 1858, le nouveau décime de guerre sur les droits d'enregistrement. Cette suppression est un sacrifice de 23 millions; mais en compensation, et conformément au vœu exprimé plusieurs fois par le Corps législatif, je fais étudier l'établissement d'un nouveau droit sur les valeurs mobilières.

Une pensée toute philanthropique avait engagé le gouvernement à transférer les bagnes à la Guyane. Malheureusement la fièvre jaune, étrangère à ces contrées depuis cinquante ans, est venue arrêter le progrès de la civilisation. On élabore un projet destiné à transporter ces établissements en Afrique ou ailleurs.

L'Algérie, qui, dans des mains habiles, voit ses cultures et son commerce s'étendre de jour en jour, mérite de fixer particulière-

PROGRAMME DE LA POLITIQUE IMPÉRIALE. 443

ment nos regards. Le décret de centralisation rendu récemment favorisera les efforts de l'administration, et je ne négligerai rien pour vous présenter, suivant les circonstances, les mesures les plus propres au développement de la colonie.

J'appelle votre attention sur une loi qui tend à fertiliser les landes de Gascogne. Les progrès de l'agriculture doivent être un des objets de notre constante sollicitude, car de son amélioration ou de son déclin datent la prospérité ou la décadence des empires.

Un autre projet de loi, dû à l'initiative du maréchal-ministre de la guerre, vous sera présenté : c'est un code pénal militaire complet qui réunit en un seul corps, en les mettant en harmonie avec nos institutions, les lois éparses et souvent contradictoires rendues depuis 1790. Vous serez heureux, je n'en doute pas, d'attacher votre nom à une œuvre de cette importance.

Messieurs les Députés, puisque cette session est la dernière de votre législature, permettez-moi de vous remercier du concours si dévoué et si actif que vous m'avez prêté depuis 1852. Vous avez proclamé l'Empire; vous vous êtes associés à toutes les mesures qui ont rétabli l'ordre et la prospérité dans le pays; vous m'avez énergiquement soutenu pendant la guerre; vous avez partagé mes douleurs pendant l'épidémie et pendant la disette; vous avez partagé ma joie quand le Ciel m'a donné une paix glorieuse et un fils bien-aimé; votre coopération loyale m'a permis d'asseoir en France un régime basé sur la volonté et les intérêts populaires. C'était une tâche difficile à remplir, et pour laquelle il fallait un véritable patriotisme, que d'habituer le pays à de nouvelles institutions. Remplacer la licence de la tribune et les luttes émouvantes qui amenaient la chute ou l'élévation des ministères, par une discussion libre, calme et sérieuse, était un service signalé rendu au pays et à la liberté même, car la liberté n'a pas d'ennemis plus redoutables que les emportements de la passion et la violence de la parole.

Fort du concours des grands corps de l'État et du dévouement de l'armée, fort surtout de l'appui de ce peuple qui sait que tous mes instants sont consacrés à ses intérêts, j'entrevois pour notre patrie un avenir plein d'espoir.

La France, sans froisser les droits de personne, a repris dans le monde le rang qui lui convenait et peut se livrer avec sécurité à tout ce que produit de grand le génie de la paix. Que Dieu ne se lasse pas de la protéger, et bientôt l'on pourra dire de notre époque ce qu'un homme d'État, historien illustre et national, a écrit du Consulat : « *La satisfaction était partout et quiconque n'avait* « *pas dans le cœur les mauvaises passions des partis était heureux* « *du bonheur public.* »

Réflexions sur ce discours.

Ce beau discours, programme de la politique de la paix, produisit une immense sensation en France et en Europe. Il pose résolûment et avec cœur les plus grandes questions de cette époque ; il les pose au point de vue des intérêts les mieux compris du pays.

Nous ne voulons pas nous arrêter ici sur cette sérénité d'âme et cette hauteur de pensée qui se trahissent chaque fois que Napoléon III s'adresse à la France et à l'Europe. On sait, depuis longtemps, combien son langage, toujours si digne du souverain d'un grand pays, parlant au nom d'une grande nation, se fait remarquer par son élévation et sa lucidité. Napoléon III ne cherche pas à faire des discours; il songe seulement à dire ce qu'il veut dire, et à le dire de façon à ce que chacun le comprenne. Il parle tour à tour, selon les circonstances, avec son cœur ou avec sa raison, inspiré par son patriotisme ou guidé par son intelligence. Il ne joue pas à l'orateur; mais, malgré cela, et peut-être à cause de cela, il possède la grande et véritable éloquence politique, l'éloquence de l'homme d'État qui agit, alors même qu'il parle, et dont chaque discours est un acte.

L'Empereur n'a rien dissimulé; il a rappelé le mal comme le bien; les fléaux qui nous ont éprouvés comme les gloires que nous avons recueillies; les souffrances qui nous sont res-

PROGRAMME DE LA POLITIQUE IMPÉRIALE. 445

tées, comme les bienfaits qui nous sont assurés. Il va droit à la difficulté, pour en signaler l'existence, afin que le courage et la sagesse de tous aident le pays à la vaincre ou à la supporter. Heureusement, le jour des plus grandes épreuves est passé ; et, s'il nous reste des problèmes à résoudre et des maux à soulager, du moins la bravoure de nos armées et les succès de notre diplomatie nous ont donné la paix pour y travailler et le temps pour arriver au but.

La France n'a rien sacrifié de sa dignité ni de son intérêt ; elle a reconquis son ancien ascendant ; elle est redevenue, au dehors, la France de Louis XIV et de Napoléon Ier. Cependant le discours de Bordeaux reçoit des événements une sanction éclatante. En Europe, une question, sans doute, celle des Principautés, reste encore à décider ; mais on n'aperçoit plus nulle part de difficultés ; partout l'œuvre de la guerre est terminée, et l'œuvre de la paix continue sous les auspices d'un calme universel et d'une profonde sécurité. Toute l'action du gouvernement de l'Empereur pourra donc se porter désormais sur les moyens les plus prompts et les plus sûrs pour assurer notre prospérité intérieure.

Le discours de Napoléon III l'indique : il n'entend point renoncer au rôle de suprême gardien des intérêts publics et privés, qui est la première des traditions de la monarchie aussi bien que de l'empire. Ce rôle de Providence est écrit à chaque page de notre histoire nationale ; il est dans les mœurs du pays non moins que dans les habitudes de l'administration, et la France lui doit en partie la puissance et la force qu'elle tient de son principe d'unité. Le gouvernement de l'Empereur ne peut l'abdiquer : mais il le remplira avec cette mesure et cette modération qu'il sait apporter dans toutes les questions délicates où les intérêts privés sont en jeu.

Le discours de l'Empereur aborde trop de matières graves pour que nous songions à nous y arrêter dans cet ouvrage ; il annonce de trop grandes choses pour qu'il nous soit possible d'appeler sur chacune d'elles l'attention publique. La France, du reste, a recueilli chacune des paroles de Napoléon III; elle n'oubliera, dans sa gratitude, ni les bienfaits du passé, ni les efforts du présent. Heureuse du calme dont elle jouit sous l'égide du Pouvoir ; satisfaite de voir se réaliser ce progrès des budgets en équilibre, qu'on regardait comme une chimère et dont l'administration actuelle a fait une réalité; n'ayant rien à regretter d'autrefois, ni la gloire militaire qu'elle a retrouvée, ni la vraie liberté qu'elle possède dans la mesure du juste et de l'utile, ni la prospérité matérielle que tout favorise, cette France, qui échappe enfin à l'action dissolvante des partis et des passions, attendra patiemment, dans sa féconde activité, les promesses de l'avenir que l'ordre et la paix lui préparent.

Après la gloire de la guerre, la grandeur morale et le bien-être que procure la paix, voilà ce que veut Napoléon III; tâche immense, à laquelle l'élu du grand peuple consacre tout son dévouement. Aussi seraient bien coupables les mauvais citoyens *qui ne seraient pas heureux du bonheur public.*

Nous n'ajouterons que quelques mots. Napoléon III se rappelle les accents sublimes de la voix de Napoléon Ier, ce dernier vœu de sa toute-puissance : « J'ai sanctionné tous les principes, je les ai infusés dans nos lois, dans mes actes; il n'y en a pas un seul que je n'aie consacré.

« Malheureusement, les circonstances étaient graves. J'ai

été obligé d'ajourner, les revers sont venus; je n'ai pu débander l'arc, et la France a été privée des idées libérales que je lui destinais. Elle me juge avec indulgence ; elle me tient compte de mes intentions ; elle chérit mon nom, mes victoires. Imitez-la ; soyez fidèles aux opinions que nous avons défendues, à la gloire que nous avons conquise : il n'y a hors de là que honte et confusion. »

Compléter l'œuvre inachevée, mettre en relief et pratiquer les idées de Napoléon Ier, tel est le but des efforts éclairés et persévérants de Napoléon III.

Non content d'avoir dissipé les inquiétudes qui assiégeaient la France et de l'avoir sauvée de l'anarchie, il a imprimé à tous les rouages un élan irrésistible, et restitué au pouvoir son autorité et sa considération.

Son énergie a donné un libre essor au commerce, à l'industrie, aux beaux-arts, aux sciences.

L'extension des affaires, le développement des travaux, l'achèvement des grandes voies de communication, l'amélioration du sort des classes laborieuses, la révélation des ressources extraordinaires du crédit, la prépondérance de la France dans les conseils de l'Europe, les grands services récompensés, tels sont les bienfaits d'un régime à peine commencé, tels sont les prodiges accomplis par le neveu du grand homme, dont la fibre répond si bien à la fibre populaire.

LE GRAND DUC CONSTANTIN DE RUSSIE

SOUVERAINS

ET

PRINCES ÉTRANGERS

A LA COUR DE NAPOLÉON III

(1855-1857)

La politique impériale n'a pas été seulement comprise et appréciée par la France, enthousiasmée et reconnaissante, mais aussi par le monde entier, jaloux de rendre à Napoléon III l'hommage et l'honneur qui lui sont dus pour tout ce qu'il a fait de grand en faveur de la civilisation et de la sécurité générale. Après le grand Congrès de Paris, qui a réglé les conditions de l'ordre européen à la suite de la guerre d'Orient, c'est encore sous l'égide de Napoléon III, arbitre équitable entre les puissances civilisées, que se sont réunis, à Paris, les diplomates qui ont réglé les conditions de la paix entre la Prusse et la Suisse, à propos de l'affaire de Neuchâtel.

Quels changements depuis la chute du premier Empereur trahi! Et comme, enfin, les idées napoléoniennes sont appréciées à leur juste valeur!...

Lors de la révolution de 1848, nous assistions, non sans tristesse, au sac du palais des Tuileries, lorsque nous trouvâmes sur la voie publique un journal jeté avec d'autres débris par les envahisseurs. C'était un numéro du *Journal des Débats*, du 30 septembre 1815. Dans ce numéro, où Napoléon Ier, trahi, est, par ceux-là même qui la veille lui donnaient le nom de « *héros,* » traité de « *fléau de l'Europe, venant de faire appel à tout ce qu'il y avait de vicieux en France,* » nous lisons que « S. A. I. le grand-duc Constantin vient de quitter Paris, » et que « sur le rapport du maréchal Gouvion Saint-Cyr, ministre de la guerre, le roi Louis XVIII vient d'accorder les décorations de son ordre royal et militaire de Saint-Louis et du Mérite militaire, à plusieurs officiers russes, comte Orloff, prince Menschikoff, etc., » dont les armées campaient dans Paris.

Ces mêmes noms retentissent dans l'histoire en 1855-57, et sont salués, mais tout différemment, par le même journal, — et par les autres.

Après la défaite glorieuse, du reste, pour eux comme pour nous, des Russes en Crimée, un autre grand-duc Constantin est venu en France, en 1857, comme y sont également venus d'illustres princes et des souverains même : la reine d'Angleterre et son auguste époux; les rois de Portugal, de Sardaigne et de Bavière; S. A. I. le frère de l'empereur d'Autriche; S. A. R. le frère du roi de Prusse, etc.

Tous, les alliés de la veille et ceux du lendemain, ont été accueillis en France avec un enthousiasme chevaleresque. La visite de S. A. I. le grand-duc Constantin, fils de feu l'empereur Nicolas et frère de l'empereur régnant Alexandre II, a été particulièrement remarquable. Il a trouvé le peuple français, le peuple napoléonien, respectueux et sympathique sur son passage. Ce peuple l'a accueilli comme un ancien adversaire dont il aime le courage, comme l'hôte de son Empereur, et encore comme le frère de ce czar que sa modération a rendu populaire, parce que, comme l'a si bien dit Napoléon III : *Héritier d'une situation qu'il n'avait pas faite,* il a eu la sagesse de terminer une guerre désastreuse, après avoir lutté comme il convenait pour l'honneur moscovite et pour la mémoire de son père.

La présence du grand-duc Constantin à la cour de Napoléon III est un pas de la Russie vers la civilisation européenne. Il a puisé de grands enseignements à Toulon, à Marseille, à Lyon, à Bordeaux, à Paris, etc., partout enfin où il a arrêté son regard observateur sur ce sol hospitalier, et où il a laissé des marques de sa gratitude ; comme à la revue du Champ-de-Mars, il a donné des preuves de son admiration pour notre belle armée.

Il a pu, du reste, constater la courtoisie et l'empressement des Français à l'accueillir, et voir un gage sincère de paix et d'amitié dans leur attitude respectueuse et sympathique.

Chacun sentira ce que de pareils résultats, après une guerre ardente et périlleuse, ont de glorieux pour Napoléon III. Qui donc, en effet, a placé plus haut la France dans l'estime des nations ? Qui donc a su lui inspirer tant de respect et de confiance par une telle réunion de bons procédés ?...

Aussi a-t-on remarqué avec chagrin, avec pitié même, en Europe, que quelques journaux anglais, parmi lesquels le *Times,* choisissaient pour parler de la prétendue *décadance de la France,* le moment même où tant et de si hautes adhésions constataient, avec notre influence prépondérante, notre progrès moral et matériel. Ah ! naguère encore ils tenaient un bien autre langage, lorsque nos héroïques soldats prêtaient un si fraternel appui aux troupes anglaises en Crimée !

Du reste, d'autres feuilles anglaises ont fait bonne justice de ces attaques sans fondement et sans portée d'ailleurs, et se sont empressées de leur rappeler que le peuple anglais, notre loyal allié, repousse toute solidarité avec ces manœuvres de parti et ces écarts de langage.

Et c'est vrai. La grande majorité du peuple anglais s'est montrée, elle, sans dépit, de voir le grand-duc Constantin admirer nos ports maritimes, nos flottes, nos arsenaux, notre activité en tout genre, les merveilles et la splendeur de notre capitale, la magnifique tenue de nos armées si braves. Il s'est montré sans dépit d'entendre, le 2 mai 1857, à la réunion militaire de l'ambassade russe, le frère de l'empereur Alexandre II dire d'une voix émue aux intrépides vainqueurs de l'Alma et de Sébastopol, les Baraguay-d'Hilliers, les Canrobert, les Bosquet, les Pélissier, les Hamelin, les Parseval, etc.[1]

« A l'armée française, qui, loin de dégénérer, n'a fait que grandir dans l'estime et l'admiration des peuples !

« A ces braves soldats français qu'on est fier d'avoir pour adversaires sur le champ de bataille ! Qu'on est plus heureux encore d'avoir pour amis, au milieu des prospérités d'une paix féconde.

« Je remercie Dieu, Messieurs, qui me donne l'occasion de proclamer hautement ma pensée devant les chefs qui représentent l'élite de cette vaillante armée. »

C'est que cette guerre a donné à la France une position plus élevée que celle qu'elle n'avait eue, depuis bien longtemps, en face des autres puissances de l'Europe.

---

[1] On remarquait, en outre, à cette fête toute militaire, où régnait une sympathie franche et cordiale, offerte par le comte de Kisseleff, ambassadeur de Russie à Paris, le maréchal Magnan, commandant en chef l'armée de Paris, le général Luders, aide-de-camp de l'empereur de Russie, commandant en dernier lieu l'armée russe en Crimée, après la prise de Sébastopol par les alliés ; le célèbre général du génie Tolteben, aide-de-camp de l'empereur de Russie, le comte Chreptowitch, ministre de Russie à Londres, et un grand nombre d'officiers supérieurs français et étrangers.

Typ. J. Claye.

LE GÉNÉRAL DU GÉNIE TOTLEBEN

Mais c'est désormais par la paix que la politique napoléonienne doit recevoir son complément et se développer dans toute sa sereine grandeur; car, à moins qu'on ne la force à tirer l'épée, ce qu'à Dieu ne plaise! et quand bien même on l'y forcerait, elle continuera à avoir pour devise cette grande parole, qui, malgré la campagne de Crimée, n'a jamais cessé d'être vraie, et qui résume tout un règne, toute une dynastie, tout le bonheur d'un peuple : L'EMPIRE C'EST LA PAIX !

EUG. PICK de l'Isère.

Paris, juin 1857.

FIN.

SUPPLÉMENT

UNE PROPHÉTIE ACCOMPLIE.

MOSCOU. — SÉBASTOPOL.

)14 Septembre 1812.)   (8 Septembre 1855.)

> Gardez-vous d'irriter nos vengeurs à venir,
> Peut-être que le ciel, lassé de nous punir,
> Seconderait notre courage,
> Et qu'un autre Germanicus
> Irait demander compte aux Germains d'un autre âge
> De la défaite de Varus.
> (Casimir Delavigne, Ire *Messénienne*.)

A CASIMIR DELAVIGNE.

Si tu vivais encor, poëte de la France,
Toi qui chantais sa gloire et pleurais ses revers,
Toi qui la soutenais en parlant d'espérance,
Toi qui versais sur elle, aux jours de la souffrance,
    Ton cœur, tes larmes et tes vers !

Si tu vivais, encor à cette heure, ô poëte !...
Poëte que toujours la Patrie inspirait,
Poëte dont la voix jamais n'était muette,
Des plus nobles accents, pour la plus noble fête,
    Ton luth aimé retentirait !

Tu l'as prédit jadis, prophète de la gloire,
Ce jour qui dans le sang a lavé nos drapeaux,
Ce triomphe si grand qu'on refusait d'y croire,
Et qui rouvre le temple où dormait la Victoire
    Après quarante ans de repos !...

Seul, lorsque tous courbaient leurs têtes sous l'orage,
Voyant dans l'avenir d'autres Germanicus,
Tu savais qu'un vengeur, nous rendant le courage,
Irait demander compte aux Germains d'un autre âge
    De la défaite de Varus !...

La flamme de Moscou s'est éteinte en Crimée,
Sorti de ce tombeau, l'Aigle a repris son vol,
Et, franchissant d'un bond la mer à tous fermée,
Aux héros déjà vieux de notre jeune armée
    Il a montré Sébastopol !...

Oublions aujourd'hui ces luttes magnanimes
Dont nous nous souviendrons demain pour les pleurer,
Ces souffrances d'un an que tes enfants sublimes,
O France ! supportaient sans compter les victimes
    Pour toi si fières d'expirer !...

— Tous ont bien fait! — Ils ont pris la ville imprenable!...
— Puis sont partis, — laissant sa garde à d'autres mains,
— Et les voilà!... — Salut jeunesse vénérable,
— Nouvelle Grande Armée à ta mère semblable!
   — Nos lauriers couvrent tes chemins!...

Salut, héros!... salut, vainqueurs que l'on contemple!...
Salut, fermes soutiens du droit et de l'honneur!
Vous êtes notre orgueil, vous êtes notre exemple;
Paris, qui de ses murs pour vous a fait un temple,
   Vous y reçoit avec bonheur.

Entrez!... Cent mille mains à la fois applaudissent
Cent mille cœurs vers vous s'élancent à la fois;
Vos frères, vos aïeux, vos rivaux vous bénissent;
La France, en vous voyant, croit que ses maux finissent;
   Comme la France, je le crois...

L'Aigle qui vous guidait revient à votre fête;
Plus calme désormais, sans être moins altier,
Dans ses serres il tient la foudre encore prête;
Mais dans son bec fermé, défiant la tempête,
   Il garde un rameau d'olivier!...

Ainsi vous rapportez la gloire et l'espérance,
Fils de Sébastopol, petits-fils d'Austerlitz;
Vos pères, comme vous, combattaient pour la France,
Ils voulaient son honneur autant que sa puissance;
   — Leurs vœux par vous sont accomplis!...

Arrêtez-vous devant cette sainte Colonne;
Vos mères et vos sœurs sont là pour vous bénir;
— Vers vous avec orgueil, de son front qui rayonne,
La jeune Souveraine incline la couronne.
   — Elle aussi porte l'avenir!...

Soyez les bienvenus, soldats de la patrie!...
Le dieu d'airain s'émeut sur son socle jaloux;
Du peuple et de l'armée, également chérie,
Des deux Napoléon la grande voix vous crie :
   « La France est contente de vous!... »

Nouvelles Publications.

En vente à la librairie Napoléonienne, des Arts et de l'Industrie,

5, RUE DU PONT-DE-LODI, A PARIS.

HISTOIRE, LÉGISLATION USUELLE, AGRICULTURE, ETC.

Histoire de la République et de l'Empire (1789-1815), par Félix Wouters, 1 fort volume grand in-8 jésus, avec tableau et plan, de plus de 1000 pages. Prix.................................. 12 »

Histoire de Napoléon Ier, par Laurent de l'Ardèche, 1 beau volume in-4, illustré de 500 dessins par Horace Vernet. Prix... 9 »

Histoire de Napoléon II, roi de Rome, par M. de Barins, 1 volume in-8, orné d'un joli portrait. Prix................... 4 »

Histoire populaire de Napoléon III et de l'Impératrice Eugénie, par M. de Barins et E. Pick de l'Isère, 1 beau volume in-8, orné de 12 magnifiques gravures sur acier. Prix.

Histoire populaire de la Garde impériale, par E. Marco de Saint-Hilaire, 1 beau volume in 8, illustré de 40 gravures noires et coloriées, de plus de 500 pages. Prix...................... 6 »

Œuvres choisies de Napoléon Ier, par Pujol, 1 joli volume in-18, orné d'un très-joli portrait. Prix............... 3 50

Grande extension du Commerce extérieur de la France et de ses industries agricole et manufacturière, par M. Z. Jouyne, de la Bibliothèque de l'Arsenal, à Paris, ancien avoué de l'Admnistration des Douanes, ouvrage honoré de la souscription des Ministres de la marine, du commerce et de l'agriculture. etc., et d'un grand nombre de commerçants et de manufacturiers de la France et de l'étranger. 1 vol. in-18 de 340 pages.................................. 3 50

Discours et Proclamations de Napoléon III, 1 volume in-8 avec gravures. Prix................................. » 60

Petite Mosaïque littéraire et portative, ou 40 ans de recherches historiques à travers les siècles, par Foucault-Duparc, 1 volume in-18 raisin de 420 pages. Prix................... 1 50

Manuel pratique du Code Napoléon, expliqué et mis à la portée de toutes les intelligences, ouvrage utile et indispensable à toutes les classes de la société, 1 fort volume de 600 pages, 80e édition. (Grande publication nationale, succès immense et sans rival.) Prix, 6 »

Code manuel complet à l'usage des villes et des campagnes, indispensable aux propriétaires, locataires, fermiers, chefs d'usine, etc., expliquant clairement les droits et devoirs de chacun, contenant tous les modèles d'actes relatifs aux locations de maisons et de biens ruraux. Ouvrage rédigé d'après les usages locaux de chaque département, et appuyé de l'opinion d'un grand nombre de jurisconsultes les plus distingués, tels que Duranton, Sirey, Rolland de Villargues, Delvincourt, Duvergier, Toullier, Merlin, A. Dalloz, Pothier, Domat, Troplong, etc., etc.; par E. Agnel, avocat à la Cour impériale de Paris, membre du congrès central d'agriculture, 1 beau volume. Prix.. 3 50

Le véritable Conseiller en affaires, par E. P. de Bazincourt, à l'usage des pères de famille, commerçants, cultivateurs, industriels, artisans, etc., 1 beau volume de 440 pages avec tableau barême. Prix.. 3 50

Nouveau Dictionnaire d'agriculture pratique, par une société d'agriculteurs, sous la direction de M. Daumassan, 1 fort volume grand in-8 de 750 pages, de plus de 1500 colonnes, renfermant la matière de 10 volumes ordinaires. Prix, avec une magnifique prime... 12 »

Nouvelle méthode de la tenue des livres, par Victor Doublet, 1 volume in-8. Prix......................... 3 50

Manuel général des Actes de l'état civil, ouvrage recommandé à tous les Maires par le Ministre de l'intérieur et les Préfets, 1 volume in-18. Prix................................ 3 »

Magnifique Portrait de l'Empereur des Français, peint sur toile, par Beauregard. 73 centimètres de largeur sur 92 centimètres de hauteur (sans cadre). Ce portrait à l'huile, d'une exécution parfaite, d'une exacte ressemblance et d'un très-joli effet, convient spécialement à MM. les Magistrats, Fonctionnaires publics, aux Mairies, aux Institutions, Tribunaux, Justices-de-Paix, etc., etc. Au lieu de 130 francs, prix.. 40 »

GRAVURES.

Portrait de l'Empereur Napoléon III, d'après Horace Vernet, lithographié par Noël, sur grand aigle. Prix................ 10 »

Portrait de l'Impératrice et du Prince Impérial. Prix.. 3 »

CARTES GÉOGRAPHIQUES.

Planisphère universel, historique et illustré. Dimension, 90 c. sur 130.. 5 »

Nouvelle carte d'Europe. Même dimension........... 5 »

Nouvelle carte de France avec les chemins de fer. Même dimension.. 5 »

Nouveau Plan de Paris. Même dimension............ 5 »

— — — sur grand aigle............ 3 »

— — — sur grand Colombier....... 2 »

Belle Carte de Crimée, très-exacte................. 2 »

Nota. On fait la demande de ces ouvrages aux Libraires des localités, ou en envoyant un mandat sur la poste à l'ordre de M. E. Pick, 5, rue du Pont-de-Lodi, à Paris.

Paris. — Typographie de Faittet et Cie, rue Git-le-Cœur, 7.

APPRÉCIATION ET COMPTE-RENDU

DES

FASTES DE LA GUERRE D'ORIENT

PAR LES GRANDS JOURNAUX DE PARIS.

EXTRAIT DU JOURNAL *LA PRESSE*
Commerciale, Industrielle et Maritime.

L'intérêt si vif qui s'est attaché et qui s'attache encore aux événements qui viennent de s'accomplir en Orient est loin d'être calmé ; on est encore sous l'impression profonde qu'ils ont produite, et les plus habiles n'en ont pas entrevu, toutes les conséquences ultérieures ; le temps seul les déroulera devant nos yeux, mais ce que nous pouvons dire tout d'abord, c'est qu'elles seront favorables à notre prospérité nationale.

Nous avons fait de grands sacrifices d'hommes et d'argent, ces sacrifices ont eu leur dédommagement, et nos relations commerciales, en s'étendant de plus en plus en Orient, nous en fourniront la preuve. Tout ce qui s'attache à la guerre d'Orient a donc un but utile ; aussi ne sommes-nous pas étonné qu'on ait déjà tant écrit à ce sujet.

Parmi les ouvrages, soit sous forme de livres, soit sous forme de brochures, qui ont été publiés jusqu'à ce jour, sur cette guerre, il en est bien peu qui subsisteront dans quelques années ; la plupart ont déjà vécu. Ils ont eu l'attrait du jour, du moment. Qu'était-ce aussi ? de vraies gazettes ou des compilations lourdes et indigestes ; mais, parmi les ouvrages qui ont paru sur la guerre d'Orient, il en est un qui, a plus d'un titre, se maintiendra dans l'opinion, et sera toujours consulté avec soin. Cet ouvrage est celui que vient de publier M. Eugène Pick (de l'Isère), sous le titre : LES FASTES DE LA GUERRE D'ORIENT. Dans cet ouvrage en un beau volume in-8, se trouvent retracés avec beaucoup de méthode et de clarté tous les faits importants relatifs à la guerre d'Orient.

Le récit de la prise de Bomarsund, des batailles de l'Alma, d'Inkermann, de la Tchernaïa, de l'assaut de la tour Malakoff, de la prise de Sébastopol, et de l'aspect de ses ruines ; des résultats de cette victoire à jamais mémorable et de ses heureuses conséquences politiques, a été confié à des plumes exercées ; et d'illustres écrivains militaires, qui ont pris part à cette grande guerre, ont prêté à M. Pick un concours aussi précieux qu'expérimenté, en lui communiquant des pièces authentiques peu connues, des notes inédites et une foule de renseignements nouveaux et très-curieux.

Tous les documents officiels, émanés du gouvernement ; tous les rapports adressés de l'armée au ministère de la guerre ont été consultés et analysés ; enfin on n'a marché qu'avec preuves en mains.

Et c'est à ce titre surtout que cette publication toute nationale aura toujours une utilité incontestable. Cet excellent livre contient aussi, sur les causes de la guerre, de précieux renseignements.

L'ouvrage de M. Pick est dédié au peuple et à l'armée. Non-seulement on trouve dans les *Fastes de la Guerre d'Orient*, les faits qui s'y rattachent, mais en outre, ils contiennent la biographie des souverains, généraux, amiraux, qui ont pris aux événements d'Orient une part plus ou moins considérable. On y trouve aussi un choix intéressant d'anecdotes piquantes, curieuses et authentiques, peu connues jusqu'à ce jour.

Le volume (*les Fastes de la Guerre d'Orient*) est d'une belle exécution typographique; son prix est modéré, surtout si on considère que l'éditeur ajoute au volume une prime des plus avantageuses. A nos lecteurs nous dirons donc qu'en faisant achat de cet ouvrage, ils n'auront certes qu'à se féliciter.

F. RITTIEZ,
Rédacteur en chef,
Auteur de l'*Histoire de la Restauration et du Règne de Louis-Philippe*.

(*Extrait du journal de la Littérature et des Beaux-Arts.*)

La guerre d'Orient, avec la glorieuse paix qui la termine, est sans contredit le drame politique et militaire le plus émouvant des temps modernes. On peut la considérer comme un appendice aux victoires et conquêtes du premier empire au double point de vue de l'honneur national et de la civilisation. Aux intrépides légionnaires du nouveau César, il fallait un historien éloquent, concis, observateur et assez impartial surtout pour rendre justice aux armes victorieuses de ses compatriotes, sans amoindrir la part de leurs alliés ni des ennemis courageux qui leur ont opposé une si vigoureuse résistance. Cet homme de cœur, et de talent, de style et d'indépendance, s'est heureusement rencontré dans M. Eugène Pick (de l'Isère) directeur de la librairie napoléonienne de la rue du Pont-de-Lodi, et qui a établi à Lyon la plus importante de ses succursales. M. Eugène Pick, considérant la profession de libraire comme un sacerdoce, n'a reculé devant aucun sacrifice pour fonder le monument bibliographile qu'il intitule la guerre d'Orient, en l'illustrant de cartes, de plans typographiques d'une minutieuse exactitude, de portraits frappants de vérité, ainsi que pour populariser son œuvre par l'incroyable modicité du prix. Dirigeant les travaux d'une société de gens de lettres distingués et d'écrivains militaires qui ont payé de leur personne pendant toute la campagne, il a suivi nos armées de terre et de mer sur la Baltique, la mer Noire, en Crimée, à Sébastopol et enfin nos diplomates au congrès de Paris.

M. Eugène Pick écrit l'histoire, comme M. Alexandre Dumas écrit le roman historique. Sous sa plume éloquente, tout marche, s'agite et se remue. Grâce à des épisodes et à des souvenirs anecdotiques habilement dramatisés, le lecteur, magiquement transporté sur les champs de bataille, entend les chevaux hennir, les trompettes sonner et la grande voix des généraux en chef dominer même le formidable bruit du canon.

Les Fastes de l'Armée d'Orient, de M. Eugène Pick, de l'Isère, ont leur place marquée d'avance dans les bibliothèques d'élite. C'est donc faire acte d'homme de goût et de bon citoyen que de propager un livre qui peut et doit être considéré comme la plus brillante couronne des vainqueurs de Sébastopol.

P. de Foulquemont,
Rédacteur en chef.

Nota. L'espace nous manque pour reproduire ici d'autres extraits, nous dirons seulement que c'est en termes à peu près semblables que s'expriment tous les principaux journaux littéraires de la France et de l'Étranger.

TABLE EXPLICATIVE
DES MATIÈRES.

INTRODUCTION.................................... Page 1

CHAPITRE Ier. — Véritables causes de la guerre actuelle entre les puissances occidentales et la Russie. — Testament de Pierre Ier. — Esprit envahissant de la Russie. — Hostilités permanentes de la Russie contre l'empire ottoman.—Catherine II et Souvarow. — Paul Ier. — Alexandre Ier. — Etendue et population actuelle de la Russie. — Titres du czar. — Napoléon et Talleyrand. — Nicolas prononce l'arrêt de mort de l'empire ottoman.— Ruse et duplicité du cabinet russe..................... 5

CHAPITRE II. — Question des Lieux Saints. — Prétentions de Nicolas au protectorat des chrétiens sujets du sultan. — Le prince Menschikoff, ambassadeur extraordinaire à Constantinople. — Conduite étrange de cet ambassadeur. — Rupture des négociations.—Menschikoff quitte Constantinople.—Manifeste de l'empereur Nicolas. — Les Russes passent le Pruth. — Déclaration de guerre de la Turquie au czar. — Lettre d'Omer-Pacha au prince Gortchakoff. — Modération du gouvernement ottoman. — Commencement des hostilités..................... 19

CHAPITRE III. — Proclamation d'Omer-Pacha. — Bataille d'Oltenitza.—Mouvement des flottes française et anglaise.—Massacre de Sinope. — Entrée des flottes française et anglaise dans la mer Noire. — Premières hostilités en Asie. — Affaire de Citate. — Entrée des Russes dans la Dobrutcha. — Siége de Silistrie.— Déclaration de la reine d'Angleterre à son Parlement. — Lettre de l'empereur Napoléon III au czar Nicolas.—Réponse du czar. —Déclaration de guerre de la France et de l'Angleterre à la Russie... 29

CHAPITRE IV. — Traité d'alliance de la France et de l'Angleterre avec la Turquie.—Arrivée des Français et des Anglais en Orient. — Entrée dans la Baltique des flottes anglaise et française. — Bombardement d'Odessa. — Les Français en Grèce.—Belle défense de Silistrie. — Attaque et prise de Bomarsund......... 51

CHAPITRE V. — Le choléra se déclare dans l'armée des alliés en Orient. — Mort du duc d'Elchingen, petit-fils de l'illustre maréchal Ney. — L'expédition de Crimée est résolue. — Départ de l'expédition. — Débarquement de l'armée expéditionnaire. — Rapport et ordre du jour du maréchal de Saint-Arnaud. — Bon esprit de l'armée. — Les fourrageurs..................... 73

TABLE DES MATIÈRES.

Chapitre VI. — Position de l'armée russe. — L'armée des alliés se met en marche. — Bataille de l'Alma. — Belle conduite du prince Napoléon. — Intrépidité des zouaves. — Froide bravoure et héroïsme des Anglais. — Lettre du maréchal Saint-Arnaud à l'empereur. — Rapport du maréchal au ministre de la guerre. — Curieux récit d'un marin sur la bataille de l'Alma.......... 87

Chapitre VII. — Adieux du maréchal de Saint-Arnaud à l'armée. — Mort du maréchal. — Le général Canrobert prend le commandement en Crimée. — Situation de l'armée. — Ouverture du feu contre Sébastopol. — Rapport de l'amiral Hamelin. — Belle conduite de la flotte. — Intrépidité de l'amiral à bord du vaisseau *la Ville de Paris*. — Mort de l'amiral Korniloff............... 109

Chapitre VIII. — Difficultés des travaux du siége. — Bataille de Balaclava. — Intrépidité de la cavalerie anglaise. — Les zouaves et les chasseurs d'Afrique balayent les Russes. — Belle conduite du général anglais Lucan. — Charge désastreuse de la cavalerie légère anglaise sur l'artillerie russe. — Le général Bosquet dégage les Anglais. — Bataille d'Inkermann. — Episodes de cette bataille. — Mort du colonel de Camas et du général de Lourmel. 127

Chapitre IX. — Belle conduite des aumôniers et des sœurs de charité en Orient. — Ouragan du 14 novembre 1854. — Terrible naufrage du navire *la Perseveranza*, à bord duquel était un détachement de hussards. — Perte du vaisseau de ligne *le Henri IV* et de la corvette *le Pluton*. — Continuation du siége. — Rigueur de l'hiver. — Industrie des Français. — Souffrances des Anglais. — Sollicitude de Napoléon III pour l'armée.. 153

Chapitre X. — Traité du 2 décembre 1854 entre l'empereur d'Autriche, d'une part, la France et l'Angleterre, de l'autre. — Nouvelles négociations. — Ouverture du Parlement anglais. — Discours de Napoléon III à l'ouverture de la session législative. — Appréciation de ce discours par divers publicistes. — Nouveau manifeste de l'empereur Nicolas. — Rapports du général Canrobert. — Expéditions au Kamtchatka et en Laponie. — L'amiral Hamelin quitte le commandement de la flotte. — Combats de chaque jour. — Mort de l'empereur Nicolas............... 181

Chapitre XI. — Manifeste du czar Alexandre II. — Sortie du 22 mars. — Ordre du jour du général Canrobert. — Le général Pélissier lui succède. — Combats du 22 au 24 mai. — Expédition de la Tchernaïa. — Rapport du général de La Marmora. — Expédition de la mer d'Azof. — Ordre du jour du général Pélissier. — Prise du mamelon Vert.................................... 207

Chapitre XII. — Retour de l'expédition de Kertch et de Iénikalé. — Ordre du jour du général Pélissier. — Assaut infructueux de la tour Malakoff. — Opinion de la presse anglaise sur cette affaire. — Part que les flottes ont prise à cette bataille. — Expédition de la Baltique. — Mort des généraux Raglan et Alexandre de La Marmora. — Peinture d'un champ de bataille par un touriste anglais. — Les zouaves 247

CHAPITRE XIII. — Discours de l'Empereur à l'ouverture de la session extraordinaire de 1855. — Voyage de l'Empereur et de l'Impératrice à Londres. — La reine d'Angleterre à Paris. — Destruction de Sweaborg. — Bataille de la Tchernaïa ou de Traktir. — Situation morale des troupes alliées avant la prise de Sébastopol. — Dépêche du général Niel. — Prise de Malakoff. — Chute de Sébastopol. — Aspect de la ville. — *Te Deum*. — Discours de l'archevêque. — Le général Pélissier est élevé à la dignité de maréchal de France. — Bataille de Goughyl, défaite de la cavalerie russe. — Affaire d'Eupatoria. — Prise des trois forts de Kinburn........ 269

CHAPITRE XIV. — Considérations sur la prise de Sébastopol. — Importance de cette prise. — La garde impériale. — Tradition renouée. — Vues de l'empereur Napoléon Ier sur la Turquie. — La Russie, sans notre intervention, s'emparait de Constantinople. — Résultats funestes de cette prise de possession. — Abaissement de notre commerce. — Difficultés du siège. — Nos avantages dans chaque combat sur les Russes. — La tour Malakoff prise par nos troupes. — Abandon de Sébastopol par les Russes. — Joie générale en France et en Angleterre................. 295

CHAPITRE XV. — Retour de nos soldats de Crimée. — Journée mémorable du 29 décembre. — Discours de l'Empereur. — Joie et enthousiasme de la population. — Traité de paix. — 1814 et 1856. — Revue du 2 avril, 100 000 hommes au Champ-de-Mars. — Revue des flottes britanniques à Spithead. — Fraternité des Français avec les Russes. — Conclusion. — Appel aux proscrits........ 315

PIÈCES JUSIFICATIVES. — Traité de paix 331

NOTICES BIOGRAPHIQUES

Des principaux personnages de la guerre d'Orient.

France.

L'Empereur Napoléon III	347
Le prince Napoléon Bonaparte.......................	349
Le maréchal comte Vaillant, ministre de la guerre.......	351
Le général Certain de Canrobert (*aujourd'hui maréchal*)...	353
Le maréchal Pélissier (*aujourd'hui duc de Malakoff*).......	355
Le général Bosquet (*aujourd'hui maréchal*)...............	361
L'amiral Hamelin (*aujourd'hui ministre de la marine*)......	361
Drouin de Luys et Walewski...........................	362

Angleterre.

La reine Victoria	363
Le prince Albert.....................................	364

TABLE DES MATIÈRES.

Lord Palmerston	364
Lord Clarendon	365
Le comte de Radcliffe.—Le duc de Cambridge.—Lord Raglan.	366

Turquie.

Le sultan Abdul-Medjid. — Omer-Pacha	368
Schamyl	369
Reschid-Pacha	370

Piémont.

Le roi Victor-Emmanuel. — Le général de La Marmora...	371
Le comte de Cavour. — Le marquis de Villamarina	372

Autriche.

L'empereur François-Joseph Ier. — Comte Buol	373
Baron de Hubner	374

Russie.

L'empereur Nicolas Ier. — Alexandre II	375
Le prince Menschikoff. — Le prince Gortchakoff	376
M. de Nesselrode. — Le comte Alexis Orloff	377
Le baron de Brunow	378
De Kisseleff	379

Prusse.

Le roi Frédéric-Guillaume IV	380
Rapport présenté à l'Empereur par le maréchal Vaillant...	381
Lettre de l'Empereur au maréchal Vaillant	415
Vœu de la France. — Proposition du Sénat	417
Récompense accordée au maréchal Pélissier	431
La grande armée, 1812-1857	435
Programme de la politique impériale.—Ouverture du Corps législatif, 16 février 1857. — Discours de l'Empereur....	439
Réflexions sur ce discours	444
Souverains et Princes étrangers à la cour de Napoléon III (1855-1857)	449
Une prophétie accomplie.-Moscou,-Sébastopol. 1812-1855.	456
Petit Mémorial chronologique de la guerre d'Orient et de la Baltique et des faits les plus remarquables accomplis de 1854 à 1857	457
Appréciation et compte-rendu des *Fastes de la Guerre d'Orient*, par les grands journaux de Paris	459

FIN DE LA TABLE.

PETIT

MÉMORIAL CHRONOLOGIQUE
DE LA GUERRE D'ORIENT ET DE LA BALTIQUE.
1854. — 1857.

Il est utile et intéressant de résumer par des dates chronologiques les faits mémorables de l'expédition de Crimée et de la Baltique.

3 janvier	**1854**.	Entrée des flottes alliées dans la mer Noire.
16 juillet.		Embarquement du corps expéditionn. de la Baltique, à Calais.
4 septembre.		Embarquement de l'armée française, à Varna.
9 septembre.		La flotte portant l'armée anglaise rallie la flotte turco-française à l'île des Serpents.
15 août.		Prise de Bomarsund.
14 septembre.		Débarquement des armées alliées à Eupatoria, près Old-Fort.
20 septembre.		Bataille de l'Alma.
27 septembre.		L'armée alliée, après avoir franchi l'Alma, le Belbeck, arrive, par une marche de flanc, sur les hauteurs de Balaclava. Les Anglais s'emparent de cette ville et y établissent leurs bases d'opérations.
29 septembre.		Reconnaissance de Sébastopol.
9 octobre.		Ouverture de la tranchée à 700 mètres de la place.
17 octobre.		Ouverture du feu contre la place. Les flottes combinées y prennent part.
25 octobre.		Bataille de Balaclava.
6 novembre.		Bataille d'Inkermann.
7 février	**1855**.	Ouverture des tranchées de l'attaque de Malakoff.
9 avril.		Seconde ouverture du feu de toutes les attaques réunies.
22 mai.		Prise du cimetière.
24 mai.		Expédition dans la mer d'Azof.
25 mai.		L'armée alliée occupe la ligne de la Tchernaïa.
7 juin.		Prise du Mamelon-Vert.
18 juin.		Assaut infructueux donné à Malakoff.
8 août.		Bombardement et destruction de Sweaborg (Baltique).
16 août.		Bataille de la Tchernaïa.
8 septembre.		Prise de la tour Malakoff.
9 septembre.		L'ennemi évacue la partie méridionale de Sébastopol et se retire dans la partie nord. La tranchée ayant été ouverte le 9 octobre 1854, il y a donc eu 338 jours de travaux à exécuter sous le feu de la place et malgré les sorties des assiégés. Sur plusieurs points il a été fait jusqu'à sept parallèles. Le feu ayant été ouvert le 17 octobre 1854, et la ville ayant été prise le 8 septembre 1855, Sébastopol a été bombardé et canonné pendant 322 jours.
25 février	**1856**.	Réunion du Congrès de Paris. Première séance.
30 mars.		Signature et proclamation du traité de paix, à Paris.
15 avril.		Abandon de la Crimée. L'armée française, victorieuse, commence son embarquement à Kamiesch.
9 mai.		Le Sénat, interprète des vœux de la France, propose d'élever un monument en l'honneur de Napoléon III et de la nouvelle Grande Armée.
16 février	**1857**.	Session législative remarquable. Discours de l'Empereur.
30 avril.		Après un séjour prolongé dans le midi de la France, le grand-duc Constantin de Russie, arrive à Paris.

E. P.

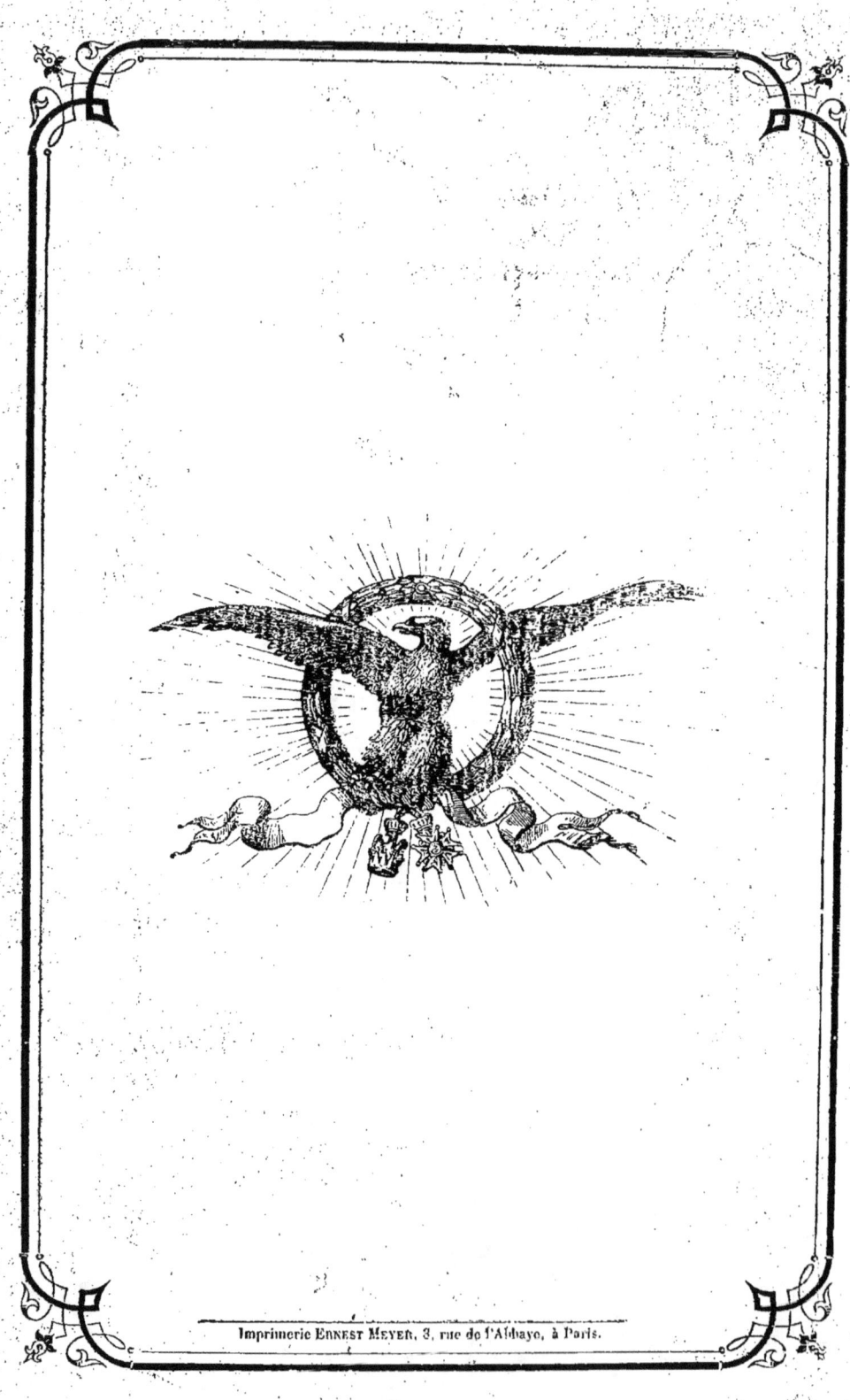

Imprimerie ERNEST MEYER, 3, rue de l'Abbaye, à Paris.

www.ingramcontent.com/pod-product-compliance
Lightning Source LLC
Chambersburg PA
CBHW051404230426
43669CB00011B/1754